KB119478

중서교통사

中西交通史

5

이 책은 (재)한국연구재단의 지원으로 학고방출판사에서 출간, 유통합니다.

한국연구재단 학술명저번역총서  동양편 *622*

중서교통사

방호(方豪) 저
손준식·유진희 역주

5

學古房

제4편 명·청 교체기 중서문화 교류사

제11장 어문학

제12장 유럽 종교와 신학·철학의 동방 전래

제11장
어문학

제1절 《서자기적(西字奇蹟)》과 《서유이목자(西儒耳目資)》의 공헌

마테오 리치의 《서자기적》

명말 중국에 온 서양 선교사의 급선무는 말이 통하고 책을 읽을 줄 아는 것이었다. 한자의 번잡한 모양과 음독의 어려움을 생각해볼 때, 서양인들이 서양어를 빌려 발음을 표기하는 것이 기억하기에 편리하고 이치적으로도 맞았다. 초기 예수회 선교사들은 이탈리아나 포르투갈 등으로 나뉘어 소속되어있었지만, 사실상 마테오 리치가 그들의 리더였다. 마테오 리치는 이탈리아인으로 라틴어 발음을 비교적 정확하게 할 수 있었다. 또한 라틴어에 능통하지 않은 선교사가 없었기에 중국어 발음표기를 라틴어 하나로 통일할 수 있었고, 선배들의 노력은 후배들에게도 도움이 되었다. 따라서 당시 선교사들의 발음표기가 전부 똑같지는 않았지만 라틴어 발음을 원칙으로 했다는 점은 명백히 알 수 있다.

1934년 로마 예수회 총회 기록물실에서 옛 필사본《포루투갈어·중국어 자전(葡華字典)》(*Dizionario Portoghese-Chinese*)[1]을 발견하였는데, 마테오 리치와 루지에리(Ruggieri)가 공저한 것이다. 중국어 명칭은 《평상문답사의(平常問答詞意)》이고 만력 12년에서 16년(1584-1588) 사이에 편찬된 최초의 중서(中西) 자전이다. 로마자 발음이 첨부되어있으며 총 189장[葉]의 중국종이에 쓰여 진 미완성작으로 크기는 23×16.5㎝이다.

만력 32년(1605) 마테오 리치가 편찬한 《서자기적》 1권은 라틴어로 한자 발음을 표기한 책이다. 테오필루스 바이어(Theophilus Bayer)[2]는 《중국대관(中國大觀)》(*Museum sinicum*)에서 마테오 리치가 일찍이 《대서자모(大西字母)》를 출판했다고 하였는데, 어쩌면 바로 《서자기적》을 지칭한 것인지도 모르겠다(피스터의 《중국에서 활동한 예수회 선교사 열전》〈마테오 리치 전〉). 바티칸도서관에 소장본이 있으며 《보안당비급(寶顔堂祕笈)》과 《설부(說郛)》에 복각본(覆刻本)이 들어있다. 《동양언어연구소 학술지》(*Mitteilungen des Seminars für Orientalische Sprachen*), Berlin, 1910에 실린 라우퍼(Laufer)의 〈중국 기독교 예술〉("Christian Art in China")에서는 《정씨묵원(程氏墨苑)》이라는 제목의 다른 책이 있다고 하였지만, 사실 같은 책으로 이름만 다를 뿐이다.[3] 《정씨묵원》은 자가

....

1) 이 책은 최초로 라틴어 자모를 이용해 중국어 발음을 표기한 것으로 후대 한어병음 방안의 시조가 되었다.
2) 테오필루스 지크프리트 바이어(Theophilus Siegfried Bayer, 1694-1738): 동프로이센 출신의 고전학자로 중국학에 능통한 연구자였다. 상트페테르부르크 과학아카데미에서 그리스와 로마 고전 교수로 재직(1726-1737)하였다. 저서로는 *Historia regni Graecorum bactriani*(*A History of the Kingdom of the Bactrian Greeks*); *Manuscript in Latin and Chinese; Museum sinicum*(1730) 등이 있다.
3) 본서 제4편 9장 1절에서 저자는 마테오 리치가 정대약에게 기증한 서양 종교화 4폭의 내용과 그것을 그린 화가, 새긴 판화가 등을 설명한 책이 《서자

유박(幼博)인 정대약(程大約)이 판각한 서화집(書畵集)이다. 마테오 리치가 일찍이 종교화 4폭을 정대약에게 선물할 때 라틴어로 그 위에 발음을 표기했는데, 덧붙인 단문(短文)을 모두 합치면 387자로 성모(聲母) 26개, 운모(韻母) 43개, 차음(次音) 4개, 성조부호(聲調符號) 5개가 있었다. 이 책은 《명말 유럽화한 미술 및 로마자 발음》이란 제목으로 영인본이 나와 있다.4) 마테오 리치의 발음표기법이 나오자 중국인들은 매우 참신하게 생각하였다. 이에 마구 복잡하게 모방해 그리거나 앞뒤 배치를 뒤집어 남에게 자랑하고자 하는 자도 있었고, 이로써 남의 주목을 많이 받았음을 드러내기도 하였다. 《구탁일초(口鐸日抄)》 권1에 보이는 숭정 4년(1631) 복건의 (천주교) 신자 진공희(陳孔熙) 등이 루도미나(Rudomina) 사제에게 서양 발음을 대조 비교한 것도 하나의 사례이다.

니콜라 트리고의 《서유이목자》

《서자기적》이 간행된 지 20년 후 즉 천계 6년(1625), 마테오 리치와 같은 예수회 소속 선교사인 트리고도 《서유이목자》를 편찬하여 세상에 내놓았다. 1864년(동치 3년) 두에(Douai)에서 간행된 데헤스네(Dehaisnes)의 《니콜라 트리고 전기》(*Vie du P. Nicolas Trigault*) 208쪽에는 트리고가 몽모랑시(P. de Montmorency)에게 보낸 다음과 같은 편지가 실려 있다.

....

기적》이라고 하였으며, 《정씨묵원》은 전 12권으로 기증한 그림은 그 중 6권 하에 실려 있을 뿐이므로 같은 책이라고 하기보다는 《정씨묵원》 안에 《서자기적》과 같은 내용이 수록되어있다고 보아야 할 것 같다.
4) 1927년 북경 보인(輔仁)대학에서 왕씨명회로장본(王氏鳴晦盧藏本)에 진원(陳垣)의 해제를 붙여 영인 출판한 것을 말한다.

"나는 중국 신자의 요청을 받아 한문으로 자전(字典) 하나를 편찬하였는데(나는 한문이 어렵다고 느끼지 않는다), 총 3책으로 되어있다. 한자를 우리나라의 모음 자음과 비슷하게 만들어 중국인이 3일내에 서양문자의 체계를 알 수 있도록 하였다. 이런 문법(文法) 작업은 많은 중국인의 놀라움을 샀다. 그들은 한 외국인이 자신들의 문자에 오래도록 존재해온 병폐를 교정하는 것을 목도하고 매우 대단하다고 느꼈다. 이 책은 또한 우상을 믿었던 교인(불교도를 지칭함)들을 천주교로 끌어들이는 어망의 미끼가 되었다. 전 예부상서를 지낸 모공(某公)이 자금을 기부해 판각하였을 뿐만 아니라 아주 가치 있는 서문을 써주어 빛을 더했다"

이른바 모공은 장문달(張問達)[5]을 지칭한 것이 분명하다. 예부에서 관직을 역임했던 사람은 장문달의 아버지인데, 트리고가 이를 그 본인으로 오인한 것이다. 이 책은 마테오 리치가 편찬한 책 보다 조리가 더욱 엄밀하였다. 자모(字母)는 모두 29개로 그 안에 자명자(自鳴者, 즉 모음) 5개, 동명자(同鳴者, 즉 자음) 20개, 불명자(不鳴者, 중국에서 사용하지 않는 자음) 4개가 있다. 또 모음 5자를 자체적으로 상호 결합하고 l, m, n 3자와 결합하여 만든 '자명이자자모(自鳴二字子母)' 및 '자명삼자성모(自鳴三字聲母)' 각 22개, '자명사자증손모(自鳴四字曾孫母)' 1개가 있다. 원모(元母)·자모(子母)·성모(聲母)·증손모(曾孫母)로서 50열음(列音)을 삼으니 이것이 자모(字母)이고, 20개의 동명자(同鳴字)로서 자부(字父)를 삼는다. 자모(字母)에는 청(淸)·탁(濁)·상(上)·거(去)·입(入) 등 5개 성조가 있고, 중음(中音)·차음(次音) 기호가 각 하나씩 있다. 또한 〈만국음운활도(萬國音韻活圖)〉·〈중원음운활도(中原音韻活圖)〉·〈음운경위총국(音

....

5) 장문달(張問達, ?-1625): 경양(涇陽: 현 섬서성 咸陽市) 사람으로 자는 덕윤(德允)이며 관직은 이부상서에 이르렀다.

韻經緯總局)〉·〈음운경위전국(音韻經緯全局)〉·〈사품절법(四品切法)〉·
〈열음운보(列音韻譜)〉 등을 창작하였다. 이 책은 천계 5년(1625) 여름부
터 만들기 시작하여 6년 봄에 완성되었으며 모두 3차례 원고를 수정하였
다. 《사고제요》에서는 "빠진 부분이 매우 많아 완전한 책이 아니다"라고
하였다. 민국 22년(1933) 북경대학과 북경도서관에서 다시 영인하였다.
오늘날 이 책을 연구하는 사람 대부분은 한음(漢音)을 서역(西譯)한 업적
에 치중하여 당시 중국과 서양 인사들이 일찍이 이 책으로 서음(西音)
한역(漢譯)의 기준으로 삼았다는 점은 잘 모르고 있다. 오늘날 천주교에
서 통용되는 역명(譯名)이 종종 새로운 번역과 크게 다르지만 트리고의
책과는 대부분 유사하다.

제2절 중국인의 라틴어 발음표기 학습과 반대

《서유이목자》가 나오자 중국인으로부터 큰 환영을 받았으니, 장문달
·왕징(王徵)·한운(韓雲)·장종방(張緟芳) 등이 모두《서유이목자》의 서문
을 썼다. 더욱이 장문달은 판각에 필요한 자금을 부담하는 등 서로 그
일에 열심이었는데, 왕징이 특히 그러했다. 그는 일찍이 〈산거자영(山居自
詠)〉을 지어 "기이한 사람이 다행히 기우를 얻었으니, 사람의 이목을 도와
주는 원음보(原音譜)가 그것일세. 우리의 신령한 함 속에 들어있는 성적도
(聖迹圖)를 열고, 단지 입만 여는 것, 모두가 기묘한 흥취일세[6]"라 읊었는
데, '사람의 이목을 도와주는 원음보'란 바로 《서유이목자》를 가리키는

----

6) "奇人幸得奇遇, 資人耳目原音譜. 啓我靈函聖迹圖, 但開口, 皆奇趣."

것이다. 왕징과 한운은 모두 천주교 신자였고 혹자는 장문달도 신자였다고
한다. 왕징은 《서유이목자석의(西儒耳目資釋疑)》에서 다음과 같이 말하고
있다.

"지금 서양의 기호를 보니 모음은 기호가 5개에 불과하고 자음은 기호
가 20개뿐이다. 이를 결합하여 만든 것을 모두 합해보면 겨우 50개 기
호에 불과해서 하루면 익숙하게 기억할 수 있다. (반면) 저들이 등운(等
韻)을 학습하는 걸 보면 3년이 돼도 아직 익숙하지 못하고 설사 익숙하
다 해도 아직 음과 글자를 찾는데 불편한 점이 많으니, 어떤 것이 어렵
고 어떤 것이 쉬운지 (자명한데) 스스로 겸손해하는 것인가? 아니면 나
만 유독 이들과 같은 부류가 아닌 것인가? 나같이 매우 우둔한 사람도
서양 기호를 보면 바로 이해가 되는데, 하물며 똑똑한 선비들이야 훨씬
낫지 않겠는가?"

이를 보면 그 애써 제창함이 지극하다고 하겠다. 왕징이 번역한 《원서
기기도설록최(遠西奇器圖說錄最)》에서는 기호를 병기할 때 역시 로마자
를 사용하였다. 그러면서 "기호는 반드시 서양문자를 사용했으니, 서양
문자의 기호는 처음에는 기억하기 어려운 것 같지만, 열람하고자 하는
사람이 기이하게 여겨 찾게 만듦으로써 반드시 그 답을 구하게 한다"고
말했다. 오늘날 수산각(守山閣)본 《기기도설》은 이미 로마자를 전부 갑
을(甲乙)로 바꾸어 놓았다. 다만 내가 최근에 본 안강장붕분각본(安康張
鵬枌刻本)에서는 여전히 옛 형태를 따르고 있다. 그러나 왕징의 이난인
승지법(以難引勝之法)은 결코 오래 전해지지 않았다. 매문정(梅文鼎)은
《물암역산서목(勿菴曆算書目)》의 '기기보전(奇器補詮)'조에서 "관중(關中)
사람 왕징의 《기기도설》에서 서술한 인중(引重)과 전수(轉水) 등 여러
기계는 모두 민생에 도움이 되는 것이고 서양의 역학[重學]에 기초하여

그 의미를 분명히 밝히고 있다. …… 그가 서양문자로 식별한 것은 쉽고 살펴보기 편하다"고 하였으니, 매문정과 전희조(錢熙祚)의 의견이 약속이나 한 듯 거의 일치하였다. 어떤 이가 왕징에게 라틴어를 아냐고 물으니, 모른다고 대답하였다. 왕징은 《원서기기도설록최》 자서(自序)에서 "비록 내가 예전에 고향에 있을 때 금사표(金四表)선생이 나에게 가르쳐 준 서양어 자모 25개의 기호를 얻어서 《서유이목자》를 펴냈지만, 그 소리[音響]만 대략 알뿐 그 전체 문장의 뜻을 생각하면 망연하여 헤아리기 어렵다"고 하였다. 사표(四表)는 니콜라 트리고의 호이다. 왕징이 이해했던 것은 아마도 절음(切音: 半切로 된 음가 - 역자)뿐이었던 것 같다. 왕징은 또 《서서석역(西書釋譯)》 및 《서양음결(西洋音訣)》을 저술했지만 지금은 전해지지 않는다.

트리고의 책에 대한 중국인의 관심은 청초 100여 년이 지날 때까지 수그러들지 않았다. 방이지(方以智)선생은 자가 밀지(密之)로 명말 서학의 영향을 비교적 많이 받은 사람 중 한명인데, 저서로 《통아(通雅)》[7]와 《물리소식(物理小識)》이 있다. 《통아》 권50에 있는 〈절운성원(切韻聲原)〉편에서 트리고와 《서유이목자》를 4번이나 언급한 것으로 보아, 그가 라틴어 절음에 대해 조예가 깊었음을 엿볼 수 있다. 〈음고(音攷)〉절에서 트리고의 자부자모설(字父字母說)을 거론하며 만든 '선운도(旋韻圖)' 역시 트리고의 의도를 제대로 반영한 것이다. 또 "외국은 후음(喉音)이 유독 많고 중국은 설치음(舌齒音)이 상세하고 정확하니, 화엄(華嚴)·실담

---

7) 《통아(通雅)》: 책이름 중 '아'자는 중국 최초의 사전인 《이아(爾雅)》에서 따온 것이고, '통'자는 정초(鄭樵)의 《통지(通志)》, 마단림(馬端臨)의 《문헌통고(文獻通考)》 등에서 따온 것이다. 전 52권으로 전체 내용을 24분야로 나누어 서술한 백과전서 형식의 책이다.

(悉曇)·회회(回回)·태서(泰西)는 서로 미루어 짐작할 수 있다"고 하였는데, 방이지 마음속의 태서는 라틴뿐이었다. 방이지는 또 "글자의 어지러움은 통용과 차용으로 인해 생긴 것이다. 만약 어떤 일이 한 글자에 속하면 글자마다 하나의 뜻이 있게 된다. 서양에서처럼 어떤 일이 음에 합치되어 그 음에 따라 글자를 만드는 것이 더욱 좋지 않겠는가?"라고 하였으니, 그가 로마자에 매우 심취했음을 알 수 있다.

양선구(楊選枸)의 저서 《성운동연집(聲韻同然集)》에도 라틴어 병음법에 관한 기록이 있다. 일찍이 트리고의 방법을 배워 굉성자부(宏聲字父) 15개와 굉성자모(宏聲字母) 13개, 중성자부(中聲字父) 21개, 중성자모(中聲字母) 20개, 세성자부(細聲字父) 31개, 세성자모(細聲字母) 24개를 만들었다. 합쳐서 자조(字祖) 31개, 대운(大韻) 25개였다. 또한 트리고의 음운활도법(音韻活圖法)을 모방하여 '동연도(同然圖)'·'굉성도(宏聲圖)'·'중성도(中聲圖)'·'세성도(細聲圖)'를 만들었다(〈耶穌會士在音韻學上的貢獻〉, 중앙연구원 《역사어언연구소집간》 제1본 참조).

방이지와 양선구 외에 청초 사람으로 자가 계장(繼莊)인 유헌정(劉獻廷)[8]도 특히 외국어를 좋아했다. 양빈(梁份)의 《회갈당집(懷葛堂集)》 권2 〈유씨가장묵원서(劉氏家藏墨苑序)〉를 보면 다음과 같이 적혀있다.

"나의 친구 유계장은 읽지 않은 책이 없었다. 집안은 매우 가난했으나 소장하고 있는 금석(金石)과 도서(圖書)가 특히 많았다. 그 집 선생은 《묵원(墨苑)》이라는 책을 얻고는 매우 아끼고 좋아하여 오랫동안 북경[燕]에서 소장하고 있었다. 병인년(1686 - 역자) 유계장이 소쥬[吳門]에 잠시 머물 때, 친구

....

8) 유헌정(劉獻廷, 1648 - 1695): 청초의 지리학자로 본적은 강소성 오현(吳縣)이나 태의(太醫)인 부친을 따라 북경으로 이주하였다. 산스크리트어·라틴어·몽고어 등에 능통하여 《신운보(新韻譜)》를 편찬하기도 했다.

집에 들러 책꽂이에 있는 책을 보다 우연히 펼쳐본 것이 바로 《묵원》이었
는데 겨우 반질만 있었다. 유계장이 '내가 요즘 한가하니 전질을 빌려주길
바란다'고 하자, 친구가 '좋다'고 하였다. 그러나 잠시 후 친구가 다른 생각
때문에 빌려주지 않겠다고 하자, 유계장도 다른 생각이 있어 더 이상 요청
하지 않았다. …… 어느 날 문인(門人)이 책을 끼고 와 책상 위에 올려놓았
는데, 바로《묵원》전질이었다. 재빨리 펼쳐보니 바로 전에 절반만 보았던
그 책이었다. 책이 전부 갖추어지자 자연스럽게 유계장의 집에 소장하게
되었다. 이 일은 한 동안 별난 일로 회자되었다."

《묵원》을 애호했던 유계장의 마음이 어찌 이 정도에 그쳤겠는가? 양씨
의 서문에 적힌 내용은 이를 다 표현하지 못한 것 같다. 근래 사람이
쓴 〈유계장선생연보초고(劉繼莊先生年譜初藁)〉(《浙江省立圖書館館刊》4
권 4, 5기)에 양빈의 서문을 수록하고 있지만, 역시 유계장이 《묵원》을
한시도 잊지 못한 이유에 대해서는 갈파하지 못하고 있다. 내가 보기에
분명 이 책에 수록된 마테오 리치의 발음표기와 관련 있다고 생각한다.
유계장의 학문은 서양의 것을 배운 바가 매우 많았으니, (그가 쓴)《광양
잡기(廣陽雜記)》에 자세히 나온다. 《광양잡기》 권2를 보면 다음과 같이
적혀있다.

"나중에 유명한 진사(進士)가 된 유공당(劉孔當)은 《오경난자(五經難字)》
와 《오경협운(五經叶韻)》 등 총 몇 권의 저서가 있는데, 강갑부(姜甲夫)
의 집에서 그 책에 첨부된 유구(琉球) 홍이(紅夷)문자를 본 사람이 있다
고 하였다. 나는 이 이야기를 듣고 몹시 놀랐으니, 예전에 강갑부 집에
서 여러 날을 머물렀지만 이러한 이서(異書)가 있는지 몰랐기 때문이다.
《오경난자》와 《오경협운》의 유무(有無)와 상관없이 유구의 홍이문자는
바로 내가 현상금을 걸고 구하거나 도둑을 모집해 훔치고 싶었던 것인
데, 눈앞에서 이를 놓쳤던 것이다. 홍이문자는 틀림없이 납저락(蠟底諾)

어를 사용하되 그 지역 발음에 맞추었으므로 분명 서로 다른 점이 약간 있을 것이다."

유구는 대만을 가리키는 것 같은데, 다음 절에서 자세히 다루겠다. 납 저락은 라틴을, 홍이는 네덜란드를 지칭한다. 이 글의 고증은 비록 아주 정밀하지는 않지만 이미 이러한 풍조의 새로운 장을 열었다고 할 수 있다. 《광양잡기》 권3에서도 '서양 라틴어[太西蠟頂話]'에 대해 서술하고 있는데, 랍정(蠟頂) 역시 라틴의 이역이다. 유계장이 쓴 《신운보(新韻譜)》도 트리고의 영향을 받은 것이지만 안타깝게도 이미 산실되었다. 전조망(全祖望)의 《길기정집(鮚埼亭集)》 권28 〈유계장전(劉繼莊傳)〉에는 "일찍이 《신운보》를 만들었는데, 그 깨달음은 화엄자모(華嚴字母)에서 시작해 천축(天竺)·다라니(陀羅尼)·서양 라틴어[泰西蠟頂話]·소서천축서(小西天梵書) 및 천방(天方)·몽고(蒙古)·여진(女直) 등의 음을 참조하였다"고 되어있다. 같은 책 권2 〈국서부(國書賦)〉에도 전조망이 라틴어로 문자학에 입문했음을 보여주는 "《용감수경(龍龕手鏡)》[9]을 아직 깨달지 못했는데, 누가 라틴어를 거슬러 올라가리?[10]"라는 구절이 있으니, 라틴문자에 대한 당시 문인들의 관심이 얼마나 농후했는지 알 수 있다.

서양 선교사를 예로서 후대하였던 강희제는 모든 서양과학에 대해 조금 알 정도로 입문만 하고 번번이 그만 두었는데, 라틴어 역시 그러하였다. 강희 44년(1705) 대학사 등이 러시아 무역사절이 가져온 원문과 번역문을 올리자, 황제가 대학사 등에게 다음과 같은 유지(諭旨)를 내렸다.

....

9) 《용감수경(龍龕手鏡)》: 요대의 승려 행균(行均)이 편찬한 한자자전으로 총 26,430여자를 수록하고 있으며 《용감수감(龍龕手鑑)》으로도 불린다.
10) "龍龕之鏡未諳, 蠟頂之話誰遡?"

"이것이 바로 라제락(喇提諾)·탁다오조극(託多烏祖克)·악라사(鄂羅斯) 3
종의 글이다. 외국 글에도 36자모가 있는 것이 있고 30자, 50자모가 있
는 것도 있다. 짐이 라마(喇嘛)에게 주어 자세하게 연구해보니, 그 기원
이 중국과 동일하다. 다만 평성·상성·거성을 나누지 않고 오히려 입성
이 있는 것을 보면, 두 글자가 합음(合音)된 것이 매우 분명하다. 중국
은 평·상·거·입성의 4운이 극히 정교하나, 두 글자의 합음은 그다지
긴밀하지 않으며 배우는 자가 적어 차츰 그것을 버리기에 이르렀다. 한
림원 관리에게 4성을 물어보니 모르는 자가 없으나, 두 글자의 합음에
대해 물으니 모두 알지 못했다. 중국이 가지고 있는 글자는 외국도 갖
고 있으나 다만 온전하지 않을 뿐이다."(《동화록》〈강희76〉, 《청성조실
록》 권223의 내용도 같음)

　이 유지에 관하여 유정섭(兪正燮)은 《아라사사집(俄羅斯事集)》에서 러
시아는 동쪽으로 납제락(拉提諾)과 만나고 서쪽으로는 탁특오주극(托忒
烏珠克)과 만나기 때문에 몽고어·만주어·한문으로 중역하였다고 하였
다. 위원(魏源)은 《아라사빙맹기(俄羅斯聘盟記)》에서 납제락은 서양의
글자체이고 탁특은 오이라트[厄魯特]의 글자체이며 오주극은 탕구트[唐
古特]의 글자체라고 하였다. 하추도(何秋濤)는 《삭방비승(朔方備乘)》 권
13 〈아라사학고(俄羅斯學考)〉에 첨부된 '아라사국겸용각체문자고(俄羅
斯國兼用各體文字考)'에서 다음과 같이 구분하고 있다.

"납제락도 일종의 문자이고 탁다오조극도 일종의 문자이며 악라사도 일
종의 문자로 모두 합하면 3종류의 문자가 된다. 위원은 탁특과 오주극
을 별도의 문자로 보았는데 분명한 오류이다. 또 서양은 러시아의 서쪽
에 있고 오이라트는 러시아의 동쪽에 있으므로 마땅히 서쪽으로 납제락
과 만나고 동쪽으로 탁특오주극과 만난다고 해야 되니, 유정섭의 설명
도 잘못된 것이다."

라제락과 납제락은 모두 라틴의 이역(異譯)이며 라마는 러시아 동방정교의 선교사를 지칭한 것이니, 도리침(圖理琛)11)의 《이역록(異域錄)》 등에 나온다. 강희제의 이 유지로 인해 논쟁이 일어났는데, 당시의 고증학 열풍이 이를 더욱 부추겼다. 하추도는 또 "라틴어는 서양의 공용 글자체이고 러시아 교문(敎門)의 기예는 전부 서양에서 배운 것이므로 당연히 이에 익숙하다"고 말했다. 그리고 〈라틴글자체고찰(拉提諾字體考)〉에서는 "납저락(臘底諾) 또는 라제락(喇提诺)이라고도 적는다"고 주를 달았다. 앞의 유지를 보면 강희제는 로마자 병음으로 한자 음운의 새로운 길을 열려는 뜻이 있었던 듯하다. 강희 49년(1710) 3월 초9일 대학사 진정경(陳廷敬) 등에게 내린 유지에는 다음과 같이 적혀있다.

"짐은 전적(典籍)에 관심을 갖고 군서(群書)를 편정(編定)하였다. …… 문자학(字學)도 매우 중요함으로 마땅히 사정을 참작해 책을 편찬하도록 허락한다. …… 짐이 일찍이 여러 책을 참고하여 깊이 고증한 바에 의하면 무릇 몽고·서역·양외(洋外: 마땅히 外洋으로 적어야 함) 여러 나라는 대부분 자모(字母)를 따르기 때문에 음이 지방마다 달라서 가져다 쓰기가 어렵다. …… 지금 문자의 상세함과 간략함을 적절히 해서 지당(至當)한 상태로 되돌리고자 하니, 빠진 글자는 더하고 정자(正字)의 불필요한 부분은 삭제해 책으로 만들어 길이 전하도록 해라. 너희들이 적절히 의논하여 성례(成例)를 만들어 아뢰도록 하라."

....

11) 도리침(圖理琛): 만주족 출신의 고관으로 강희 51년(1712) 몽고를 거쳐 시베리아를 횡단해 볼가강 하류에 있는 토이호특부(土爾扈特部)에 사신으로 갔다가 3년 만에 귀국하였다. 그가 지은 기행문인 《이역록》 2권은 한문과 만주어본 2종류가 있는데, 사행로 연도의 산천과 도정(道程), 러시아의 풍습, 물산과 의례 등에 관해 기술하고 있다. 중국과 러시아 양국관계의 전개나 러시아에 대한 이해에 있어 원초적 전거로서 높이 평가되고 있다.(《실크로드 사전》, 105, 644쪽)

이 조서는 《강희자전》 편찬을 명하는 글이다. 애석하게도 강희제는 라틴어 발음표기에 대한 조예가 깊지 않았기 때문에 결국 아무런 성과도 거두지 못하였다.

라틴 병음법을 좋아하는 사람도 많았지만, 배척하는 사람도 따라서 생겨났다. 웅사백(熊士伯)은 《등절원성(等切元聲)》12) 권8 〈열서유이목자(閱西儒耳目資)〉에서 "절운(切韻)은 중국의 현철(賢哲)이 만든 것으로 그 안에 지극한 이치가 내포되어있지만, 아는 자가 매우 드물다. 그것을 알지 못해 결국 사사로운 지혜를 내어 서로를 헐뜯으니 정도가 지나치다!"고 하였다. 주춘(周春)13)은 《송애유서(松靄遺書)》에 수록된 《소학여론(小學餘論)》 권하에서 "명말 서양인 트리고가 등운학(等韻學)의 업적을 표절하여 〈열음운보(列音韵譜)〉14)를 편찬했는데, 결국 그 조잡한 것만 얻은데 불과하였다. 절각(切脚: 半切을 표시하는 두 글자로 본 글자를 대신하는 것 - 역자) 아래의 한 글자는 전혀 상관하지 않았으니, 거의 동정절(洞庭切)과 유사하다. 또 글자를 읽을 때 모두 중국 음을 따랐지만 그 나라 음[土音]을 따른 것도 있는데, 고음(古音)은 모두 없애버렸다. 자모(字母) 외에 다시 자부(字父)와 자손(字孫)을 만든 것은 더욱 법칙에 맞지 않다!"고 하였다. 대개 트리고의 책은 단지 서양인의 한문 학습을 위한 것이었을 뿐 중국 음운학을 개혁하려는 뜻은 없었으나, 당시 그의 학설을 좋아하고 크게 선전하는 중국학자들로 인해 반대자의 비판을 불러일으켰으니 역시 예상되었던 일이다.

....

12) 《등절원성(等切元聲)》: 강서성 남창(南昌) 사람 웅사백(생몰연도 미상)이 강희 42년(1703) 펴낸 등운학 저술로 전 10권으로 되어있다.
13) 주춘(周春, 1729-1815): 절강성 해녕(海寧) 사람으로 자는 둔혜(芚兮)이고 호가 송애(松靄)이다. 저명한 장서가이자 학자로 많은 저서를 남겼다.
14) 원서에는 〈열음운(列音韻)〉으로 되어있으나 오류가 분명하여 바로잡았다.

제3절 네덜란드인이 대만에 전수한 홍모자(紅毛字)

명 천계 4년(1624) 대만의 대남(臺南) 일대를 침범한 네덜란드는 청 강희 원년(1662) 정성공(鄭成功)에 의해 쫓겨날 때까지 전후 38년 동안 대만을 불법 점거하고 있었다.

네덜란드인이 대만에 들어 온지 3년째 되던 해, 처음으로 선교사들이 들어와 신교(新敎)를 전하고 교회당도 건축하였다. 숭정 9년(1636) 학교를 세워서 토번(土番: 옛 명칭을 그대로 사용함) 학생을 받아들여 라틴 글자 즉 로마자로 번어(番語)를 기록하는 법을 가르쳤다. 후대 사람들은 이를 '홍모자'라 불렀다. 동시에 네덜란드어로 된 교회서적을 번역하여 로마자 발음표기가 된 번어 교과서를 만들었다. 당시 네덜란드인이 추진한 교육은 그 범위가 대남(臺南)·신항(新港)·대목항(大目港)·목가유만(目加溜灣)·소롱(蕭壠)·마두(蔴豆)·대걸전(大傑顚)·대무롱(大武壠)·담수(淡水)·도원(桃園) 등지까지 미쳤는데, 마지막 두 지역은 스페인인을 쫓아낸 후에 진행한 곳인 듯하다.

네덜란드 동인도회사의 보고에 따르면 네덜란드가 대만을 점거한 지 15년째 되던 해, 즉 숭정 12년(1639) 이미 526명의 학생이 있었고 4년 후에는 600명이 넘었으며 50명의 번인(蕃人)이 이미 교사로 충당될 수 있었다고 한다. 다만 네덜란드인이 대만에서 물러가기 3년 전 이러한 교육은 이미 점차 쇠퇴하기 시작하였다.

번인은 '홍모자'를 배운 후 모든 계약서·장부(帳簿)·편지 등에 '홍모자'를 사용하였다. 일본인이 이러한 문건에 대해 알고 수집 정리하였는데, 신항에서 관련 문건이 가장 많이 나왔기 때문에 이를 '신항문서'라 이름 붙였다.

여기서 먼저 중국 문헌의 기록을 통해 관련 내용을 살펴보도록 하자.

강희 35년(1696) 간행된 고공건(高拱乾)15)이 편수한 첫 번째《대만부지(臺灣府志)》(省立臺北圖書館 소장 影抄節本) 권7 〈풍토지(風土志)〉 '토번풍속(土番風俗)'에는 "홍모자를 쓸 수 있는 사람을 '교책(敎冊)'이라 불렀다. 모든 출입(出入)의 수(數)는 전부 그의 손을 거쳤다. 거위 털의 관(管)을 잘라서 먹물을 주입하여 가로로 글을 썼는데, 왼쪽에서 오른쪽으로 쓰고 세로로 쓰지 않았다. 지금 귀화[向化]하려는 부락에는 선생[塾師]을 두어 번인 자제를 공부시키니, 점차 시서예의(詩書禮儀)의 가르침에 물들고 있다"고 적혀있다. 강희 51년(1712) 간행된 주원문(周元文)16)의 《중수대만부지(重修臺灣府志)》(성립대북도서관 소장 影寫本) 권7 〈풍토지〉 '토번풍속'에서는 고공건의 《대만부지》 내용을 그대로 옮겨 적고 있다.

강희 56년(1717) 주종선(周鍾瑄)17)이 편수한 《제라현지(諸羅縣志)》 권8 〈풍속지〉 '번속고(番俗考)'의 잡속(雜俗)에는 다음과 같이 적혀있다.

> "홍모자를 배워 가로로 왼쪽에서 오른쪽으로 썼는데, 글자가 옛 와전체(蝸篆體)와 서로 닮았다. 글씨를 쓸 수 있는 자로 하여금 관[官司]의 부격(符檄: 官符移檄의 준말로 관부에서 아래로 내리는 문서의 총칭 - 역자)과 과역(課役: 과세와 부역 - 역자)의 수목(數目)을 관장하도록 하고 이를 '교

....

15) 고공건(高拱乾, 생몰연도 미상): 음생(蔭生) 출신으로 강희 31년(1692)부터 34년까지 대하병비도(臺廈兵備道)를 지냈다. 재임 중 《대만부지》(전 10권) 편찬을 주관하였다.

16) 주원문(周元文, 생몰연도 미상): 감생(監生) 출신으로 강희 46년(1707)부터 51년까지 대만지부(臺灣知府)를 지냈다. 재임 중 의학(義學)을 설립하고 《대만부지》를 중수하였다.

17) 주종선(周鍾瑄, 1671-1763): 귀주성 귀양(貴陽) 사람으로 강희 53년(1714)제라지현(諸羅知縣)에 임명된 후 《제라현지》 12권을 편찬하였다.

책자(教册仔)'라고 불렸다. 지금은 관에서 부락[社]마다 사숙선생을 두어 숙번자제(熟番子弟) 모두가 학문을 배우도록 함으로써 점차 한문(漢文)에 능통하게 되었다. 홍모자는 붓을 사용하지 않고 거위의 깃털 관을 잘라서 오리 주둥이같이 만들고 그 끝을 날카롭게 해서 솜털처럼 찢은 후에 묵(墨)즙을 넣은 통(筒)에 이를 담가서 글을 썼다. 홍모 종이는 쉽게 구할 수 없어 전(箋)로 그것을 대신하니 종이 뒷면에 다시 쓸 수가 있었다."

강희 35년 "점차 시서예의의 가르침에 물들고 있다"에서 56년 이미 "한문에 능통하게 되었다"가, 건륭 6년(1741) 유량벽(劉良璧)의 《중수복건대만부지(重修福建臺灣府志)》[18](성립대북도서관 소장 영사본) 권6 〈풍속〉에 이르면 "예전 각 부락에는 홍모자를 배운 사람이 있어서 거위 깃털 관에 먹물을 따른 후 가로로 왼쪽에서 오른쪽으로 썼는데, 이들을 '교책'이라 불렀다. 부락의 출입 장부는 모두 그의 손을 거쳤고 지금은 장부를 전부 한자로 작성한다"는 수준에 도달하였다고 한다.

(하지만) "전부 한자로 작성한다"는 말은 사실이 아니다. 번인의 계약 문서 중에는 가경 18년(1813)까지 여전히 '홍모자'를 사용한 것이 있으니, 자세한 내용은 다음에 나온다.

건륭 12년(1747) 간행된 범함(范咸)[19]의 《중수대만부지》(성립대북도

....

18) 《중수복건대만부지(重修福建臺灣府志)》: 호남성 형양(衡陽) 사람 분순대만도(分巡臺灣道) 유량벽(생몰연도 미상)이 건륭 5년부터 중수하여 6년에 간행한 책으로 전 20권에 수권(首卷) 1권이 있다. 원서에는 《중수대만부지》로 되어있으나 정식명칭으로 바로잡았다.
19) 범함(范咸, 생몰연도 미상): 절강성 인화(仁和) 사람으로 건륭 10년(1745) 순시대만감찰어사에 임명되어 순시대만호과급사중(巡視臺灣戶科給事中) 육십칠(六十七: 만주인)과 함께 새 《대만부지》(전 25권, 首 1권)를 편찬 간행하였다.

서관 소장 原刻本) 권14 〈풍속2〉 '번사풍속(番社風俗)1'의 대만현(臺灣縣) 대걸전사(大傑顚社)·신항사(新港社)·탁후사(卓猴社)조에서는 "홍모자를 배운 사람을 '교책'이라 부르는데, 거위 깃털 관을 날카롭게 잘라 대롱에 먹물을 넣어서 가로로 왼쪽에서 오른 쪽으로 글을 썼다. 부격(符檄)과 전곡(錢穀)의 수목(數目)을 기록했다. 한가할 때는 거위 (깃털) 관을 머리에 꽂거나 허리춤에 넣어두었다"고 했을 뿐 한자와 한문에 대해서는 언급하지 않고 있다. 다만 이 내용은 옹정 2년(1724) 편찬되고 건륭 원년(1736) 간행된 황숙경(黃叔璥)의 《대해사사록(臺海使槎錄)》 권5 〈번속육고(番俗六考)〉의 '북로제라번(北路諸羅番)1'에 이미 나온다. 황씨는 강희 61년(1722) 순대어사(巡臺御史)에 임명되었으므로, 이 책의 완성과 간행은 실제 범함보다 이른 시기였다. 또한 권7 〈번속육고〉의 '남로봉산번(南路鳳山番)1' 부록에는 "일이 있으면 대중이 모여서 의논하였고 홍모자를 쓸 수 있는 사람을 '교책'이라고 불렀으며 출입의 숫자를 관장하여 기록했다. 거위 관을 잘라 먹물을 넣어 가로로 왼쪽에서 오른쪽으로 글을 썼다"고 적혀있다. 마지막에 《봉산지(鳳山志)》라는 주석이 달려있는데, 바로 강희 58년(1719) 왕진(王珍)[20]이 편찬한 《봉산현지(鳳山縣志)》를 말한다. 《봉산현지》는 국내에 오직 남경 국학도서관(國學圖書館)에만 1부 소장되어 있은듯하나 그마저도 지금은 찾아볼 수 없다. 다만 건륭 28년(1764) 간행된 왕영증(王瑛曾)[21]의 《중수봉산현지(重修鳳山縣志)》 권3 〈번사풍속(番社風俗)〉 '랑교(瑯嶠) 등 18사(社) 풍속' 및 '부고(附考)'에 보

....

20) 왕진(王珍, 1684-1744): 산서성 장치(長治) 사람으로 자는 웅초(雄樵)이며 강희 55년(1716) 대만지부(臺灣知府)에 임명되었다.
21) 왕영증(王瑛曾, 생몰연도 미상): 본적은 강소성이고 거인 출신으로 건륭 27년(1762) 대만지현(臺灣知縣)에 임명되었으며 《중수봉산현지》(전 12권, 수 1권)을 편찬하였다.

면 《봉산현지》에서 인용하였음을 밝히고 있고, 《대해사사록》에서 인용한 내용과 같지만 끝에 "세로로 쓰지 않았다[不直行]"는 세 글자만 더 적혀있다.

그 외 건륭 17년(1752) 간행된 노정매(魯鼎梅)의 《중수대만현지(重修臺灣縣志)》[22] 권12 〈풍토·풍속〉의 '부번속(附番俗)'과 건륭 25년(1760) 간행된 여문의(余文儀)의 《속수대만부지(續修臺灣府志)》[23] 권14 〈번사풍속〉의 '대만현 대결전사·신항사·'탁후사'조에는 모두 범함의 《중수대만부지》의 내용을 기록하고 있는데, 그 근원을 거슬러 올라가면 사실 전부 《대해사사록》 권5에서 나온 것이다. 다만 노정매의 《중수대만현지》는 '전곡(錢穀)'을 '철곡(鐵穀)'으로 오기하고 있으며 여문의의 《속수대만부지》는 "대롱에 먹물을 넣다[注墨汁於筒]"는 구절의 즙(汁)자가 누락되어있다. 여문의의 《속수대만부지》 권14 〈봉산현1〉 '무락사(武洛社) 등 8사'의 내용은 위에서 인용한 《대해사사록》 권7의 내용과 동일하며 마지막의 "세로로 쓰지 않았다"는 세 글자도 없다.

1938년 대북제국대학(臺北帝國大學) 문정학부(文政學部)에서 무라카미 나오지로(村上直次郎) 교수가 영문으로 쓴 《'신항문서(新港文書)' 연구》(Naojiro Murakami, *Sinkan Manuscripts*)를 출판하였는데, 그 중에서 가장 늦은 것은 '제21호 신항문서'로 가경 18년(1813)에 작성되었다. 무라카미 교수는 모두 101개의 사례를 수집하였고, 그 중 87개는 신항사의 사본(寫本)에서 나왔다. 87개 사례 가운데 21개는 '한번대조사본(漢番對照寫本)'

....

22) 《중수대만현지(重修臺灣縣志)》: 건륭 14년(1749) 대만지현에 임명된 노정매의 주도 하에 왕필창(王必昌)이 편찬한 책으로 전 15권, 수 1권으로 되어있다.
23) 《속수대만부지(續修臺灣府志)》: 건륭 25년(1760) 대만지부에 임명된 여문의(1687-1782?)가 편찬한 책으로 전 26권, 수 1권으로 되어있다.

이고 19개는 건륭연간, 2개는 가경연간에 속하는 것이었다. 《문헌전간 (文獻專刊)》 2권 3, 4기 합본에 실린 송문훈(宋文薰)선생의 글 〈신항문서 의 한 새로운 사례(新港文書之一新例)〉에서는 그것을 '제88호 신항문서' 라 불렀으니, 가경 8년(1803)에 작성된 계약서 중 하나이다. 이는 '로마 [羅馬]주음번어사본(注音番語寫本)'과 '신항문서' 중에서 가경 18년의 '제 21호 신항문서'보다 약간 빠른 것이다. 이를 통해 네덜란드인이 쫓겨난 지 150여년이 지난 뒤에도 '홍모자'가 여전히 마두(麻豆) 이남의 하담수 사(下淡水社) 지역 원주민 사이에 유행하고 있었음을 알 수 있다.

(하지만) 로버트 스윈호(Robert Swinhoe)는 그가 쓴 "Notes on the Island of Formosa", *Proceedings of the Royal Geographical Society*, vol.VIII, No.2, Feb. 1864에서 본인이 함풍 11년(1861) 대만부(臺灣府) 영국부영사(英國副領事)로 부임했을 때, 번사(番社)의 사장(社長)들은 그 들이 보관하고 있던 '로마주음사본'을 이미 읽지 못했고 게다가 소수의 노인을 제외하고는 자신의 고유 언어도 해독하지 못했다고 적고 있다. 동치 10년(1871) 대만에 온 톰슨(J. Thompson)은 일찍이 그의 저서 *The Straits of Malacca, Indo-china and China*, 1876에서 "현재 원주민들은 비 록 그들이 보관하고 있는 보기 드문 로마주음 말레이어 문건을 이미 번 역하지 못하고 그 가치를 전혀 알지 못하지만 여전히 귀중한 보배로 간 주하고 있다"고 적었다.

제4절 마카오 일대에서 유행한 포르투갈어

건륭 11년(1746) 광주해방동지(廣州海防同知) 장여림(張汝霖)은 〈청봉

당인묘주기(請封唐人廟奏記)〉에서 "마카오 일대에는 중국인과 오랑캐가 잡거하고 있다. 오랑캐 스스로 예배당을 세워 종교를 믿는 것은 논외로 하고 중국인이 입교하는 경우는 대략 두 종류이다. 하나는 마카오에서 입교하는 것이고, 또 하나는 각 현에서 매년 한번 마카오에 와서 입교하는 것이다. 마카오에서 입교한 사람은 마카오에 오래 거주하여 점점 깊이 물들어서 언어와 풍속도 점차 오랑캐화 된 경우이다"고 하였다. 이 내용은 장여림과 인광임(印光任)이 공동으로 편찬한 《오문기략(澳門紀略)》 상권 〈환수편(宦守篇)〉에 기록되어있다. 또 "마카오의 여러 오랑캐 사찰 외에 따로 천주당을 세워 당인묘(唐人廟)라 이름하고 오로지 내지(內地) 주민만을 입교시켰다"고 하였다.

《오문기략》 하권 〈오번편(澳蕃篇)〉 마지막에 있는 '오역(澳譯)'에서는 "서양어는 비록 뜻이 통하지 않는 만이(蠻夷)의 말이지만 중국에 오랫동안 살게 되면서 중국인 가운데 그들에게 배워 그 말을 할 수 있는 사람이 많아졌다. 그런 까닭에 그 말을 중국어로 번역할 수 있게 되어 분필과 목판을 항상 몸에 지니고 양자(揚子)처럼 멀리 방문하여 관리를 감찰[計吏]하는 부지런을 떨 필요가 없어졌다[24]"고 하였다. 그리고는 천지류(天地類)·인물류(人物類)·의식류(衣食類)·기수류(器數類)·통용류(通用類)로 나누어 총 305개 단어를 수록하고 그 아래에 한자로 음을 달았는데, 반드시 광동 발음으로 읽어야만 한다.

'오역'은 당시 일부 명사(名詞)의 정확한 의미를 이해하는데 큰 도움이 된다. 예컨대 소서양(小西洋)에는 '아아(我呀)'라고 음을 달았는데 요즘의 '와아(臥亞)' 즉 Goa이니, 이를 통해 당시 소서양이라 칭했던 확실한 지점

....

[24] 《서경잡기(西京雜記)》 권3에 나오는 "楊子云好事, 常懷鉛提槧, 從諸計吏訪殊方絶域四方之語"를 비유한 것이다.

을 알 수 있다. 그밖에 예를 들어 여송(呂宋)에 만니입(萬尼立)이라 음을 달았으니 곧 마닐라이고, 갈랄파(噶喇巴)에 '멸타비(滅打比)'라 음을 달았으니 곧 자카르타이며, 오문(澳門)에 '마교(馬交)'라 음을 달았으니 곧 포르투갈어로 Macau, 영어로는 Macao이다. 이상은 지명이고 그 외 화상(和尙)에 '파적리(巴的梨)'라 음을 달았으니 신부(Padre)를 가리킨 것으로 《동서양고(東西洋考)》에서는 '파례(巴禮)'라 적고 있다. 당인(唐人)은 중국인이므로 지나(之那, Chinês)라 음을 달았다.

제5절 라틴어의 응용과 서양관(西洋館)의 설립

유럽 문자에 대한 중국인의 연구와 학습은 원나라 시기까지 소급해 올라갈 수 있다. 1305년 1월 8일 즉 대덕 8년 12월 13일 대도(大都) 총주교[25] 몬테코르비노(Montecorvino)가 쓴 편지에는 이미 150명의 어린이들이 그리스어와 라틴어를 배우고 있다고 언급되어있다.

명말 마카오·북경·항주 등지에서 중국 천주교 선교사를 배양하는 수도원이 잇달아 세워졌는데, 라틴어를 배우는 전문학교이기도 하였다. 그후 중국 내에서 금교령이 시행되자 필리핀·베트남·태국·미얀마·페낭·인도의 퐁디셰리(Pondicherry)·로마 및 영국·프랑스·포르투갈 등지에 가서 배우는 사람도 생겨났다. 뿐만 아니라 옹정 10년(1732) 마테오

....

25) 본서 제3편 7장 5절에 따르면 대도(즉 칸발리크) 총대주교가 설치된 것은 1307년이고 몬테코르비노가 축성식을 가진 것은 1308년이므로 1305년 당시 몬테코르비노는 총주교의 신분이 아니었다.

리파(Matteo Ripa)는 중국인을 데리고 나폴리(Naples)에 가서 성가서원
(聖家書院, Collgeium Sanctae Familiae)을 세웠다. '문화서원(文華書院)'
이라고도 부르는데, 실로 중국이 해외에 설립한 최초의 학교였다. 함풍
11년(1861) 이탈리아 정부가 몰수하여 왕가아주서원(王家亞洲書院)으로
바꾸었고, 민국 2년(1913) 다시 동방왕가학원(東方王家學院)으로 바뀌었
다. 그렇지만 그 이전에 입학한 중국인 학생이 106명에 달하였다. 관련
내용은 《방호문록(方豪文錄)》에 수록된 나의 글 〈동치 이전 유럽 유학
사략(同治前歐洲留學史略)〉에 나온다.

청초의 유명 화가 오력(吳歷)은 아내가 죽은 후 수도하여 사제가 되었
는데 라틴어도 공부했다. 그가 쓴 《삼여집(三餘集)》에 수록된 〈서등(西
燈)〉이란 시에는 "먼 나라 이역으로부터 온 등에 한식이 지나자 새로운
불을 켰네. 로마에서 온 빛을 시험해보려고 라틴어를 가로로 읽네. 나방
은 빛에 접근하기 어렵고 쥐처럼 두리번거리며 사방을 둘러보니 형체가
뚜렷하게 보이네. 서찰(西札) 치켜들고 보면서 하나하나 알지 못했던 것
을 알게 되네"[26]라 되어있는데, 위아래 문장을 연결시켜 보면 소위 '서
찰(西札)'은 바로 유럽에서 보내 온 라틴어로 된 편지를 말하는 것 같다.
《삼여집》에는 또 〈화고소심범이자잡시(和姑蘇沈范二子雜詩)〉 일곱 수
(首)가 있는데, 그 첫 수에서 "근래 서양어로 된 학문을 연구하다보니
마침내 동쪽 아래 장막이 훤히 밝았네[27]"라고 하였다. 또 《묵정집(墨井
集)》 권5 〈구탁(口鐸)〉에서 조륜(趙侖)은 강희 35년(1696) 8월 모일(某日)
"선생님께서 …… 나에게 서양 발음[西音]을 가르치면서 잊지 말라고 재

....

26) "燈自遠方異, 火從寒食分. 試觀羅瑪景, 橫讀辣丁文. 蛾繞光難近, 鼠窺影不群.
擎看西札到, 事事聞未聞."
27) "近究西文學, 竟虛東下帷."

삼 당부하셨다"고 적었으니, 이른바 "서양 발음을 가르치다"는 것은 오력이 라틴어 또는 라틴어 발음을 사람들에게 전수하였다는 말이다.

라틴어를 배우거나 가르친 천주교인의 역사와 라틴어 서적의 역저(譯著)에 관해서는 지면의 제약으로 여기서 전부 다 서술할 수 없으므로 《방호문록》에 수록된 나의 또 다른 글 〈라틴어의 중국 전래 고찰(拉丁文傳入中國考)〉을 참고하길 바란다.

라틴어가 정식으로 중국 관방문서에 사용된 것은 아마도 강희 28년(1689) 중국과 러시아의 교섭 때인 듯하다. 《희조정안(熙朝定案)》에 실린 "강희 27년 3월 13일 이번원(理藩院)이 받은 유지에는 '짐이 데리고 있는 서양인을 보니 진실되고 성실하여 믿을 만하다. 나찰(羅刹: 청초 러시아 사람을 일컫던 말 - 역자)이 라틴[喇第諾]문자를 아는 토마스 페레이라(Thomas Pereira)를 오라고 했는데, 그 요구가 타당하니 그대들도 공문을 보내고 나찰에게 가서 설명하도록 하라'"고 되어있다. 《정교봉포(正敎奉褒)》의 내용도 동일하나 라제락(喇第諾)을 납제락(拉提諾)으로 고쳐 썼다.

《성조실록》에는 "강희 28년 12월 병자일에 대신을 보내 러시아와 변방 경계를 협의토록 했다. 돌을 세워 오랫동안 전해지게 하고 만한(滿漢)문자 및 러시아·라틴[拉梯訥]·몽고문자(몽고의 古자를 吉자로 잘못 썼음)를 그 위에 새기도록 하였다"고 되어있다. 《동화록》〈강희44〉에도 "황제가 의정왕대신(議政王大臣)에게 의견을 모으도록 명하니, 의정왕대신 등이 고르비차(Gorbitsa)강 여러 지역에 비석을 세워[28] 영원히 전해지도록 만한문자와 러시아·라틴[喇第訥]·몽고문자를 그 위에 새기게 하였다"고

....

28) 강희 28년(1689) 중국과 러시아가 체결한 네르친스크조약에서 고르비차강 동쪽에 있는 외흥안령(外興安嶺)을 양국 간의 동쪽 국경으로 규정하였다.

기록되어있다. 《삭방비승》의 기록은 몇 글자만 다른데, 라제눌(喇第訥)을 라지눌(喇地訥)로 고치면서 "신(臣) 추도(秋濤)가 삼가 《황조통고(皇朝通考)》(즉《청조문헌통고》- 역자)를 찾아보니 납제락(拉提諾) 또는 납저락(臘底諾)으로 되어있습니다"고 주석을 달고 있다. 《흑룡강외기(黑龍江外紀)》[29]에서는 라지눌을 라제락(喇第諾)으로 표기하고 있다. 대개 강희연간 중국과 러시아가 국경을 획정하여 네르친스크조약을 체결할 때, 선교사 제르비용(Gerbillon)과 토마스 페레이라가 통역을 맡으면서 라틴어를 교섭할 때의 공식 문자로 삼길 건의했기 때문이다. 전량택(錢良擇)[30]의 《출새기략(出塞紀略)》에는 "그 풍속은 평소 천주교를 섬기고 공문서는 모두 라틴[蠟諦諾]문자를 사용한다. 라틴이란 곧 지금 중국에 전해진 서양문자이다. 대체로 그 스타일이 서양과 크게 다르지 않기 때문에 사신을 파견할 때 황제가 특별히 서양인 신하 2명에게 동행하도록 명하였다"고 되어있다. 라지눌·라제락·납체락(蠟諦諾) 역시 라틴의 이역(異譯)이다. 양빈(楊賓)의 《유변기략(柳邊紀略)》[31]에서는 "러시아의 돈은 은으로 만들었다. …… 돈 마다 수십 글자가 쓰여 있는데 알아 볼 수가 없다. 납저락(蠟底諾)어를 문자로 사용한다고 말하는 사람도 있으니, 납저락이란 서양 여러 나라의 관화(官話)이다"고 하였다. (이들 기록을 통해) 당시 라틴어에 대한 중국인의 지식이 이미 적지 않았음을 알 수 있다.

....

29) 《흑룡강외기(黑龍江外紀)》: 만주족 출신으로 가경연간 흑룡강 지역에서 관리를 지낸 서청(西清, 생몰연도 미상)이 편찬한 책으로 전 8권으로 되어있다.
30) 전량택(錢良擇, 1645-?): 청대의 시인으로 강소성 상숙(常熟) 사람이다. 해외와 새외(塞外) 출사(出使)에 수행하였고 이후 불문에 귀의하였다. 저서로 《출새기략》 1권과 《무운집(撫雲集)》이 있다.
31) 《유변기략(柳邊紀略)》: 전 5권. 절강성 소흥 사람인 양빈(1650-1720)이 강희 46년(1707) 펴낸 중국 동북지역의 지리학 전문서이다.

네르친스크조약 이후 서양 각국과의 외교 언어로 2를 사용하는 것이 거의 상례가 되었다. 송균(松筠)은 도광 3년(1823)에 쓴 《수복기략(綏服紀略)》에서 "러시아(綏服)는 (중국에 사람을 파견하여) 중국의 외교문서 작성법을 익히기로 하고, 북쪽 변경에서는 국경을 확정하였네(옹정 5년에 察畢那, 特古忒, 圖麗琛 3인을 파견하여 러시아와 국경선을 그린 일 - 역자)[32]"라고 한 다음, "당시 러시아는 이미 격문(檄文)을 삼가 받들어 그 국경지대에 있는 자국인들이 영원히 분쟁을 일으키지 않겠다고 약속하였다. …… 일이 생기면 청나라 글자와 러시아 및 서양문자로 작성하여 빨리 전달하고 여러 번 인증(印證)하여 오류를 피하였으니 지금까지 계속 정례(定例)가 되고 있다"고 주석을 달았다. 여기서 말하는 서양문자란 라틴어를 가리킨다. 현재 고궁내각대고(故宮內閣大庫)에 소장된 외교사료 중에는 라틴어로 된 러시아 기록물이 아직 많이 남아있다. 그 외 건륭 57년(1792) 10월 영국 사신 매카트니가 방문했을 때, 영국 관리 파령(巴靈)이 올린 청원서 원본도 영어와 라틴어 두 종류로 되어있었으니, 이에 관해서는 《보인대학지(輔仁大學誌)》 8권 2기에 수록된 장덕택(張德澤)의 〈고궁문헌관에서 소장하고 있는 청대외교사료(故宮文獻館所藏之淸代外交史料)〉를 참고하길 바란다.

라틴어 번역은 초기에 전부 서양 선교사들이 담당하였다. 《대청회전(大淸會典)》 〈내각이 규정한 외번각부의 응용문자(內閣規定外蕃各部應用文字)〉에 보면 "서양 여러 나라가 라틴어로 된 주문(奏文)이나 표문(表文)이 있을 경우 모두 번역하여 함께 아뢰어야 한다. …… 라틴어는 서양 천주당 사람에게 전하여 번역토록 한다"고 되어있다. 앞서 언급한 영국 관리 파령이 올린 라틴어 청원서 원본 역시 군기처가 북경에 있는 서양

---

32) "綏服習國書, 北海畫疆陲."

사람에게 번역하게 한 후 황제가 열람하도록 올렸으니, 장덕택의 글에
보인다.

중국과 러시아가 교섭한 후부터 강희제는 학교를 세워 라틴어를 할
수 있는 인재를 전문적으로 양성함으로써 외교적 절충에 대비하고자 하
였다. 그러나 이 계획은 옹정제 때에 이르러서야 비로소 실현되었다. 라
틴어를 공부한 사람은 만주족 청년들이었는데, 처음에는 러시아관에 부
설되어있었으나 오래지 않아 서양관을 별도로 설립했다. 《삭방비승》 권
13 〈아라사학고(俄羅斯學考)〉에 보면 "강희 28년(1689) 러시아 차간칸
(Chagan Khan: 청초 러시아 최고 통치자를 지칭하는 호칭 - 역자)이 황명을 받
들어 국경을 정하고 강화(講和)한 다음, 경사에 사람을 보내 청나라 문자
[國書]를 배워 문리(文理)를 터득한 후에 귀국시킬 것을 요청하였다. 이것
이 바로 러시아가 자제를 북경으로 파견해 공부시키게 된 시작이다"고
되어있다.

같은 학관(學館) 안에서 러시아 아이는 만주어를, 만주족 아이는 라틴
어를 배우는 것은 아주 대단한 일이었다. 그러나 러시아인은 본래부터
라틴어 통역을 맡은 서양 선교사에 대해 불만이 있었기 때문에, 오래지
않아 방법을 강구해 러시아인 중에서 라틴어에 능통한 자를 널리 초빙하
였다. 이런 연고로 고궁박물원에서 출간한 《문헌총편(文獻叢編)》 제27집
〈러시아 기록물(俄羅斯檔)〉에 "옹정 5년(1727) 상서 도리침(圖理琛) 등이
의논하여 상주하길 '현재 경사에 주재하고 있는 러시아 라마(喇嘛)는 겨
우 1명뿐이니, 공문을 보내 라마 3인과 러시아 어린 학생 4명 및 러시아
어와 라틴어를 할 수 있는 사람 2명을 더 뽑아 모두 러시아관에 머물게
하며, 이전 북경에 왔던 러시아 라마의 예에 따라 급여[廩餼]를 지불하고
공부를 마치면 다시 참작하여 귀국시킬 것을 다시 청합니다'"는 내용이
실려 있다.

《대청회전》 권751 〈이번원칙례(理藩院則例)〉에도 이 해(옹정 5년 - 역자)
"러시아관 안에 묘우(廟宇) 설립을 허락하고 북경에 있는 러시아 승려
1명을 거주토록 하였다. 또한 그 나라(러시아 - 역자)에서 요청한대로 러시
아 승려 3명을 증원하여 도착하길 기다렸다가 일률적으로 식량을 주었
다. 그 묘우 안에서 러시아 종교의식을 행하는 것을 허용하여 예배와
독경을 금지하지 않았다. 또 사신 살와(薩瓦) 및 북경에 유학 와서 글을
배우고 있는 러시아인 4명과 교사 2명도 러시아관에 거주하도록 하고
전례에 따라 식량을 지급하였다"고 되어있다. 이른바 러시아 종교란 동
방정교를, 묘우는 교회당을, 승려 또는 라마는 선교사를 가리킨다. 유정
섭은 《계사존고(癸巳存稿)》에서 그것이 진짜 라마라고 믿고 있는데, 모
두 《이역록》이 잘못 전한 것이다. 그리고 러시아가 파견한 사람에 관해
서는 《삭방비승》 권13 〈아라사학고〉에서도 "(러시아가 즉시) 그 관생(官
生) 노객(魯喀)·불다덕(佛多德)·의완(宜宛)·객라희목(喀喇希木) 4명을
보내 배우도록 하니, 옛 회동관(會同館) 자리에 학교를 세웠다"고 언급하
고 있다. 서양 기록에 의하면 네 사람의 원명(原名)은 루카스 보에이코프
(Lucas Voeikoff)·테오도시우스 트레티야코프(Theodosius Tretyakoff)·
이반 푸카르트(Ivan Pukhart)·제라심 출간(Gerasime Chulgan)이다. 앞
의 3명은 옹정 5년(1727) 9월 로렌스 드 랭(Lawrence de Lange)[33] 대상
(隊商)을 따라서 왔고, 마지막 1명은 옹정 7년(1729) 6월 16일 선교사
플랏코프스큐(Platkovskü)와 함께 북경에 왔다.

《대청회전》 〈이번원칙례〉에는 또 "살와(薩瓦: 러시아 사신)가 북경에
머물며 공부하게 한 학생 4명 및 러시아어와 라틴[拉替努]어에 능통한
2명도 모두 이 곳(러시아관을 말함)에 거주하였고 여비와 생활비로 은량

....
33) 원서에는 랑객(郞喀, Larenc Lange)으로 되어있으나 조사하여 바로잡았다.

등을 수령하였다"고 기록되어있다. 살와의 원명은 사바 블라디스라비치(Sava L. Vladislavitch)[34]이며 납체노(拉替努)는 라틴의 또 다른 이역(異譯)이다.

라틴어 외에 청 정부는 만주족 자제에게 러시아어도 배우도록 하였다. 《대청회전》〈내각(內閣)〉에 보면 "러시아관으로 하여금 러시아어 번역을 전담케 하고 팔기관학생(八旗官學生) 24명을 선발하여 러시아관에 들어가 배우도록 하였다"고 기록되어있다. 이 24명이 러시아어에만 전념하였는지 아니면 라틴어를 함께 공부했는지는 알 수 없다. 이상 인용한 내용은 모두 한문사료(漢文史料)이므로 다시 외국어 자료를 가지고 증명해보고자 한다.

옹정 7년(1729) 10월 30일 시루스 콘탄생(Cyrus Contancin, 龔當信)이 에티엔느 수시에(P. Etienne Souciet)[35]에게 보낸 편지에는 "이해 3월 황제가 학교 1곳을 세워서 만주족과 한족 청년자제를 모아 라틴어를 배우도록 했는데, 프랑스 예수회 선교사가 이 일을 주관했습니다. 파르냉(Parrenin)이 학교 전체 업무를 관장하고 고빌(Gaubil)이 이를 도왔습니다"고 적혀있다. 이에 따르면 한족 자제도 라틴어를 배웠다는 것인데 틀린 말이다. 옹정 10년(1732) 6월 13일 고빌도 수시에에게 편지를 보내 "라틴어반의 상황은 아직까지는 좋습니다. 학생 대부분이 라틴어를 할 줄 알고 성적도 꽤 우수합니다"고 하였다. 같은 시기 레뮈자(Rémusat)가

....

34) 원서에는 Vladislavie로 되어있으나 조사하여 바로잡았다.
35) 에티엔느 수시에(P. Etienne Souciet, 1671-1744): 프랑스 부르주(Bourges)에서 태어나 1690년 예수회 수습사제로 들어갔고 파리에서 신학공부를 마쳤다. 알랑송과 파리에서 인문학을 가르쳤으며 말년에는 루이 르 그랑 신학교 사서로 근무했다. 《고대 중국 저서에 나타난 수학·천문학·지리학·연대기 및 물리학에 대한 예수회 신부들의 견해》(1729)를 저술 출간했다.

기록한 내용을 보면 다음과 같다.

"북경에 서양관(西洋館)을 세우고 만주족 청년을 모집하여 라틴어를 전
공하게 함으로써 러시아와의 외교적 절충을 담당할 대비를 하도록 하였
다. 파르냉이 일찍이 이 일을 총괄했는데, 근래 건강이 좋지 않아 고빌이
그 임무를 이어받았다. 고빌은 이전에 라틴어와 만주어 통역을 지낸 적
이 있었다. 중국과 러시아의 교섭이 시작된 후 서양관의 중요성이 더욱
두드러지게 되었다. 고빌은 상트페테르부르크(Saint Petersburg) 의원(議
院)의 공문을 라틴어와 만주어로 번역하였고, 또 중국어와 만주어로 된
청 정부의 회신[覆文]을 라틴어로 번역하였다. …… 중국과 러시아의 문
자는 그 차이가 현격하여 오해하고 잘못 해석하는 것을 피하기 어렵다.
쌍방은 각자 자기의 견해를 견지하고 오랫동안 서로 양보하려 들지 않아
교섭이 30년이나 정체되었는데, 고빌이 이를 소통시켰다."(피스터의 원
서, 672쪽)

당시 또 돌리에르(J. F. M. D. d'Ollières, 方守義)라는 사람도 청 정부
에서 번역요원을 맡아 만주어·중국어·러시아어·라틴어 번역 업무에 모
두 참여했다고 한다(피스터의 원서, 904쪽). 아미오(Amiot)는 서양관이
15년 이상 계속 존속되었지만, 학생 중에 번역요원을 맡은 사람은 끝내
없었다고 적었다(피스터의 원서, 507-508쪽). 건륭 2년(1737) 10월 16일
선교사 쾨글러(Koegler) 등은 무고함을 풀어달라는 상소에서 "신(臣) 파
르냉 등은 (세종의) 명을 받들어 관생(官生)들이 라틴어문을 배우도록
가르쳤습니다"고 하였다(내가 소장하고 있는 《변학》 필사본에 나옴). 건
륭 13년(1748) 명대의 사이관(四夷館)과 회통관(會通館)을 회통사이관(會
通四夷館)으로 개편하여 번역과 외국어 전수(傳授)를 전담케 하고 서양
천주당 사람들에게 라틴문자로 번역토록 명하였다. 번역한 각국 문자는
모두 천문·지리·시령(時令)·채색(采色)·신체·인물·기용(器用)·궁전·

음식·의복·방우(方隅)·경부(經部)·진보(珍寶)·문사(文史)·조수(鳥獸)
·수목(數目)·통용(通用)·향약(香藥)·화목(花木)·인사(人事) 각 부문으
로 나누었다. 고궁박물원 도서관에 소장되어있는 필사본《화이역어(華夷
譯語)》[36]는 모두 98권, 4500여 장[葉]으로 34종의 문자가 수록되어있는
데, 서양관에 속하는 것이 6종이다. 필사본은 군기처의 방략관(方略館)에
서 만든 것으로 원래 수안궁(壽安宮)에 수장되어있었다. 그 중 라틴어[拉
氏諾語]는 총 5권으로 평균 1장마다 4개의 단어가 적혀있고 대략 100장이
1권으로 묶여있으며, 각 권의 크기는 세로 25.7인치[吋][37] 가로 17.2인치
이다. 그 중 1장을 옮기면 다음과 같다.[38]

身體門		拉氏諾語
corpus	身	郭呷補斯
natura	性	納都喇

건륭 59년(1794) 러시아인 파벨 이바노비치 카멘스키(Pavel Ivanovitch
Kamensky)가 북경에 도착하여 러시아관에 들어간 후 중국어와 만주어
를 아주 열심히 배우고 풍토와 인심에 대해서도 연구하였다. 그는 라틴
어 전문가이기도 해서 마침내 이번원에 들어가 근무하면서 유럽 각국

....

36) 《화이역어(華夷譯語)》: 건륭연간 부항(傅恒, 1722-1770) 등이 칙명을 받아 편
    찬한 번역인재 양성 교재로 현재 북경 고궁박물원에 42종 71책이 남아있으
    며 책의 판광(版框)은 21.5cm×15.5cm라고 한다. 저자가 파악한 것과 차이가
    나는 이유는 불명확하다.
37) 만약 원서대로라면 책의 크기가 지나치게 큰데다, 판광의 크기를 감안했을
    때 cm를 잘못 표기한 것으로 보인다.
38) 원래 가로로 적혀있으나 입력 상의 어려움으로 세로로 표시했다. 맨 앞이
    라틴어 원어이고 그 다음이 한자 뜻이고 마지막은 한자 발음표기이다.

공문서 번역을 전담했다고 한다(McGrain, "*The Russian Orthodox Mission in China*", 1939년 《敎育叢刊》 제13기).

제6절 중국어·서양어 문법과 자전(字典) 등의 편역(編譯)

　한 나라의 문자가 다른 지역에 전해지면 문법책과 사전이 모두 필요하게 된다. 라틴어로 쓰여 진 중국문법 서적 가운데 마르티니(Martini)의 《중국문법》(*Grammatica Sinica*)이 아마도 가장 먼저 나온 책일 것이다. 현재 글라스고우대학(University of Glasgow) 헌터(Hunter)박물관에 소장되어있는데, 쿠플레(Couplet)가 증보(增補)한 것이라고 주장하는 사람도 있다. 쿠플레는 강희 20년(1681) 유럽으로 돌아간 후 독일 의사 크리스찬 멘첼(Christian Mentzel)의 중국어 연구를 지도한 바 있다. 이를 계기로 멘첼은 《중국어 입문》(*Clavis Sinica*)을 저술하였지만 출판되지는 않았다. 강희 23년(1684) 프란시스코 바로(Francisco Varo)가 《관화간이독법(官話簡易讀法)》(*Facilis et Perspicua Methodus ad Linguam Mandarinam Addiscendam*)을 저술하였는데, 도광 15년(1835) 나폴리의 문화서원(文華書院)에서 석인(石印)하면서 《이학간경(利學簡徑)》이라 이름 붙였다 (Henri Cordier, *Bibliotheca Sinica*, col.3913). 옹정 8년(1730)에는 상트페테르부르크 황실연구원에서 테오필루스 바이어(Theophilus Bayer)의 라틴어로 된 《중국대관(中國大觀)》을 간행하였다. 그 제1책은 유럽에서의 중국문학 역사와 발전 및 중국문법 등에 관한 내용이고, 제2책은 중국자전과 방언에 관한 내용이다. 프레마르(Prémare)는 원곡(元曲) 《조씨고아

(趙氏孤兒)》를 번역하여 유럽문단에서 명성을 떨쳤는데, 일찍이 《중문개설(中文槪說)》(*Notitia Linguae sinicae*)을 저술해 옹정 6년(1728) 광주에서 완성했다. 이 책은 한자의 구조와 성질에 대해 아주 상세히 다루면서 13,000여개의 사례를 들고 있으니, 서양인 가운데 중국 문자학을 연구한 시조이다. 프레마르는 자신의 책을 프랑스 학자 푸르몽(Fourmont)에게 보내 교열을 보도록 했는데, 푸르몽이 그의 자료를 표절하여 스스로 《중국문전(中國文典)》을 저술하였다. 하지만 나중에 레뮈자의 폭로로 진상이 드러났다. 도광 11년(1831) 말라카의 영화서원(英華書院)39)에서 다시 인쇄하여 유포시켰다. 현재 말라카 판본은 이미 구하기 어려워서 영국 런던의 아서 프로브스테인(Arthur Probsthain: 아시아와 아프리카의 고서적을 주로 취급하는 서점 - 역자) 서목(書目)에 2파운드 2실링이라는 높은 가격에 올라와있다. 현재 유통되고 있는 것은 1894년 홍콩 나사렛(Nazareth)서국에서 다시 인쇄한 판본이다. 이 책은 내용이 풍부하고 세밀하여, 조셉 에드킨스(Joseph Edkins)는 자신의 《상해방언에 보이는 중국회화 문법》(*A Grammar of Colloquial Chinese, as exhibited in the Shanghai Dialect*) 서문에서 프레마르가 깊이 깨달은 중국어문 특유의 아름다움은 이 분야를 연구하는 다른 학자들이 미칠 수 있는 바가 아니라고 하였다. 이는 결코 과찬이 아니었으니, 여러 나라에서 이미 매우 많은 번역본이 나왔음에도 지금까지 계속 번역되고 있다. 방타봉(Ventavon)과 담명구림(澹明球琳)이란 호(號)를 가진 자가 쓴 《라틴어 학습지도 요지(導學要旨拉的諾語)》라는 책은 필사본이다(Henri Cordier, *Bibliotheca Sinica*, col.1420).

....

39) 영화서원(英華書院, Ying Wa College): 영국의 로버트 모리슨 선교사가 1818년 말라카에 창설하였으며 1843년 홍콩으로 이전해 왔다. 홍콩의 남자 중학교로서 전통 있는 명문학교이다.

최초의 사전은 라자로 카타네오(Lazarus Cattaneo)와 마테오 리치가 공저한 《유럽의 철자와 악센트 순서에 따른 중국어 사전》(*Vocabularium ordine alphabetico europaeo more concinnatum, et per accentus suos digestum*)이며 서양 자모로 중국 독음에 따라 배열한 자전이다. 칼 슈바르츠실트(Karl Schwarzschild)는 "내가 그 책의 원고를 소장하고 있는데, 인쇄비용을 마련하면 바로 출판할 수 있다"고 하였다(*China illustrata*, p.118). 그 다음은 《서유이목자》로 관련 내용은 이미 앞에서 자세히 다루었다. 강희 21년(1682) 쿠플레는 "크리스티아누 헤르트리쉬(Christianus Herdtrich)의 중국어-라틴어 대자전(大字典)은 이미 인쇄에 넘겨졌다"고 적었지만, 아직까지 발견되지 않고 있다(피스터의 원서, 366쪽). 그 책의 이름은 《문자고(文字考)》이다. 강희 24년(1685) 크리스찬 멘첼이 독일에서 《라틴어-중국어 소사전》(*Sylloge minutiarum Lexici Latino-Sinico-Characteristici*)과 《중국 어휘 관례와 문법의 성립(中國字彙式例與文法之建立)》(*Specimen lexici sinici et grammaticae institutio*)을 출판하였지만, 후자는 발간되지 않고 현재 베를린 국립도서관에 소장되어있다. 옹정 11년(1733) 마카오의 그레모나(P. Bazilius da Glemona)가 중국어-라틴어 자전을 편찬하였는데, 책명은 《한자서역(漢字西譯)》이고 매우 많이 전사(轉寫)되었다. 이듬해 파르냉이 다네(Danet)의 《라틴어 자전》을 중국어로 번역하였으나, 대부분 바이어가 편찬한 자전에 편집돼 들어간 내용으로 그 원고는 헌터박물관에 보존되어있다. 피스터는 북경의 선교사들이 건륭제의 명에 따라 《육국자전(六國字典)》을 편찬했다고 하였는데, 육국이란 바로 중국·라틴·프랑스·이탈리아·포르투갈·독일이다. 그 중 독일어는 플로리아누스 바르(Florianus Bahr)가 편찬한 것으로 그 원고는 북경 북당도서관에 보존되어있다고 한다(피스터의 원서, 750쪽). 이 자전은 바티칸에 소장되어있는 아미오가 번역한 《만몽한자전(滿蒙漢

字典)》과 함께 거작으로 손꼽힌다(피스터의 원서, 846쪽). 다만 내가 아는 바에 의하면 북당도서관에는 《육국자전》이란 이름의 책이 소장되어 있지 않다.

가경 13년(1813) 파리 왕실인쇄소에서 간행한 중국어-프랑스어-라틴어 자전은 광주의 프랑스 영사 크레티앵 드 기네스(Chretian L. J. de Guignes)가 나폴레옹의 명을 받아 만든 것으로, 이 책의 이름도 《한자서역(漢字西譯)》이다. 재편집한 판본에서는 프랑스어를 삭제하고 책명도 《한양자전(漢洋字典)》으로 바꾼 후 함풍 3년(1853) 홍콩에서 다시 인쇄했지만, 불에 소실되어 남은 것이 거의 없다. 대영박물관에는 헤르니우스(Heurnius)가 지은 《독일어-라틴어-중국어 자전》이 소장되어있으나, 그 내용은 알 수 없다. 바티칸에 소장된 《라틴어-이탈리아어-중국어 자전》은 옹정 10년(1732) 카스타라노(Fr. Carolus Horatiusa Castarano)가 편찬한 것인데, 서문 마지막에 이 책이 '북경해전(北京海甸)'에서 29년 만에 완성되었음을 밝히면서 독일·프랑스·러시아·스페인·영국·네덜란드 상인에게도 도움이 될 거라고 허풍을 떨고 있다. 강희 49년(1710) 프란시스코 디아스(Francisco Diaz)가 라틴어로 쓴 《중국어-스페인어 자전》의 원고는 베를린 국립도서관에 보존되어있다. 서양인이 만든 최초의 티베트어 서적은 도미니꼬(Dominicus de Fano)의 《라틴어-티베트어 자전》으로 강희 61년(1722) 푸르몽이 일찍이 부본(副本) 1부를 베꼈다. 러시아 표트르대제가 프랑스 금석미문연구원(金石美文硏究院)에 다시 기증하였다. 건륭 27년(1762) 로마교황청 전신부에서 출판한 아우구스티노회(Augustinian Order) 선교사 페르마(P. Horatius della Perma)와 베리가티(Cassia us Beligatti di Macerata)의 공저 《티베트어 자모(藏文字母)》는 라틴어로 티베트어 발음을 표기하였다. 또 건륭 38년(1773) 베리가티는 라틴어로 티베트어 문법 연구서 《탕구트어와 티베트어 입문(唐古特文及西藏文初學)》

(*Alphabetum Tangutanum sive Tibetanum*)을 저술하였다. 이 책의 저자가 아우구스티노회 선교사인 안토니오 게오르그(Antonio Georg)라고 주장하는 사람도 있지만, 그 재료는 데시데리(Desideri)[40]와 특히 베리가티로부터 가져온 것이 대부분이었다.

강희연간 부베(Bouvet)는 먼저 《중국어-프랑스어 자전》을 편찬하였고, 또 라틴어와 프랑스어로 《중문연구법(中文硏究法)》을 저술하였다. 프레마르의 책은 이들 자료를 취합하고 정리하여 만든 것이다.

건륭연간 아미오는 《만주어문법》을 저술하였고, 샤름(P. Alexander de La Charme, 孫璋)은 《중국어-몽고어-프랑스어 대조자전(對照字典)》을 편찬하였다.

제7절 중국사상이 프랑스·독일·영국 문학에 미친 영향

명말 청초 중국에 온 선교사 가운데 중국 경적(經籍) 특히 중국고대 문학작품을 공부하지 않는 자가 거의 없었지만 그들이 중시한 것은 경적에 나오는 종교 사상이었으니, 이에 관해서는 다른 장(章)에서 상세히 설명하도록 하겠다.

....

40) 이폴리토 데시데리(Ippolito Desideri, 1684-1733): 티베트에서 활동한 예수회 선교사로 그가 쓴 《티베트 보고서》(*An Account of Tibet*, London, 1932))는 식물·동물에서부터 물산이나 주민들의 습관, 가족구성과 사회조직, 라마교와 티베트어 등 티베트의 전모를 담아내어 유럽인들에게 최초로 티베트에 관한 정확한 지식을 전달하였다.(《실크로드 사전》, 104쪽)

선교사들은 순수한 문학작품에 대해서는 그다지 관심을 갖지 않았고 심지어 거들떠보지 않는 경우도 있었다. 이는 초기 선교사 중 중국문학 명저를 번역한 사람이 아무도 없었다는 점을 보아도 알 수 있다. 《보인학지(輔仁學誌)》 7권 1, 2합본에 수록된 최근 사람(陳垣 - 역자)이 쓴 〈아담 샬과 목진민(湯若望與木陳忞)〉이라는 글에서 순치제와 목진화상[41]이 함께 《서상기(西廂記)》와 《홍불기(紅拂記)》[42]를 읽고 나서 "이는 결코 아담 샬 사제가 찬성할 수 있는 게 아니다"고 탄식하였으며, 또 순치제가 일찍이 목진과 팔고문에 대해 논하면서 "아마도 아담 샬 사제가 눈을 휘둥그레 뜨고 어떻게 답할지 모를 것이다"고 하였다는데, 모두 사실대로 기록한 것이다.

강희 50년(1711) 무명씨가 《호구전(好逑傳)》[43]을 영어로 번역하였는

....

41) 목진(木陳)화상(1596-1674): 광동성 조주(潮州) 출신으로 자는 도민(道忞)이다. 순치 16년(1659) 황제의 부름으로 북경에 와서 만선전(萬善殿)에 머무르며 순치제와 선론(禪論) 등을 수시로 토론한 것으로 유명하다. 홍각선사(弘覺禪師)란 호를 하사받았으며 황제와의 대화는 《주대록(奏對錄)》 등에 상세히 기록되어있다.

42) 《홍불기(紅拂記)》: 명대의 관료 장봉익(張鳳翼, 1527-1613)이 쓴 전기(傳奇) 희곡극본이다.

43) 《호구전(好逑傳)》:《협의풍월전(俠義風月傳)》이라고도 한다. 4권 18회. 작자는 명교중인(名敎中人). 하이명(夏二銘, 1705-1787)의 《야수폭언(野叟曝言)》에 이 작품의 이름이 보이므로 청초의 것으로 추정된다. 《시경》〈관저(關雎)〉장의 "요조숙녀군자호구(窈窕淑女君子好逑)"에서 제명을 얻은 구어소설이다. 의협심이 강한 미남자 철중옥(鐵中玉)이 조정의 명령이라고 속여 아름다운 수빙심(水冰心)과 결혼하려는 사나이의 기만을 폭로하여 빙심을 구한다. 그 후 빙심은 병든 중옥을 간호하여 살려내며 사랑하는 사이가 된다. 질투심에 불탄 앞서의 사나이는 두 사람을 사통자(私通者)로 황제에게 고했으나, 둘의 결백은 증명되고 칙명에 의해 명교의 모범으로 결혼이 허가된다는 내용이다.

데44), 아마도 서양어로 번역된 최초의 중국 문학작품일 것이다.

옹정 10년(1732) 프레마르는 자신이 번역한 원곡《조씨고아의 대 복수
(趙氏孤兒大報讐)》(원초 紀君祥의 작품)를 유럽에 보냈는데, 프랑스어 번
역명은《중국 비극(悲劇) 조씨고아》(Tchao-chi-cou-eulh, ou L'Orphelin de
la Maison de Tchao, tragédie Chinoise)였다. 2년 후 파리의《메르퀴르
드 프랑스》(Mercure de France) 잡지에 일부를 발표하였고, 그 다음해
뒤알드(Du Halde)의《중화제국전지(中華帝國全志)》제3권에 수록되었
다. 프레마르는 프랑스 한학자 푸르몽에게 2통의 편지를 썼는데, 2번째
편지에서 일찍이 이 원곡에 대해 언급하고 있다. 다만 원(原) 곡(曲)의
내용이 아직 번역되지 않았기 때문에 프레마르는 그냥 '그 노래'라고만
주석을 달았다.

《조씨고아》는 뒤알드의 책을 통해 유럽에서 한때 크게 유행하였다.
대략 건륭 원년(1736)《중화제국전지》영역본(英譯本)이 세상에 나왔고,
12년(1747) 독일어 번역본이 출판되었으며, 러시아어 번역본은 39년
(1774) 간행되었다. 이밖에도 2종류의 영역본이 있는데, 하나는 건륭 6년
(1741) 출판된 것으로《중화제국전지》의 내용을 토대로 개작하고 가곡
(歌曲)을 삽입한 것이다. 다른 하나는 21년 뒤에 출판된《중국사물휘편
(中國事物彙編)》(Miscellaneous Pieces relating to the Chinese) 제1권에 수
록되어있는데, 직접 프레마르의 번역본을 가지고 다시 영역한 것으로《중

....

44) 1761년 영국에서 영역본으로 출간된《호구전》의 출판자는 영국문인 토마스
퍼시(Thomas Percy)이고, 역자는 광동에 다년간 거주했던 영국상인 윌킨슨
(James Wilkinson)이라고 한다. 윌킨슨은 1719년 이 소설을 영역하였는데,
그 중 4분의 1은 포르투갈어 역본을 퍼시가 영역해 완역본으로 출간하였으
며 이를 대본으로 1766년 프랑스어와 독일어로 번역 출판됨으로써 유럽에
널리 알려지게 되었다.(《실크로드 사전》, 933-934쪽)

화제국전지》 영역본과는 다른 판본이다.

건륭 18년(1753) 볼테르(Voltaire)가 《중국고아》(L'Orphelin de la Chine)로 개작하여 2년 후인 1755년 8월 20일 파리에서 공연하였다. 볼테르는 당시 선교사들이 번역한 중국 관련 서적을 상당히 많이 읽었기 때문에 중국사상과의 인연이 매우 깊었다. 따라서 이 곡을 편역(編譯)한 목적은 중국문화를 찬양하는데 있었지만, 동시에 이를 통해 계몽철학 즉 백과전서파(百科全書派)45) 철학이 이상적으로 생각하는 문명을 널리 알리고자 하였다.

....

45) 백과전서파(百科全書派): 1751년부터 프랑스에서 출판된 《백과전서》 (L'Encyclopédie)의 기고자들. 편집자는 디드로와 달랑베르였으며 집필자는 다채로웠는데, 이들은 특히 가톨릭교회와 절대왕정에 반대하는 입장에서 대략 일치되어있었다. 이는 18세기 후반의 프랑스 자본주의화의 총괄적 반영이었으며, 계몽사상을 비롯한 당시의 진보적 사상을 총동원해, 1789년 프랑스혁명의 사상적 기반을 닦아놓았다는 점에서 중요한 의미를 지닌다.

제12장
유럽 종교와 신학·철학의 동방 전래

제1절 명말 천주교의 재(再) 전래 기회와 동기

명말 천주교의 중국 전래는 완전히 새로운 하나의 국면을 연 것으로 당·송시기의 경교나 원대의 야리가온(夜里可溫)[1]과는 전혀 관계가 없었다. 그러나 중국에서의 포교도 단지 동아시아 선교사업의 일부였기 때문에 기회라는 면에서는 사실 동아시아 다른 지역과 대략 서로 비슷하였다.

(1) 신항로의 발견

포르투갈인은 희망봉을 돌아 인도의 고아에 도달하였고, 그 후 다시 계속 항해하여 말라카에 도착하였다. 그런 다음 더 나아가 광동·복건

---

1) 야리가온(夜里可溫): 야리가온(也里可溫), 야리극온(也里克溫), 야입교(也立喬)이라고도 하며 원나라 때 기독교인이나 선교사를 가리키는 통칭이다. 간혹 질설(迭屑, tarsa)로도 부르는데, 〈대진경교유행중국비(大秦景教流行中國碑)〉에 보이는 '달사(達娑)' 즉 페르시아인이 기독교인을 부를 때 쓰던 말을 그대로 쓴 용어이다.

·절강의 해안에 이르렀고 마지막으로 마카오를 점령하였다. 다른 항로는 스페인인이 장악했는데, 즉 남미 마젤란해협을 돌아 마닐라에 도착하였고 마닐라에서 대만·복건 등지에 이르렀다.

(2) 천주교 자체 개혁의 성공

근래 명말 천주교의 동방 전래에 대해 이야기하는 사람 대부분은 신교가 생긴 후, 유럽에서 교구와 신자를 많이 잃어버린 천주교가 유럽 이외의 지역에서 노력하여 이를 만회하고자 한 것이었다고 생각한다. 사실 천주교는 공교(公敎, Ecclesia Catholica)라는 원명(原名)에서 볼 수 있듯이 전 세계의 종교라는 의미를 갖고 있었기 때문에 예수 이후 줄곧 외부로 발전해 나가지 않은 적이 없었고 다만 기회가 어떠한 지에 따라 달라졌을 뿐이다. 원나라 때 몽고가 서쪽을 정벌하여 동서 간의 교통로가 크게 뚫리게 되자 선교사들도 끊임없이 동쪽으로 왔지만, 그 때 유럽에는 천주교에 대적하는 새로 성립된 교회가 없었다. 반대로 만약 명말에 신항로가 발견되지 않았거나 신항로가 발견되었다 하더라도 천주교회 스스로 분발하지 않았다면, 수많은 선교사들이 위험을 무릅쓰고 중국 오지 않았을 것이다. 그 당시 중국까지의 항해는 약 3년이 걸렸는데, 풍랑과 질병 그리고 해적의 위험을 거의 피할 수 없었다. 마틴 루터 이후 천주교도 스스로 전면적인 개혁을 단행하여 선교사의 규율이 더욱 엄해졌을 뿐 아니라 선교에 대한 열정도 더욱 높아졌기에 앞사람의 뒤를 이어 계속해서 고향과 가족을 버리고 머나먼 타국까지 나아갈 수 있었던 것이다.

(3) 예수회의 신흥(新興)

예수회(Societas Jesu)는 성 이냐시오 데 로욜라(St. Ignatius de Loyola) 등이 1540년에 창립했다. 로욜라는 본래 군인 출신이어서 예수회 조직도 군대적인 성격을 띠어 기율이 엄하였을 뿐 아니라 수준 높은 학술연구도 중시하였다. 게다가 어떤 수도회든 그 초창기에는 사기가 충만하고 하고 자하는 의지가 강하였다. 명·청 교체기 중국에 온 선교사는 대부분 이 수도회 소속이었다.

(4) 귀감이 된 성 프란시스코 하비에르

성 프란시스코 하비에르는 예수회의 창립 멤버로 예수회 창립 2년 후 인 1542년 5월 6일 인도 고아에 도착한 다음, 1549년(가정 28년) 8월 15 일 일본 가고시마(鹿兒島)에 이르렀다. 가정 31년(1552) 8월 광동 해안의 상천도(上川島)에 도착하여 중국 내지로 들어가려 했으나 성공하지 못하 고 그해 12월 2일 밤 그 섬에서 사망했다. 그가 생전 유럽에 보낸 보고서 와 편지는 동쪽으로 와서 선교하려는 후임자들의 무한한 열정을 불러 일으켰다.

(5) 일본인의 중국에 대한 숭배

하비에르는 일본에서 선교할 때 일본인을 귀의시키려면 마땅히 먼저 중국에 가서 선교를 해야 함을 발견하였다. 그 이유는 중국이 일본 문화 와 사상의 발상지였기 때문이다. 일본인도 일찍이 하비에르에게 만약 천주교가 진정한 종교라면 중국인이 왜 지금까지 믿지 않았는지를 물어

보았다. 《하비에르전집》(*Monumenta Xaveriana*, I, p.725, 738)에 보면 하비에르 본인이 쓴 다음과 같은 내용이 있다. "중국은 일본의 바다 건너편에 있는데, 수많은 걸출한 인재와 학식이 깊고 넓은 학자를 갖고 있다. 학술을 매우 중시하고 학문을 연구하는 것을 가장 영광스러운 일로 여긴다. 중국에서는 큰 학문을 이룬 자가 요직을 얻고 권력을 장악하니, 중국을 학술 문화의 발상지로 삼는 일본과는 크게 다르다."

(6) 포르투갈인의 중국에 대한 높은 평가

하비에르는 일찍이 포르투갈인의 말을 인용하여 "중국에는 한 명의 군주만 있고 군주는 법도를 준수하며 내전이 없고 모든 일은 엄격히 공의(公義)에 따라 처리 한다"고 적었다. 이 역시 《하비에르전집》(p.663, 686)에 수록된 1550년 11월 20일과 1552년 1월 29일 하비에르의 편지에 보인다. 아마도 그 당시 일본은 마침 전란이 계속되어 끊임없이 고통을 받던 '전국시대'여서 승려조차도 쟁투(爭鬪)에 참가하였고, 천황은 장군에게 장군은 관령(管領)에게 관령은 가로(家老)에게 제압을 받고 있었기 때문으로 보인다. 오다 노부나가(織田信張)가 전국을 통일한 1582년은 하비에르가 죽은 지 30년이 지난 때였다.

(7) 스페인과 포르투갈의 식민지 경쟁.

1492년(명 홍치 5년) 10월 12일 콜럼버스가 신대륙을 발견한 날부터 새로운 땅을 찾아나서는 스페인과 포르투갈 두 나라의 경쟁이 갈수록 심해졌다. 1493년(홍치 6년) 5월 3일과 4일 그리고 9월 25일 로마교황 알렉산더(Alexander) 6세는 두 나라의 요청에 따라 양국의 세력범위를 획정하였다. 그 결과 지구를 동서로 양분하여 베르데섬(Verde Islands: 현 카보베르데 공화국이 있는 아프리카 북서쪽 대서양에 있는 諸島 - 역자) 서쪽 360해리의 경도(經度)를 경계로 동반구는 포르투갈, 서반구는 스페인에 속하게 되었다. 그럼에도 양국의 경쟁은 아직 완전히 식지 않았다. 1504년(홍치 17년) 양국은 다시 토르데시야스(Tordesillas)조약을 맺고 2년 후 교황 율리우스(Julius) 2세의 비준을 받았다. 동시에 교황 알렉산더 6세의 규정에 약간의 수정을 하였다. 1514년(정덕 9년) 교황 레오(Leo) 10세는 또 포르투갈이 만약 미지의 지역에서 새로운 땅을 발견한다면 모두 점령해도 좋다고 허락하였다. 이는 알렉산더 6세가 그은 경계선을 뒤집는 결정이었다.

이로 인해 15세기 말에서 16세기 초까지 포르투갈의 영토 확장은 천주교 선교사업의 발전과 정비례하였다. 1522년(가정 원년) 9월 20일 교황 레오 10세는 교황청 공문에서 포르투갈 세력과 관련된 여러 지역을 언급하면서 처음으로 '중국지역(Regiones Sinarum)'이라는 명칭을 사용하였다.

스페인은 말루쿠(Maluku)군도2)와 필리핀군도를 침입하였는데, 그 이유는 교황이 그은 경계선이 정확하지 않았고 또 당시에는 정밀한 방법으로 지리상의 위치를 확정할 수 없었기 때문이다. 그러나 포르투갈인은 포르투갈 국적인 아닌 선교사들도 거부하지 않았기 때문에 이탈리아인·스페인인·플랑드르인(Flandre: 현재 벨기에 인종의 하나임)도 모두 수용하였으니, 하비에르도 스페인 사람이었다. 단 반드시 리스본에서 출발

....

2) 말루쿠(Maluku) 군도: 인도네시아 동부 술라웨시(Sulawesi)섬과 뉴기니섬 사이에 있는 유명한 향료군도. 《도이지략(島夷志略)》에는 '문노고(文老古)', 《명사》에서는 '미락거(美洛居)'로 음사되어있다. 원서에는 '마록가(摩鹿哥)'로 되어있으나 '마록가(摩鹿加)'로 표기하는 것이 맞다.

해 인도 고아를 거쳐 동쪽으로 가야한다는 부대조건이 있었다.

(8) 아우구스티누스회 수도사의 선교사업 참여

1565년(가정 44년) 5월 8일 스페인은 세부(Cebu)섬을 점령하고 수 년 후 전 필리핀군도를 정복하였다. 이 항해를 이끈 사람은 아우구스티누스회 수도사로 유명한 지리학자(당시에는 우주학자라 불렀음) 우르다네타(Urdaneta)와 마르티누스 데 라다(Martinus de Rada)로 모두 스페인 국적이었다. 1533년(가정 12년) 아우구스티누스회 멕시코 지회(천주교 내에서는 管區라 부름)가 성립되었는데, 그 목표는 바로 "동 타타르국과 중국 및 복음이 이미 전해졌는지 확정할 수 없는 나머지 나라"를 위해 봉사하는 것이었다. 융경 원년(1567) 스페인은 함대를 파견해 중국 해안의 동정을 살피며 기회를 노렸다. 만력 3년(1575) 7월 3일에서 9월 14일 사이에 라다와 다른 몇 사람이 사절이라는 명분으로 천주(泉州)에서 2개월 하고도 9일을 머물렀다. 다음해 라다와 우르다네타는 다시 중국에 와 복건 해안에 이르렀는데, 사람들에게 거의 맞아 죽을 뻔 했다. 라다는 일찍이 천주 방언에 근거해 스페인어로 된 최초의 중국어 자전을 편찬하였는데, 책명은 《중국어의 어휘와 예술》(*Arte y Vocabulario de la lengua China*)이다. 곤잘레스 데 멘도사(Gonzalez de Mendoza)[3]는 라다가 쓴 여행기를

....

3) 곤잘레스 데 멘도사(Gonzalez de Mendoza, 1545-1618): 스페인 출신으로 1580년 국왕 펠리페 2세의 서한을 가지고 특사로 중국을 향하던 중 멕시코에서 사람들의 반대로 전진을 포기하였으나, 그곳에서 당시 필리핀과 중국을 왕래하던 사람들로부터 중국에 관한 정보와 저술을 다수 입수하였다. 그 중에는 다 크루스(G. da Cruz)의 《중국지(中國志)》와 데 라다(M. de Rada)의 《대명중국사정기(大明中國事情記)》 등이 있었다. 귀국 후 이들 자료에 근거

활용하여 《중화대국(中華大國)의 주요 사물과 습속사(習俗史)》(*Historia de las Cosas mas notables, ritos y Costumbres del gran Reyno de la China*)를 저술하여 1585년 로마에서 출판했다. 이 책은 유럽에서 크게 유행하였으니, 이후 출판된 마테오 리치의 저작도 이에 미치지 못했다.

신앙이 독실하고 도덕적으로 고상한 선교사들이 중국에 온 동기는 모두 종교적인 목적에 바탕을 둔 것이었다. 예컨대 마테오 리치는 우순희(虞淳熙)⁴⁾에게 답한 서신에서 다음과 같이 말하고 있다.

> "천문학은 특히 어렸을 때 우연히 섭렵하였습니다. 헌상한 방물(方物) 역시 제가 가지고 온 유용한 기기(機器)로 새끼 양이나 꿩을 대신한 것입니다. 그런데 그것을 칭찬받기 위한 기교로 여긴다면 참으로 저의 깊은 뜻을 알지 못한 것입니다. 만약 이에 불과하다면 우리나라 학교에서는 이러한 일들을 전혀 의미 있다고 여기지 않습니다. 기물도 여러 장인이 만든 것으로 8만 리 밖에서 어찌 귀국에 그것이 없는지를 알았겠습니까? 왜 3년이나 걸려서 구사일생으로 바다를 넘어와 황궁에 이르렀겠습니까? 그렇게 한 까닭은 천주의 지극한 교리를 받들어 서로 설명하여 사람들로 하여금 (하나님 아버지를) 닮은 아들이 되게 함으로써 대부모(大父母)의 은혜에 조금이나마 보답하게 하고자 한 것이므로 가정을 버리고 자신을 돌보지 않더라도 아깝지 않습니다."

....

해 《중화대국의 주요 사물과 습속사》(2권 440쪽)를 저술하였는데, 유럽에서 출간된 최초의 중국 관련 연구서로 유럽인의 중국 인식에 커다란 영향을 미쳤다.(《실크로드 사전》, 716쪽)
 4) 우순희(虞淳熙, 1553-1621): 명말 절강성 전당(錢塘) 사람으로 병부 직방사(職方事), 예부 원외랑, 이부 계훈사낭중(稽勳司郞中) 등을 지냈으며 저서로 《우덕원집(虞德園集)》과 《효경집령(孝經集靈)》 1권 등이 있다. 마테오 리치가 활동하던 시기 화이사상을 기초로 유교의 도덕철학의 입장에서 가톨릭의 천주 숭배를 비난하였다.

엠마누엘 디아즈(Emmanuel Diaz)는 《천문략(天問略)》을 저술하였는데, 천체에 관해 논한 서적임에도 만력 43년(1615)에 쓴 자서에서 다음과 같이 말하고 있다.

"무릇 천체의 현상은 매우 넓고 많아서 다 깨우치기 힘들다. 해와 달이 사람의 눈에 보이는 것도 사람에게 절실히 소용되기 때문이다. 특별히 그 대략의 몇 가지 단서를 추려서 같은 뜻을 가진 사람들로 하여금 조금 맛보게 함으로써 기뻐하도록 한 것이다. 감히 하늘의 질서로의 입문이 천당으로 인도하는 길이라 말할 수 있을까? 그렇다면 실로 개인적으로 축하할 일이다."

불리오(Buglio)의 《사자설(獅子說)》은 동물학에 관한 서적으로 종교와 무관하지만, 강희 17년(1678)에 쓴 서문에서 "지금 사자의 용모, 형체와 그 성격, 능력에 대해 서술한 것은 단지 호기심이나 흥미를 제공하기 위함이 아니다. 천지간에 조물주가 있어 만물을 기르고 주재하여 만물로 하여금 제각기 적당한 자리에 있게 하니, 우리들은 마땅히 수시로 그 무궁함을 찬미하고 감탄해야 함을 알게 하고자 한 것이다"고 적었다.

서양 선교사의 저서에 서문을 쓴 중국인들도 종종 그들이 중국에 온 의도를 대신 밝혀주었다. 이지조(李之藻)는 만력 41년(1613)에 쓴 《동문산지(同文算指)》의 서문에서 "수(數)에 의거하여 이(理)를 탐색하는 것은 《기하원본》에 실려 있고 근본을 기준으로 삼는 것은 모두 《천주실의》 등의 책에 담겨있으니, 만약 단지 기예나 수에 대해 설명하기 위한 것이라고 말한다면 마테오 리치가 9만 리 먼 곳에서 고생하며 온 본심이 아닐 것이다"고 하였다.

양정균(楊廷筠)은 천계 3년(1623)에 쓴 《서학범(西學凡)》 서문에서 "나는 끝내 약간의 기이한 비밀을 말하지 않았다. (마테오 리치가) 9만 리아득한 바다를 건너 올 때 수많은 영령의 가호가 없었다면 연기처럼 사라지지 않았겠는가! 공자를 따라 배우고 예를 묻고 벼슬을 묻는 자들이 자신이 원래 갖고 있던 천학(天學)을 잃어버리고 이것을 마테오 리치가 서양에서 가져온 학문이라고 말하는 것을 홀로 몰래 슬퍼하였다"고 적었다.

서광계(徐光啓)가 만력 44년(1616) 〈변학장소(辯學章疏)〉에서 한 말은 더욱 절절하니 다음과 같다. "그의 도리와 규율은 매우 바르고 엄하며 학식은 아주 넓고 세밀합니다. 그의 마음과 견해는 매우 진실하고 확고하니, 그의 나라에서도 보기 드문 영웅호걸입니다. 그런 그가 수만리 멀리 떨어진 중국으로 온 까닭은 그 나라 교인 모두 힘써 수신(修身)하며 하나님[上主]을 모시는데, 중국 성현의 가르침을 들으니 또한 모두 수신하며 하늘을 섬기는 것이 서로 이치가 들어맞는다고 여겨서 고생과 어려움에도 불구하고 위험을 무릅쓰고 와서 이를 인증하기 위해서입니다." (서광계가) "중국 성현의 가르침을 들으니"라고 운운한 것은 아마도 황제나 사대부의 환심을 사기 위해 한 말일 것이다. 실제 마테오 리치는 중국에 오기 전까지 중국에 관해 아는 바가 극히 적었고 선교사들의 선교도 문명국가에 한정된 것이 아니었다.

제2절 명·청시기 천주교의 성행과 그 전파 지역

명말 천주교가 중국에 전해진 후 그 전파 상황을 각 수도회의 보고에 의거해 연도별로 나타내면 다음과 같다.

● 만력 11년(1583) 연말, 조경(肇慶)에서 한 사람이 비밀리에 임종세례를 받았다.

- 만력 12년(1584) 1월 21일, 2명이 공개적으로 세례를 받았는데, 그중 1명은 복건성 출신의 모 진사(進士)로 세례명은 바오로이고 다른 1명의 세례명은 요한이었다.
- 만력 13년(1585): 20명.
- 만력 14년(1586): 40명.
- 만력 17년(1589): 80명.
- 만력 24년(1596): 100명.
- 만력 31년(1603): 500명.
- 만력 33년(1605): 1,000명.
- 만력 36년(1608): 2,000명.
- 만력 38년(1610): 마테오 리치가 사망한 해로 전국에 이미 최소 2,500명의 신자가 있었다.
- 만력 43년(1615): 약 5,000명.
- 만력 45년(1617): 13,000명.
- 숭정 9년(1636): 38,000명.
- 영력 4년(순치 7년, 1650): 약 15만 명.
- 강희 3년(1664): 164,400명(일설에는 24만 8천여 명이라 함).

이상은 예수회 선교사에 속한 신자들이다. 그러나 숭정 4년(1631) 도미니크회 선교사 10명이 복건성에 도착했고, 강희 3년(1664)에 이르면 프란시스코회의 회소(會所)가 중국에 이미 24곳이 있었다. 1671년 4월 18일 인토르세타(Intorcetta)가 로마교황청 전신부에 제출한 보고에 따르면 다음과 같다.

- 강희 6년(1667) 예수회에 속한 신자는 256,880명이고 선교사 주재소(駐在所)는 41곳이며 천주당은 159곳이었다.
- 도미니크회 선교사는 영력 4년(1650)부터 강희 3년(1664) 사이에 모

두 3,400명에게 세례를 주었는데, 선교사 주재소가 11곳이고 천주당
은 21곳이었다.
- 프란시스코회에서는 숭정 6년(1633)부터 영력 14년(1660) 사이에
3,500명에게 세례를 주었는데, 선교사 주재소가 11곳이고 천주당은 13
곳이었다.
- 강희 9년(1670) 전국 각 수도회에 소속된 신자 수는 273,780명이었다.

그 외에도 스페인 도미니크회 신부가 만력 47년(1619)과 천계 6년
(1626) 대만에 상륙해 기륭(基隆)·담수(淡水)·의란(宜蘭)·삼초각(三貂
角) 등지에서 원주민을 상대로 선교를 하였다. 당시 기륭에는 이미 한인
(漢人)이 거주하고 있었는데, '파리안(Parian)'이라 불렀으며 마닐라와 마
찬가지로 《동서양고(東西洋考)》에서는 '간지(澗地)' 또는 '간내(澗內)'라
불렀다. 그러나 한인 중에 신자가 있었는지는 알 수 없다. 숭정 15년
(1642) 스페인인은 대만 남부의 네덜란드인에 의해 쫓겨나게 된다. 전염
병이 유행한 시기에 세례를 받은 수천 명을 제외하고 전후(前後)로 모두
4천 여 명의 신자가 있었다. 이는 분명 중국 전국 신자 수에 들어가지
않은 숫자이다. 강희 9년의 통계에도 마카오의 신자 만 여명은 포함되지
않은 듯하다.

선교가 미친 지역은 마테오 리치 사망 당시 조경·소주(韶州)·남창·
남경·북경·상해·항주로 이들 지역에는 이미 천주당과 신자가 있었다.
강희연간 양광선(楊光先)이 쓴 《부득이(不得已)》 상권 〈청주사교장請
誅邪敎狀〉에서는 천주교가 "제남·회안(淮安)·양주(揚州)·진강·강녕·
소주(蘇州)·상숙(常熟)·상해·항주·금화(金華)·난계(蘭谿)·복주·건녕
(建寧)·연평(延平)·정주(汀州)·남창·건창(建昌)·공주(贛州)·광주·계
림·중경·보녕(保寧)·무창·서안·태원·서주·개봉·북경 등 모두 30곳
의 천주당에 사악한 무리를 퍼트리고 있습니다. 마카오에는 만 명이 넘어

그곳을 소굴로 삼아 해상을 오가며 왕래하고 있습니다." 또 "천주당마다 매년 60여 차례 모임이 열리며 모임 때마다 2, 30명의 신자를 받아들입니다"고 하였다. 같은 책 같은 권 〈여허청서시어서(與許靑嶼侍御書)〉에서도 '30개의 소굴'이라고 하였으나, 〈청주사교장〉에는 28개 지명만 나열하고 있다. 다만 북경에는 선무문(宣武門) 내, 동화문(東華門) 동쪽, 부성문(阜城門) 서쪽에 각각 천주당이 있었다는 점을 감안하면 중국 전역에 총 30개의 천주당이 있는 것이 맞다. 허청서(許靑嶼)에 보낸 편지는 강희 3년(1664) 3월 25일에 쓴 것이다. 당시는 천주교가 이미 직예·산동·강남·절강·복건·강서·광동·광서·사천·호광·산서·섬서·하남 등 13개 성에 모두 전파된 상황이었고 운남과 귀주에만 아직 미치지 않았다.

내가 소장하고 있는 《변학(辯學)》 필사본 안에 〈각처당지(各處堂志)〉가 있는데, 역시 강희제 때의 상황을 기록하고 있는 것 같다. 모두 35곳의 천주당 위치를 나열하고 있으나 북경은 단 1곳만 나와 있다. 이를 옮기면 다음과 같다.

- 북경: 순성문(順城門: 선무문의 별칭 - 역자) 내에 있다.
- 강녕: 한서문(旱西門) 내 나사전만아(螺絲轉灣兒)에 있다.
- 회안: 북문 내 대산사(臺山寺) 동쪽에 있다.
- 양주: 초관문(鈔關門) 내 타주항(打珠巷) 공자상(槓子上)을 지나 경화관(瓊花觀) 맞은편에 있다.
- 진강: 남문 내 큰길 세 번째 패방(牌坊) 아래에 있다.
- 소주(蘇州): 누문(婁門) 내 혼당항(混堂巷)에 있었다. 지금은 황부기하(皇府基河) 서쪽으로 이전하였다.
- 상숙: 남문 내에 있다.
- 태창(太倉)5): 동문 내 태평교(太平橋)에 있다.
- 송강(松江): 누현(婁縣) 동쪽 구가만(丘家灣)에 있다.

- 상해: 현청(縣廳) 뒤쪽 마요(馬窰) 거리에 있다.

- 숭명(崇明): 성내(城內) 동문 안에 있다.

- 가정(嘉定): 동문 내에 있다.

- 곤산(崑山)

- 절강 호주(湖州)

- 항주: 북문 내 천수교(天水橋) 남쪽에 있다.

- 가흥(嘉興): 서문 부학(府學) 뒤쪽에 있다.

- 금화

- 난계: 장가(張家) 부두에서 들어가는 작은 골목에 있다.

- 복건 복주: 남문 내 궁항(宮巷)에 있다.

- 건녕: 북문 내에 있다.

- 연평: 대동문(大同門) 입구에 있다.

- 소무(邵武): 동문 내 단향사(檀香寺) 맞은편에 있다.

- 포성(浦城): □□□□(원문 자체가 결락되어있음)에 있다

- 섬서 서안부(西安府)

- 한중부(漢中府)

- 산서 강주부(絳州府)

- 강서 남창: 면화시(棉花市) 무자패방(戊子牌坊) 행화촌(杏花村)에 있다.

- 건창: 부청(府廳) 앞 황가령(黃家嶺)에 있다.

- 공주: 서문 내 도아문(道衙門) 동쪽에 있다.

- 길안(吉安): 동문 내 횡가(橫街)에 있다.

- 호광 무창: 한양문(漢陽門) 내 사산(蛇山) 아래에 있다.

- 산동 제녕(濟寧): 서문 밖 향하수리(鄕下數里) □□□(원문 자체가 결

....

5) 원서에는 태창(泰倉)으로 되어있으나 오류가 분명하여 바로잡았다.

락되어있음)에 있다.

- **제남**: 서문 내 고도사항(高都司巷)에 있다. 또 포정사(布政司) 동쪽 성인회당(聖人會堂)에 있다.
- **광동 광주**: 서문 밖 태평교(太平橋)에 있다.

《부득이》에 나오나 위 기록에 보이지 않는 곳은 북경의 나머지 2곳과 정주·계림·중경·보녕·태원·개봉 등 8곳으로 이를 합하면 모두 43곳이 된다. 《부득이》에 보이지 않는 곳은 태창·송강·숭명·가정·곤산·호주·가흥·소무·길안 및 제남의 제2당이다.[6] 《부득이》에 기록된 것 중에는 멀리 광서(의 계림)와 사천의 보녕도 포함되어있으니, 이치상으로 보면 《부득이》의 통계가 나중에 나온 것이 분명하다.

망우(亡友) 서종택(徐宗澤)[7]이 쓴 《중국천주교전교사개론(中國天主敎傳敎史槪論)》에 첨부된 〈중국성교장고습령(中國聖敎掌故拾零)〉에 따르면, 숭정 13년(1640) 해남도에 이미 선교사가 있었고 불리오가 사천에서 선교를 시작한 것은 숭정 14년(1641)이라고 한다. 또 해남도에서 선교를 시작한 것은 숭정 5년(1632)이고 숭정 9년 335명, 숭정 10년 330명이 세례를 받았으며, 가정(嘉定)에서는 천계 2년(1622), 영파에서는 숭정 14년(1641) 선교를 시작하였다고 되어있다. 이를 보면 《부득이》와 《변학》 필사본 〈각처당지〉에 빠진 곳이 적지 않음을 알 수 있다.

《중국천주교전교사개론》에는 강희 3년(1664) 예수회 선교사들이 중국 11개 성에서 선교하던 상황이 기록되어있는데, 통계에 잡힌 신자 수가

....

6) 그 외 포성·한중부·강주부·제녕 등도 《부득이》에 보이지 않는 곳들이다.

7) 서종택(徐宗澤, 1886-1947): 상해 청포(靑浦) 사람으로 천주교 신부이며 철학 박사와 신학박사 학위를 받았다. 1923년부터 《성교잡지(聖敎雜志)》 주편을 맡았으며 저서로 《중국천주교전교사개론》 외에 《명·청 이래 예수회선교사 저역 서목(明淸以來耶蘇會敎士著譯書目)》 등이 있다.

이미 114,200명(내가 다시 계산한 바에 의하면 164,400명임)에 이르고 예수회 회소는 20곳, 선교사는 25명에서 30명이었다. 당시 예수회 선교사는 3대 교구(敎區)에 나누어 예속되어있었다.

1. 화북: 직예·산동·산서·섬서·하남·사천

2. 중앙: 강남·절강·복건·강서

3. 화남: 광동·광서·해남

화북과 중앙 두 교구는 중국 대교구[省] 예수회에 속했고 화남은 마카오 예수회 회장이 관리하였는데, 마카오는 일본 대교구 예수회에 속해 있었다.

신자의 분포 상황은 다음과 같다.

북경: 15,000명, 하간(河間): 2,000명, 제남: 3,000명, 강주: 3,300명, 포주: 300명, 서안: 20,000명, 한중: 40,000명, 사천: 300명, 무창: 2,200명, 남창: 1,000명, 건창: 500명, 길안: 200명, 공주: 2,200명, 정주(汀州): 800명, 복주: 2,000명, 연평: 3,600명, 건녕: 200명, 소무: 400명, 항주: 1,000명, 남경: 600명, 양주: 1,000명, 진강: 200명, 회안: 800명, 상해: 42,000명, 송강: 2,000명, 상숙: 10,900명, 소주: 500명, 가정: 400명.

그 외에 천주당이 있었다는 것만 알 뿐 신자 수가 몇 명인지 모르는 곳도 있다. 예컨대 정정(正定)에는 7곳, 보정(保定)에는 2곳의 천주당이 있었고 한구(漢口)·흥화(興化)·연강(連江)·장락(長樂)·이산(黎山)·숭안(崇安)·태창(太昌)·곤산(崑山)·숭명(崇明)에도 모두 천주당이 있었다. 일설에 의하면 상해에는 신자가 5만 명 정도 있었고 부근 향촌에 천주당 66곳이 있어서 그 당시 중국에서 천주교가 가장 발달한 지역이었다고 한다.

서종택의 저서에는 또 다음과 같은 강희 40년(1701) 예수회·프란시스코회·도미니크회·아우구스티누스회 소속 및 무소속 선교사의 비교표가 있다.

		예수회	프란시스코회	도미니크회	아우구스티누스회	무소속
직예	회소	6	-	-	-	-
	선교사	11	-	-	-	-
강남	회소	16	2	-	-	1
	선교사	15	2	-	-	2
산동	회소	4	6	-	-	-
	선교사	1	10	-	-	-
산서	회소	3	-	-	-	-
	선교사	2	-	-	-	-
섬서	회소	4	-	-	-	-
	선교사	1	-	-	-	-
하남	회소	2	-	-	-	-
	선교사	1	-	-	-	-
호광	회소	8	-	-	1	-
	선교사	3	-	-	-	-
강서	회소	8	4	1	1	-
	선교사	6	5	-	-	-
절강	회소	4	1	2	-	4
	선교사	2	-	3	-	1
복건	회소	7	3	5	-	3
	선교사	6	3	5	-	3
광동	회소	1	3	-	4	3
	선교사	1	5	-	6	9
광서	회소	7	5	-	1	-
	선교사	10	-	-	-	-

《1552-1779년 예수회 사제 수도사 명단》(*Catalogus Patrum ac Fratrum*) 끝에 첨부된 강희 59년(1720) 프랑스 선교사의 선교활동 지역을 보면 다음과 같다.

• **북직예**: 북경(2)·정정부(正定府)·보정부(保定府)·양항현(良鄕縣)·

선화부(宣化府)·영평부(永平府)·문안현(文安縣).

- **산동**: 제남부(濟南府)·동창부(東昌府)·태안부(泰安府)·덕주(德州).
- **산서**: 태원부(太原府)·분주부(汾州府)·노안부(潞安府)·포주부(蒲州府)·강주(絳州)·평요현(平遙縣)
- **섬서**: 서안부(西安府)·한중부(漢中府)·성고현(城固縣)·삼원현(三原縣).
- **하남**: 개봉부(開封府)·귀덕부(歸德府)·남양부(南陽府).
- **호광**: 무창부(武昌府)·덕안부(德安府)·형주부(衡州府)·장사부(長沙府)·영주부(永州府)·상담현(湘潭縣)·황주부(黃州府)·안륙부(安陸府)·양양부(襄陽府)·악주부(岳州府)·형주부(荊州府)·이릉주(夷陵州)·한구(漢口)
- **강남**: 강녕부(江寧府)·진강부(鎭江府)·양주부(揚州府)·회안부(淮安府)·소주부(蘇州府)·송강부(松江府)·태창부(太倉府)·단양부(丹陽府)·상숙현(常熟縣)·숭명현(崇明縣)·가정현(嘉定縣)·곤산현(崑山縣)·상해현(上海縣)·서주부(徐州府)·오하현(五河縣)·무석현(無錫縣)·강음현(江陰縣).
- **강서**: 남창부(南昌府)·공주부(贛州府)·건창부(建昌府)·남풍현(南豊縣)·신풍현(信豊縣)·구강부(九江府)·요주부(饒州府)·무주부(撫州府)·서주부(瑞州府)·원주부(袁州府)·임강부(臨江府)·경덕진(景德鎭)·장수진(漳樹鎭)·Tang-kiang.
- **절강**: 항주부(杭州府)·가흥부(嘉興府)·해녕부(海寧府)·호주부(湖州府)·영파부(寧波府)·소흥부(紹興府)·평호현(平湖縣)·왕점(王店)
- **복건**: 복주부(福州府)·흥화부(興化府)·연평부(延平府)·정주부(汀州府)·연강현(連江縣)·상항현(上杭縣)·포성현(浦城縣).
- **광서**: 계림부(桂林府)

- **광동:** 광주부(廣州府) · 뇌주부(雷州府) · 염주부(廉州府) · 신회현(新會縣) · 불산(佛山) · 삼주도(三洲島) · 마카오[澳門]
- **해남:** 경주부(瓊州府)

원서(原書)에 달려있는 주를 보면, 열거한 지명에는 모두 1명 내지 몇명의 선교사가 있고 영구적이거나 임시로 거주하던 거처가 있으며 천주당 1곳 외에 반드시 다른 천주당 및 신자들이 집중된 지역을 함께 돌봐야 했는데, 상해 같은 지역은 66곳의 크고 작은 천주당을 관리해야만 했다고 되어있다. 그렇다면 작은 지역의 천주당은 모두 열거하지 않았음을 알 수 있다. 하지만 임시 성격을 띤 것도 있었기 때문에 일부 지역에서는 오래지 않아 바로 철거되었을지 모른다. 위의 기록이 작성된 지 얼마 지나지 않아 옹정연간의 종교박해가 시작되어 천주당 역시 모두 봉쇄되거나 헐리거나 다른 용도로 사용되었다.

천주교회의 융성에 관해서는 신자가 아닌 사람이 교회보다 더 자세하고 더 많은 기록을 남겨 놓았다. 양광선 외에 만력 45년(1617) 심각(沈㴶)도 《남궁서독(南宮署牘)》〈재참원이소(再參遠夷疏)〉[8]에서 "매달 초하루와 보름 외에 매주 일요일[房虛星昴]을 모이는 날로 정하여 매번 적게는 50명, 많으면 200명씩이나 모입니다. …… 저들의 행적이 이러하지만 사대부들로 하여금 저들과의 왕래를 엄격히 두절하도록 한다면 크게 걱정할 바가 아닐 것입니다. 하지만 지난 20년이란 세월 동안 잠입해 살면서 사귐 또한 광범위한터라, 누가 언제부터 시작했는지도 모르게[9] 이제는 일상처럼 익숙해져서 저들의 심원한 계략조차 잊은 채 허물없이 어울리는 자가 도처에 있습니다"고 하였다.

....

8) 원서에는 〈참원이제이소(參遠夷第二疏)〉로 되어있는데, 《파사집》권1에 수록된 《남궁서독》원문을 확인하여 바로잡았다.
9) 원서에 결락된 부분 "不知起自何人何日"을 보충하여 번역하였다.

숭정연간 왕조식(王朝式)[10]은 〈죄언(罪言)〉에서 "《남궁서독》을 돌이켜 살펴보면 그 당시 중국에 들어와 있던 교활한 오랑캐가 겨우 13명뿐이었으나, 지금은 그 수가 너무 많아 일일이 다 셀 수가 없다. 그때는 천주당을 지어 놓고 대중을 모아 백성을 현혹하던 곳이 남경[留都]의 홍무강(洪武岡)[11] 1곳뿐이었으나, 지금은 경교를 선교하는 곳이[12] 여러 성으로 퍼져 있다. 그때는 성유(聖油)를 바르고 성수(聖水)를 뿌린 자가 십중팔구 짐꾼이나 어린아이들이었으나, 지금은 사대부들과 선생들 가운데에도 저들의 책에 서문과 발문을 써주는 자가 있으며 공덕을 찬양함이 우리 중국의 성인을 기리는 것보다 몇 배나 더하다. 예전의 여러 선생들이 이 같은 꼴을 본다면 이루 말로 다할 수 없을 정도로 통곡하고 눈물 흘릴 것이리라!"라고 하였다. 하지만 그의 말이 반드시 정확한 것은 아니니, 그 당시 잡혀간 사람만 13명이고 잡혀가지 않은 이가 더 많았으며 홍무강 천주당 1곳만 몰수되었고 오히려 몰수되지 않은 곳이 더 많았다. 사대부들이 천주교 서적에 서문을 쓰는 일은 마테오 리치가 처음 왔을 때부터 이미 있었던 일이지만, 숭정연간에 그 이전보다 더 성행한 것은 사실이다.

같은 시대 사람 황정(黃貞)은 〈벽천주교서(闢天主敎書)〉[13]에서 "지금 남북의 두 직예·절강·호광·무창·산동·산서·섬서·광동·하남·복건·복주·흥화와 천주 등지에 모두 천주당이 있으며, 귀주·운남·사천에만

....

10) 왕조식(王朝式, 생몰연도 미상): 절강성 산음(山陰) 출신으로 명말 유명한 양명학자 심국모(沈國模, 1575-1656)의 제자이며 순치 초년에 38세로 사망했다.
11) 마테오 리치는 남경에서 선교할 때 홍무강을 중심으로 활동했다.
12) 원서에는 "今則延及數省矣"로 되어있으나 원문을 확인하여 "今則景敎之設, 延及數省矣"로 바로잡아 번역하였다.
13) 정식명칭은 〈請顔壯其先生闢天主敎書〉이다.

없을 뿐입니다"고 주장하였다. 하지만 이 말에도 문제가 있으니, 호광을 언급해놓고 왜 또 무창을 따로 예로 들었는지? 복건을 이미 언급해놓고 왜 다시 복주·흥화·천주를 들었는지 모르겠다. 아무튼 천주교가 광범위하게 전파되었음을 말하려는 의도는 매우 분명하다.

《명사》 편찬을 주관하였던 만사동(萬斯同)[14]은 〈명악부(明樂府)〉를 지었는데, 거기에 "천주교의 가르침은 얼마나 허망하고 괴이한가? 책을 지어 곧장 우매한 사람을 속이고자 했지, 중국에 유입된 지 100년이 안되어 달리는 기세처럼 중국에 거의 퍼졌네[15]"는 구절이 있다.

《명사》 '이탈리아전'에는 "예과 급사중 여무자(余懋孳)도 말하길 …… 이에 남경의 알폰소 바뇨니(Alfonso Vagnoni)와 엠마누엘 디아즈 등이 군중을 선동하니 만 명은 족히 됩니다. 매월 초하루와 보름에 예배를 드리는데, 걸핏하면 천 명 정도가 모입니다"고 적혀있으니, 이는 만력 44년(1616)의 일이다.

건륭 초년 만사동과 같은 고향 출신인 전조망(全祖望)의 《길기정집(鮚埼亭集)》에는 〈아담 샬의 해시계를 기리는 노래(詠湯若望日晷歌)〉가 있는데, 거기서도 "이용후생으로 처음 이르렀을 때는 나뭇가지 하나에 의탁한 작은 새 같더니, …… 어떻게 이러한 학문이 갑자기 창성하고 신속하게도 전파되었는가[16]"라 하였다. 강희연간 천주교회의 융성함은 이 두 사람(만사동과 전조망 – 역자)의 시에서 이미 충분히 표출되었다고 하겠다.

....

14) 만사동(萬斯同, 1643-1702): 청대의 역사학자로 절강성 은현(鄞縣) 출신이며 자는 계야(季野), 호는 석원(石園)이다. 황종희(黃宗羲)의 문하에서 수학하였다. 관직에 나아가지 않았으나 청조가 《명사》 편찬사업을 시작하자 명사관 총재(明史館總裁)의 고문 역할을 맡아 원고 심의에 참여했다.
15) "天主說教何妄怪, 著書直欲欺愚昧, 流入中華未百年, 駸駸勢幾遍海內."
16) "爲憶利生初戾止, 一枝托跡擬微禽, …… 如何小學頓昌大, 不脛而走且駸駸."

제3절 명·청시기 천주교 성행의 원인과 그 배경

명말 청초 천주교가 중국에서 크게 성행한 데는 반드시 그 원인과 시대적인 배경이 있는데, 그 개략을 서술하면 다음과 같다.

1. 중국의 과학에 대한 급박한 수요

마테오 리치가 처음 중국에 왔을 때 올린 상소를 보면 "방물(方物)을 바치기 위해서"라고 말하고 있다. 그가 바친 천주와 성모상에 대해서도 "그것[實像]을 바친 것은 만수무강과 복을 기원하기 위함이고 나라를 보우하고 백성을 편안하게 하려는 실로 구구한 충성심 때문입니다"고 하여 선교에 관한 일은 언급하지 않았다. 마지막에도 단지 "신은 일찍이 본국에서 황송하게도 예과(豫科)의 명목으로 이미 관직에 나가는 은혜를 입었습니다. 천지도(天地圖)와 도수(度數)로 그 신비함을 깊이 측정하고 기기를 제작하여 천문현상을 관측하고 해시계를 실험해보니, 중국의 고법(古法)과 꼭 부합하였습니다. 만약 황상께서 서투르고 미천한 저를 물리치지 않으시고 신으로 하여금 그 우둔함을 다하여 지존(至尊) 앞에 다드러내 보이는 것이 저의 구구한 큰 바람이나 감히 장담하지는 못하겠습니다"고 하여 역시 선교에 관해서는 언급하지 않았다 그러나 당시 중국의 역법이 오래 동안 잘못되어 연해와 동북 지역에서 이미 수차례 경계를 요하는 일이 일어났고, 수리 시설도 많은 곳이 수리되지 않고 있었다. 그런데 서양 선교사들이 가져온 기구(儀器)는 모두 신기하고 실효성도 높았으므로 그 기기와 학문을 이용하려다 마침내 그 사람도 이용하게 되었으니, 이것이 마테오 리치 등이 마침내 해금(海禁)을 돌파하고 북경까지 깊이 들어올 수 있었던 까닭이다.

2. 도적을 잡으려면 먼저 두목부터 잡는다는 선교 전략의 성공

이러한 선교 전략은 바로 궁정의 문을 직접 두들기고 아울러 사대부와 고관 귀족에게 먼저 접근하는 것이었다. 전제군주 시대이며 관료와 신사들이 특수 세력을 차지하였던 명나라 사회에서 이 같은 위에서 아래로 내려가는 선교 방식은 쉽게 효과를 보았다. 이른바 "군자의 덕은 바람과 같고 소인의 덕은 풀과 같으니, 풀 위의 바람은 반드시 한쪽으로 기울게 한다"[17]였다. 이 방법은 그 자체의 폐단도 있었지만, 그 당시에는 상당히 성공을 거두었다.

숭정 초년부터 아담 샬·자코모 로(Giacomo Rho)·룽고바르디(Longobardi) 세 사람은 수시로 궁중을 출입할 수 있었고, 궁중에도 특별히 천주당 2곳이 설치되어있었다. 하나는 궁녀들을 위한 곳이며 다른 하나는 환관을 위한 곳이었다. 환관들은 방천수(龐天壽)와 부락덕(溥樂德)의 창도(唱導)에 힘입어 40여명이 세례를 받았다. 아담 샬은 또 숭정제에게 교인이 되길 적극적으로 권하고 궁궐 내의 불상을 철거하도록 하였다(본장 제4절을 참조). 청나라가 들어선 후 아담 샬은 순치제의 존경을 받아 '마법(瑪法)'으로 추대되었는데, '마법'은 만주어로 아버지라는 뜻이다. 《아담 샬 전기》에는 순치 13, 14(1656-1657) 2년간 황제가 24번이나 친히

....

17) 원문은 "君子之德風, 小人之德草, 草上之風必偃"이다. 군자의 덕은 바람과 같다는 뜻으로, 바람이 불면 풀은 반드시 바람이 부는 쪽으로 쏠릴 것이라는 의미이다. 윗사람의 행동은 아랫사람의 본보기가 됨을 이르는 말이다. 공자가 한 말로 《논어》〈안연(顏淵)〉편에 나온다.

아담 샬의 관사(館舍)를 방문하여 오랜 시간 이야기했다고 기록되어있다.

삼비아시(Sambiasi)는 남명(南明)의 세 황제[18]와 매우 밀접하게 왕래하였다. 숭정 원년(1628) 삼비아시가 개봉에 있을 때, 복공왕(福恭王) 주상순(朱常洵)의 경모(敬慕)를 크게 받아 수시로 불려가 만났다. 주상순은 신종(神宗)의 셋째 아들이고 복왕(福王) 주유숭(朱由崧)의 아버지이다. 복왕이 남경에서 왕위를 이었을 때도 삼비아시를 불러 접견하였는데, 그에게 하사한 시에 "성실히 하늘을 섬기고 바르게 수신하였으며, 평소 신의가 두텁고 식견이 통달하였네"라고 한 구절이 있다(로마 예수회 총회 기록물실 소장).

당왕(唐王) 주율건(朱聿鍵)은 숭정 3년(1630) 초 삼비아시와 남양(南陽)에서 만났는데, 9년 11월 서인으로 폐위되자 삼비아시가 그를 변호하고 위로하였다. 홍광(弘光: 주유숭을 가리킴 - 역자)이 황제가 되자 비로소 사면되어 마침내 다시 삼비아시를 만났다. 그해 윤6월 복주에서 옹립되어 연호를 융무로 하였다. 당시 삼비아시는 복왕을 위해 마카오에서 병사를 모으는 중이었으나, 당왕이 편지를 보내 그를 불렀다. 삼비아시가 복주에 도착하여 〈수제치평송(修齊治平頌)〉을 올리자, 11월 18일 당왕이 시를 지어 "필금량(畢今梁)은 서양의 일민(逸民)이요 중국의 고사(高士)로다"고 답하였다. 금량은 삼비아시의 자(字)이니 그를 얼마나 경복(敬服)하였는지 알 수 있다.

그밖에 선교사들은 유명 인사나 고관들과도 활발히 교류하였다. 예컨대 《명사》 '이탈리아전'에서는 마테오 리치에 대해 "공경(公卿) 이하 (고관들이) 그를 존중하여 모두 함께 나아가 접견하였다"고 하였으니, 그가

---

18) 복왕 주유숭(홍광제), 당왕 주율건(융무제), 계왕(桂王) 주유랑(朱由榔, 영력제)를 말한다.

바로 이러한 풍조를 연 선구자였다. 나는 일찍이 글을 써서 이를 고증하였는데, 여기에 그 내용을 열거하면 다음과 같다.

마테오 리치가 왕긍당(王肯堂)[19]에게 서양 종이 10종[番]을 증정한 것이 《울강제필진(鬱岡齊筆塵)》제4책에 보인다.

삼비아시가 모벽강(冒辟疆)[20]에게 서양 천을 증정하였는데, 이 천은 훗날 동소완(董小宛)[21]의 적삼[衫] 원료가 되었다고 《영매암억어(影梅菴憶語)》에 나온다.

아담 샬이 이부(吏部)의 범(范)모씨와 함께 포도주를 마신 일이 팽손이(彭孫貽)[22]의 《객사우문(客舍偶聞)》에 보이고, 또 호세안(胡世安)[23]과 설소온(薛所蘊)[24] 두 선생과 함께 황제가 하사한 네덜란드의 공주(貢酒)

....

19) 왕긍당(王肯堂, 1549-1613): 관료이자 의학자로 강소성 금단(金壇) 출신이다. 의학자로서 눈가의 종양 제거 수술과 풍질(瘋疾) 치료에 능했으며 11년에 걸쳐 44권 220만 여자에 달하는 《증치준승(證治準繩)》을 저술하였다. 마테오 리치와도 교유한 바 있으며 불학에도 조예가 깊었다.

20) 모벽강(冒辟疆, 1611-1693): 명말 청초의 문인으로 이름은 양(襄)이며 벽강은 그의 자이다. 대표적인 저서 《영매암억어》는 동소완과의 사랑을 추억한 작품으로 중국 회고문학의 효시로 꼽힌다.

21) 동소완(董小宛, 1624-1650): 명말 청초의 유명한 기생으로 모벽강이 남편이다. 기생인 어머니와 손님인 아버지의 교제로 출생하였으며 기생집에서 자라면서 문인 손님들로부터 시와 그림을 배웠다고 한다. 악기에도 능했고 미모가 출중해 15살 무렵 이미 널리 이름이 알려졌다. 순치 7년 26세의 나이로 병사하였다.

22) 팽손이(彭孫貽, 1615 - 1673): 절강성 해염(海鹽) 사람으로 명말 청초의 학자이다. 《객사우문》 외 10여 종의 저서를 남겼다.

23) 호세안(胡世安, 1593-1663): 사천성 자주(資州: 현 樂山市) 사람으로 명말 예부상서 등을 역임했고 《수암집(秀岩集)》 외 다수의 저서가 있다.

24) 설소온(薛所蘊, 1600 - 1667): 하남성 맹주(孟州) 사람으로 숭정연간 국자감 사업(司業)을 지냈으나 이자성(李自成)에 귀부했다 다시 청에 항복하여 예부좌시랑까지 지냈다. 저서로 《담우헌집(澹友軒集)》 등이 있다.

를 마시고 각기 시를 지어 증정하였다고 《주제군징(主制羣徵)》의 〈부증언(附贈言)〉에 나온다.

마테오 리치가 서양 그림을 정대약(程大約)에게 선물한 일이 《정씨묵원(程氏墨苑)》에 보인다.

달메이다(d'Almeida)가 장경운(張景雲)과 왕이당(汪怡堂) 등에게 비연(鼻煙)을 선물한 것이 《추평신어(秋坪新語)》에 보인다.

마테오 리치가 풍시가(馮時可)에게 일본 부채[倭扇]를 선물한 것이 《봉창속록(蓬窻續錄)》에 보인다.

아담 샬(?)이 황종희에게 용꼬리모양 벼루를 선물한 것이 《만촌문집(晩村文集)》 권6에 보인다.

아담 샬이 황종희에게 해시계를 선물한 것이 《길기정집》 권2에 보인다.

이지(李贄)25)·이일화(李日華)26)·왕정눌(汪廷訥)27) 세 사람이 마테오 리치에게 증정한 시가 《이씨문집(李氏文集)》 권18, 《분서(焚書)》 권6, 《제경경물략(帝京景物略)》에 보인다.

알레니(Aleni)에게 지현방(池顯方)28)이 증정한 시가 《제경경물략》에, 하

---

25) 이지(李贄, 1527-1602): 복건성 진강(晉江) 사람으로 회족(回族) 출신이며 본래 성은 임(林)씨이고 이름은 재지(載贄)이다. 자는 굉보(宏甫), 호는 탁오(卓吾)이다. 대표적인 양명(陽明)좌파로 저서에 《분서》·《속분서》·《장서(藏書)》·《속장서(續藏書)》·《명등도고록(明燈道古錄)》 등이 있다.

26) 이일화(李日華, 1565-1635): 산수화가이자 회화 이론가로 절강성 가흥(嘉興) 출신이다. 만력 20년(1592) 진사가 되었고 벼슬은 태복소경에 이르렀다. 산수화는 전통적 남종 화법을 배웠고 심주(沈周)와 동기창(董其昌)의 영향을 받았다. 저서로 《염치당집(恬致堂集)》·《죽뢰화습(竹瀨花勝)》·《육연제필기(六硏齊筆記)》·《미수헌일기(味水軒日記)》 등이 있다.

27) 왕정눌(汪廷訥, 1573-1619): 안휘성 휴녕(休寧) 사람으로 저서에 잡극 《광릉월(廣陵月)》 및 전기(傳奇) 《환취당악부(環翠堂樂府)》 18종 등이 있다.

28) 지현방(池顯方, 생몰연도 미상): 복건성 동안(同安: 현 廈門市) 사람으로 천계 2년(1622) 거인 출신이다. 동기창·하교원·황도주(黃道周) 등 명사와 깊이 교류하였고 저서에 《옥병집(玉屛集)》 등이 있다.

교원(何喬遠)이 증정한 시는 《희조숭정집(熙朝崇正集)》에 보인다. 파리
국립도서관에 소장된 《민중제공증태서제선생시초집(閩中諸公贈泰西諸
先生詩初集)》 필사본 1책(중국어부 1066호)에 보면 천주교 선교사에게
시를 증정한 사람 69명이 기록되어있다. 그 대부분 알레니에게 시를 증
정하였는데, 예컨대 장서도(張瑞圖) · 장섭(張燮) · 진계유(陳繼儒) · 정만
(鄭鄭) 등 모두 당대의 유명 인사들이었다.

삼비아시에게 완대침(阮大鋮)과 정지룡(鄭芝龍)이 증정한 시가 있는데,
완대침의 시는 《영회당병정시(永懷堂丙丁詩)》 상권에 보이고 정지룡의
시는 북경도서관에 소장된 필사본 26545호에 보인다.

아담 샬에게 왕탁(王鐸)[29]이 증정한 시는 상해문명서국(上海文明書局)
영인본에 보인다.

페르비스트에게 전문(田雯)[30]이 증정한 시가 《고관당집(古觀堂集)》에 보인다.

루즈몽(Rougemont)[31]에게 진유숭(陳維崧)[32]이 증정한 사(詞)가 《호남
루사집(湖南樓詞集)》 권11에 보인다.

할러슈테인(Hallerstein)에게 조익(趙翼)이 증정한 시가 《구북집(甌北集)》
에 보인다.

석금종(釋今種: 屈大均의 필명 - 역자)의 〈서양인 곽장(郭丈)이 선물한 산
호 붓걸이에 감사하는 시(謝西洋郭丈惠珊瑚筆架詩)〉가 《오문기략(澳

....

29) 왕탁(王鐸, 1592-1652): 하남성 맹진(孟津) 사람으로 저명한 서화가이자 관리
   이다. 명조에서 동각(東閣)대학사까지 지냈고 청조로부터 예부상서 직을 수
   여받았다.

30) 전문(田雯, 1635-1704): 산동성 덕주(德州) 사람으로 시인 겸 장서가이자 강
   소순무를 지낸 고관이다. 《고관당집》 외 다수의 저서가 있다.

31) 프랑수와 드 루즈몽(François de Rougemont, 魯日滿, 1624-1676): 벨기에 출
   신의 예수회 선교사로 1659년 중국에 와 주로 강남 지역에서 선교했으며
   태원에서 사망하였다.

32) 진유숭(陳維崧, 1625-1682): 강소성 의흥(宜興) 사람으로 명말 청초 사단(詞
   壇)의 일인자였다. 강희 18년(1679) 박학홍사과에 응시하여 한림원 검토에
   임명되었다.

門紀略)》하권 〈오번편(澳蕃篇)〉에 보인다.

특산물을 선물하거나 시를 써서 증정하는 것은 모두 당시 문인들이
친구를 사귀는 방식이었는데, 서양 선교사들이 이를 좋아한 것은 아마도
역시 간접적으로 선교의 길을 열기 위해서였을 것이다. 《민중제공증태
서제선생시초집》 맨 앞에 수록된 엽향고(葉向高)의 시에 "책을 쓰니 대부
분 좋은 말이요, 교분을 맺으니 모두 유명 인사로다[33]"라는 구절이 있다.
비록 이들이 반드시 모두 천주교를 믿지는 않았지만, 일단 교분을 맺게
되면 천주교에 대해 호감을 표하지 않는 사람이 없었다.

본장 제2절에서 인용했던 심각의 《남궁서독》 〈재참원이소〉[34]와 왕조
식의 〈죄언〉에는 모두 '사대부'와 '진신(縉紳)선생'들이 선교사와 왕래하
거나 혹은 선교사가 지은 책의 서문을 쓰는 것에 관해 언급하고 있다.
진의(陳儀)는 일찍이 마테오 리치를 만나 《성학추술(性學觕述)》의 서문
을 썼는데, "당시 경사의 진신들이 그와 교류하고 학설을 받아들이면서
명함을 갖고 방문하여 같이 즐기며 황급히 신발을 거꾸로 신고 존경을
표하니, 당대의 명사들이 몰려들었다"고 한 것을 보면 왕래가 얼마나 성
하였는지 상상할 수가 있다. 심각의 소(疏)에는 "신이 처음 남경에 왔을
때, 저들이 모은 신자들이 무리를 이루고 가옥과 건물까지 소유하고 있
다는 애길 들었습니다. 이에 예부의 직무를 엄격히 밝히기 위해 저들을
잡아들여 다스려 쫓아내려고 하였습니다.[35] 그런데 어떤 자가 말하길

....

33) "著書多格言, 結交皆名士."
34) 원서에는 〈참원이소〉로 되어있으나, 12장 2절에서 인용한 것은 〈재참원이
    소〉여서 바로잡았다.
35) 원서에는 "卽欲擒治驅逐"으로 되어있으나 원문을 확인하여 "卽欲修明本部職
    掌, 擒治驅逐"으로 바로잡아 번역하였다.

'저들의 무리가 실로 많을뿐더러 저들의 교설(敎說)이 인심에 젖어들어 사대부들 가운데도 믿고 따르는 자가 있는데, 하물며 일반 백성이랴. 그러하니 갑자기 가가호호 깨우치게 하기 어렵다36)'고 하였습니다. 이에 신은 자신도 모르게 장탄식을 내뱉고 말았습니다"고 적혀있다. 《명사》 〈심각전〉에도 "서양인 마테오 리치가 조공을 바친다는 이유로 남경에 머무르면서 그의 제자 바뇨니 등과 함께 천주교를 제창하니, 많은 사대부들이 그를 추종하였다"는 내용이 나온다. 바뇨니 즉 왕풍숙(王豊肅)은 나중에 고일지(高一志)로 이름을 바꿨다. 주굉(袾宏)37)화상은 〈천설(天說)〉에서 "한 노승이 '이역(異域)에서 온 자가 천주교인이라 자처하는데, 그대는 어찌 논변하지 않는가'라고 말하기에, '하늘을 공경하라고 가르치는 것은 좋은 일이라 생각합니다. 그러니 무엇을 논변한단 말입니까?'라고 대꾸하였다. 그러자 노승이 또 '저들은 천주교를 가지고 중국의 풍속을 바꾸고 아울러 불교를 헐뜯고 불법을 비방하고자 한다. 이는 어진 선비와 훌륭한 벗들 중에 믿고 따르는 자가 많기 때문이다'고 말했다"고 하였다. 또 "지금껏 천주교를 신봉하는 선비와 벗들은 모두 정인군자(正人君子)로서 한 시대의 특출한 인재요, 대중이 우러르며 나아갈 방향으로 삼는 사람들이다. 그러니 내 어찌 귀에 거슬리는 말을 한다는 혐의를 피하고자 충고의 말을 다하지 않을 수 있겠는가"라고 하였다. 황정은 〈벽천주교서〉에서 "근래 천주교 선교사 가운데 마테오 리치와 같은 예수회 회원으로 성은 애(艾), 이름은 유략(儒略, 즉 줄리오 알레니 - 역자)이라는 사람이 우리 장주(漳州)에 도착하자 얼빠진 사람들이 줄지어 귀의하였으

....

36) 원서에 결락되어있는 "況于閭左之民, 驟難家諭戶曉"를 보충하여 번역하였다.
37) 주굉(袾宏, 1535-1615): 절강성 항주 사람으로 속성은 심(沈)씨이며 명대 4대 고승으로 불린다.

니, 심히 가슴이 아픕니다. 더욱이 평소에 인걸이라고 불리던 총명한 사람들까지 그 설에 깊이 현혹되어 굳게 비호하며 풍속을 선동하고 있으니, 이는 더욱 큰 근심거리입니다"고 하였다. 천주교를 믿는 사람 중에 '사군자(士君子)', '사대부', '어진 선비와 훌륭한 벗', '정인군자'가 있고 '총명한 인걸'들이 더욱 이를 비호한다고 말한 것으로 보아 당시 천주교의 유행이 실로 사대부의 창도에 힘을 얻었음을 알 수 있다. 만력 44년(1616) 7월 서광계도 〈변학장소〉(《徐文定公集》 권5)에서 "신은 저보(邸報)에서 남경 예부가 서양 배신(陪臣) 판토하(Pantoja) 등을 탄핵하면서, 그 설교가 마음에 점차 배어들어 사대부 중에도 믿는 자가 있으며 망령되이 천문관[星官]이 해야 할 말을 함으로써 사인(士人)들을 어두운 세상으로 떨어뜨리고 있다고 말한 것을 보았습니다. 사군자 또는 사인이라 말하면서도 예부[部臣]에서는 뿌리와 그루가 연결될까 두려워 이름을 생략하고 지목하지 않았지만, 정신(廷臣) 중에 소신(小臣)이 일찍이 여러 배신들과 도리(道里)를 강구하고 많은 서적을 판각하였으니 그 믿는 자란 바로 소신을 두고 한 말입니다. 또 일찍이 그들과 역법을 조사 연구하고 앞뒤로 올린 소장(疏章)이 모두 어전에 갖추어져 있으니, 천문관이 해야 할 말을 한 사람 역시 소신입니다"고 하여 이를 인정하고 있다.

3. 박해가 심해질수록 더욱 강해진 신앙심

명말 위준(魏濬)이 쓴 〈마테오 리치의 주장은 황당하고 혹세함(利說荒唐惑世)〉에서 "남경 예부시랑[南宗伯]이 이들을 내쫓을 것을 탄핵하자 처음에는 흩어지는 것 같았지만, 그 설에 현혹된 자들의 믿음이 너무도 확고하여 깰 수가 없었다. 기이한 것을 좋아하는 사람의 마음이 이와 같다"고 한 말이 바로 그 예이다.

또 《파사집(破邪集)》에 수록된 숭정 10년(1637) 1월 초하루 〈복건순해도고시(福建巡海道告示)〉에는 "가장 괴이한 것은 정문(呈文)을 준비하는 중에 생원 황대성(黃大成)과 곽방옹(郭邦雍)이 울분에 찬 모습으로 내[本道]에게 달려와 오랑캐들을 위해 법을 지키겠다고 하면서 사람들이 조상에게 제사를 지내는 것은 허황된 문식일 뿐이고 오직 천주만이 진실이며 나의 처사는 낡고 괴팍하여 실상에 맞지 않는다고 극구 우긴 일이었습니다.[38] 마치 온 천하가 오랑캐 종교에 입교하지 않으면 그만두지 않으려는 기세였습니다"고 적혀있다.

군기처(軍機處) 당안(檔案) 중에 건륭 13년(1748) 8월 복건순무 반사거(潘思榘)가 올린 밀주(密奏)가 있는데, 대략 다음과 같이 말하고 있다.

"신 등이 유념하여 널리 살펴본 바 복녕부(福寧府) 복안현(福安縣)의 주민들이 천주교란 종교에 빠져 미혹됨이 이미 깊고 오래 되었습니다. 조사하여 체포한 이후 다소 경각심을 갖게 되었지만, 얼굴은 바꾸어도 마음은 바꿀 수 없는 것이어서 차례로 각 마을을 방문하여 천주교를 믿는 민가를 몰래 돌아보니, …… 선조에게 제사지내지 않고 신불(神佛)에게 절하지 않음이 여전히 예전과 같았습니다. …… 민간에서 굳은 마음으로 천주교를 신봉하는 고질적인 누습은 끝내 다 없앨 수가 없었습니다."

또 건륭 50년(1785) 5월 복건순무 아덕(雅德)은 "소무현(邵武縣)에서 원 천주교 신자였던 오영륭(吳永隆) 등을 체포하였는데, 이전에 천주교를 믿는 것 때문에 일찍이 (건륭) 24년 체포되어 벌을 받았지만 여전히 회개하지 않고 아직도 감히 사사로이 신봉하고 있습니다"고 상주하고

....

38) 원서에 결락된 "極口稱人間追遠祭祀爲虛文, 惟天主爲眞實"를 보충하여 번역하였다.

있다.

또 가경 20년(1815) 3월 26일 조서에는 "상명(常明)이 천주교를 전수받아 익힌 범인을 잡았다는 주접(奏摺)을 올렸다. 이들은 백성에게 전도하여 어리석은 향민을 선동 미혹하면서도 고집스럽게 깨달지 못하고, 심지어는 직접 왕법(王法)을 위반하면 천당에 올라 갈 수 있다고 민심을 호도하면서 걱정스럽게도 죽음을 두려워하지 않으니 실로 가증스럽다!"고 적혀있다.

4. 외부인의 신뢰를 얻게 한 선교사와 신자의 본분 지키기

고궁(故宮) 무근전(懋勤殿)에서 발견된 강희제가 첨삭한 서양인 주접(奏摺)을 보면, 강희 59년(1720) 11월 18일 황제가 서양인 수아레즈(Suarez) 등 18명을 불러 직접 "너희 서양인은 마테오 리치가 중국에 온 이래 200여년이 되었는데, 전혀 탐음(貪淫) 사란(邪亂)하지 않고 수도하며 평안무사하게 지내면서 중국 법도를 어긴 적이 없다"고 효유(曉諭)했다고 되어있다. 탐음 두 글자는 강희제가 주필(朱筆)로 첨가한 것이다.

옹정 2년(1724) 10월 양광총독 공육순(孔毓珣)은 상주문에서 "법을 어기고 사단을 일으켰다는 애기는 듣지 못했습니다"고 하였고, 건륭 43년(1778) 정월 섬서순무 필원(畢沅)은 상주문에서 "비록 부적을 쓰고 주문을 건 물을 뿌리거나 밤에 모여 새벽에 해산하는 등의 일은 없지만 역시 불법에 해당합니다"고 하였으며, 건륭 50년(1785) 2월 호리(護理)강서순무 이승업(李承鄴)은 상주문에서 "성경책[經卷]·초상화·염주·십자가·서양 동전 등을 뒤져 보아도 별다른 불법적인 내용은 없었습니다"고 하였다. 같은 해 5월 복건순무 아덕은 상주문에서 "낡고 오래된 성경책[經本]과 온전치 않은 십자가를 압수하였으나 별다른 불법적인 내용은 없었습니다"고 하였고, 같은 해 10월 초8일 내린 조서에서는 "제사비(第思比) 등의 죄는 전도하려는 의도 외에 다른 항목의 불법적인 일은 찾을 수 없다"고 하였으며, 가경 10년(1805) 11월 양광총독 나언성(那彦成) 등은 상주문에서 "단지 예배를 드리고 다 같이 식사하며 잘못을 뉘우치고 선한 일을 권하며 결코 불법적인 다른 정황이 없습니다. …… 오랑캐 문자로 된 성경책을 번역하여 대조해보니, 단지 비루하고 허황된 내용으로 사람들을 유혹하여 배우도록 하고 있을 뿐 위배되는 글자나 문구는 없었습니다"고 하였다. 이상은 모두 고궁문헌관(古宮文獻館)에서 출간한 《문헌총편(文獻叢編)》에서 찾아볼 수 있다.

5. 사람의 존중을 받고 천주교를 중시하게 만든 선교사의 중국어와 유학(儒學) 능력 및 고상한 인품

이일화는 《자도헌잡철(紫桃軒雜綴)》에서 마테오 리치에 대해 "광동에 20여년 거주하여 중국의 언어문자에 정통하였다. …… 사람을 보면 예를 다하여 절하니, 사람들도 그를 좋아하고 착한 사람이라 믿었다. 나이는 이미 50여세이나 2-30세로 보였는데, 먼 이방(遠夷)의 도 닦은 사람 같았다. 공허함이 이에 이르러 이미 다시 돌아갈 계획을 세우지 않았다"고 말했다. 《명사》 '이탈리아전'에도 "그 나라 사람 중 동쪽으로 온 자는 대체로 총명하고 특출한 선비들로 오로지 한마음으로 교의를 행하고 이익을 구하지 않았다. 그들이 집필한 책은 대부분 중국인이 알지 못하는 것이어서 한 때 기이한 것을 좋아하는 자들은 모두 그것을 숭상하였다"고 기록되어있다. 이왕정(李王庭)[39]이 지은 〈주사현거록(誅邪顯據錄)〉

----

39) 원서에는 이옥정(李玉庭)으로 되어있으나 오류여서 바로잡았다.

은 마테오 리치가 전한 기억학(記憶學)과 그의 강한 기억력을 극구 배척하였지만, 결과적으로는 최상의 무료 선전이 되고 말았다. 그 글을 보면 "기억술의 경우 저 비루한 오랑캐가 우리를 경멸함이 이보다 더 심할 수 없다. (저들은) 총명하게 태어났기에 스스로 이러한 기술을 창시했다고 떠벌리는데, 한눈에 열 줄을 읽고 한번 보면 하나도 빠뜨리지 않는 사람이 어느 시대엔들 없었겠는가? 그런데 거꾸로 외우고 암송한다는 명목을 붙여 어리석은 자들로 하여금 그들처럼 영민해지기를 바라게 하고, 중간 정도에 드는 선비들로 하여금 그것을 진짜로 여기게 하였다. 절대로 있을 수 없는 이치를 가지고 제대로 사람을 귀머거리나 장님 취급하는 것임을 그 누가 알겠는가?"라 되어있다. 진후광(陳侯光)은 〈변학추언자서(辨學蒭言自敍)〉에서 "근래 서양(大西國) 오랑캐가 바다를 건너와서 하늘을 섬긴다는 학문을 부르짖고 있는데, 저들이 내건 이름이 대단히 존귀하고 저들이 내세운 말이 대단히 교묘하며 저들의 몸가짐이 대단히 고결하다. 불교와 도교를 배척하지만 공자를 존숭하기에 세상에서는 간혹 저들을 좋게 여기고 믿으면서 성인이 났다고까지 말한다"고 적었다. 응휘겸(應撝謙)[40]은 〈천주론(天主論)〉에서 마테오 리치 이후 "그 나라 사람들이 종종 중국에 왔는데, 대부분 총명하고 재변(才辯)이 뛰어나며 준수한 선비가 많다. 마테오 리치가 처음 중국에 왔을 때 중국어를 한자도 알지 못했으나 몇 년 만에 경사(經史)의 내용을 통달하였다"고 하였다.

사조제(謝肇淛)는 《오잡조(五雜俎)》에서 "천주국은 부처나라의 서쪽에

---

40) 응휘겸(應撝謙, 1615-1683): 자는 사인(嗣寅)이고 명대의 제생(諸生)이다. 절강성 인화(仁和: 현 항주) 사람으로 《고악서(古樂書)》 2권 등 많은 저서를 남겼다.

있는데, 그 나라 사람들은 문리에 통달하여 학문의 깊이가 중국과 다를 바가 없다"고 하였다. 또 마테오 리치의 《천주실의》에 대해 "종종 유교와 상호간에 서로 설명해주는 내용은 있으나, 불교와 도교의 모든 허무하고 공허한 설법은 전부 심하게 비난하고 있다. 나는 그들의 주장이 유교와 비슷하여 좋아하는데, 전도(傳道)하는 방식도 비교적 친절하다. 불교처럼 불분명하고 난잡하게 늘어놓은 말로 사람을 속이고 저속하게 하는 것과는 다르다. 사람들과 진실하고 예의바르게 말하며 묻는 것마다 막힘이 없으니, 이역(異域)에도 인재가 있다고 할 수 있다!'고 말했다. 심덕부(沈德符)는 《야획편(野獲編)》에서 마테오 리치에 대하여 "성품은 베풀기를 좋아하고 다른 사람의 급한 일을 도울 줄 알며 성실하고 관대하니, 감히 업신여기는 사람이 없다"고 하였다. 지윤견(支允堅)은 《이림(異林)》[41]에서 마테오 리치에 대하여 "밤낮으로 경사(經史)를 읽고 《교우론(交友論)》을 저술하니 (그 책 안에는 서양) 격언이 많았다"고 하였다.

황경방(黃景昉)은 《삼산논학기(三山論學記)》 서문에서 "그 사람(마테오 리치 - 역자)이 8만 리 밖에서 오는 동안 여러 해를 통역을 통해 의사소통하다 중국에 살면서부터 중국 문자를 배워 익히면서 마치 마비된 곳이 다시 펴지고 젊은이처럼 다시 건장해지는 듯하였다. 나와 친분이 있는 알레니[思及]선생 같은 이는 공손하고 겸손하며 의젓하기가 마치 대유학자의 풍격을 갖추었으니 존중할 만하다!'고 적었다.

장이기(張爾岐)[42]의 《호암한화(蒿庵閒話)》에 보면, 만력제가 풍기(馮

....

41) 《이림(異林)》: 전 10권. 《매화도이림(梅花渡異林)》이라고도 부른다. 명대 사람 지윤견(생몰연도 미상)이 지은 책으로 〈일사수필(軼史隨筆)〉 2권, 〈시사만기(時事漫記)〉. 3권, 〈일어고경(軼語考鏡)〉 3권, 〈예원한평(藝苑閑評)〉 2권으로 되어있다.
42) 장이기(張爾岐, 1612-1678): 산동성 제양(濟陽) 사람으로 명말 청초 저명한

琦)43)에게 마테오 리치의 학문에 대해 묻자 "오직 천주를 엄격히 섬기며 기기(機器)와 계산에 뛰어날 뿐입니다." "마테오 리치가 처음 광동에 도착하여 배에서 내릴 때 머리는 삭발을 하고 어깨가 드러나 있어 사람들이 서양의 승려인 줄 알고 불교 사찰에 데려가니, 손을 내저으며 절하려 들지 않으면서 통역을 통해 자신은 유생이라고 말하였습니다. 이에 학교에 데려가 스승을 붙여 유가 서적을 읽게 하니 1-2년이 되지 않아 사서오경의 대의를 모두 통달하였습니다. 그런 연후 비로소 북경으로 와서 조정에 들어왔습니다. 그가 하는 말은 부처에 비해 부족하나 소박하며, 요지는 천주를 섬기는 것으로 귀결되고 사람의 도리를 닦고 욕심을 적게 하고 학문에 힘쓰는 것입니다"고 답했다고 적혀있다. 주정한(朱鼎澣)이 《서국기법》 서문에서 "지금 세상 사람들 중에 서양의 마테오 리치선생을 모르는 이가 없다"고 말한 것을 보면 마테오 리치 개인의 영향력이 얼마나 컸는지 알 수가 있다.

6. 서적 발간에 주력한 결과 영향력이 컸고 파급 효과도 빨랐음

앞에서 인용한 서광계의 〈변학장소〉를 보면, "소신이 일찍이 여러 배신(陪臣)들과 이치에 대해 연구하였고 서적도 많이 간행하였습니다"고 적혀있다. 또 서양 선교사를 테스트하는 세 가지 방법을 제시했는데, 그 첫 번째가 책 번역이었다. "소(疏) 중에 나오는 유명한 배신들을 모두 불러 경사로 오게 한 다음 내외 신료 몇 명을 택하여 함께 서양에서 가져

경학가(經學家)이다.
43) 풍기(馮琦, 1559-1603): 산동성 임구(臨朐) 사람으로 예부상서 등을 역임했으며 저서로 《종백집(宗伯集)》 81권이 있다.

온 경전을 번역하게 하였습니다. 무릇 하늘을 섬기고 사람을 사랑하라는 주장, 격물궁리(格物窮理)론, 치국평천하(治國平天下)의 방법과 아래로는 역법·산수·의학·약학·농업·수리 등 이익을 꾀하고 해로움을 없애는 일들을 전부 일일이 책으로 만들었습니다. ……" "만약 서적을 번역하는데 실마리를 찾기 힘들 땐 승려나 도사 혹은 적합한 사람이 없으면 여러 배신에게 명하여 교리 중의 대의(大意), 훈계와 권면 규정 및 그 사적(事蹟)의 효능 등을 한 책에 약술하게 하였습니다. 아울러 이미 번역된 서적 30여 권과 원문 경전 10여 부도 모두 황제께서 어람하시도록 올렸습니다"라고 서술하고 있다.

당시 서양 선교사와 교분을 맺은 중국인들도 하나같이 전부 서적 번역 작업에 매진하였는데, 만들어진 책 모두 원의(原義)에 대한 신뢰성, 뜻을 전달하는 자연스런 표현, 우아한 문체[44] 등 세 가지 장점을 다 구비하고 있었다. 이지조는 《환유전(寰有詮)》 서문에서 "나이가 많음을 잊고 번역을 돕겠다고 맹세하였는데, 참으로 내 세대에서 차마 이 일을 그르칠 수 있겠는가! 단지 어귀[文言]가 단절되고 목구멍에 가시가 생겨 여러 번 고통으로 인해 붓을 놓아버렸다. ……"고 하였다. 그의 아들은 《명리탐(名理探)》 서문에서 "의미가 넓고 깊어서 뜻을 표현하기 쉽지 않은데다 간혹 일언반구가 합당치 못하거나 거슬려서 이를 밝히고 푸는데 시간을 소모하였다. 이런 까닭에 수년이 지나서야 기껏 열 질(帙) 정도가 완성되었다"고 말했다. 마테오 리치는 《기하원본》 서문[引]에서 "재능이 없는데다 동서양의 문리가 전혀 달라 글자의 뜻을 서로 구하다보면 빠지고 생략된

....

44) 근대 중국의 번역가 엄복(嚴復)은 《천연론역례언(天演論譯例言)》에서 "譯事三難:, 信·達·雅"라고 하였으니, 즉 번역의 세 가지 어려움은 확실한 신빙성 [信], 충분한 전달성[達], 표현의 우아성[雅]에 있다는 말이다.

부분이 여전히 많았다. 구두로는 이해되어 애써 묘사할 수 있을 것 같아 붓을 놀려 문장을 만들면 바로 난삽(難澁)하게 되어버렸다. 이 작업을 맡은 이래로 여러 차례 뜻이 같은 사람을 만나 이리저리 도움을 받았으나, 매번 중간에 그만둘 것을 근심하였으니 세 번 진행하다 세 번 멈추었다." 서광계를 만난 후에 "이 책의 정수를 설명하고 번역의 어려움과 지금까지 중간에 그만둔 상황을 얘기하자", 이에 선생이 말하길 "'이 책을 보았고 교만하지도 인색하지도 않은 선생님[子]을 뵙게 된 이상 서로 가르침을 주고받고자 하니, 어찌 고생이 두려워 종일 놀면서 내 세대에서 이 일을 그르칠 수 있겠습니까! 아아! 내가 어려움을 피하면 어려움이 절로 커지고 내가 어려움을 맞이하면 어려움이 절로 줄어드니 반드시 번역을 완성할 것입니다'고 하였다. 선생이 작업에 들어가면서 나에게 입으로 구술하도록 하고 자신은 붓으로 받아 적었다. 반복적으로 여러 차례 손을 대어 원서에 부합하는 뜻을 구하고 중국의 문장으로 다시 정정하는 과정에서 모두 세 차례 원고를 수정하였다"고 적었다.

숭정 2년(1629) 이지조는 첫 번째 천주교 총서를 발간하였으니, 책이름은 《천학초함(天學初函)》이고 총 52권으로 종교서와 과학서가 각각 반씩 구성되어있다. '초함(初函)'이라고 명명한 것은 계속해서 이함(二函), 삼함(三函)을 판각하려 한 것이었다. 《서학범(西學凡)》·《천주실의(天主實義)》·《변학유독(辯學遺牘)》·《기인십편(畸人十篇)》·《교우론(交友論)》·《이십오언(二十五言)》·《칠극(七克)》·《영언려작(靈言蠡勺)》·《직방외기(職方外紀)》·《태서수법(泰西水法)》·《간평의설(簡平儀說)》·《혼개통헌도설(渾蓋通憲圖說)》·《동문산지(同文算指)》·《기하원본(幾何原本)》·《환용교의(圜容較義)》·《표도설(表度說)》·《측량법의(測量法義)》·《천문략(天問略)》·《구고의(勾股義)》·《측량이동(測量異同)》 등 20종이 수록되어있다.

명말 중국 천주교의 삼대 기둥인 서광계·이지조·양정균은 하나 같이 서적 출간이 급선무라고 생각하였다. 《양기원선생초성사적(楊淇園先生超性事蹟)》[45]에서는 양정균이 서적을 발행한 것은 사실상 알레니의 권유에 의해서였다고 하였다. 즉 "당시 알레니가 강좌를 하고 있을 때 공(公)이 단아하고 베풀기를 좋아하는 모습을 보고 더욱 널리 베풀기를 바라며 '공은 가난한 자를 불쌍히 여기나 부자를 불쌍하게 여기지 않습니다. 몸에 병든 것은 불쌍히 여기나 그 마음에 병든 것은 가엽게 생각하지 않습니다. 때문에 사람들에게 재물로 베푸는 것보다 가르침으로 베푸는 것이 더 좋으며 (이렇게 해야만) 노력도 줄이고 혜택도 두루 미칩니다'고 말하였다. 이에 공은 힘써 천주교 관련 서적을 발행하여 많은 이들에게 종교적인 가르침을 전했다"고 되어있다.

《남궁서독》에 있는 장채(張寀)의 진술 중에는 종명례(鍾鳴禮)가 항주에서 게첩(揭帖)을 남경으로 가져와 간행하였는데, "11일에 시작하여 14일까지 책을 다 판각한 후 그날 밤 인쇄하여 장정하니 모두 100권이 되었다"는 내용이 있으니, 만력 43년(1615)의 일이었다.

서광계의 손녀인 허원도(許遠度) 부인의 전기에는 "태부인은 대갓집에서 교육받고 깊은 규방에 있는 허약한 체질이라 예배일에 원하는 대로 천주당에 가서 삼가 성스러운 일을 받을 수 없었다. 여러 차례 선교사 사제에게 서양 서적 중에서 하느님의 일에 보탬이 되는 글을 택하여 중국어로 번역하여 보게 해달라고 청하였다. 몇 년이 되지 않아 모두 한 질이 되었다. 문정공(文定公: 즉 서광계 - 역자)이 당시 번역한 것과 합치니 총 100여 부(部)나 되었다. 태부인은 판각하여 발행한 서적을 각 천주당

....

45) 《양기원선생초성사적(楊淇園先生超性事蹟)》: 1628년 알레니가 구술한 것을 정지린(丁志麟)이 받아 적고 장갱(張賡)이 서문을 쓴 책으로, 양정균이 불교에서 천주교로 개종한 사적을 기록하고 있다.

에 나누어 보냈다"고 적혀있다.

7. 매우 감동적인 명말 천주교 신자들의 용감한 종교 수호

서광계와 이지조가 성실하게 천주교를 섬긴 사실은 당시 현자들의 기록에 많이 남아 있다. 지금 한두 명을 예로 들어보겠다.

승려 행원(行元)은 〈비양편(非楊篇)〉을 지었는데, 양(楊)은 양정균을 가리킨다. 그 내용을 보면 "미격자(彌格子)는 그 안에 든 뜻을 깨닫지 못하고 마테오 리치의 울타리 안으로 뛰어들었다"고 하였다. 미격자는 양정균의 호이다. 또 "지금까지도 불당에서 영원히 지키고 있고 불경이 밝디 밝게 전해지고 있는데, 저들이 아무리 훼멸시키려 한들 해되고 손상될 것이 무엇 있겠는가? 그저 제 스스로 천제(闡提)가 되어 불행한 사람이 되거나 지옥 가마솥에 떨어질 죄수의 우두머리가 될 뿐이다. 소우(蕭瑀)[46]는 '부처는 성인이다. 성인이 아닌 자는 법도가 없다'고 말했으니, 미격자야말로 그런 자이다"라고 하였다. 《벽사집(闢邪集)》 하권에 보인다.

승려 원오(圓悟)의 〈변천삼설(辨天三說)〉에는 "음력 9월 보름날 나는 《〈변천〉이설(二說)》을 다시 지어 전처럼 항주에 보내어 내걸게 했다. 10월 9일 몽택(夢宅)의 장군(張君)이 전처럼 글을 가지고 가 천주당에 알렸다. 한동안 앉아 있으니 범씨 성을 가진 사람이 나왔는데, 그는 중국인이었다. 아마도 기원(淇園) 양정균의 문하에서 노닐면서 천주교를 독실하게 믿게 된 자인 것 같았다"고 되어있다. 그 때가 만력 45년(1617)이었다.

....

46) 소우(蕭瑀, 575-648): 남조(南朝) 양 명제(明帝)의 아들로 수황실의 외척이었고, 당 건국 이후에는 당고조와 당태종 밑에서 고위직을 역임했다. 《비변명론(非辨命論)》을 지었으며 불교와 유교에 조예가 깊었다.

천계 원년(1621) 양정균은 《대의편(代疑篇)》을 지었는데, 널리 유행되어 후에 속편을 발간하였다. 불교 쪽의 공격도 갈수록 더해졌다. 예컨대 하장(霞漳: 복건성 漳州의 雅稱 - 역자)의 승려 행원(行元)이 쓴 〈대의서략기(代疑序略記)[47]〉와 〈비양편(非楊篇)〉, 보양(莆陽: 현 복건성 莆田市로 興化로도 불렸음 - 역자)의 승려 성잠(性潜)이 쓴 〈연서(燃犀)〉, 난계(蘭谿: 현 절강성 난계시로 전당강 중류에 위치함 - 역자)의 승려 행문(行聞)이 쓴 〈발사략인(拔邪略引)〉, 행원의 〈연문진심(緣問陳心)〉(모두 《벽사집》에 수록되어있음)은 모두다 양정균을 대상으로 한 내용이다. 당시 천주교에 반대한 사람들은 모두 양정균을 가장 미워했는데, 서광계나 이지조 두 사람은 오히려 그다지 주목을 받지 않은 듯하다. 단지 "…… 《대의편》 24조를 간행하자 양암자(涼庵子)라는 자가 다시 그 서문을 썼다. 양암자가 어떤 사람인지 모르나 역시 미격자와 같은 무리인 듯하다"고 하였는데, 사실 양암자는 이지조의 별호이다.

8. 신자들의 천주교와 유교의 조화를 위한 노력

명말 청초 서양 선교사들은 천주교와 유교가 일치한다는 설을 열심히 주장하였고 중국 신자들도 이를 더욱 강조하고 발전시켰다. 예컨대 《천유동이고(天儒同異考)》는 〈천주교합유(天主敎合儒)〉·〈천주교보유(天主敎補儒)〉·〈천주교초유(天主敎超儒)〉 등 3편으로 구성되어있는데, 저자인 인화(仁和) 사람 장성요(張星曜)가 강희 54년(1715)에 쓴 자서가 있다. 그는 이때 나이가 이미 83세였는데, 《천주교명변(天主敎明辨)》 2천여 쪽, 《통감기사보(通鑑紀事補)》 1천7백여 쪽, 《규창변교록(葵牕辨敎錄)》 2백

---

47) 원서에는 〈대의서략설(代疑序略說)〉로 되어있으나 오류가 분명해 바로잡았다.

여 쪽을 저술하였다고 한다. 아마도 청나라 초기 천주교 관련 저서를 가장 많이 쓴 신자였던 것 같다.

《천유동이고》는《통감기사보》의 일부이다. 내용을 보면 "하늘과 땅 사이에 진리가 있으니, 유교는 이미 다 갖추어졌지만 아직 다 밝혀지지 않은 것은 천주교의 유익함을 더하지 않으면 안 된다"고 되어있다. 〈천주교합유〉편의 첫 부분에 '경서천학합철인언(經書天學合轍引言)'이 있는데. 서두에서 "천주학은 서양에서 만든 것이 아니다. 중국의 제왕과 성현은 모두 하늘을 우러렀고 하늘을 두려워했고 하늘을 섬겼고 하늘을 공경했던 이들이다. 경서에 모두 기록되어있으니 살펴보면 알 수 있다. ……중국 경서에 기록된 경천(敬天)의 학문은 우리 서양의 종교와 서로 부합되는 부분이 있으니, 이를 하나하나 집어서 합유(合儒)라는 이름으로 책을 발행해 세상에 내놓았다"고 하였다. 또 서문에 "서양의 여러 유학자들은 오직 천주를 섬기는 것이 우리 유교의 이치와 합치됨을 아니 그 근본을 이해한 것이다. 한가할 때 중국 경서를 읽고 천주학과 부합되는 것을 한권으로 모아서 〈천주교합유〉라 이름 붙였다"고 하였다. 이를 보면 장성요가 서양 선교사와 공동으로 이 책을 저술했음을 알 수 있다.

《천유인정(天儒印正)》은 민왕필(閔王弼)의 서문에 따르면 그의 아버지 저술 중 하나이다. "《사서(四書)》의 수많은 말은 천주학으로 이를 해석할 수 있는데, 이는 우리 유학이 천주학과 합치된다는 증거이다. 만약 천주학을 하는 사람이 자구에 막혀서 그 뜻하는 바를 담아내지 못한다면 유학은 결국 유학 그 자체일 뿐이니, 천주학과 무슨 차이가 있겠는가?" 그의 부친은《보유문고(補儒文告)》4권,《정학류석(正學鏐石)》1권을 저술하였는데,《정학류석》은《천유동이(天儒同異)》라고도 부른다. 나는 민왕필이 가명이라고 의심하니, 그의 부친이 바로 상우경(尙祐卿)이기 때문이다. 상우경은 자가 천민(天民)이고 숭정 12년(1639) 거인으로 순치 16

년(1659) 유현(濰縣) 지현에 임명되었다. 강희 3년(1664) 이전 천주교 신자가 되어 이름을 식기(識己)로 바꾸었다. 카발레라(Antonius Caballera)48)는 《천유인(天儒印)》 1권을 저술하였는데, 상우경이 해설을 붙여서 제남(濟南)에서 판각하였다. 상우경은 그 해설에서 "이를 이어서 천주학과 유학의 다름과 같음을 더 수정함에 깨달아 밝힌 부분이 많았다. 이에 《보유문고》와 《정학류석》 두 책에도 고친 부분을 첨가하였다"고 하였으니, 《정학류석》 역시 그가 저술한 것임을 알 수 있다. 그런데 강희 37년(1698) 제남에서 이 책을 판각할 때 카발레라가 썼다고 표제를 붙였다. 당시는 카발레라가 죽은 지 29년이 지난 때인데 명예를 고인에게 돌리고 있으니, 그 고상한 도량은 존경할 만하다.

제4절 명·청시기 불교와 천주교의 충돌 및 논쟁

서양 선교사는 중국에 들어 온 초기 모두 스스로를 '승려[僧]'라고 불렀고 자칭 '서천축국(西天竺國)'에서 온 사람이라고 하였다.

명나라 만력 12년(1584) 루지에리(Ruggieri)가 쓴 《천주실록(天主實錄)》 〈서문〉 끝 부분에는 "때는 만력 갑신년 가을 8월 보름 후 3일 천축국 승려가 쓰다"고 적혀있으니 양력으로는 9월 21일이다. 원서는 로마 예수

---

48) 안토니우스 카발레라(Antonius Caballera, 利安當, 1602-1669): 스페인 출신의 프란시스코 수도회 수도사로 1633년 중국에 와 1669년 광주에서 사망했다. 중국 선교에서 중국식 '의례(儀禮)'의 적용문제를 놓고 예수회 선교사들과 논쟁을 벌인 것으로 유명하다.

회 총회 기록물실에 소장되어있고 델리아(d'Elia)가 지은 《마테오 리치전 집》에 (그 책) 사진이 수록되어있다. 다만 델리아의 사진 설명에 그 책이 1584년 11월에 만들어졌다고 한 것은 오류이다. 〈서문〉 중에도 자칭 '승려'라고 하였으니, 예컨대 "승은 비록 외국에서 태어났지만 똑같은 사람입니다." 또 "승은 보답할 길이 없어 우선 실록(實錄)을 저술하여 한자(唐字)로 바꾸었습니다." "승은 천축에서 태어났는데, 중국이 번성하다는 말을 듣고 풍파를 마다않고 3년 만에 비로소 명나라에 도착했습니다." "승은 천축국에서부터 마음으로 중국의 가르침을 흠모하여 (십)만 리를 멀다하지 않고 3년 동안 배를 타고 와서 먼저 광동의 조경(肇慶)에 도착하였습니다" 등이다. 책의 전체 제목은 《신편서축국천주실록(新編西竺國天主實錄)》이고 '천축국승집(天竺國僧輯)'이라 서명되어있다. 본문 제15장에는 "승도(僧道)가 성심을 다해 수행하고 승천하는 정도(正道)에 대해 설명한다"고 하여 천주교 선교사와 신자 모두를 '승도'라는 한 단어에 포함시켰다. 조사에 따르면 '승(僧)'이라는 글자는 만력 11년 루지에리와 파시오(Pasio)가 조경에서 처음 사용한 용어이다.

만력 18년(1590) 로마교황은 프란시스코회 선교사 4명을 중국에 사신으로 보냈는데, 그 국서(國書)의 첫 부분에 "태승천주교문(太僧天主敎門) 도승황(都僧皇) 식스토(Sixtus) 5세가 대명(大明)국 황제 어좌 아래에서 머리 숙여 절하다"고 되어있고, 끝 부분에 "천주가 태어나신 날로부터 1590년이 되던 해 3월에 식스토 5세가 천축국 수도에서 쓰다"고 적혀있다. 이 문건의 사진은 타키 벤투리(Tacchi-Venturi)가 편찬한 《마테오 리치 신부의 역사적 저작》(Opere storiche)에 수록되어있다. 천축 혹은 서축은 로마나 서양을 일컫는 말로 당시 교황은 식스토였다. 국서의 내용을 보면 "독실하고 박학하며 고상한 유승(儒僧)이 세상을 유람한 이야기를 특별히 선별하여 천주 정교를 깨우쳐 알리고자 한다." "앞서 일찍이 여러 승려가 세력이 크고 번영한 나라를 유람한 적이 있었다." "지금 다시 위의 승려 4명에게 명하여 …… 덕행이 아주 뛰어나고 유교적인 소양(儒文)이 넓고 박학하며 …… 나를 대신해 달려가 귀하게 절하니 ……"라고 되어있다. 내용 중에 두 번 '유(儒)'라는 글자를 썼는데, 한 번은 '유승'이라고 한 것으로 보아 초창기 선교사들이 '승'이란 용어를 사용하였지만 결코 불교적인 의미에 의탁한 것이 아니며 그렇다고 불교를 배척하지도 않았음을 알 수 있다.

민국 41년(1952) 나는 마드리드 국립도서관에서 한문으로 된 각본(刻本)을 하나 발견하였는데, 제목은 《무극천주정교진전실록(無極天主正敎眞傳實錄)》이고 편목은 3-34104, 377-2였다. 이 책은 전부 62쪽[葉]으로 반쪽은 10행, 한 행은 20자로 되어있다. 첫 쪽 상단에 있는 그림 2개 중 하나는 선교사로 자칭 '승려'라 적혀있고 다른 하나는 중국인 선비로 '대명학자'라 적혀있다. 하단 가장자리에 "이 책은 감히 사사로이 만든 것이 아니라 교황께서 승려의 국왕에게 명하여 비로소 민희랍(民希臘)에 가서 우수한 장인을 불러 이를 판각하니 1593년 중춘(仲春)이다"라는 식어(識語)가 적혀있다. 이는 만력 20년에 해당하며 민희랍은 마닐라를 지칭하는 것 같다. 책에 다음과 같은 짧은 서문이 있다. "무릇 천주의 설법은 전해진지 오래 되었으나 그 취지를 진실하게 전하는 이가 없었다. 본 사당[廟]의 승려가 고전(古典)을 쫓아 서술하는 것을 선망하여 중국 글자[唐字]를 분석하고 여러 장(章)을 교정보아 출판함으로써 널리 전하고자 한다." 이 책에는 스페인어로 *Rectification y mejora de principios naturales*라는 제목이 붙여져 있는데, '자연법의 수정과 개선'이라는 뜻이다.

혹자는 마테오 리치가 처음 중국 내지에 왔을 때 승복을 입고 있었다고 한다. 알레니는 《마테오 리치선생 행적》에서 구태소(瞿太素, 즉 瞿汝夔)[49]가 마테오 리치를 방문해 "담론을 해보니 서로 의견이 매우 잘 맞아 마침내 자진하여 따르기로 하고 마테오 리치선생에게 유교식 복장을 하도록 권했다"고 하였는데 믿을 만한 내용이다. 장이기의 《호암한화》에는 "마테오 리치가 처음 광동에 도착하여 배에서 내릴 때 머리는 삭발을 하고 어깨가 드러나 있어 사람들이 서양의 승려인 줄 알고 불교 사찰에 데려가니, 손을 내저으며 절하려 들지 않으면서 통역을 통해 자신은 유생이라고 말하였습니다. 이에 학교에 데려가 스승을 붙여 유교 서적을 읽게 하니 1-2년이 되지 않아 사서오경의 대의를 모두 통달하였습니다. 그런 연후에 비로소 북경으로 와 조정에 들어왔습니다. 그가 하는 말은 부처에 비해 부족하나 소박하며, 요지는 천주를 섬기는 것으로 귀결되고 사람의 도리를 닦고 욕심을 적게 하고 학문에 힘쓰는 것이나 살생을 금하지는 않았습니다. 불교를 배척하는데 전념하여 불경과 불상 내지 귀신상을 보기만하면 사람들에게 부수거나 찢어버리도록 권했다"라고 적혀있다.

마테오 리치가 북경에 들어온 후 비록 "불교를 배척하는데 전념"하였으나, 처음 왔을 때의 복식이 중국 승려와 유사하였다는 점은 장이기의 기록에서 확인할 수 있다. 또한 만력 12년(1584) 왕반(王泮)50)은 조경 천주당에 '선화사(僊花寺)'와 '서래정토(西來淨土)'라는 글씨를 써주었으니, 로마 예수회 총회 기록물실에 그 글씨 및 이탈리아어로 번역한 음과

....

49) 구태소(瞿太素, 생몰연도 미상): 1589년 마테오 리치가 처음으로 깊이 사귄 중국인으로 비록 관직에 오르지 못했지만 지적 호기심이 강한 명문가 자제였다. 그는 연금술을 배우려고 마테오 리치를 찾아왔지만 그에게서 서양식 계산법, 기하학, 측량술, 시계와 천문기구 제작법 등을 배웠다. 그는 마테오 리치의 학식과 인품에 매료되어 늘 그를 칭송했고, 이것은 중국 지식인 사회에서 마테오 리치의 평판이 높아지는데 큰 영향을 끼쳤다.

50) 왕반(王泮, 생몰연도 미상): 산음(山陰, 현 절강성 소흥) 사람으로 만력 8년(1580) 조경부 지부(知府)로 부임한 후 마테오 리치의 선교활동을 지지하였고 만력 12년 마테오 리치가 제작한 《산해여지전도》 간행을 찬조하였다.

뜻이 함께 소장되어있다. 델리아의 《마테오 리치전집》에 그 사진이 있는데, 모두 매우 농후한 불교 색채를 띠고 있다.

그러나 천주교와 불교 교리는 서로 함께 갈 수 없는 것이어서 오래지 않아 서로 충돌하게 된다. 《마테오 리치선생 행적》에 기록된 장양묵(張養默)의 말을 보면 다음과 같이 적혀있다.

"저들 불교에서는 하늘과 땅을 언급할 때 수미산(須彌山) 하나만 말하고 해와 달이 그 전후를 에워싸고 있다고 한다. 해가 앞에 있으면 낮이 되고 뒤로 가면 밤이 된다. 그들은 일식과 월식에 대해 말하면서 나한(羅漢)이 오른 손으로 해를 가리면 일식이 되고 왼손으로 달을 가리면 월식이 된다고 한다. 땅에 대해 말하면서 수미산의 사면은 네 부주(部洲)로 나누어지며 중국은 그 남쪽에 위치한다고 하였다. 무릇 하늘과 땅과 같이 그 형상을 헤아릴 수 있는 것도 이처럼 이치에 어긋나는 말을 지어내는데, 하물며 헤아릴 수조차 없는 것에 대한 공허하고 황당함이야 이미 알 수 있다. 지금 마테오 리치선생께서 하늘과 땅에 관해 이야기 하는데, 근거할 만한 실험이 명백하게 있으며 조금의 착오도 없으니, 그 대강[粗]을 보면 그 정수[精]를 알 수 있다. 성인의 가르침과 불교 중 어느 것이 바르고 어느 것이 그런지, 어느 것이 진실하며 어느 것이 거짓인지 반드시 분별해야 할 바가 있다."

또 기록하길, 하루는 유두허(劉斗墟)[51]가 여남(汝南)[52] 이공(李公)을 꾸짖으며 "그대는 본디 공맹(孔孟)을 배웠던 사람으로서 지금 불교 이야기에 미혹되어있는데, 공맹을 능가할 수 있는 내용이 무엇인가? 천주를

....

51) 유두허(劉斗墟): 마테오 리치와 교류했던 유학자 가운데 한 명이라는 기록이 남아 있다.
52) 여남(汝南): 하남성에 있는 지명. 옛날 예주(豫州)에 속했는데, 예주는 구주(九州)의 가운데 있고 여남은 또 예주의 가운데 있어서 '천중(天中)'이라고 불렀다.

진실하게 신봉하여 멀리서 배를 타고 온 서양의 마테오 리치선생만도 못하니, 그의 말은 대부분 공맹과 서로 부합되고 또 불교의 옳지 못한 점을 명백하게 밝히고 있다"고 말했다고 한다. 그리고 그 밑에 또 마테오 리치와 승려 삼괴(三槐)간의 변론(辯論)이 기록되어있다. 삼괴는 삼회(三 淮)를 잘못 쓴 것으로 심덕부의 《야획편》 권27 〈설랑피축조(雪浪被逐 條)〉에 (그 내용이) 나오는데, 설랑(雪浪)이 바로 삼회이다. 《파사집》 권7 에 실린 황정의 〈불인불언(不忍不言)〉에도 삼괴라 되어있지만, 《마테오 리치선생 행적》의 오류를 따른 때문인 듯하다. 《야획편》을 보면 그 사람 은 "민첩하고 지혜로우며 시를 잘 지었고, 불서(佛書)에 박학 통달하였으 며 가르치는데 뛰어났다. 용모도 훌륭하고 언변이 좋아 가로막힘이 없어 지체 높은 관료와 교제를 많이 하였다"고 기록되어있다. 방탕함으로 인 해 금릉(金陵)의 대보은사(大報恩寺)에서 쫓겨났다.

마테오 리치는 그의 주요 저서인 《천주실의》·《기인십편》·《변학유독》 등에서 대부분 불교를 배척하고 유교를 수용하고 있다. 후에 서광계는 그가 "(천주교 교리로) 유교를 보완하고 불교를 대체하였다[補儒易佛]"고 칭송하였다.

마테오 리치가 불교를 배척한 것에 대해서는 당시 많은 사람들이 언급 하고 있다. 심덕부의 《야획편》를 보면 "마테오 리치는 원력(願力)을 발휘 하여 천주교를 중국인에게 권하려 했고 불교를 가장 배척하였다. 일찍이 나에게 '그대 나라에 중니(仲尼)가 있었으니 중국의 성인이다. 그러나 서 수획린(西狩獲麟)[53] 때 이미 사망하지 않았는가! 석가 역시 총령(葱嶺)의

....

53) 서수획린(西狩獲麟): 서쪽으로 사냥 가서 기린을 붙잡았다는 말로 절필(絶 筆)의 의미가 있음. 즉 노(魯) 애공(哀公) 14년 숙손씨(叔孫氏)가 서수획린하 자 공자가 가서 보고 울면서 돌아오며, "내 도가 다했구나(吾道窮矣)"라 말하

성인이다. 그러나 쌍수 아래서 등에 종기가 났을[雙樹背疽] 때 역시 죽지 않았는가! 어찌 아직까지 부처가 있을 수 있는가?'라고 말하였다. 나는 그렇다고 말하지도 반박하지도 못했다"고 되어있다.

사조제는 《오잡조》에서 "천주국(天主國)은 불국(佛國)의 서쪽에 있다. 그 나라 사람들은 문리에 통달하고 유교적 소양이 있어 중국과 차이가 없다. 마테오 리치라는 이는 그 나라에서 불국을 거쳐서 동쪽으로 왔다. ……《천주실의》라는 책이 있고 종종 유교와 더불어 서로 깨달아 밝히는 바가 있으나, 불교나 도교의 모든 허무하고 헛된 설법에 대해서는 심하게 비난하였다. 이 역시 양정균을 미혹하게 한 원인 중 하나일 뿐이다. 마테오 리치는 자주 저 불교라는 것이 우리 천주의 교리를 훔쳐 간 후에 윤회와 인과응보의 설법을 더하여 세상을 미혹하고 있다고 말하였다. …… 나는 그 내용이 유교와 비슷해 좋아하는데, 전도하는 방식이 비교적 친절하며 불교처럼 걸핏하면 불분명하고 조리 없는 말로 기만하여 속이며 용속(庸俗)하지 않기 때문이다. 사람들과 말하는데 진실하고 예의바르며 묻는 것마다 막힘이 없으니, 이역(異域)에도 인물이 있다고 말할 수 있을 뿐이다"고 적었다.

추유련(鄒維璉)[54]은 숭정연간에 쓴 〈벽사관견록(闢邪管見錄)〉에서 천주교를 공격하면서 "옛 사람이 장주(莊周)는 도가의 장의(張儀)나 소진

....

고 《춘추》에 '애공 14년 봄 서수획린하다(哀公十四春西狩獲麟)'라 쓰고 책을 끝맺은 데서 유래하였다. 당시 공자 나이 이미 71세였으며 그 이후로 더 이상 책을 쓰지 않았다.

54) 추유련(鄒維璉, ?-1635): 강서성 신창(新昌) 출신으로 천계연간 환관 위충현을 탄핵했다가 귀주로 유배되었다. 숭정연간 복직하였는데, 복건순무 재직 중 해적 토벌에 공을 세웠다. 저서로 《달관루집(達觀樓集)》·《환유제초(宦游諸草)》 등이 있다.

(蘇秦)이요, 왕통(王通)55)은 유가[孔門]의 왕망(王莽)이라 말했다. 마테오 리치란 요물[利妖]의 번개처럼 빠른 혀와 파도처럼 몰아치는 달변으로 말하자면 참으로 장의나 소진과 다름없다. 불교의 깃발을 뽑아 소왕(素王: 왕은 아니지만 왕의 덕을 가진 사람으로 공자를 가리킴 - 역자)의 단상에 오르려 하니 참으로 왕망과 다름없도다!"고 하였다.

같은 시기 종시성(鐘始聲)도 〈천학초징(天學初徵)〉을 지어 천주교를 힐난하고 그 원고를 제명선사(際明禪師)에게 보냈다. 제명선사는 답장에서 "거사(居士)께서는 성학(聖學)의 책임을 맡으신 분이라, 이처럼 뛰어난 학식을 드러내신 것도 당연합니다. 그러나 산승[山衲]은 이미 세상의 법도를 버린 몸이니, 더 이상 변론할 필요조차 없을 것입니다. 다만 저들이 불교를 공격한다고 하셨는데, 불교란 저들이 공격해서 능히 깨뜨릴 수 있는 그런 것이 아닙니다. 게다가 요즘 불자들 가운데 유명무실한 자들이 무척 많은데, 이 외난(外難) 덕에 그런 자들에게 경각심을 줄 수 있다면 이 또한 불법에 있어 다행이 아니라고는 못하겠지요. 칼은 갈지 않으면 들지 않고 종은 두드리지 않으면 울지 않습니다. 삼무(三武: 불교를 탄압한 북위의 태무제, 북주의 무제, 당나라의 무종을 이르는 말 - 역자)가 불교를 멸하려고 하였으나 불법은 더욱 성해졌습니다. 산승은 이제 눈 크게 뜨고 고대하겠습니다!"고 말했다.

불교계에서 가장 먼저 반박을 한 이는 우순희였다. 그의 호는 덕원(德園)이고 벼슬은 전부(銓部)56)에 이르렀으며 어려서부터 불교를 숭상하였

---

55) 왕통(王通, 584-517): 수나라 사상가로 강주(絳州) 용문(龍門: 산서성 河津縣) 사람이다. 수 문제 때 고향에서 저술과 교육에 전념하여 많은 문하생을 두었는데, 이정(李靖)·방현령(房玄齡)·위징(魏徵) 등이 그의 문하였다. 유학의 경세치민 사상을 존중하고 유가 경전을 다시 늘린 《육경(六經)》을 완성하였다.

56) 전부(銓部): 관리 선발을 주관하던 부서로 주로 이부(吏部)를 지칭하는데, 여

다. 그의 친구 하소삼(何少參)은 마테오 리치로부터 천문·방기(方伎)·산술을 배워 우순희에게 전하고자 하였다. 또 옹태수(翁太守)라는 이는 마테오 리치를 대신해 우순희에게 《기인십편》의 서문을 써달라고 부탁하였다. 이에 우순희는 마테오 리치에게 편지를 써서 불교 서적을 많이 읽으라고 권하면서, 만약 "다 읽을 시간이 없다면 먼저 《종경록(宗鏡錄)》·《계발은(戒發隱)》·《서역기(西域記)》·《고승전(高僧傳)》·《법원주림(法苑珠林)》 등을 읽으십시오"라고 하였다. 마테오 리치도 편지를 써서 답하였는데, 그 요지는 다음과 같다.

(1) 중국에 온 동기는 바로 "사람들을 (천주를) 닮은 자식[肖子]이 되게 하면, 하나님 아버지와 성모[大父母]께 아주 작은 보답을 할 수 있는 까닭에 가족을 버리고 자신을 잊는 것도 애석하지 않았기 때문입니다."

(2) (우순희가 쓴) 서문 중에 태극(太極)이 상제(上帝)를 낳았다는 말에는 동의할 수가 없고, "오히려 공자가 태극이 하늘과 땅[兩儀]을 낳았다고 한 말이 합당하다고 생각합니다."

(3) 결코 공자에게 아첨함으로써 사대부의 비위를 맞춘 것이 아니니, 그렇지 않다면 "왜 중국에 불교를 믿는 사람이 공자를 믿는 사람보다 훨씬 많은데, 어찌 불교에 아첨해서 사대부 전부의 비위를 맞추지 않았겠습니까?"

(4) "하느님[上帝]은 하나일 뿐인데, 여러 천주가 있다고 말하는 것은 거짓이 아닙니까? 하잘것없는 사람 무리가 천왕(天王)의 위에 올라가고자 하니 저항하지 않겠습니까?"

(5) "삼가 함장(函丈)[57]을 쫓아서 각기 강령을 지키고 의심되는 부분

....

기서는 우순희가 맡았던 이부 계훈사낭중(稽勳司郎中) 직을 말한 것 같다.

을 물어보아 어려운 점을 해결함으로써 세월을 두고서 하나로 통
합할" 수 있기를 희망합니다.

(6) "불교가 중국에 들어온 지 2천년이 되었는데, …… 중국(上國)의
인심과 세도(世道)가 당우삼대(唐虞三代)보다 나아졌다는 사례를
보지 못했습니다."

(7) "우리나라의 경전(經典)은 …… 불장(佛藏)과 비교하면 몇 갑절이
나 되는데, …… 만약 중국의 여러 군자들의 힘을 빌려 경전을 번
역하면 불장 등을 바라보며 따를 필요가 없을 것입니다. 그 중 1,
2%만 번역하여 이를 가지고 함께 서로 힐난(詰難)해서 만약 이치
가 궁하다면 또한 기꺼이 패배를 인정하겠습니다."

우순희가 쓴《기인십편》의 서문은 대부분 천주교를 비판하는 내용이어
서 현행본에는 실려 있지 않고《우덕원집(虞德園集)》58)에 수록되어있다.

항주 운서(雲棲)에 연지(蓮池)라는 유명한 승려가 있었는데, 호는 주굉
(株宏)이고 속가의 성은 심(沈)으로 동남지역 불교 신도가 많이 따랐다.
《운서유고(雲棲遺稿)》중의〈우덕원에게 답하는 편지(答虞德園書)〉에서
는 마테오 리치의 답신을 언급하면서, 경중(京中)의 사대부가 대신 써준
것이라 지적하고 매우 두려워하며 "만약 그 주장이 나날이 성해져서 유
명 인사들도 모두 미혹되게 된다면, 제[廢朽]가 마땅히 병든 몸을 아끼지
않고 입으로 짓는 업보도 피하지 않고 일어나 이를 구하겠습니다. 지금
저들의 어부가나 목동 노래는 모기나 개구리가 소리 지르는 것일 뿐입니
다"고 말하고 있다.

덕원과 연지가 모두 항주에 있었기 때문에 항주는 마침내 명말 천주교

----

57) 본래 스승이나 은사를 뜻하는 단어인데, 여기서는 우순희를 가리키는 것 같다.
58) 원서에는《덕원집(德園集)》으로 되어있으나 오류가 분명해서 바로잡았다.

를 반대하는 불교 세력의 중심지가 되었다. 동시에 천주교를 믿는 유명 인사 중 항주에 양정균과 이지조 등이 있어 그 세력 역시 막강하였다. 만력 43년(1615) 연지는《죽창수필(竹窗隨筆)》을 판각하였는데, 그 세 번째에〈천설(天說)〉4편[四端]이 있다.《서문정공집(徐文定公集)》수권(首卷) 하(下)에 수록된 이체(李杕)가 쓴〈서문정공행실(徐文定公行實)〉에는 서광계가 "《죽창수필》의〈천설〉에 답하려 했다"고 적혀있다. 아마도《죽창수필》이 간행되기 5년 전 마테오 리치가 이미 사망했기 때문에 서광계가 마침내 대신 답변을 한 것으로 보인다. 그런데 후대사람이 이를 살피지 않고 마테오 리치가 우순희에게 답한 편지를 이것과 함께 묶어서《변학유독》을 편찬하였으니, 명대 습시재(習是齋) 판각본이 있다. 불교도들은 또 이를 구실로 천주교인들이 마테오 리치의 글을 위탁(僞託)했다고 공격하였는데,《파사집》에 수록된 연지의 제자 장광첨(張廣湉)이 쓴〈증망설(證妄說)〉59)이란 글에 보인다. 우순희는 또〈천주실의살생변(天主實義殺生辯)〉을 썼다. 이상을 통해 마테오 리치가 사망하기 전후 이미 불교와 천주교의 쟁론이 매우 극렬하였음을 알 수 있다.

그 후 양정균도《대의편(代疑篇)》과《대의속편(代疑續篇)》을 지어 부처의 가르침에 대해 반박하였다. 알레니는 복건과 절강 지역에서 선교하였는데, 그를 추종하는 사람이 구름같이 많았다. 만력 40년(1612) 서광계는《벽망(闢妄)》60)을 써서 불교에서 주장하는 파옥(破獄)·시식(施食)·

---

59) 원서에는〈증망(證妄)〉으로 되어있으나 오류가 분명해 바로잡았다.
60)《벽망(闢妄)》: 1613-1616년 경 서광계가 저술한 척불서(斥佛書)로 정식 서명은《벽석씨제망(闢釋氏諸妄)》이다. 파옥(破獄)·시식(施食)·무주고혼혈호(無主孤魂血湖)·소지(燒紙)·지주(持呪)·윤회(輪廻)·염불(念佛)·선종(禪宗) 등 8개 항목에 걸쳐 천주교 입장에서 불교 교리의 오류를 비판한 호교서(護敎書)이다.

윤회(輪廻)·염불(念佛) 등에 대해 쟁론하였다. 그 외 《추자우편(諏諮偶編)》 1권이 있는데, 역시 불교를 배척하는 내용의 저서이다. 그는 어떤 고향 사람에게 보낸 답신 첫머리에서 "불교가 중국에 들어온 지 1800년이 되었으나, 사람들의 마음과 세상의 도리는 나날이 옛날과 같지 않으니 어떤 사람을 만들었는가?"라고 하였다. 또 《정도제강(正道提綱)》이란 책에서도 "공맹(孔孟)을 믿어 뿌리의 근원을 대략 알고는 도교의 단약 제련을 비웃고 불교의 저녁에 북치고 아침에 종치는 것을 개탄한다. 수행하는 승려에게 보시하면 겹겹의 복을 받는다고 말하면서 승려를 때리고 도사를 욕하니 지옥의 악마인가? 석가를 섬겨 승역(僧役)이 되는 것은 시왕(十王: 사후세계에서 인간들의 죄의 경중을 가리는 열 명의 심판관 - 역자)에게 예를 올리고 길을 빌어 나쁜 일을 하는 것이나 마찬가지이다"고 하였다.

　　그러나 천주교 측에서 불교를 가장 반대한 이는 양정균이었다. 이에 불교 역시 양정균에 대해 총공격령을 내렸다. 양정균은 《효란불병명설(鴞鸞不並鳴說)》을 썼는데, 민국 33년(1944) 상무인서관에서 《양기원선생연보(楊淇園先生年譜)》를 출간하면서 파리 국립도서관에 소장되어있는 구 초본에 의거하여 전재하였다. 그 내용을 보면 "삼대(三代) 이후 사람들이 불교를 존중하여 그 종교가 우리 유교의 위에 있으며 범천(梵天)[61]과 제석(帝釋)[62]이 오히려 공손한 자세로 부처의 발 옆에 서있다고 말할 지경에 이른 까닭에, 세상의 가르침은 날로 멀어지고 유술(儒術)은 날로 어두워졌다. 서양 사람이 스스로 헤아리지 못하고 이곳에 와서 삼

....

61) 범천(梵天): 힌두교의 주신의 하나로 범천왕이라고도 한다. 산스크리트어의 브라마(Brahmā)의 음역이다. 브라마는 조물주라고 하며 불교가 흥기할 무렵에는 세계의 주재신, 창조신으로 인정되었다.

62) 제석(帝釋): 수미산 정수리에 있는 도리천(忉利天)의 임금. 곧 사천왕(四天王) 삼십삼천(三十三天)을 통솔하는 도리천의 임금을 말한다.

대의 성현과 서로 합치되길 구하자, 지식인들도 그것이 유교의 단점을 보완하고 불교와 도교의 오류를 바로 잡을 수 있다고 말하였다"고 되어 있다.

양정균의 저작은 명말에 역시 가장 유행하였다. 예컨대《정교봉전(正教奉傳)》(黃伯祿 저, 1908 - 역자)에 수록된 숭정 14년(1641) 복건 건녕현(建寧縣) 지현[正堂] 좌광선(左光先)[63]의 포고문에서 "만약 어리석은 백성들이 마음대로 생각하고 추측한다면《효란설(鴞鸞說)》·《용하해(用夏解)》·《대의편》·《대의속편》이 있으니, 너희들은 그 뜻을 풀어서 생각토록 하라!"고 하였는데, 4책 모두 양정균이 쓴 것이다. 임계륙(林啓陸)[64]이 쓴 〈주이론략(誅夷論略)〉을 보면 "숭정 8년(1635) 마테오 리치란 요물이 남겨 놓은 화근 알레니 등의 무리가 단하(丹霞: 복건성 漳州의 雅稱 - 역자)에 들어와서 나에게《천주실의》·《성수기언(聖水記言)》·《변학유독》·《난곡불병명설(鸞鵠不竝鳴說)》[65]·《대의속편》 등 여러 가지 요상한 책들을 보내왔다"고 적혀있다.《성수기언》·《효란불병명설》·《대의속편》 등은 모두 양정균이 지은 것이다. 그리하여 하장의 승려 행원은 〈대의서략기〉를 써서 "무림(武林: 즉 항주 - 역자)의 양미격(楊彌格)은 마테오 리치의 말을 좇아 예수의 황당무계한 행적을 세상에 널리 알리고자 했다"고 공격하였다. 또 〈비양편〉을 지었는데, 이는 오로지 양정균을 비난하기 위한 것으

....

63) 좌광선(左光先, 1580—1659): 안휘성 동성(桐城) 출신으로 동림당 지도자 좌광두(左光斗)의 동생이다. 숭정 16년(1643) 허도(許都)의 난을 평정하였고 홍광제(弘光帝) 때 절강순무를 맡았다 남경이 함락되자 환향 은거하였다. 융무제(隆武帝) 즉위 후 강서도어사(江西道御史)로 발탁되었다.

64) 원서에는 육리부(陸履夫)로 되어있으나 오류가 분명해 바로잡았다. 이부(履夫)는 임계륙의 자이다.

65) 원서에는《효란불병명설》로 되어있으나 원문을 확인하여 바로잡았는데, 사실 같은 책이다.

로 "미격자(彌格子)는 그 안에 든 뜻을 깨닫지 못하고 마테오 리치의 울타리 안으로 뛰어들었다"고 하였다. 또 "지금까지도 불당에서 영원히 지키고 있고 불경이 밝디 밝게 전해지고 있는데, 저들이 아무리 훼멸시키려 한들 해되고 손상될 것이 무엇 있겠는가? 그저 제 스스로 천제가 되어 불행한 사람이 되거나 지옥 가마솥에 떨어질 죄수의 우두머리가 될 뿐이다. 소우는 '부처는 성인이다. 성인이 아닌 자는 법도가 없다'고 말했으니, 미격자야말로 그런 자이다"라고 하였으니, 《벽사집》 하권에 보인다. 보양의 승려 성잠이 쓴 〈연서〉에서는 《대의편》에 대해 "참으로 사람으로 하여금 분노에 겨워 눈이 찢어지고 머리털이 솟구치게 하니, 기필코 박살을 낸 후라야 속이 후련할 것 같다"고 말하였다. 난계의 승려 행문은 〈발사략인〉을 지었는데, 양정균을 일러 "천주학을 하는 사악한 무리"라고 하였다. 그 내용 중에는 심지어 "아아! 문물이 성한 이 나라의 의젓하고 훌륭한 선비가 공맹의 미언(微言)을 읽다가 하루아침에 성명(聖明)을 속이고 교활한 자들을 돕게 된 것은 분명 양미격에서 시작된 것이다. 나는 그가 언젠가는 주륙을 자초해 죽임당할 것임을 알고 있다"고까지 극언하고 있다. 양정균의 세례명은 미카엘(Michael, 彌額爾)인데, 미격이(彌格爾)라고도 표기하기에 미격자(彌格子)라고 불렀던 것이다.

그 당시 천주교는 신자가 많지 않고 서적도 적었지만 개별적으로 변론을 하였다. 예컨대 이지조는 《대의편》의 서문에서 "도가 사람에 가깝다는 것은 그에 이르지 못했다는 것이다. 그 도에 이르게 하는 것은 성인도 알지 못하고 할 수도 없다. 한번 새로운 해석이 있으면 반드시 한 번 토론을 해야 하고, 한번 다르고 같은 것이 있으면 반드시 한번 의문을 풀어야 한다. 그런 연후에 진정한 의리(義理)가 이로부터 나온다"고 하였다. 그러나 불교계의 반발이 매우 강력하여 숭정 8년(1636) 천동사(天童寺)66)의 밀운화상(密雲和尙: 앞서 나온 승려 圓悟와 동일인 - 역자)은 〈변천일설(辨天一說)〉을 지었고 이후 계속해서 〈변천이설(二說)〉·〈변천삼설(三說)〉 등을 내놓았다. 그리고 승려들을 파견하여 항주에 방을 붙이고 변론(辯論)을 요구했을 뿐 아니라 승려를 보내 직접 천주당에 찾아가서 서양 선교사에게 따지기도 하였다.

천주교는 새로 들어온 종교인지라 명·청시기에 불교에서 천주교로 개종한 사람은 있어도 천주교에서 불교로 귀의한 사람은 없었으니, 불교가 천주교를 증오했기 때문에 필연적인 현상이었다.

숭정 11·12년(1638·1639) 민간에서는 황제도 천주교를 믿는다는 이야기가 성행하였고 궁중에서도 불상을 부수는 일이 있었다. 《열황소식(烈皇小識)》[67]에는 "황제께서 초년에 천주교를 믿으셨다. 상해의 서광계는 천주교 신자인데, 정부에 들어가 열심히 천주교 교리를 소개하고 궁궐 내의 여러 청동 불상에 공양 올리는 것을 그만두도록 하고 불상을 부수도록 하였다. 이 때 도령왕(悼靈王)의 병이 위독하자 황제께서 직접 와서 문병하였는데, 도령왕이 구련화(九蓮花)마마[娘娘]가 지금 공중에 서있다고 가리키며 삼보(三寶)를 훼손한 죄와 무청(武淸)에게 가혹하게 요구한 일을 열거하고는 말을 마치자 사망하였다. 황제가 크게 놀라 극력 만회하고자 하였으나 역시 미치지 못했다"고 적혀있다. 도령왕 자환(慈煥)은 숭정제의 다섯째 아들이다. 구련화마마는 신종(神宗)의 모친 이

....

66) 천동사(天童寺): 절강성 영파시 동쪽 태백산(太白山) 중턱에 위치한 불교 선종 5대 명찰 중 하나로 서진(西晉) 영강 원년(300)에 창건되었다. 숭정 4년(1631)임제종 30대 조사 밀운원오(密雲圓悟)선사(1566-1642)가 주지를 맡아 크게 중흥시켰다.

67) 《열황소식(烈皇小識)》: 오현(吳縣) 사람 문병(文秉, 1609-1669)이 지은 편년체로 된 명나라 야사. 전 8권으로 이루어져있으며 숭정제의 즉위로 시작해 이자성(李自成)의 죽음까지를 다루고 있다.

태후(李太后)로 불교를 숭상하여 궁중을 마치 구련좌(九蓮座)처럼 지었기에 구련화마마라고 불렀다. 무청은 태후의 아버지 이위(李偉)의 봉호(封號)로 당시 군향(軍餉)을 돕도록 태후 아버지 집을 가혹하게 징발한 일을 말한 것이다. 《명사》〈이위전〉에는 환관이 유모와 짜고 황제의 다섯째 아들로 하여금 그렇게 말하도록 한 것으로 의심하고 있다.

명말 먼저 불교를 믿었다가 나중에 천주교로 귀의한 유명한 유생으로 금성(金聲)을 들 수 있다. 금성은 천계 5년(1625) 북경에서 과거시험을 치르고 다음해 남경에 머물면서 "서양의 대학자와 학문을 논했다"고 스스로 밝혔는데, 문집 《성남엽씨사속보(城南葉氏四續譜)》 서문에 보인다. 금성의 전기를 쓴 웅개원(熊開元)은 숭정 5년(1631) 각래대사(覺來大師)가 입적하였을 때 금성이 불보살상에 절하지 않자 천주학을 크게 배척하였고, 한동안 다른 학자들도 금성이 이도(異道)에 함부로 뛰어든 것을 비난했다고 하였다. 웅개원은 또 편지에서 "금성이 도를 구하고자 하는 마음이 급하여 잠시 다른 길로 갔지만 얼마 지나지 않으면 곧 돌아올 것이다"고 썼다. 떠도는 말에 금성이 결국 천주교를 버리고 돌아왔다고 하지만 사실이 아니다. 그 다음해 서광계가 역법을 개정할 때 일찍이 금성을 추천하자, 금성은 상주문을 올려 다음과 같이 말하였다.

"생각이 조잡한 제가 서양 학자를 경복(敬服)하고 그들의 실학을 좋아하게 된 까닭은 바로 그 이치와 도리 및 수행하는 법도 때문이었습니다. …… 세상 사람들은 간혹 제가 녹봉과 벼슬을 위해 학술로서 고관대신에게 빌붙는다고 말하지만, 제가 감히 하지 못하는 바입니다. 하물며 저는 최근 큰 법[大法]을 창명(昌明)하기 위해서 부족한 필설(筆舌)을 다해 순차적으로 서학을 번역 전수함으로써 이 땅에 유포시키고자 하는 작은 소원을 세웠습니다. 아울러 사람들에게 이를 널리 자세히 알리고자 하는데, 이는 10년 동안 벼슬하지 않고 시간을 갖고 오로지 정진하지 않으면

쉽게 마칠 수 있는 일이 아닙니다. 몸을 세워 마을의 모범이 되고 출처진
퇴(出處進退) 사이에서 탁월하게 천하의 믿음을 얻지 못하면, 사람의 마
음을 바로 깨우쳐서 그 책과 그 말을 빨리 믿게 하기가 어렵습니다. 따라
서 저는 오늘날 큰 도(大道)를 위해 집에서 수행에 전념하거나 믿는 바를
세상에 널리 퍼트리는데 시일이 걸려서 벼슬길에 나가는 일을 기약하지
못할 것 같습니다. …… 마테오 리치선생[太老師]께서 세상을 구하려는
절박한 마음을 유념해야만 합니다."

웅개원이 쓴 전기에서는 서광계가 서양 사람과 친하여서 금성이 왕래
하려 들지 않았다고 했지만, 이 글을 읽어보면 사실과 맞지 않음을 알
수 있다. 그러나 웅개원은 또 금성이 만년에 윤주(潤州: 현 강소성 鎭江
- 역자)의 해문(海門)화상과 사이가 좋지 않았으며, 소주(蘇州)의 정목철
(頂目徹)화상과도 뜻이 통하지 않았다고 하였다. 금성은 유명한 승려를
찾아 곳곳을 방문하였는데, 그 목적은 "큰 법을 창명하는[倡明大法]" 데
있었다. 그러니 천주교가 또 어찌 금성으로 인해 불교계의 미움을 초래
하지 않을 수 있었겠는가. 숭정 13년(1640) 그의 딸 도소(道炤)는 이미
혼수를 마련하고도 시집가지 않고 수녀가 되었고, 숭정 15년 부친상을
당하자 옛 예법을 병용해 장례를 치렀다. 이러한 것들 모두 불교도에게
는 참을 수 없는 일이었다.

청나라가 들어선 후, 천주교와 불교의 충돌은 민간에서 궁중으로 옮겨
갔다. 《보인학지(輔仁學誌)》 10권 1, 2합기에 실린 근래 학자가 쓴 〈아담
샬과 목진민(湯若望與木陳忞)〉에 따르면 그 전후 사정은 대략 다음과 같
았다. 순치 8년(1651)에서 14년 가을까지 7년 동안은 아담 샬의 세력이
강했고, 14년 겨울에서 17년까지 4년 동안은 목진(木陳) 등의 세력이 강
했다. 목진은 영파(寧波) 천동사(天童寺)의 반천주교 대표주자인 밀운원
오(密雲圓悟)의 제자이다. 아담 샬이 세조를 만났을 때는 세조가 20세도

안된 어린애였고, 목진 등이 만났을 때는 20세 이후의 청년 세조였다. 아담 샬이 천주교의 일부일처제를 세조에게 권하고 또 음란과 향락의 위험이 가장 크다고 자주 말하자, 세조는 듣기 거북해했다. 세조가 가장 먼저 접견한 승려는 감박(憨璞)이었다. 감박은 황제는 금륜왕(金輪王)이 세상에 다시 태어난 분이므로 황제만은 예외라고 말하였다. 목진 역시 황제는 전생에 승려였다고 말했으니 모두 듣기 좋은 말이었다. 게다가 아담 샬은 북경에 있었기 때문에 황제가 부르면 바로 올 수 있어 쉽게 만났지만, 목진 등은 북경에 있는 기간이 짧았고 도착한 즉시 돌아가기를 청했기 때문에 만나기가 어려웠다. 이는 두 파의 세력이 강해지고 쇠해지는 계기가 되었다.

감박 이후에 현수(玄水)·옥림(玉林)·앙계(茆溪)가 있었는데, 옥림은 두 차례 황제를 만났고 여러 사람이 릴레이 하듯 나아갔기 때문에 아담 샬 혼자 고군분투하는 것보다 그 형세가 훨씬 유리하였다. 감박과 현수는 밀운(密雲)의 삼전(三傳) 제자였다. 옥림은 밀운과 동년배인 경산(磬山)의 제자였다. 앙계는 또 옥림의 제자이고 모두 용지파(龍池派)였다. 피스터(Pfister)의 〈아담 샬 전〉을 보면 "순치제 때 항주에서 불려온 최고 유명한 승려들은 그에게 우상을 완전히 믿으라고 권했다. 아담 샬은 있는 힘을 다해 이 현혹된 사람들의 이성을 회복시키기 위해 황제에게 엄중한 상소를 올렸으나, 황제는 전혀 언짢게 생각하지 않았다. 황제는 마법의 이 간언은 옳은 것이라 말했다. 하지만 얼마 되지 않아서 결국 다시 승려들의 손에 놀아나는 꼭두각시가 되었다. 마법은 결국 싫어하고 불편한 간언자로 간주되어 한쪽으로 밀려났다"고 기술하고 있다.

불교계의 유명 승려가 황제 앞에서 노력한 결과, 세조가 태도를 바꾸어 천주교에 불만을 갖게 된 것이었다.

목진이 지은 《북유집(北遊集)》에는 "황제께서 하루는 스승님에 대해 다음과 같이 말씀하셨다. '어제 궁에서 돌아가신 화상의 어록을 보다가 《총직설(總直說)》 중에 〈변천삼설(辨天三說)〉이 있는 것을 보았다. 처음부터 끝까지 이치가 매우 탄탄하고 처음부터 끝까지 투명하여 더 이상 이를 여지가 없었다. 문학 역시 위세가 왕성하여 막으려 해도 막을 수가 없으니, 이 책을 읽으면 가슴이 확 트인다. 짐도 이전부터 그와 한번 변론할 마음이 있었는데, 지금 돌아가신 화상의 이 책을 보니 비록 성인이 다시 태어나더라도 그 말을 바꿀 수 없을 것이다. 이에 이미 각신(閣臣) 풍전(馮銓)과 사신(詞臣)으로 하여금 서문을 짓게 명하였다. 장차 깊이 새겨서 세상의 우매한 백성들이 이단에 미혹되지 않도록 하라"고 적혀있다. 이를 통해 세조가 이미 천주교를 이단으로 생각하고 있었으며 그 태도도 철두철미하게 변했음을 알 수 있다. 〈아담 샬 전〉에는 아담 샬도 〈변천삼설〉을 번각(飜刻)하는 일에 대해 들었지만, 황제의 병이 급히 악화되어 붕어함에 그 일이 이루어지지 않았다고 되어있다.

《북유집》에는 또 "황제께서 '숭정제는 극히 총명하였으나 도리어 불법(佛法)을 믿지 않아 궁중에서 여러 해 동안 섬기던 불상과 진설한 물건들을 사람을 시켜 삼밧줄[麻繩]과 쇠사슬[鐵索]로 묶어 끌어내도록 하였으니, 신(神)을 깔보고 모독하는 것이 이와 같았다. 만약 내가 삼보에 참배하면 결코 감히 조금도 가볍게 업신여기지 않을 것이다'고 말하였다"는 기록이 있다. 하지만 《실록》을 보면 순치 10년(1653) 정월 만수절(萬壽節) 때 황제가 대학사(大學士) 진명하(陳名夏)에게 "짐이 생각건대 저들(라마)이 어찌 귀신을 쫓을 수 있겠는가, 사람의 마음을 현혹시키는데 지나지 않을 뿐이다!"고 말하였고, …… 또 "짐의 생각에 효성이 지극한 아들과 손자가 조부모와 부모를 기리기 위해 자신의 성의를 나타내고자 승려와 도사를 불러 마음을 다하는 것뿐이지 어찌 진실로 복을 지을 수 있겠는가?"라 하였다고 기록되어있는데, 당시는 아담 샬의 감화를 한창

받고 있을 때였다. 앞뒤로 마치 완전히 다른 사람 같지 않은가!

강희제 이후 천주교 세력은 날로 커져갔고 반 불교 저서도 각지에 펴져 나갔지만, 불교계에서는 도리어 나서서 쟁론하는 자가 드물었고 유명한 승려들도 이미 더 이상 이전처럼 많지 않았다. 광동은 마카오에서 가까워서 천주교인이 가장 많았고, 마카오는 특히 천주교의 세력범위 안에 있었던 관계로 강희제 때 월동(粤東)의 시승(詩僧) 적산(迹刪)화상은 〈삼파사(三巴寺)〉란 시에서 "십자거리에서 서로 만난 과객들 모두가 삼파사 교인이네![68]"라 읊었고, 또 "근년 이래 우리 불교는 황량함이 심하니, 차라리 오랑캐 말로 자주 예배드리는 것이 부럽다네[69]"라고 하였다. 삼파사란 성 바오로 성당이다. 자세한 내용은 제10장 건축을 참고하기 바란다.

불교계의 유명 승려와 신도들이 천주교에 반대한 저작 중에 본서에서 인용하지 못한 것으로 승려 여순(如純)의 〈천학초벽(天學初闢)〉[70], 승려 성용(成勇)의 〈벽천주교격(闢天主教檄)〉, 승려 통용(通容)의 〈원도벽사설미(原道闢邪說尾)〉[71], 승려 대현(大賢)의 〈치소공증(緇素共證)〉, 승려 보윤(普潤)의 〈증망설발(證妄說跋)〉, 장광첨(張廣湉)의 〈증망설(證妄說)〉·〈증망후설(證妄後說)〉, 승려 비은(費隱)[72]의 〈원도벽사설(原道闢邪說)〉, 승려 원오(圓悟)의 〈복장몽택서(復張夢宅書)〉[73] 등이 있는데, 모두《파사집》에 수록되어있다.

....

68) "相逢十字街頭客, 盡是三巴寺裡人"
69) "年來吾道荒凉甚, 翻羨侏離禮拜頻."
70) 원서에는 〈천주초벽(天主初闢)〉으로 되어있으나 오류가 분명해 바로잡았다.
71) 원서에는 〈원도벽사설(原道闢邪說)〉로 되어있으나 오류가 분명해 바로잡았다.
72) 비은(費隱)은 승려 통용의 호이다.
73) 몽택(夢宅)은 장광첨(張廣湉)의 호이다.

제5절 명·청시기 예수회 선교사와
이학가(理學家)의 논쟁

　명말 청초 중국에 온 천주교 선교사 특히 예수회 선교사들은 모두 유교를 존숭하고 불교를 배척하였다. 서광계는 그 목적이 "유교를 보완하고 불교를 대체하는" 것이라고 하였으니, 앞의 각 절에서 인용한 문장에서 이미 분명하게 알 수 있다. 《민중제공증태서제선생시초집》에 있는 엽향고의 시에서는 "말은 중화의 풍속을 사모하고 마음은 우리 유교의 도리와 합치되네74)"라 하였고, 장서도(張瑞圖)의 시에서는 "맹자는 하늘을 섬기라 말했고 공자는 극기하라 말했으니, 누가 그대를 이방인이라 하겠는가? 의견을 발표하면 변하지 않는 법칙이 될 것이네75)"라 하였다. 하지만 천주교 선교사가 좋아했던 것은 《육경》에 나오는 하늘과 상제로 모두 교회에서 말하는 천주와 서로 부합했기 때문이지 송유(宋儒)의 이학(理學)이 아니었다. 마테오 리치는 《천주실의》에서 다음과 같이 말한 바 있다. "나는 비록 나이가 들어 중국에 왔지만 옛 경전을 읽는데 나태하지 않았다. 단지 옛 성현군자가 천지(天地)의 주재자를 흠모했다고 들었지만 태극을 신봉했다는 말은 듣지 못했다." "태극에 관한 해석은 합리적이라고 말하기 어렵다. 내가 대저 무극이면서 태극[無極而太極]이라는 그림을 보니 기수와 우수의 형상을 취하여 말한 것에 지나지 않았다. 그 형상이 어디에 있는지만 따져보면 태극이 천지를 낳지 않았다는 사실을 알 수 있다." "만약 태극이라는 것을 단지 소위 이(理)로만 해석한다면

....

74) "言慕中華風, 心契吾儒理."
75) "孟子言事天, 孔聖言克己, 誰謂子異邦, 立言乃一揆."

천지만물의 근원이 될 수 없다. 무릇 이(理) 역시 의존적인 부류로 자립할 수 없는 것이니 어찌 다른 물체를 세울 수 있겠는가?" "이(理)는 영혼이 없고 깨달음도 없으니, 영혼이 생기지도 깨달음이 생기지도 않는다." 그러나 마테오 리치가 "무릇 태극의 이(理)는 본래 정밀한 이론으로 내가 일찍이 읽기는 했으나 직접 그에 대해 감히 함부로 진술할 수 없다. 혹 다른 책에서 그 요점을 전할 수 있기를 바란다"고 한 것을 보면, 당시 마테오 리치가 송유 이학에 대해 아는 바가 많지 않았음을 알 수 있다. 그래서 더 많이 연구를 하고 별도의 책 하나를 저술하여 이에 대해 토론하고자 하였으니, 이후 그의 뒤를 이은 같은 예수회 선교사들이 그가 끝맺지 못한 염원을 이루었다.

롱고바르디는《영혼도체설(靈魂道體說)》에서 영혼과 송유가 말한 도체(道體)의 차이점에 대해 설명하면서 다음 10가지 들었다.

(1) 사람은 저마다 하나의 영혼이 있지만, 도체는 만물이 다 같기 때문에 만물일체라 말한다.

(2) 하늘이 도체를 만든 후에 더 이상 만들지 않지만, 영혼은 사람들이 생명을 받는 순간 만들어진다.

(3) 도체는 물체에 의탁하여 독립할 수 없지만, 영혼은 몸과 함께 없어지지 않는다.

(4) 도체는 물질체이지만, 영혼은 정신체이다.

(5) 도체가 만드는 것도 물질체이지만, 영혼이 만드는 것도 정신체이다.

(6) 도체는 형체와 기(氣)로 가득 차 있지만, 영혼은 사람에게만 의탁한다.

(7) 도체는 아득하고 어둡지만, 영혼은 명확한 깨달음이 있다.

(8) 도체는 자유의지가 없지만[無意無爲], 영혼은 스스로의 주장이 있다.

(9) 도체는 공(功)과 죄(罪)가 없으나, 영혼은 덕행과 사특함을 행할

수 있고 공과 죄도 질수 있다.

(10) 도체는 화복(禍福)이 없고 상벌(賞罰)할 수도 없으나, 영혼은 선
악을 행할 수 있고 상벌을 받을 수 있다.

알레니가 지은 《만물진원(萬物眞原)》에서도 이학에 반대하며 "이(理)
와 도(道)는 모두 공허한 글자일 뿐인데, 어찌 물체를 만들 수 있다는
것인가?"라고 주장하였다. 또 "위치(질서)를 경영하는 일은 명확히 깨달
은 사람이 아니면 할 수 없다. 이(理)는 원래 깨달음이 없는데, 어찌 위치
를 경영할 수 있겠는가?"고 주장하였다. 또 이(理)는 의존적인 것으로서
"만약 천지·인물·귀신이 없으면 의존할 곳이 없는데, 또한 어찌 물체를
생성할 수 있겠는가?"라고 하였다. 그가 쓴 《삼산논학기》에서도 "물체마
다 각기 하나의 태극을 가지고 있은 즉, 어찌 태극이 물체의 원질(元質)
이고 물체와 동체(同體)가 아니란 말인가? 물체와 동체이므로 물체에 얽
매여서 천지의 주재가 될 수 없다." "물체가 생기는 이치는 스스로 물체
를 생기게 할 수 없으므로 따로 조물주가 있음은 의심의 여지가 없다"고
하였다.

불리오는 《부득이변(不得已辯)》에서 양광선이 "이(理)가 세워지면 기
(氣)가 갖추어지고, 기가 갖추어지면 곧 수(數)가 만들어지며, 수가 만들
어지면 상(象)이 형성된다"고 한 말을 반박하였다. 양광선은 본래 회교도
로 역법을 바꾸기 위해 천주교에 반대하였다가 이학논쟁에 말려들었으
니, 명말 청초 이학의 수준이 어느 정도였는지 짐작할 수 있다. 불리오는
글에서 "이(理)라는 것은 법도를 두고 하는 말이다. 조물주가 만물을 만
들 때 그 형체만 만든 것이 아니라 그 이(理)도 부여하였다. 이는 마치
나라를 창건한 군주라면 반드시 한 나라의 법률을 제정하는 것과 마찬가
지이다. 나라에 군주가 없는데 법률이 어찌 스스로 시행될 수 있겠는가?"

라고 하였는데, 이 말은 사실 《만물진원》에 나오는 말이다. 또 〈형천비상제변(形天非上帝辯)〉이란 글에서 양광선이 "하늘은 형태가 있는 이(理)이고 이(理)는 형태가 없는 하늘이므로 형태가 극에 이르면 이(理)가 드러난다. 이것이 곧 하늘이 이(理)인 까닭이다"고 한 말을 반박하고 있다. 양광선은 또 "하늘은 만사(萬事)와 만물을 포용하고 있고 이(理)도 만물과 만사를 포용하고 있다. 따라서 태극의 이치를 궁구하는 자들이 이(理)만을 말하는 것이다"고 주장했는데, 이에 불리오는 "사람에게 귀가 2개있고 나귀도 2개의 귀가 있다고 해서 사람이 곧 나귀라고 말할 수 있는가?"라고 반박하였다.

아담 샬의 《주제군징》, 마르티니(Martini)의 《진주영성리증(眞主靈性理證)》, 안드레 요한 루벨리(Andreas Joannes Lobelli)76)의 《진복직지(眞福直指)》, 프란시스코 노엘(Francisco Noël)77)의 《인죄지중(人罪至重)》은 모두 이학에 반박하는 내용이다. 더욱이 건륭 18년(1753) 샤름(Charme, 孫璋)이 쓴 《성리진전(性理眞詮)》은 이학에 반대하는 거작으로 모두 6권 6책이며 건륭 22년(1756) 만주어로도 번역되었다. 민국 35년(1946) 나는 북경에서 그 책의 제2권 필사본 4책을 구했는데, 백화문과 문언문 2종으로 되어있었다. 내가 고증한 바에 의하면 현행본의 초고이며 게다가 이 필사본에 음사(音似)의 오류가 많은 것으로 보아 외국인이 구술하고 중

....

76) 안드레 요한 루벨리(Andreas Joannes Lobelli, 陸安德, 1610-1683): 예수회 선교사로 1659년 중국에 도착했다. 저서로 《성교약설(聖教略說)》·《성교문답(聖教問答)》·《성교촬언(聖教撮言)》·《성교요리(聖教要理)》 등이 있다.

77) 프란시스코 노엘(Francisco Noel, 衛方濟, 1651-1729): 벨기에 출신의 예수회 선교사이자 한학자로 1711년 프라하대학에서 라틴어로 쓴 그의 저서 《중국육대경전(中国六大經典)》(Sinensis Imperii Libri Classici Sex)이 간행되었는데, 이는 서양어로 된 최초의 사서(四書) 완역본이다.

국인이 받아 적은 것임이 분명하다. 자세한 내용은 《방호문록(方豪文錄)》에 수록된 졸고 〈성리진전의 백화원고와 문언원고 고증(考性理眞詮白話稿與文言底稿)〉에 나와 있다. 이 필사본은 민국 37년(1948) 북경을 떠날 때 북당도서관에 기증하였다. 그 중 가장 중요한 부분은 다음에 열거한 각 편이다.

- **수권(首卷) 제7편**: 인간의 영성은 이가 아님을 상세히 변론함(詳辨人之靈性非理)
- **2권상 제4편**: 태극 총론(總論太極)
- **2권상 제5편**: 이가 만물의 근원이 아님을 변론함(辨理非萬物之原)
- **2권상 제6편**: 양은 동, 음은 정이어서 조물주가 되지 못함을 논함(論陽動陰靜不能爲造物主)
- **2권상 제7편**: 음양은 창조되었고 처음부터 스스로 사물을 만들 수 없었던 것이 아님을 논함(論陰陽受造並非無始自能生物)
- **2권하 제4편**: 〈서명(西銘)〉[78]의 만물일체설을 반박함(駁西銘萬物一體之說)
- **3권하 제4편**: 이단의 근본을 밝혀서 이단이 숨을 곳이 없도록 함(指明異端根柢令異端無處躱閃)
- **3권하 제5편**: 한·당 이후 성리학 저서의 여러 오류를 반박함(駁漢唐以來性理一書諸謬說)

....

78) 〈서명(西銘)〉: 송대의 성리학자 장재(張載)가 지은 서재(書齋) 서쪽 창에 걸어놓은 명(銘). '폄우(貶愚)'라는 이름을 가진 동명(東銘)과 함께 그의 문집에 수록되었는데, 유교의 기본 윤리인 인(仁)의 도리를 설명한 글로 중국 철학 사상의 중요한 논문 중 하나로 꼽힌다. 주희(朱熹)가 특별히 주석을 붙이자 후대 학자들이 이에 주목하게 되어 동명과 서명에 대한 많은 주해서(注解書)가 나왔다.

중국인 신자가 지은 저작 중 서광계의 〈변학장소〉, 이지조의 〈천주실의중각서(天主實義重刻序)〉와 〈각성수기언서(刻聖水紀言序)〉, 양정균의 《대의편》, 주종원(朱宗元)79)의 《증세약설(拯世略說)》과 《답객문(答客問)》은 모두 송유 이학을 공격하는 내용이다. 위예개(魏裔介)80)는 천주교 신자는 아닌 것 같으니, 《청사고(淸史稿)》 열전 제49 〈위예개전〉에도 그가 "정주(程朱)의 학문을 신봉했다"고 되어있다. 그러나 그는 〈아담 샬 70세 생일 축하문(賀湯若望七秩壽文)〉에서 "후대의 유학자들이 제대로 이해하지 못한 견해로 함부로 주석을 달면서 어떻게 하여도 천즉리(天卽理)라고 하였지만 모호하고 분명하지 않다"고 하였다.

이처럼 천주교는 극렬하게 송유 이학을 반대하였다. 이에 이학자들도 반격하지 않을 수 없었고 종종 불교와 연합하여 천주교를 공격하기도 하였다.

양광선의 《부득이》에 실려 있는 〈벽사제(闢邪諸)〉에서는 "무릇 하늘은 두 기(氣)가 서로 결합하여 생겨나는 것이지 누가 만들어서 생겨난 것이 아니다. …… 우리 유교의 무극이 태극을 생성한다는 설을 살펴보면, 무극이 태극을 생성한다는 것은 이(理)만 말하고 일[事]은 말하지 않은 것이다. 일로 그것을 말한다면 천하[六合]의 바깥은 성인(聖人)이 보류하고 논하지 않았으나 논한다면 탄생과 관련될 것이다"고 하였다. 또 "성인의 학문은 극히 효과적이어서 단 한 번의 궁리(窮理)만으로 거의 도에

----

79) 주종원(朱宗元, 1625-?): 절강성 근현(鄞縣) 사람으로 순치 5년 거인에 합격하였다. 화동(華東) 지역 최초의 천주교 신자이며 서학 전파의 선구자 중 한명이다. 저서로 위에 든 것 외에 《천주성교활의론(天主聖教豁疑論)》 등이 있다.
80) 위예개(魏裔介, 1616-1686): 직예(直隷) 백향(柏鄕) 출신으로 순치 3년(1646) 진사가 되었고 관직이 내각대학사(內閣大學士)에 이르렀다. 정주학을 존숭했고 유가의 도통설(道統說)을 제창했다. 저서로 《겸제당집(兼濟堂集)》이 있다.

이르니 이(理) 외에 다시 하나의 이(理)를 천착하는 것을 높이 여길 수 없다"고 주장하였다.

진수이(陳受頤)[81]는 왕계원(王啓元)이 지은 《청서경담(淸署經談)》[82]에 일찍이 〈삼백년 전의 공교 건립론(三百年前的建立孔敎論)〉이라는 제목의 발문을 썼는데, 중앙연구원 《역사어언연구소집간》 제6본(本) 제2분(分)에 게재되어있다. 《청서경담》 역시 이학에 근거해 천주교를 공격한 책으로 다만 이학 방면에서 왕계원은 소옹(邵雍)[83]·주돈이(周敦頤)·정호(程顥)·정이(程頤)·주희(朱熹)를 옹호하고 육구연(陸九淵)과 왕양명(王陽明)에 반대하였다.

황정이 《파사집》을 판각한 이유는 무리를 모아 오로지 천주교를 물리치는 것을 자신의 임무로 삼았기 때문이었다. 〈안장기선생께 천주교 변박을 청하는 편지(請顔壯其先生闢天主敎書)〉와 〈존유극경(尊儒亟鏡)〉은 모두 그가 이학을 얼마나 추종하고 있는지 보여준다. 심지어 마테오 리치를 배척하여 "마테오 리치선생의 천주학은 …… 태극의 난신적자(亂臣

....

81) 진수이(陳受頤, 1899-1978): 광동성 번우(番禺) 사람으로 영남대학 졸업 후 미국 시카고대학에서 철학박사를 취득했다. 귀국 후 영남대학과 북경대학 교수가 되었고 1936년 이후 미국 여러 대학에서 교수를 지냈다.

82) 《청서경담(淸署經談)》: 명말의 유학자 왕계원(1559-?)이 '존왕존공(尊王尊孔)'을 주장하며 당시 유행하던 '삼교합일(三敎合一)' 사조에 격렬한 비판을 가한 책으로 천주교에 대한 비판도 적지 않게 포함되어있다. 현재 대만 중앙연구원 부사년도서관(傅斯年圖書館)에 천계 3년(1623)의 서문이 있는 간행본이 소장되어있다.

83) 소옹(邵雍, 1011-1077): 송대의 학자. 도가사상의 영향을 받고 유교의 역철학(易哲學)을 발전시켜 특이한 수리철학(數理哲學)을 만들었다. 그는 음(陰)·양(陽)·강(剛)·유(柔)의 4원(元)을 근본으로 하고, 4의 배수(倍數)로서 모든 것을 설명하였다. 이 철학은 라이프니츠의 2치논리(二値論理)에 힌트를 주었다고 전한다.

賊子)요 공자[素王]의 역적 수괴일 뿐이로다"고까지 하였다. 또 "마테오 리치라는 요물[利妖]이 태극을 없앴으니, 이는 곧 중용(中庸)을 없앤 것이다"고 주장하였다.

그 외에도 허대수(許大受)의 〈성조좌벽(聖朝佐闢)〉, 진후광(陳侯光)의 〈변학추언(辨學蒭言)〉, 이찬(李燦)의 〈벽사설(劈邪說)〉, 임계륙(林啓陸)의 〈주이론략(誅夷論略)〉, 추유련(鄒維璉)의 〈벽사관견록(闢邪管見錄)〉, 증시(曾時)의 〈불인불언서(不忍不言序)〉 등도 모두 이학을 옹호하고 천주교에 반대하는 내용의 글이다.

제6절 명·청시기 천주교와 중국사회 습속의 충돌

명말 청초 중국 내지에서 선교를 가장 효과적으로 한 천주교 예수회는 중국문화에 대한 연구를 가장 많이 했다. 중국사상을 서방에 가장 열심히 소개한 것도 역시 예수회 선교사들이었다. 그러나 예수회 선교사에 앞서 도미니크 수도회(Dominicani)와 프란시스코 수도회(Franciscani)의 선교사들이 이미 복건과 광동 연해 각지에서 중국 내지로 잠입하려고 먼저 기도했었다.

도미니크회와 프란시스코회는 학술 연구와 선교 성적만을 놓고 보았을 때 예수회에 미치지 못했지만, 교회 내부의 일대 논쟁에서는 로마교황청으로부터 승리를 거두었다. 예수회의 실패 원인은 사실 그 자신의 분열 때문이었다. 이 100여 년 동안 이어진 교회의 내부 충돌은 중국사회의 습속과 직접적인 관련이 있었다. 예수회의 실패는 교회를 매우 중시하고 아주 큰 기대를 하였던 강희제로 하여금 더 없이 업신여기고 완전히 실망하게 하였으니, 그 후 청나라의 역대 황제·조정 대신·지방 관료·민간 신사(紳士)들도 모두 교회를 '서양 종교[洋敎]'로, 교회 신자를 '우리와 다른 종족[非我族類]'으로 간주하게끔 만들었다. 그리하여 신자와 비신자들은 늘 화목하지 못해 일반인들이 이를 "백성과 교인이 서로 편안하게 지내지 못한다[民敎不安]"고 부르며 '신자'와 '국민'을 서로 대칭하였으니, '신자'를 '비국민(非國民)'이나 '특종 국민'으로 대한 것이나 마찬가지였다. 그 결과 서양과학의 수입과 발전도 이로 인해 200년이나 늦어지게 되었다.

이 불행한 사건이 발생하게 된 과정에 대해서는 현재 유럽의 이탈리아·스페인·프랑스·바티칸의 여러 도서관과 기록보관실에 남아있는 문건이 넘칠 만큼 많고 관련된 전문 논저도 헤아릴 수 없을 정도로 많다. 여기서는 단지 최대한 간략하게 소개하도록 하겠다.

마테오 리치는 명나라 때 최초로 중국에 들어온 수도사는 아니지만 가장 박학다식하였다. 중국 내지로 들어오기 전에 중국 서적을 가장 많이 연구하였고 중국 내지에 들어 온 후 교류한 학자도 가장 많았다. 또 가장 먼저 북경에 들어가 신종(神宗)을 만난 서양 사람이기도 하다. 명말 선교사 중 중국문화를 가장 흠모했으며 중국문화를 가장 깊이 아는 사람이었다. 그래서 처음 광동에 들어왔을 때 불교 사찰에서 살면서 승복을 입었으나, 서광계의 충고를 받아들여 유생의 복장으로 갈아입었다. 교분을 맺은 사람이 모두 박학한 선비들이었기 때문에 중국 지식인층이 말하는 '하늘' 혹은 '상제'가 라틴어의 천주(Deus)와 차이가 없다고 보았다. 또한 중국인의 '조상 제사'나 '공자 제사'를 미신이라고 보지 않았다. 그러나 마테오 리치의 생존 시에도 일부 같은 예수회 수도사와 서로 의견이 달랐는데, 다행히 그가 당시 예수회의 지도자였기에 별 문제가 일어나지 않았다. 그러나 그가 죽고 롱고바르디가 예수회 회장이 되면서 바로 제사를 금지시켰다. 그리하여 예수회 내부에서 의견이 분분하게 되어 처음에는 중국에서 집회를 열어 논쟁하다가, 이어서 유럽에 이 문제를 보내 연구하게 하였다. 이 당시 프란시스코회와 도미니크회 선교사들도 차츰 중국 내지로 들어오고 있었는데, 예수회와 도미니크회는 교회 신학 면에서 원래부터 의견이 달랐다. 예수회 신학자는 인간의 자유의지에 비중을 두었지만 도미니크회는 그렇지 않았다. 이렇게 출발점이 달랐기 때문에 쌍방 간 자주 충돌이 있었다. 명말 도미니크회 사제는 대부분이 복건과 산동 두 성의 시골에서 전도를 하였는데, 접촉한 대상이 대부분 우매한 남녀들이었기 때문에 '조상 제사'나 '공자 제사' 등의 예속에 미신 관념이 포함되어있을 수밖에 없었다. 위에 언급한 두 수도회 선교사 중에는 중국 경전을 연구한 사람도 거의 없었고, 따라서 중국의 유가사상에 대해서는 더 더욱 마테오 리치 등 예수회 선교사만큼 이해할 수가 없었다.

로마교황청은 이를 '전례문제[禮儀問題]'(Quaestio de Ritibus)로 부르며 처음에는 문제가 확대되길 원치 않고 조정하려는 태도를 갖고 있었다. 그래서 1645년(순치 2년) 예수회에, 1656년(순치 13년) 도미니크회에 각각 답변을 하여 쌍방의 진술과 요청에 대해 모두 비준을 하였다. 1669년(강희 8년) 쌍방의 지시 요청에 대한 답변에서도 준수하라고 일률적으로 반포하며 그 시비곡직(是非曲直)에 대해서는 결단하지 않았다.

예수회에서는 마르티니·그리말디(Grimaldi)·토마스 페레이라(Thomas Pereira)·안토니우스 토마스(Antonius Thomas)·제르비용(Gerbillon) 등이 마테오 리치를 따랐고, 판토하가 롱고바르디를 지지하였다.

1704년(강희 43년) 교황 클레멘스 11세는 투르농(Tournon)을 교무흠사(教務欽使)로 삼아 특별히 중국에 파견하여 황제와 우호관계를 맺도록 시켰다. 그러나 강희 46년 2월 (투르농이) 남경에서 (중국인 신자의 제사를) 금지하는 명령을 발표하자, 강희제는 그를 마카오로 압송하여 포르투갈 총독에게 감시토록 하였는데 49년 옥사하고 말았다.

1715년(강희 54년) 다시 카를로 메짜바르바(Carlo Mezzabarba)를 중국에 파견하였고, 이에 1719년 9월 25일 교황의 훈유(訓諭) 발표가 있게 되었다. 교황의 훈유는 '교황 인노첸시오(Innocentius) 12세'에 의해 1704년 11월 20일 결정된 것으로[84] 모두 8조항으로 되어있다. 강희제도 강희 59년(1720) 11월 18일, 12월 17일, 12월 21일 훈유를 내려 반박했다. 마지막 훈유에서는 교황의 훈유에 대해 "그 고시(告示)를 보면 서양인들이 소인배라 말할 수 있을 뿐이니 어찌 중국의 큰 이치를 말할 수 있겠는가? 하물며 서양인 중에 한문서적을 이해하는 사람이 한 명도 없으면서 중국에 대해 이렇고 저렇고 말한 것들을 보면 대부분 가소롭기 짝이 없다. 이번에 나를 보러 온 신하의 고시에 승려나 도사나 이단 소수종교[小敎]가 다 똑같다고 하였으니, 함부로 말하는 바가 이보다 심한 것이 없다. 이후 서양인들은 중국에서 선교할 필요가 없으므로 금지하는 것이 마땅하며 이로써 복잡한 일이 생기지 않도록 하라"고 하였다.

이로 볼 때 교황의 훈유가 강희제의 반발을 불렀으며, 당시 서양 선교사 중 한문서적에 정통한 이가 없었기에 전례 찬성파 역시 강희제의 중시를 받지 못했음을 알 수 있다.

그 이후 천주교 내부의 논쟁은 더욱 심해져, 1742년(건륭 7년)에 이르러 교황 베네딕토(Benedikt) 14세가 훈유를 내려 전례를 절대 금지하고 중국에 보내는 선교사도 반드시 지킬 것을 선서토록 했다. 천주교 신자가 될 때도 제사 금지를 가장 큰 조건으로 삼았다. 중국인이 선교사가

....

84) 인노첸시오(Innocentius) 12세의 재위기간은 1691-1700년이고 1704년은 크레멘스 11세의 재위기간(1700-1721)이므로 앞뒤가 맞지 않는데, 착오나 오기가 있는 것 같다.

되기 위해서는 반드시 선서를 해야 했으니, 민국 28년(1939) 12월 8일에 와서야 제사 금지령이 철회되었다. 그러나 '천(天)'과 '상제' 두 명사에 대한 금지령은 여전히 해제한다는 명문규정이 없었다.

'전례문제'는 중국 천주교에 극히 나쁜 결과를 초래하였지만, 유럽에서는 중국사상이 새롭게 전해지는 기회가 되었다.

로마교황청의 마지막 금지령으로 인해 중국의 천주교회는 더 이상 지식인을 입교시키지 못하게 되어 스스로 지식계층 밖으로 떨어져 나갔다. 청대의 습관에 따르면 아동이 입학하면 반드시 공자에게 절을 해야 했고, 매월 초하루와 보름에 진사·거인·생원도 역시 공묘에 가서 예를 올려야 했다. 다른 한편 중국 천주교인들은 스스로 중국인 밖으로 떨어져 나가 '우리와 다른 종족'이 되었다. 전례 금지령에 따라서 신자들은 사당에 들어가 예를 올리지 못했다. 그 결과 옹정제 이후 120여 년간 천주교는 위로는 조정과 지방 관리가 금지하고 아래로는 민간에서 배척당하게 되었다. 천주당은 부서지거나 다른 용도로 사용되었고, 옹정제의 〈성유광훈(聖諭廣訓)〉에서는 심지어 천주교를 백련교도와 똑같이 취급하기도 하였다. 사사로이 선교를 하는 자나 집에 교회 서적이나 십자가 등의 물건을 숨기면 일률적으로 극형에 처해졌다. 교회도 산이나 외진 곳에 숨어 연명할 수밖에 없었다. 명말에는 중국인 신자 중에 많은 인재가 배출되었으니, 외국인 선교사의 보고에 의하면 한림·진사·거인들이 헤아리기 어려울 정도였다고 한다. 청나라 중기에 이르면 신자들은 이미 거의 대부분 우매한 백성이었다. 남경조약 이후 비록 부분적인 선교의 자유를 얻었지만, 사대부들은 여전히 입교하는 것을 경멸하였다. 또 다른 나쁜 결과는 신자들이 사당 밖으로 배제됨으로써 악행을 뉘우치지 않는 자손과 마찬가지로 조상을 모욕했다는 이유로 "족보에서 삭제되는" 벌을 받게 되었으니, 효를 가장 중요시 하는 중국사회에서 천주교 신자는 이미 오랑캐로 취급되었다는 점이다.

선교사들이 '전례문제'로 인한 충돌에 대해 교황청에 상소(上訴)하자, 교황청은 이를 신중하게 처리하기 위해 학자들에게 연구를 맡겼다. 선교사들도 앞 다투어 본국에 편지를 보내 자료를 제공하였다. 이로 인해 18세기 유럽의 유명한 대학에서는 '중국(철학)문제'를 둘러싼 열렬한 토론이 벌어졌다. 유럽학자들도 중국 고대 종교 신앙과 기독교 신앙 사이의 같고 다른 점에 대한 연구에 참여하였다. 이에 유럽에서도 '전례문제' 논쟁이 전개되었고, 아울러 중국의 역사·문화·정치·사회·경제에 관한 연구로 확대되었다.

공자 공경[敬孔]설 등에 찬성했던 예수회의 일파는 교회에서 세력을 잃은 후, 유럽의 반종교·반황실·반귀족 집단의 큰 환영을 받게 되었으니 실로 의외의 결과였다. 철학자 중 독일의 라이프니츠, 프랑스의 볼테르 등은 중국의 공자학설을 가지고 교회 신학을 공격하였고, 중국 황제의 '직접 농사를 짓는[躬耕]' 의식을 들어 전제군주제에 반대하는 자료로 삼기도 하였다. 이리하여 한동안 중국사상이 전 유럽에 널리 퍼져나갔는데, 이는 '전례문제'가 가져다 준 선물이었다고 말하지 않을 수 없다.

제7절 명·청시기 서양 논리학·신학· 철학 등의 수입

중국에 가장 먼저 소개된 서양 논리학은 《명리탐(*In Universam Dialecticam Aristotelis*)[85]》이다. 이 책은 원래 포르투갈 쿠임브라(Coimbra)[86]대학의 강의 교재로 아리스토텔레스의 논리학을 설명한 것이다. 명

천계 7년(1627) 포르투갈 선교사 푸르타도(Furtado)가 번역하고 항주의
이지조가 윤문하였다. 민국 15년(1926) 북경 공교대학(公敎大學: 후에 輔
仁大學으로 이름을 바꿈)의 보인사(輔仁社)에서 영인(影印)하였는데, 원
래 상해 서가회장서루(徐家匯藏書樓)에 소장되어있는 것을 영렴지(英斂
之, 英華)[87]선생이 초록하여 만든 부본(副本)이었다. 민국 21년(1932) 봄
상해 서가회장서루에서도 조판 인쇄하여 출판하였으나, 모두 합해《수론
(首論)》5권뿐이었다. 이후 상무인서관에서 서종택(徐宗澤)이 친구에게
부탁해 파리 국립도서관에서 촬영해 가져온 10권 본을 구해 다시 인쇄함
으로써《차론(次論)》5권이 늘어났다.

이 책은 총 30권이 되어야 하는데, 그 중 10여권은 푸르타도와 이지조
에 의해 이미 번역되었고 나머지는 다른 사람에 의해 번역되었음이 확실
하다. 먼저 10권이 판각되었으니, 숭정 10년(1637) 이전에《수론》5권,
숭정 14년 이전에《차론》5권이 판각을 마쳤다. 숭정 14년에 이미 20권이
판각을 기다리고 있었던 것을 보면 책 전부가 번역 완료되었던 것 같다.
이 책이 총 30권이 되어야 한다는 것은 이지조의 아들 이차반(李次彪)의
서문에 "그 책은 모두 30권이다"고 적혀있기 때문이다. 또 이미 번역된
10여 권이라 한 것도 이차반이 서문에서 "그 의미가 넓고 깊어서 뜻을
표현하기 쉽지 않은데다 간혹 일언반구가 합당치 못하거나 거슬려서 이

....

85) 책의 완전한 이름은 *Commentarii Collegii Conimbricensis Societatis Jesuln
Universam Dialecticam Aristotelis*이다.
86) 원서에는 Coïmbre로 표기되어있다.
87) 영렴지(英斂之, 1867-1926): 청말 민초의 교육가. 만주족 출신으로 이름은 화
(華)이며 자가 렴지(斂之)이다. 유신파(維新派)와 보황당(保皇黨) 인물 중 하
나였으며 중국 근대 천주교의 주요한 인물이기도 했다.《대공보(大公報)》를
창간했으며 보인대학을 창립했다.

를 밝히고 푸는데 시간을 소모하였다. 이런 까닭에 수년이 지나서야 마침내 10여 질 정도가 되었다. 이에 선친께서 이윽고 역법 개정에 몸을 헌신하셨다"고 하였기 때문이다. 숭정 9년(1636) 이천경(李天經)의 서문에도 "서유(西儒) 푸르타도선생에게는 이미 《환유전》이 있는데, 《명리탐》 10여 권이 더 생겼다"고 되어있다. "마침내 10여 질 정도가 되었다" 내지 '10여 권'이라고 말한 것을 보면 이미 번역된 것이 10권에 그치지 않았음을 알 수 있다. 이차반이 쓴 서문에는 또 "정축년 겨울 푸르타도선생이 수도회를 주관하게 되어 경사에 와서 내게 판각본 5질을 보여주자 더욱 마음속으로 기쁨과 부끄러움이 교차하는 것을 느꼈다. 대개 부끄러웠던 이유는 (선친께서) 남기 신 것이 청렴과 결백뿐이어서 판각할 비용을 댈 수가 없기 때문이었다"고 적혀있다. 정축년은 숭정 10년이므로 이해 이전에 판각된 것은 5권뿐이었으니, 이는 이천경의 서문에 "지금 경사의 관사에서 그 5질을 읽었다"고 한 말과도 부합된다. 앞부분 5권이 이미 간행되었는데, "판각할 비용을 댈 수가 없었다"고 한 것은 분명 이 5권을 제외한 나머지 각 권을 두고 한 말이다. 이차반은 서문을 숭정 12년(1639)에 썼고, 숭정 14년 세메도(Semedo)가 포르투갈어로 저술한 중국 역사책[88] 끝에 수록된 〈이지조전〉에서 "이지조가 쿠임브라대학의 아리스토텔레스 철학서를 번역했고 20권이 판각을 기다리고 있다"고 한 것을 보면, 12년과 14년 사이에 《차론》 5권이 이미 판각된 것 같다. 그렇다면 판각된 것이 모두 10권이고 판각 예정인 것이 20권이므로 전체가 30권이라는 설명과 역시 맞아 떨어진다.

《명리탐》이 의거했던 원서는 지금 북경 북당도서관에 남아있는데, 책테두리에 번역본 권수가 25권이라 표시되어있지만 권수를 여러 번 덧칠

....
88) 《대중국전사(大中國全史)》(Relation de magna monarchia Sinarum)를 말함.

하여 고친 흔적이 있는 것을 보면 최종 결정된 권수가 아님을 알 수 있다. 게다가 원서는 전편과 후편으로 나누어져 있으며, 전편은《오공칭(五公稱)》5권과《십론(十論)》5권으로 현재 필사본이 남아있고 판각된 10권짜리《명리탐》도 있다. 후편은 15권이라 표시되어있어 전 책이 단지 25권인 듯하다. 그러나 후편은 원서 237쪽부터 시작할 뿐이고 원서 후편의 1쪽에서 236쪽까지는 어떤 표기도 없으니, 어림잡아 계산해도 최소 5권 분량이기 때문에 전체 번역은 30권이든지 최소한 25권 이상이 되었음이 분명하다. 표기를 하지 않은 까닭은 이지조가 사망함으로 인해 일이 중단되어 번역 원고가 다 갖추지 못했기 때문에 결국 권수도 표시하지 못한 것 같다. 이지조는 항주에서 번역하였는데, 그가 사망한 후 푸르타도는 섬서 지역으로 갔고 숭정 7년(1634) 서안에 천주당을 세우고 그 곳에서 계속 번역작업을 했다. 때문에 이천경의 서문에서 "내가 서앤秦中]에서 그 초고를 읽고 지금 경사의 관사에서 그 5질을 읽었지만 아직 그 전부는 보지 못했다"고 하였던 것이다. 다만 번역을 도운 사람이 누구인지 알 수 없을 뿐이다. 이와 관련하여 내가 쓴 〈명리탐역각권수고(名理探譯刻券數考)〉가《방호문록》에 수록되어있다.

《궁리학(窮理學)》은 페르비스트(Verbiest)가 번역하여 강희 22년(1683) 8월 26일 황제에게 진상되었고 총 60권으로 되어있다. 《희조정안(熙朝定案)》 중에 있는 페르비스트의 〈공진궁리학접(恭進窮理學摺)〉에 따르면, 이 책은《명리탐》의 후속편이었던 것 같다. 연경대학 도서관에 필사본 잔여분이 소장되어있는데, 2함(函) 16본(本)이며 붉은색 실[朱絲]로 칸을 지어 해서로 썼고 표지가 명주로 되어있는 걸로 보아 황제에게 진상한 것인 듯하다. 모두해서《추리 총론(理推之總論)》5권,《형성의 추리(形性之理推)》1권,《경중의 추리(輕重之理推)》1권이다. 페르비스트의 주접(奏摺)에서는 여전히 "궁리학 서적을 올려 역리(曆理)를 밝히고 여러 학문의 문이 활짝 열리기를 바라며 만세에 전해지길 바랍니다"라는 명분을 빌리고 있으나, 사실 책 속에는 역법에 관한 사항이 전혀 언급되어있지 않다. 그래서 "지금 우리 황상께서 역법을 개정하시는 일은 이미 준비가 완벽하니, 그런 책으로 《영년역표(永年曆表)》와 《영대의상지(靈臺儀象志)》 및 《제력지이지(諸曆之理指)》 150여 권이 있습니다. 역법에 관한 전적(典籍)이 밝게 빛나 극에 이르렀다고 말할 만합니다!" "종래 역법을 배우는 자는 반드시 먼저 궁리의 총학(總學)을 숙달되게 익혔습니다." "신이 황명을 받아 북경에 온지 24년이 되었는데, 주야로 힘을 다해 추리의 법을 다 갖추고 궁리에 관한 서적을 자세히 살펴서 서양 책 중 이미 번역되었으나 아직 판각되지 않은 것을 모두 교정하고 증보 수정해 이를 모아서 편찬하였습니다. 아직 번역되지 않은 것은 계속 번역하여 보충할 계획입니다"고 밝혔던 것이다. 이른바 번역되었으나 아직 판각되지 않은 것이란 아마도 《명리탐》 중 아직 판각하지 않은 20권을 말한 것 같다. 페르비스트는 또 "궁리학은 모든 학문 중의 으뜸이니 오류를 바로잡는 마감(磨勘)이고 참됨을 시험하는 숫돌이며, 모든 예술의 저울이고 영계(靈界)의 빛이며, 깨달음을 밝히는 눈이 되어 의리로 인도하는 자물쇠이기에 여러 학문에 가장 으뜸으로 필요한 것입니다"고 하였으니, 아마도 논리학을 말한 것 같다.

아리스토텔레스의 《천체론[論天]》 4권도 쿠임브라대학의 강의 교재였는데, 푸르타도와 이지조가 같이 번역하여 《환유전》이라 제목을 달았으며 6권으로 되어있다. 이지조의 서문에는 천계 3년(1623)부터 번역하기 시작해 5년 동안 교열한 끝에 완성하여 숭정 원년(1628)에 판각하였다고 되어있다. 푸르타도는 천계 원년 중국에 왔는데, 2년 후에 바로 번역을 할 수 있었던 걸 보면 얼마나 부지런했는지 알 수 있다. 번역 작업은 그가 중국어를 이해하는데도 도움이 되었다. 그래서 이지조는 서문에서

"편찬이 끝나자 수도사의 중국 문언(文言)에 대한 이해가 높아져서 하고자 하는 말을 점차 유창하게 할 수 있었다"고 하였다.

《영언려작(靈言蠡勺)》은 삼비아시가 구술하고 서광계가 받아 쓴 것이다. 쿠임브라대학 강의 교재였으며 천계 4년(1624)에 발간되었다. 번역할 당시 서광계는 이미 63세였다. 민국 8년(1919) 여운서옥(勵紜書屋)에서 다시 인쇄한 것이 있다.

《영혼도체설(靈魂導體說)》은 롱고바르디가 썼으며 민국 7년(1918) 마량(馬良)이 다시 인쇄하였다.

《서국기법(西國記法)》은 마테오 리치가 그 이치를 설명한 저술로 파리 국립도서관에 명간본(明刊本) 35쪽이 소장되어있다. 이 책은 바뇨니가 분량을 줄이고 윤문하여 마테오 리치 사후에 발간한 것으로 보인다. 주정한은 서문에서 "지금 세상 사람들 중에 서양의 마테오 리치선생을 모르는 이가 없다. 일찍이 장인 서방목이 소장하고 있는 선생의 묘지명에 '선생은 《육경(六經)》을 한 번만 훑어보고도 가로, 세로 혹은 거꾸로 외울 수 있다'고 적혀있는 것을 보고 나는 놀라서 이를 이상하게 여겼다. 장인이 '무릇 그것을 전하였다'고 하였으나, 그 책은 오랫동안 바뇨니선생의 상자 안에 있었다. 마테오 리치선생이 우연찮게 초고를 쓰게 되었지만 고치지를 못했는데, 바뇨니선생이 다시 삭제하고 다듬었다"고 적었다.

《환우시말(寰宇始末)》은 바뇨니가 썼으며 이엽연(李燁然)·위두추(衛斗樞)·한운(韓雲)·단곤(段袞)이 함께 고치고 윤문하였다.

《성학추술(性學觕述)》은 천계 3년(1623) 알레니가 번역하고 주시형(朱時亨)이 교열 발간하였는데, 구식사(瞿式耜) 등이 서문을 썼다. 역시 쿠임브라대학의 강의 교재였다.

《수신서학(修身西學)》은 바뇨니가 저술했고 위두추·단곤·한림(韓霖)[89)]이 교열하였다. 10권으로 되어있으며 역시 쿠임브라대학의 강의 교재에 의거했다. 숭정 4년(1631)에서 13년(1640)사이에 책이 완성되었다.

《민치서학(民治西學)》은 북경 북당도서관 소장 필사본에 따르면,《평치서학(平治西學)》의 제5권과 제6권에 해당한다. 바뇨니가 저술한 것으로 출판연월이 없다. 민국 24년(1935) 북경 서십고인서관(西什庫印書館)에서 다시 인쇄하였다. 상권은 〈민치본어사신(民治本於仕身)〉·〈민치시어식정식(民治始於識正識)〉·〈자양국학(滋養國學)〉·〈민치이률(民治以律)〉·〈육예두한(育藝杜閑)〉·〈민업하치(民業何治)〉·〈부민하족(富民何足)〉·〈빈민하치(貧民何治)〉로 구성되어있다. 하권은 〈세렴당하(稅斂當何)〉·〈전용당하(錢用當何)〉·〈민이치필수화목(民以治必須和睦)〉·〈실화쟁단(失和爭端)〉·〈도박란매(賭博亂媒)〉·〈박후적민지화(博酺賊民之和)〉·〈사음란시(邪淫亂始)〉·〈음희내치지독(淫戲乃治之毒)〉으로 되어있다.

《동유교육(童幼敎育)》 역시 바뇨니가 저술했으며 단곤과 한림이 교감하였다. 상권은 〈교지원(敎之原)〉·〈육지공(育之功)〉·〈교지주(敎之主)〉·〈교지조(敎之助)〉·〈교지법(敎之法)〉·〈교지익(敎之翼)〉·〈학지시(學之始)〉·〈학지차(學之次)〉·〈결신(潔身)〉·〈지치(知恥)〉로 되어있고, 하권은 〈함묵(緘黙)〉·〈언신(言身)〉·〈문학(文學)〉·〈정서(正書)〉·〈서학(西學)〉·〈음식(飮食)〉·〈의상(衣裳)〉·〈침매(寢寐)〉·〈교우(交友)〉·〈한희(閑戲)〉에 관해 서술하고 있다. 한림은 서문에서 "나는 선생의 책이 조정의 태자 교육부터 민간의 아동 교육에 이르기까지 기초가 되지 않음이 없으니, 스승으로 삼으면 30년 후에는 태평성세를 이룰 수 있다고 생각한다.

....

89) 한림(韓霖, 1596?-1649): 명말 천주교 신자로 세례명은 도마(Thomas)이며 가족 모두가 천주교 신자였다. 서광계로부터 병법(兵法)을 배웠고 바뇨니로부터 포술(炮術)을 배웠다. 저서로 《수어전서(守圉全書)》·《신수요록(愼守要錄)》·《포대도설(炮臺圖說)》·《신기통보(神器統譜)》 등의 병서가 있고 《서사서목(西土書目)》을 편찬하였다.

설령 이 책을 액제가(厄第加)의 완결판이라고 말해도 가능할 것이다"고
하였다. '액제가'란 라틴어 Ethica를 음역한 것으로 지금은 윤리학이라
부른다.

《서학치평(西學治平)》은 바뇨니가 썼고 필사본인데, 어쩌면 《평치서
학(平治西學)》의 일부일 수도 있다. 출판년월과 서문이 없고 〈치정원본
(治政原本)〉·〈정치숙선(政治孰善)〉·〈왕직이덕위본(王職以德爲本)〉·
〈인내왕지수덕(仁乃王之首德)〉·〈자민내인왕지차공(慈民乃仁王之次功)〉
·〈인험이혜(仁驗以惠)〉·〈왕혜상중(王惠尙中)〉·〈의내왕정지차덕(義乃
王政之次德)〉·〈의왕필준법도(義王必遵法度)〉·〈상벌의정지익(賞罰義政
之翼)〉·〈의군친조(義君親朝)〉 등 11장으로 되어있다

《제가서학(齊家西學)》은 바뇨니가 저술하고 양천추(楊天樞)·위두추·
단곤·한림이 교열하였다. 원간본에는 2권의 목록이 있으나, 제2권은 바
로 《동유교육》의 상권 제10장이다. 이 책 권1은 모두 9장으로 목차는
다음과 같다. 〈정우(定偶)〉·〈택부(擇婦)〉·〈정직(正職)〉·〈화목(和睦)〉·
〈전화(全和)〉·〈부잠(夫箴)〉·〈부잠(婦箴)〉·〈해로(偕老)〉·〈재혼(再
婚)〉.

《이십오언(二十五言)》은 마테오 리치가 쓰고 왕여순(汪汝淳)이 교열하
여 만력 32년(1604) 판각하였다. 왕긍당(王肯堂)이 산삭하고 윤문하여 《울
강제필진(鬱岡齊筆塵)》 권3에 수록하면서 《근언(近言)》이라 제목을 바꾸
었다.

《오십언여(五十言餘)》는 알레니가 써서 순치 2년(1645)에 판각하였다.
이상 두 책은 모두 서양격언을 번역한 것이다.

《교우론(交友論)》은 만력 22년(1595) 마테오 리치가 건안왕(建安王)[90]의

....

90) 건안왕(建安王): 명대 번왕(藩王) 중 하나로 1573-1601년 사이에 재위한 건안

요청에 의해 쓴 책으로 원 제목은 《상건안왕논우(上建安王論友)》이다. 《천
학초함》·《보안당비급(寶顔堂秘笈)》·《산림경제적(山林經濟籍)》[91]·《광백
천학해(廣百川學海)》·《속설부(續說郛)》·《견호비집(堅瓠秘集)》[92]·《일치
필존(一瓻筆存)》[93]·《고금도서집성》 등에 모두 이 책이 수록되어있다. 《소
창별기(小窓別記)》[94]와 《주익(朱翼)》(만력 44년 江旭奇가 편집한 책)에는
절록이, 《울강재필진》에는 산삭윤문본이 수록되어있다. 고인이 된 친구
엽덕록(葉德祿)이 일찍이 교정합본을 만들었고, 내가 상지편역관(上智編
譯館)에서 출판하였다. 1952년 델리아는 이탈리아어로 그 연원을 고찰하
여 *Il Trattato sul l' Amicizia*을 저술했다. 그 처음 두 구절은 "내 친구는
남이 아니고 바로 나의 절반이다. 제2의 나이므로 마땅히 나를 대하듯
친구를 대해야 된다[95]"인데, "내 친구는 남이 아니고 바로 나의 절반이다"
는 구절은 사실 성 아우구스티누스(S. Augustinus)의 《참회록》에 나오는
것이고, "제2의 나이므로 마땅히 나를 대하듯 친구를 대해야 된다"는 구절
은 아리스토텔레스의 《윤리학》 제8장에서 나오는 말이다. 책 전체에 이탈

      강의왕(建安康懿王) 주다절(朱多煭, ?-1601)을 가리킨다.

91) 《산림경제적(山林經濟籍)》: 전 24권. 절강성 은현(鄞縣: 현 영파)사람인 도본
      준(屠本畯, 생몰연도 미상)이 지은 책으로 만력 41년(1613) 경에 간행되었다.

92) 《견호비집(堅瓠秘集)》: 강소성 장주(長州: 현 소주) 출신 문학가 저인획(褚人
      獲, 1635-1682)이 지은 소설 《견호집(堅瓠集)》(전 66권)의 일부이다.

93) 《일치필존(一瓻筆存)》: 전 10책. 장서가 겸 화가 관정분(管庭芬, 1797-1880)이
      도광연간 편집한 총서로 총 113종(현재 106종만 남아있음)의 고적을 수록하
      고 있다.

94) 《소창별기(小窓別記)》: 전 4권. 명말 강소성 상주부(常州府) 사람 오종선(吳
      從先, 생몰연도 미상)이 지은 책으로 소창은 그의 호이다. 이 책 외에 《소창
      자기(小窓自記)》 4권, 《소창염기(小窓艶記)》 14권, 《소창청기(小窓淸記)》 5
      권의 저서가 있다.

95) "吾友非他, 卽我之半, 乃第二我也, 故當視友如己焉."

리아어와 라틴어가 첨부되어있다. 이 두 구절의 라틴어는 다음과 같다. "Amicus, animae dimidium. Amicus se debet habere ad amicum tamquam ad seipsum, quia amicus est alter ipse."(王肯堂의 개정본에서는 "吾友非 他, 卽第二我也"라 번역했다). 그 외 나머지 대부분은 키케로(Cicero)·세 네카(Seneca)·소크라테스(Socrates)·암브로시우스(S.Ambrosius)96)·오 비디우스(Ovidius)·그레고리우스(Gregorius) 등의 말에서 가져온 것이다.

《구우편(逑友篇)》은 순치 4년(1647) 마르티니가 써서 《교우론》을 보충 한 것으로 2권으로 되어있다. 상권은 〈참된 친구를 얻는 어려움〉·〈참되 고 거짓된 친구 구별하기〉·〈참된 친구는 서로 두려워하지 않음〉·〈마땅 히 어떤 친구를 택할 것인가〉·〈착하지 않은 친구의 해악〉·〈착한 친구 의 이로움〉·〈참된 사랑의 능력〉·〈참된 사귐의 근본〉·〈참되고 순한 친 구의 도리는 의가 아닌 것을 추구하지 않는 것〉·〈스스로 선하지 않는 것 외에 참된 친구는 마땅히 하지 못할 것이 없음〉·〈친구와 헤어질 때 빙자해서는 안 되는 의심〉 등으로 구성되어있다. 하권은 〈친구의 선과 악은 쉽게 물듦〉, 〈친구를 사귐에 용서가 있어서는 안 되고 오직 화목과 온화함이 있어야 함〉, 〈친구를 사귐에 증오나 경쟁이 있어서는 안 됨〉, 〈친구를 사귐에 비방해서는 안 됨〉, 〈친구를 사귐에 교만해서는 안 됨〉, 〈한 입으로 두말하는 자는 친구가 될 수 없음〉, 〈친구를 사귈 때 선물 주는 것은 친구를 사귀는 것이 아님〉, 〈그 선물을 잘 사용하는 마땅한 방법〉, 〈로마황제가 그 친구에게 보낸 편지〉로 되어있다.

....

96) 암브로시우스(S. Ambrosius, 340-397): 초기 기독교회의 교부이자 교회학자 이다. 니케아 정통파의 입장에 서서 교회의 권위와 자유를 수호하는데 노력 하였으며 우수한 설교자, 전례와 성가의 개혁자, 정통주의의 옹호자로서 존 경받았다. 후대에 성가·전례·성서 주해에 암브로시우스라는 이름을 딴 것 이 많은 것은 그 때문이다.

《구탁일초(口鐸日抄)》는 알레니와 루도미나(Rudomina)가 숭정 3년 (1630) 정월부터 13년 5월까지 복건에서 의리[道]와 학문을 담론한 필기로 이구표(李九標) 등이 기록하였다.

《초성학요(超性學要)》는 중세 천주교 신학자 성 토마스 아퀴나스(St. Thomas Aquinas)의 《신학대전[神學綱要]》(Summa Theologica)을 부분 번역한 것이다. 《천주성체(天主性體)》6권, 《삼위일체(三位一體)》3권, 《만물원시(萬物原始)》1권은 순치 11년(1654) 간행되었고, 《천신(天神)》5권, 《형물지조(形物之造)》1권은 강희 15년(1676)에 인쇄되었다. 《인영혼(人靈魂)》6권, 《인육신(人肉身)》2권, 《총치만물(總治萬物)》2권은 강희 16년 겨울(1677-8)에 인쇄되었다. 이상은 모두 불리오가 번역하였다. 같은 해 간행된 《천주강생(天主降生)》4권, 《부활론(復活論)》2권은 마갈렌스 (Magalhaens)가 번역하였다. 불리오는 서문에서 초성학(超性學)이 바로 천학(天學)이라 하였는데, 천학은 현재 신학(神學)으로 번역한다. 불리오는 "천학은 서양어로 데올로기아(Theologia)라고 한다. 데오는 천주를 가리키며 본래는 데오스(그리스어로 Theos, 라틴어로 Deus)라 불렀다. 로기아는 천주의 이치를 연구하는 것을 가리킨다"고 하였다. 국내외에서 이 책 전부를 다 소장하고 있는 곳은 차하르[察哈爾] 숭례현(崇禮縣) 천주당, 북경 북당도서관, 상해 서가회장서루, 대영박물관, 파리 국립도서관 등이다. 최근 상해 서가회사산만인서관(徐家匯土山灣印書館)과 북경 공교교육연합회(公敎敎育聯合會)에서 각각 다시 인쇄한 것이 있다.

《성경》을 번역한 것으로는 하청태(賀淸泰)의 《고신성경(古新聖經)》필사본이 있지만 발간되지 않았다. 북경 북당도서관과 상해 서가회천주당 장서루에 소장본이 있는데, 그 목록은 다음과 같다.

〈조성경지총론(造成經之總論)〉(Liber Genesis): 지금은 〈창세기(創世紀)〉로 번역함.

〈구출지경(救出之經)〉(Liber Exodi): 지금은 〈출애급기[出谷紀]〉로 번역함.

〈늑미자손경(肋未子孫經)〉(Liber Levitici): 지금은 〈레위기[肋未紀]〉로 번역함.

〈수목경(數目經)〉(Liber Numerorum): 지금은 〈호적기(戶籍紀)〉 혹은 〈민수기(民數紀)〉로 번역함.

〈제이차전법도경(第二次傳法度經)〉(Liber Deutoronomii): 지금은 〈신명기(申命紀)〉로 번역함.

〈약소야지경(若穌耶之經)〉(Liber Josue): 지금은 〈여호수아서[若穌厄書]〉로 번역함

〈심사관록덕경(審事官錄德經)〉(Liber Judicum): 지금은 〈판관기(民長紀)〉로 번역함.

〈중왕경서서(衆王經書序)〉(Liber Regum): 지금은 〈열왕기(列王紀)〉로 번역함.

〈여달사국중왕경(如達斯國衆王經)〉(Liber Paralipomenon): 지금은 〈역대기(編年紀)〉로 번역함.

〈액사대납경서(厄斯大拉經序)〉(Liber Esdras): 지금은 〈에스드라서[厄斯德拉書]〉로 번역함.

〈다비아경(多俾亞經)〉(Liber Tobiae): 지금은 〈토비야서[多俾亞傳]〉로 번역함.

〈녹덕경(祿德經)〉(Liber Ruth): 지금은 〈룻기[盧德傳]〉로 번역함.

〈약백경(若伯經)〉(Liber Job): 지금은 〈욥기[約伯傳]〉로 번역함.

〈액사득륵경(厄斯得肋經)〉(Liber Esther): 지금은 〈에스더서[艾斯德爾傳]〉로 번역함.

〈여제득경(如第得經)〉(Liber Judith): 지금은 〈유딧기[友弟德傳]〉로 번

역함.

〈달미성영(達味聖詠)〉(Liber Psalmorum): 지금도 똑같이 번역하거나 〈시편(詩篇)〉으로 번역함.

〈살락만지유경(撒落滿之喩經)〉(Liber Proverbiorum): 지금은 〈잠언(箴言)〉으로 번역함.

〈지덕지경(智德之經)〉(Liber Sapientiae): 지금은 〈지혜서(智慧篇)〉로 번역함.

〈액격륵서아사제개(厄格肋西亞斯第箇)〉(Liber Ecclesiaticus): 지금은 〈집회서(德訓篇)〉로 번역함.

〈달니야이경서(達尼耶爾經序)〉(Liber Danielis): 지금은 〈다니엘서[達尼爾]〉로 번역함.

〈의살의아선지경[依撒意亞先知經]〉(Liber Isaiae): 지금은 〈이사야서[依撒意亞先知書]〉로 번역함.

〈마가백의경서(瑪加白衣經序)〉(Liber Macchabeorum): 지금은 〈마카베오기[瑪加伯書]〉로 번역함.

〈성사마두만일략(聖史瑪竇萬日略)〉(Evangelium S. Matthaei): 지금은 〈마두(瑪竇)〉 혹은 〈마태복음(馬太福音)〉으로 번역함.

〈성사마이곡만일략(聖史瑪爾谷萬日略)〉(Evangelium S. Marci): 지금은 〈마이곡(瑪爾谷)〉 혹은 〈마가복음(馬可福音)〉으로 번역함.

〈성사로가만일략(聖史路加萬日略)〉(Evangelium S. Lucae): 지금은 〈누가복음[路加福音]〉으로 번역함.

〈성약망성경서(聖若望聖經序)〉(Evangelium S. Joannis): 지금은 〈약망(若望)〉 혹은 〈요한복음[約翰福音]〉으로 번역함.

〈제덕행실(諸德行實)〉(Acta Apostolorum): 지금은 〈종도대사록(宗徒大事錄)〉 혹은 〈사도행전(使徒行傳)〉으로 번역함.

〈성 바오로·성 베드로·성 요한·성 유다의 서찰(聖保祿聖伯多祿聖若望聖如達書札)〉(Epistolae SS. Pauli, Petri, Joannis, Judae)[97]

〈성약망묵조경(聖若望默照經)〉(Apocalypsis S. Joannis): 지금은 〈요한묵시록(默示錄)〉 혹은 〈계시록(啓示錄)〉으로 번역함.

(이) 책은 전부 구어체로 되어있으니, 서문에서 "책을 볼 사람은 두 부류가 있다. 한 부류는 성심으로 도리를 갈구해 말이 속되든 속되지 않던, 표현이 부드럽든 부드럽지 않던 상관하지 않고 단지 도리를 명백하게 설명할 수 있으면 충분한 사람들이다"고 말한 것을 통해 그 의도를 알 수가 있다. 또 표점부호를 사용하였으니, 서문에서 "만약 이 경전의 문장 옆에 직선을 1개 그은 것, 직선을 2개 그은 것, 직선을 3개 그은 것이 무엇이냐고 묻는다면, 이는 각각 인명·지명·나무·측량 도구·사악한 신을 구별한 것이라고 답할 것이다. 예컨대 인명에는 직선 1개를 긋고, 지명·나무·측량 도구에는 직선 2개를 긋고, 사악한 신에는 직선 3개를 그었으며 천신(天神)에는 점을 찍었다"고 설명하고 있다.

숭정 15년(1643) 엠마누엘 디아즈가 《성경직해(聖經直解)》를 번역했는데, 1년 중 일요일마다 드리는 미사에서 독송한 《성경》에 잠언을 더하여 모두 8권으로 만들었다. 중국어로 된 책에 색인이 있게 된 것도 이 책이 그 효시이다.

《미사경전(彌撒經典)》(Missale Romanum)은 강희 9년(1670) 불리오가 번역하였다. 만력 43년(1615) 6월 27일 교황 바오로(Paul) 5세가 중국 선교사에게 중국어로 미사를 거행하고 일과경(日課經)을 독송해도 된다고 허락하여, 이 책과 아래의 3책이 번역되었으나 실행되지는 못했다.

....

97) 원서에는 〈聖保祿聖伯多祿聖亞各伯聖如達書札〉(Epistolae SS. Pauli, Petri, Jacobi, Judae)로 되어있으나 오류가 분명해서 바로잡았다.

이 책에는 〈서력연월(西曆年月)〉, 〈윤년첨례설(閏年瞻禮說)〉, 〈역년추첨례일법(曆年推瞻禮日法)〉 등이 첨부되어있다.

《사제일과[司鐸日課]》(*Breviarium Romanum*)는 강희 13년 불리오가 번역하였다.

《사제전요[司鐸典要]》는 강희 15년 불리오가 저술한 것으로 《윤리신학》(*Theologia Moralis*)의 요점을 간추린 것이다.

《성사예전(聖事禮典)》은 강희 14년 불리오가 번역한 것으로 사제가 성사(聖事)를 할 때 사용하는 예절서이다.

제8절 점성학의 중국 전래와 청초 교회 내부의 미신

《천보진원인명부(天步眞原人命部)》는 상하 2권으로 된 원각본(原刻本)이 있는데, 《수산각총서(守山閣叢書)》에 수록된 판본에는 "서양인 스모골랜스키(Smogolenski)가 저술하고 금산(金山)의 전희조(錢熙祚)가 교감하였다"고 표시되어있다. 도광 19년(1839) 전희조가 쓴 발문에는 "스모골랜스키는 칠정(七政: 日月과 五星 - 역자)의 고비(高卑)·승강(升降)·지질(遲疾)·유역(留逆)만을 근거로 사람 운명의 길흉을 정했는데 비교적 이치에 가깝다"고 하고, 또 "계산은 간단하나 참으로 정확한 수를 도출해내니, 실로 역서(曆書)에서 드러내지 못한 내용이다. 삼가 《사고전서》에 수록된 《천보진원》 1권을 읽어보니 역시 스모골랜스키가 쓴 것이지만, 일식과 월식에 관해 전문적으로 논하고 있어 이 책과는 내용이 완전히 다르다. 이 천보진원이란 큰 제목 아래에 인명부라는 세 글자가 있는 것으로 보아, 스모골랜스키의 원서를 분책한 것이 매우 많아서 2종에 그치지 않았

을 것이다. 지금은 국초(國初)로부터 겨우 백여 년이 지났을 뿐인데 제가
(諸家)의 저술이 모두 이 책에 미치지 못하니, 어찌 그것을 점성가[星命家]
의 말로만 여겨 볼 가치가 없다고 내버려둘 수 있겠는가?'라고 적혀있다.

천주교 예수회 선교사가 지은 책이 점성술에 관한 내용이라는 점에
대해 후대 사람 대부분은 이해하지 못했고, 특히 예수회 선교사들은 이
를 애써 해명하고자 하였다. 예컨대 피스터는 그의 《중국에서 활동한
예수회 선교사 열전》 프랑스어 원문 상책 265쪽 〈스모골랜스키 전〉 뒤에
그의 저서를 나열 할 때, "《인명부》 1책 3권은 《천보진원》 뒤에 첨부되어
있고 스모골랜스키의 이름으로 출간되었다. 와일리(Wylie)가 쓴 《중국문
학잡기(中國文學雜記)》(*Notes on Chinese Literature*) 106쪽에서도 스모골
랜스키를 저자로 보았으나 선교사로서 이처럼 황당한 책을 공개적으로
세상에 내놓은 이유를 이해할 수 없다고 하였는데, 와일리의 말이 옳다.
나는 이 책이 설봉조(薛鳳祚)가 지은 것이라고 믿지만, 쿠플레(Couplet)
와 마르티니 및 기타 중문으로 된 교회 서목(書目)에서 이 책에 대한 언
급이 전혀 없기 때문에 스모골랜스키가 쓴 것으로 결론을 내렸다"고 하
였다.

설령 이 책을 설봉조가 번역했다고 하더라도 그 원서는 틀림없이 서양
인으로부터 얻었을 것이고 구술한 사람도 서양인이 아니면 안 되는데,
설봉조가 아는 서양인 중에 이 책을 구술할 수 있는 사람은 스모골랜스
키 외 제2의 인물은 없었던 것 같다. 설봉조는 〈인명서(人命敍)〉라는 제
목의 이 책 서문에서 다음과 같이 말하고 있다.

"임진년 내가 남경[白下]에 와서 서유(西儒) 스모골랜스키선생과 한가하
게 지내면서 구술하는 것을 번역하며 상세히 검증하고 탐구하였다. 우견
(愚見)을 덧붙여 그 이치 중에 구법(舊法)이 미치지 못하는 바를 얻은

것이 몇 가지 있었다. …… 이 책의 내용은 아득하고 현묘하여 사람의 사고력으로 미칠 수 없는 것이다. 나머지 회년(回年)·행년(行年)·유월(流月)·유일(流日) 등을 세분해 분석하여 모두 손바닥을 가리키는 것처럼 하였으니, 어찌 이 도(道)의 새로운 장을 열었다고 하지 않을 수 있겠는가? …… 나는 그 이치를 깨달음이 기뻐서 필사본이 유전되다 쉽게 사라지는 게 걱정되어 애써 출판하니, 이 도에 뜻이 있는 사람은 더욱 이 책에 관심을 가질진저!"

스모골랜스키는 명 융무 2년, 즉 청 순치 3년(1646) 중국에 왔으므로 설봉조와 만난 임진년은 당연히 순치 9년(1652)이다. 피스터도 이 해에 그가 강남에서 선교활동을 하고 있었다고 하였으니 딱 들어맞는다.

이 책 상권은 〈인명(人命)〉·〈논인성일월오성지능(論人性日月五星之能)〉·〈논인생십이상지능(論人生十二象之能)〉·〈태음십이상지능(太陰十二象之能)〉·〈산법(算法)〉·〈인자초생각유칠요주조(人自初生各有七曜主照)〉[98]·〈세계지권입인명(世界之權入人命)〉·〈상모(相貌)〉·〈성정(性情)〉·〈술업(術業)〉·〈재백(財帛)〉·〈관록(官祿)〉·〈원행(遠行)〉·〈질액(疾厄)〉·〈사망(死亡)〉·〈부모(父母)〉·〈형제(兄弟)〉·〈부부(夫婦)〉·〈남녀(男女)〉·〈붕우구인(朋友仇人)〉·〈가인(家人)〉 순으로 되어있다.[99] 이어 〈월리오성축오성(月離五星逐五星)〉에서는 토·목·화·금·수 5성(星)과 태양의 축리(逐離) 및 길흉(吉凶)을 각각 논하였고, 끝으로 〈수회각성(水會各星)〉에 대해 논하고 있다.

중권은 〈산십이궁(算十二宮)〉·〈용표산십일궁(用表算十一宮)〉·〈우삼

....

98) 원서에는 〈인초생칠요주조(人初生七曜主照)〉로 되어있으나 원전을 확인하여 바로잡았다.
99) 원서에는 〈인명〉과 〈산법〉이 빠져있는데, 원전을 확인하여 보충하였다.

각산십일궁(又三角算十一宮)〉100)·〈용표산십이궁(用表算十二宮)〉·〈우
삼각산십이궁(又三角算十二宮)〉·〈용전법산안십이궁(用前法算安十二
宮)〉·〈용표산안칠정(用表算安七政)〉·〈산복성소재(算福星所在)〉101)·
〈오성배법(五星排法)〉·〈월위대재산월입하궁(月緯大再算月入何宮)〉·
〈금위대재산금성입하궁(金緯大再算金星入何宮)〉·〈수위대재산수성입하
궁(水緯大再算水星入何宮)〉102)·〈성유삼요(星有三要)〉·〈구일성출입(求
日星出入)〉·〈유성리북극정성입각궁(有星離北極定星入各宮)〉103)·〈변시
진부(變時眞否)〉·〈명리(命理)〉·〈인명길흉(人命吉凶)〉·〈길흉래지대소
(吉凶來之大小)〉·〈길흉지속(吉凶遲速)〉·〈논조성허성(論照星許星)〉104)·
〈살성(煞星)〉·〈해성(解星)〉·〈산법(算法)〉·〈인명정재관등래시(人命定
財官等來時)〉·〈조성위도(照星緯度)〉105)·〈취조성허성(取照星許星)〉·
〈행년(行年)〉·〈회년동생도(回年同生度)〉106)·〈유월(流月)〉·〈유일(流

....

100) 원서에는 〈용표산십일궁〉과 〈우삼각산십일궁〉이 빠져있는데, 원전을 확인
하여 보충하였다.
101) 원서에는 〈표산십이궁(表算十二宮)〉·〈삼각산십이궁(三角算十二宮)〉·〈안
십이궁(安十二宮)〉·〈안칠정(安七政)〉·〈복성(福星)〉으로 되어있으나 원전
을 확인하여 바로잡았다.
102) 원서에는 〈오성배법〉 다음에 〈위대월금수성입기문(緯大月金水星入幾門)〉
하나만 열거되어있으나 원전을 확인하여 보충하고 바로잡았다.
103) 원서에는 〈성일출입(星日出入)〉·〈성리북극정입각궁(星離北極定入各宮)〉
로 되어있으나 원전을 확인하여 바로잡았다.
104) 원서에는 〈조성허성(照星許星)〉으로 되어있으나 원전을 확인하여 바로잡
았고, 원서에 열거된 〈취조성궁(取照星宮)〉·〈취조성법(取照星法)〉은 원전
에 보이지 않아 삭제하였다.
105) 원서에는 〈입명정재관래시(入命定財官來時)〉·〈소허위도(炤許緯度)〉로 되
어있으나 원전을 확인하여 바로잡았다.
106) 원서에는 〈행행(行行)〉·〈회년동승도(回年同升度)〉로 되어있으나 원전을
확인하여 바로잡았다.

日)〉·〈유년월일길흉(流年月日吉凶)〉·〈유월일표(流月日表)〉로 구성되어
있다.

하권은 〈인명십오격(人命十五格)〉과 〈월식(月食)〉 두 부분으로 되어
있다. 〈인명십오격〉에는 '황자소즉위소망(皇子少卽位少亡)'·'선천후위대
후왕(先賤後爲大侯王)'·'서국승교화왕위조(西國升敎化王位造)'·'제후피
살교화왕자(諸侯被殺敎化王子)'·'즉전시주지인(卽前弑主之人)'·'피시제
후제일자유사자(被弑諸侯第一子有四子)'·'총명인관육칠품(聰明人官六七
品)'·'피사교죄소사명인(被邪敎罪燒死名人)'·'흘우유활십육일소복이하일
인상이인(吃牛乳活十六日小腹以下一人上二人)'·'유동루판상질하사(幼童
樓板上跌下死)'·'대총명독서인생어빈천지가상유병칠십사다기(大聰明讀
書人生於貧賤之家常有病七十死多饑)'·'제왕여기후누피굴굴억어부종불긍
리(帝王與其后屢被届抑于父終不肯離)'·'전제왕지후(前帝王之后)'·'의생자
기산(醫生自己算)'·'이십육년사우수(二十六年死于水)' 등이 들어있다.[107]
이들 중 교화왕(즉 교황)·제왕·제후 및 불타죽은 유명인 등은 모두 누구
인지 고증할 수 있으니, 아무런 근거 없이 날조한 것이 아님을 알 수
있다.

전희조[108]가 쓴 이 책 발문을 보면 "스모골랜스키의 원서를 분책한
것이 매우 많아서 2종에 그치지 않았을 것이다"라고 이미 100여 년 전에
추측하고 있다. 초순(焦循)은 〈서서경록후(書西鏡錄後)〉에서 이 책에 대
해 "다음해인 신유년(가경연간) 남경의 시장에서 필사본《천보진원》 1책
을 구입했으나 완전하지 않았다"(《雕菰集》권18)고 언급하였으니, 초순

....

107) 원서에서는 십오격의 내용을 풀어서 설명하고 있으나 도리어 이해하기
　　어려워서 원전에 나오는 대로 옮겨보았다.
108) 원서에는 전석조(錢錫祚)로 되어있으나 오류가 분명해서 바로잡았다.

도 그것이 전질이 아님을 알았던 것이다. 그러나 그로부터 100여 년이 지났음에도 지금까지 (그 전질이) 발견되지 않고 있다. 민국 38년(1949) 가을 내가 대만 양매(楊梅)에 있는 중앙연구원 역사어언연구소에서 공부할 때[109], 《천보진원》의 《세계부(世界部)》·《성정부(性情部)》·《선택부(選擇部)》 필사본을 얻어 보게 됨으로써 전희조의 혜안이 뛰어나고 그의 추측이 과연 틀리지 않았음을 알았다. 내가 운 좋게 발견한 원본 《세계부》의 목록은 다음과 같다.

〈천기일월오성지능(天氣日月五星之能)〉·〈논천기개문지리(論天氣開門之理)〉·〈태음오성잡용(太陰五星雜用)〉·〈천수천미(天首天尾)〉·〈논세계대권(論世界大權)〉·〈재천대소회(在天大小會)〉·〈소성(掃星)〉·〈유화(流火)〉·〈일월식(日月食)〉·〈점년주성(占年主星)〉·〈오성재지평길흉(五星在地平吉凶)〉·〈춘분삭망(春分朔望)〉·〈월리태양(月離太陽)〉·〈일월식혜자(日月食彗子)〉·〈점월(占月)〉·〈월내청우(月內晴雨)〉·〈춘추분지논천기(春秋分至論天氣)〉·〈이회논천기(離會論天氣)〉·〈칠정관승삼각계표(七政官升三角界表)〉.

목록 뒤에 있는 초순의 발문에는 "나의 친구 이상지(李尙之)가 소주의 시장에서 필사본 《서경록(西鏡錄)》을 손에 넣었다. 책 안에 '정안(鼎按)' 운운(云云)이란 파란색 작은 글씨가 보이니, 전죽정(錢竹汀: 즉 錢大昕 - 역자)선생은 매문정(梅文鼎) 물암(勿菴)의 글씨라고 여겼다. 작년 겨울 절강에서 1부를 필사하였다. 그리고 올해 가을 우연히 강녕(江寧)에서 이 책을 구했는데, 책 안에 붉은색 작은 글씨로 역시 '정안(鼎按)' 운운이라 되어있었다. 하지만 붉은 글씨 중에는 '매정구(梅定九)' 운운이라 되어있는 곳도 있고, 이 책을 필사한 사람도 본문 아래에 '정안(鼎按)' 운운이라 적고 있어서 의심스러워 판정할 수 없는 것이 있어 이상지가 오기를 기다려 그와 의논을 해야만 하겠다. 가경 신유 가을 7월 보름에 강도(江都) 초순이 금릉의 탕신국공사(湯信國公祠)에서 쓴다"고 되어있다. 가경 신유년은 가경 6년(1801)으로 설봉조와 스모골랜스키가 만난 지 이미 155년이 지났음에도 아직 간행본이 없었음을 알 수 있다. 또 초순이 발문을 쓴 이래 지금까지 153년이 지났으니 총 308년이 흐르는 동안 여전히 단 하나의 필사본만 있었는데, 다행히도 세상에 잘 보전되어 남아있으니 얼마나 귀한 책인가!

《서경록》에 대해서는 본서 제4편 2장 6절에 자세한 내용이 나와 있다.

《세계부》의 목록은 완전하지 않아서 〈회회력논길흉부(回回曆論吉凶附)〉가 빠져있다. 이 부분은 홍무 16년(1383) 계해년에 번역된 '인사응험(人事應驗)'·'천재질병(天災疾病)'·'천시한열풍우(天時寒熱風雨)'·'음우습윤(陰雨濕潤)'·'천지현상(天地顯象)' 등을 절록한 것이다.

필사본에는 또 《위성성정부(緯星性情部)》가 있는데, 《천학회통(天學會通)》·《신서법선요(新西法選要)》·《칠정성정(七政性情)》 등 3권으로 나누어져있다.

필사본의 마지막은 《선택부》이다. 그 서문에 "…… 지금 새로 나온 서법(西法) 가운데 일용에 절실히 필요한 것을 취하였으니, 그 이치가 간결하고 말이 적절하다. 이를 견강부회한 신살(神煞)110)에 관한 여러 설의

....

110) 신살(神煞): 사주팔자에 좋은 작용을 하는 것은 길신(吉神), 나쁜 작용을 하는 것은 흉신(凶神)이라 하여 길신을 신, 흉신을 살이라 부른다.

하나로 여기는 것은 해와 달에다 횃불을 비교하는 것이나 같다. 선택의 이치에 있어 중법(中法)은 칠정(七政)에 미치지 못하고, 서법(西法)은 간지(干支)에 미치지 못한다. 종래 법을 전수하던 대사(大師)께서 혹여 깊은 뜻이 있으셔서 차례대로 가끔 하나씩만 보여주셨으니, 치우쳐서 폐기되지 않도록 하고 그 우열이 이와 같음을 서술하고자 한 것이다"고 적혀있다. 서문 끝에 '북해야사씨발(北海野史氏跋)'이라고 서명되어있는데, 《인명부》의 설봉조 서문에도 '북해설봉조지(北海薛鳳祚識)'라 서명되어있는 것으로 보아 이 '북해야사씨' 역시 설봉조인 것 같다.

스모골랜스키의 이들 책은 오늘날 교회 입장에서 보면 응당 미신에 속해서 출판을 허용하지 않겠지만, 당시에는 사실 그렇지 않았다. 아담 샬의 경우를 예를 들어 보겠다.

피스터는 〈아담 샬 전〉 제12장 '흠천감 감정 직무에 관한 논쟁과 역서(曆書)문제에 관한 소송'에서 당시 어떤 이가 달력에 매일의 길신(吉神)과 흉살(凶煞) 및 마땅히 기피해야 할 일[宜忌]들이 적혀있는 것을 문제 삼아 로마 예수회 총회장에게 아담 샬을 고소한 일에 대해 다음과 같이 기술하고 있다.

> "오늘날의 과학은 일월(日月)과 하늘[空中]의 모든 능력이 생기(生機)가 없는 자연계와 식물계·동물계 및 인류, 특히 선천적으로 민감하거나 건강하지 못한 사람에 대해 일으키는 영향에 대해서만 주목하고 있다. 하지만 항해·농업·의술과 인류의 일상생활 등에 대해서도 똑같이 이것들이 미치는 영향을 주목해야 한다. 다른 별들도 대자연과 서로 상호 관계가 있기 때문에 자연히 영향을 일으킬 수 있지만, 그 영향이 극히 미세하여 실제로 사람들이 거의 느낄 수가 없다. 이러한 인식은 최근 수백 년 동안 과학이 발전하여 점차 도달하게 된 것이다."

그러나 이는 오늘날의 상황이고 옛날에는 가장 진지했던 과학과 교회 신학 역시 모두 하늘의 모든 별자리, 특히 행성이 각자 그 위치에 따라 서로 대립하는 상황이 전체 자연계와 인간의 성격과 운명에 아주 큰 영향을 끼친다고 보았다. 그래서 당시 사회에서 유행했던 우세한 견해 중 하나는 한 사람이 태어날 때 하늘의 별자리 형세, 즉 팔자(八字)의 배열과 계산에 따라 이 새로 태어난 사람 및 그의 미래 운명과 천성을 미루어 알 수 있으며 십중팔구 정확하다고 보는 것이었다.

아담 샬이 살았던 시대에는 예수회가 설립한 신학원에서도 사람들이 숭배하고 스승으로 간주했던 성 토마스 아퀴나스를 이러한 관념을 가진 대표적 인물로 생각하였다. 다만 그는 점성학을 참과 거짓 두 가지로 나누었고, 하늘의 별자리는 천신(天神: 天使라고도 함)이 조정하며 천주는 별자리의 힘을 빌려서 간접적으로 지구상의 필요한 모든 것을 발출(發出)한다고 보았다. 그러므로 하늘의 별자리는 인간의 육체와 성격을 생성하고 억제하는[生剋] 힘을 발생시키기 때문에 사람의 성격은 바로 신체 상황을 기초로 한다는 것이다. 사람의 행동은 대부분 그 성격과 자질을 따르기 때문에 인간의 행동도 간접적으로 하늘의 별자리 영향을 받고 변화한다. 이러한 별자리가 인간에게 끼치는 영향은 사람이 태어날 때 특히 크게 작용한다. 따라서 사람의 생신팔자표(生辰八字表)에 근거하면 그 사람의 일생과 미래에 나아갈 길을 예측할 수 있다. 예컨대 화성이 강할 때 태어난 사람은 미래에 전사(戰士)가 되거나 강하고 고집 센 사람이 된다고 예언할 수 있고, 담즙(膽汁)이 검어서(독일어로 Schwarze Galle)[111] 우울증이 있는 사람은 토성에서 왔기 때문에 그 사람의 비장(脾臟)이 토성의 억제를 받는다는 내용이다. 그러나 한 인생의 운명적

....

111) 원서에는 Schwarzgalling로 되어있으나 사전에 나오지 않아 '담즙흑(膽汁黑)'에 해당하는 단어를 찾아서 수정하였다.

발전 동향이 생신팔자에서 나온다는 주장은 단지 대강 추측한 것일 뿐 결코 완벽한 것은 아니었으니, 그 이유는 두 가지이다. 첫째, 별자리의 능력이 인간에게 끼치는 영향도 인간 감수성의 강약과 관련 있기 때문에 동시에 수태되어 태어난 성별이 다른 쌍둥이와 동시에 출생한 영아들이 서로 다른 성격을 갖는 이유가 바로 여기에 있다. 둘째, 인간은 자유의지가 있기 때문에 별자리의 영향을 극복하고 기화(氣化)의 고된 속박을 받지 않을 수도 있다. 옛 말에 철인(哲人)이 별을 주재한다는 것은 바로 이를 두고 한 말이다.

이러한 관념은 아담 샬이 살던 시대 유럽의 학자나 교육받은 사람들 사이에서 여전히 매우 성행하였다. 예컨대 코페르니쿠스·갈릴레이·케플러·티코 브라헤(Tycho Brahe)·칼데론(Calderon)[112]·멜란히톤(Melanchthon)[113] 등 저명한 학자들도 모두 이 견해를 믿었다. 라이프니츠도 다른 사람이 자신의 천문대를 이용하여 왕공귀족들의 생신팔자를 추산하는 것을 용인하였다. 당시 사람들은 성 토마스 아퀴나스가 단지 물리적 영향만 관측했다고 알았지만, 인간의 자유의지를 주장하는 자들은 여

----

112) 페드로 칼데론(Pedro Calderon de la Berca, 1600-1681): 스페인의 극작가. 처음에 신학을 공부하려다가 뜻을 바꾸어 희곡에 전념했다. 도중에 다시 신학을 공부하여 1658년 성직자가 되었고 1666년에는 성 베드로 수도회 회장으로 취임하여 만년을 보냈다.

113) 멜란히톤(Philipp Schwarzert Melanchthon, 1497-1560): 독일의 인문주의자, 종교개혁자이다. 1514년 튀빙겐 대학 강사가 되어 아리스토텔레스 철학을 강의했다. 1519년 그곳에서 마틴 루터를 사귄 후, 그 사상에 공명하여 신학을 연구했다. 적극적으로 루터를 지지하고 《신학 강요》(Loci Communes Rerum Theologicarum)를 저술하여 프로테스탄트 최초의 조직 신학의 기초를 수립했다. 《아우구스부르크 신앙 고백서》(Confession Augustana)를 기초했으며 루터의 성서 번역 사업에도 관여했다.

전히 그것을 미신이라 비난할 수 없었다. 아마도 이들이 점성학을 일종의 과학으로 간주하여 연구하였기 때문에 단지 저들이 물리 천문학상에서 범한 오류를 책망할 뿐 그 미신됨을 비난할 수 없었던 것 같다.

17세기 초에 이르면 교회 신학은 이미 이러한 중세시대의 견해에서 근대적인 견해로 점차 바뀌어서 생신팔자가 인간에게 끼치는 영향에 대해 더 이상 중시하지 않게 되었으나, 아담 샬은 함구하고 이를 언급하지 않았다.

아담 샬은 일찍이 중국 역서(曆書)에 나오는 길흉 시일(時日) 선택에 대해 변호한 적이 있었다. 만력 43년(1615) 예수회 선교사 아담 태너(Adam Tanner)가 발표한 〈신성점성학(神聖占星學)〉("Astrologia sacra")이라는 논문에서는 별 관측에 근거한 예언 예측에 대해 다음 4가지로 구별하고 있다.

(1) 순전히 인간의 자유의지로 변화시킬 수 있는 사고(事故)와 행동에 관해서는 절대 병기(屏棄)해야만 한다.

(2) 날씨가 흐릴지 맑을지, 풍년이 될지 흉년이 될지 등에 대한 예언 예측은 미신이라 단정할 수는 없지만, 원인이 복잡하고 지식이 부족하기 때문에 종종 정확하지 않을 뿐 아니라 어리석고 망령되이 사람을 속이는 행위가 된다.

(3) 교회는 경험에 근거해 어느 시간이 피를 뽑거나[放血, Aderlass] 파종에 가장 적합한지를 예정하는 것을 허가한다.

(4) 교회는 천문학으로 일식과 월식 예측하는 것을 허락한다.

아담 샬은 중국 역서 중의 마땅히 기피해야 할 일을 위의 두 번째와 세 번째 부류로 보았기 때문에 결코 미신이 아니라고 생각했다.

아담 샬의 사상 및 그와 동시대를 살았던 유럽학자들의 점성술에 대한 견해가 위에서 말한 바와 같았으니, 스모골랜스키가 《천보진원인명부》

등을 중국인에게 전수한 것도 전혀 이상한 일이 아니었다.

그러나 명말 청초 일반 중국인 신자는 천주교를 믿은 지 얼마 되지 않았기 때문에 교리에 대한 연구도 깊지 않았고 중국 전통사상이 그들 마음속에 깊이 박혀있었다. 그래서 중국의 미신적 방법에 빠져 사리를 추측 판단하는 신자들도 있었다. 내가 소장하고 있는《변학》필사본에〈마테오 리치가 중국에 들어 온 것은 명나라가 천하를 잃게 되는 암시(利瑪竇進中國爲明失天下之暗信)〉라는 제목의 한 절이 있는데, "만력 9년은 신사(辛巳)년으로 이 해 마테오 리치가 처음 광동에 들어왔으니, 신(辛)은 숫자로 7이고 사(巳)는 숫자 4이니 합하면 11이 된다. 즉 마테오 리치가 중국에 온지 11년 되는 해에 청나라 순치제가 태어났다. 만력 9년 (1581)에서 숭정 말년(1644)까지는 63년인데, 7 곱하기 9로 7은 절단(切斷)이고 9는 천자의 자리이니 그 의미는 천자의 자리가 끊어진다는 뜻이다. 만력 28년(1600)은 경자(庚子)년으로 마테오 리치가 조정에 들어간 해이다. 경(庚)은 숫자로 8이고 자(子)는 9로 합하면 17이 된다. 즉 마테오 리치가 조정에 들어 간지 17년 되는 해가 바로 청 태조 천명 원년 (1616)이다. 만력연간은 총 47년이고 마테오 리치가 만력 28년 조정에 들어 간 해로부터 숭정 말년까지 역시 47년이다[114]"고 적혀있으니, 견강부회가 심해도 너무한 것 아닌가!

필사본에는 또 〈미사 두건은 명나라가 망한다는 암시(彌撒巾是明亡之暗信)〉라는 제목의 한 절이 있다. 교회에서 미사를 드릴 때 전례에 따라 반드시 토끼처럼 생긴 모자[兎冠]를 쓰지만, 중국에서는 관(冠)을 정제하는 것을 예의라고 생각하였기에 명말 중국 교회는 교황에게 중국에서

....

114) 참고로 숭정 말년 즉 17년은 1644년으로 만력 28년(1600)부터 45년째 되는 해로 계산이 맞지 않다.

미사를 거행할 때 특별히 제작한 관을 쓸 수 있도록 요청하였으니, 이를 미사 두건이라 불렀다. 내가 소장한 필사본에 〈미사관에 관한 논의(彌撒冠議)〉가 있는데, 그 끝에 '서문정공존고(徐文定公存稿)'라 표시되어있다. 〈미사 두건은 명나라가 망한다는 암시〉에는 그림이 있고, 그림 위에 갑을병정무기경신(甲乙丙丁戊己庚辛) 등의 글자를 붙여서 해석의 용도로 쓰고 있다. 즉 "갑을병은 즉 갑신·을유·병술 3년이다. 명이 망할 때 북경은 갑신년(1644), 남경은 을유년(1645)에 잃었고 병술년(1646)에 남로(南路)의 각 성 군현이 모두 청에 항복하여, 명의 땅을 모두 잃어버린 해라는 것이다. 기경신은 기미·경신·신유 3년으로 강희 18·19·20년에 해당한다. 명이 망한 후 남로의 독무제진(督撫提鎭)은 모두 명의 옛 신하로 청에 항복한 이들이었는데, 이때 이르러 병력을 연합해 청에 반역하였으나 청의 군대가 남정(南征)하여 오삼계(吳三桂) 등을 모두 참수하고 천하를 안정시키니, 명의 옛 신하에게는 치명적인 해였다. 관의 꼭대기[冠之頂]는 황제에 해당하니 위에 있는 자이고 존엄하기 때문에 갑을병은 명이 천하를 잃은 해가 되고, 관 뒤에 매달린 것[冠後繫]은 신하에 해당하니 임금을 따르는 자이고 미미하기 때문에 기경신은 명의 옛 신하가 모두 죽임을 당한 해가 된다. 내려뜨린 산사(散絲)는 전쟁에 해당하니 재난을 만난 백성을 의미한다"고 억지로 갖다 붙이고 있다.

제9절 명·청시기 민간의 교회 배척 및 금교(禁敎)의 원인

청대의 천주교 선교 금지는 강희제 때 이미 그 조짐을 보이고 있었다.

강희 8년(1669) 8월 상유에 "…… 저들 천주교는 페르비스트 등이 일상대로 자신의 업무를 하는 외에 직예(直隷) 각 성에 다시 천주당을 세우고 백성들을 입교시키려 하는 것 같으니, 다시 조서로 알려 엄격히 금지하도록 하라"(《성조실록》권31과 王先謙의 《동화록》〈강희9〉)고 되어있다. 하지만 강희 31년(1692) 2월 초5일에 이르면, 다시 "각 성에 거주하는 서양인은 악행을 행하는 바가 없고 사악한 도리로 대중을 유혹하거나 이단(異端)으로 말썽을 일으키지 않는다. 라마승과 도사 등의 사묘(寺廟)는 사람들이 향을 피우고 다니는 것을 용인하면서, 서양인은 법을 어기는 일이 없는데도 오히려 금지하는 것은 옳지 않다고 본다. 이에 맞춰 각 지역의 천주당을 예전대로 남겨 두고 향을 피우고 예배하는 사람들이 예전처럼 다닐 수 있도록 허락하고 금지할 필요가 없다"(《正敎奉傳》과 《眞敎通行錄》)는 유지를 내리고 있다. 이상 두 글에서 모두 '페르비스트 등'과 '서양인'이 언급되고 있는 것으로 보아, 중국인이 천주교를 믿었고 강희제 때 실제 금지한 사례가 있었음을 알 수 있다. 다만 강희제가 서양 선교사를 중용했기에 각 성의 관리도 천주교 전파를 내버려두었고 신자 모집을 보고도 못 본 척했던 것이다. 전례문제가 발생하면서부터 강희제의 태도가 크게 바뀌어 공개적으로 교회를 배척하였지만, 천주교 금지 명령은 옹정제 때 처음으로 내려졌다.

옹정 원년(1723) 복건성 복안현(福安縣)에서 천주당을 건설할 때 불량한 신자가 선교사를 관아에 고발하는 일이 발생했다. 민절총독(閩浙總督) 만보(滿寶)는 옹정제가 천주교를 싫어한다는 것을 알고 천주교 금지를 상주함과 동시에 관할 지역 내의 천주당 건축과 선교를 엄격히 금하였다. 상소에서 "서양인들이 내지 여러 곳에 머물며 각 성에 천주당을 세워 사악한 종교를 퍼트리니, 견문이 점차 혼탁해져서 인심이 천주교에 미혹되어가고 있습니다. 청하건대 각 성에 있는 서양인 가운데 북경에 보내 복무(服務)할 사람을 제외한 나머지는 전부 마카오에 거주하게 해야 합니다. 천주당은 관아 건물로 바꾸고 잘못 그 종교에 입교한 사람은 더 이상 믿지 못하게 엄히 타일러야 합니다"고 하였으니, 때는 음력 10월 23일(양력 11월 22일)이었다. 음력 12월 16일(1724년 1월11일) 내린 유지를 보면, "먼 곳의 오랑캐가 각 성에 거주한 지 이미 여러 해가 되었다. 지금 그들에게 반년의 기한을 주어 모두 떠나도록 명하노니, 담당 관리가 규정대로 처리하도록 하라. 돌아가는 도중에 지나는 지역을 힘들게 하거나 소란을 일으키지 않도록 하라"고 되어있다. 〈옹정어제성유(雍正御製聖諭)〉 중의 '이단을 물리치고 정학을 숭상한다(黜異端以崇正學)'조에는 "예컨대 서양 종교가 천주를 받드는 것도 불경(不經)에 속하지만, 그들이 역법과 산학을 잘 알기 때문에 국가에서 중용한 것이라는 점을 너희들은 알아야만 한다"고 적혀있다.

옹정 2년 양광총독(兩廣總督) 공육순(孔毓珣)이 올린 상소에서는 "앞뒤로 마카오에 온 서양인들을 만약 모두 그곳에 거주하게 한다면, 해변지역이 좁아서 다 수용하기 어렵고 배를 태워 귀국시키기도 불편합니다. 청하노니 잠시 광주 성내의 천주당에 머물도록 명하여 주십시오. 장년(壯年)의 나이인 사람이 돌아가고자 하면 양선(洋船)에 태워 귀국하게 하고, 나이 들고 병들어 귀국하지 못하는 자는 남도록 허용하되 함부로 다니면서 선교하지 못하게 하십시오. 각 지방에 있는 천주당은 모두 거두어서 관아 건물로 바꾸고 내지 백성 중 천주교에 입교한 자는 탈퇴하도록 하십시오"라고 하였다.

옹정 5년 4월 초8일 내려진 유지에서는 "중국에는 중국의 종교가 있고 서양에는 서양의 종교가 있다. 서양 종교가 중국에서 행해질 필요가 없듯이 중국 종교 역시 어찌 서양에서 행해질 수 있으리오?"라고 하였다.

종교 박해가 시작되자 각지의 천주당은 철거되거나 관아 건물·서원

(書院)·사당 등으로 바뀌었다. 예컨대 남경 나사전만(螺絲轉灣)의 천주당은 곡식 저장창고로 바뀌었고, 상해 안인리(安仁里)의 천주당은 무묘(武廟)와 경업서원(敬業書院)으로 바뀌었고, 항주 천수교(天水橋)의 천주당은 천후궁(天后宮)으로 바뀌다. 민국 30년(1941) 연경대학 종교학원(宗敎學院)에서 출판한 《교안사료편목(敎案史料編目)》에 따르면, 도광 26년(1846) 이후 전국적으로 되찾은 천주당은 다음과 같다. 강소 화정현(華亭縣)의 창고 터, 송강부(松江府)의 천주당 터, 강서 오성진(吳城鎭) 매가항(梅家衖)의 천주당, 호북 강하(江夏)의 천주당, 북경의 동서남북 네 곳 천주당, 완평(宛平) 나곡령(羅谷嶺) 도서아(道徐兒) 산지(山地), 산서 강주(絳州)의 동옹서원(東雍書院), 섬서 서안과 성고현(城固縣)의 천주당, 하남 남양(南陽)의 천주당, 요녕 우장(牛莊)과 성경(盛京)의 천주당 등이다. 이상은 《주판이무시말(籌辦夷務始末)》, 《청계각국조회목록(淸季各國照會目錄)》, 《황조정전찬요(皇朝政典纂要)》, 《황조속문헌통고(皇朝續文獻通考)》, 《이문충전집(李文忠全集)》, 《유중승(용)주의(劉中丞(蓉)奏議)》 등에 의거한 것이나 빠진 곳이 매우 많다. 아마도 교회 역시 시간이 많이 흘러 옛 천주당의 소재를 알지 못하거나 전해들은 이야기는 있지만 문건이 없어 되찾지 못한 경우도 있었던 것 같다. 예컨대 절강 난계(蘭溪)와 평호(平湖)의 천주당이 절효사(節孝祠)로 바뀌었음은 모두 그 현지(縣志)에 기록되어있다. 나머지는 더 이상 서술하지 않겠다. 옹정 원년(1723)부터 함풍 10년(1860) 체결된 〈천진속약(天津續約)〉 제6조에서 "이전에 천주교를 박해할 때 몰수한 천주당·학당·무덤·전답·가옥 등은 마땅히 배상하고 …… 해당 지역의 천주교 신자들에게 돌려주어야 한다"고 규정할 때까지 130여 년 동안 선교사나 신자가 입은 피해를 전부 헤아리기는 더욱 어렵다.

건륭연간 금교에 관한 일은 《고종실록(高宗實錄)》 권271 건륭 11년

(1746) 7월 경오조와 권275 건륭 11년 9월 임술조에 나오는데, 여기서는 자세히 적지 않겠다. 각 성에서의 천주교 금지에 관해서는 건륭 34년 (1769) 복건 흥화부(興化府)의 포고를 예로 들 수 있다. 그 내용을 보면 "이 포고를 우리 부의 군민(軍民) 등이 자세히 알길 바란다. 무릇 잘못하여 무극교(無極敎) 내지 라교(羅敎), 천주(天主)·백련(白蓮)·무위(無違: 즉 無爲)·회회(回回) 등의 종교를 믿은 자들은 속히 자수하고, 그 유포된 경전을 속히 관아에 제출하여 모아서 소각하면 그 본인도 처벌을 면할 수 있다. 만약 다시 회개하여 고치지 않으면 …… 우두머리는 목을 매달고 따르는 자는 각각 곤장 100대를 친 후 3천리 밖으로 유배를 보낼 것이다"고 되어있다.

가경연간 금교에 관한 일은 《청대외교사료(淸代外交史料)》〈가경조(嘉慶朝)〉권1의 〈신명례금서양인각서전교상유(申明例禁西洋人刻書傳教上諭)〉와 《인종실록(仁宗實錄)》권142 가경 10년(1805) 4월 신미조에 보인다. 황제의 유지는 다음과 같다.

"어사(御使) 채유옥(蔡維鈺)이 올린 서양인이 책을 발간해 선교하는 것을 엄히 금해 달라는 상주문. 북경에 서양 천주당을 세운 것은 천문을 추산하는데 서양의 역법을 참고하기 위한 것이었기에, 서양인 가운데 북경에 와서 기예를 배우길 원하는 자들은 모두 천주당에 머물 수 있게 하였다. 그래서 각 천주당의 서양인은 매번 내지 백성들과 왕래하며 강습하고 서적을 판각 간행하여 사사로이 선교를 하고 있다. 저들이 자기 나라의 습속에 따라 대를 이어 천주교를 신봉하여 스스로 강론하고 책을 만드는 것은 원래 금지하지 않았지만, 내지에서 서적을 판각하고 사사로이 백성들에게 선교하는 것은 이전부터 본래 금지하는 규정이 있었다. 오늘날 그 규정이 행해진지가 오래되어 느슨해졌지만, 그 중 한 두 일벌이길 좋아하는 무리가 이설(異說) 만들어 내어 망령된 생각을 전파하고 있다. 어리석은 백성이 무지하여 종종 쉽게 현혹되니, 다른 길로 치닫는 것을 막기 위해 옛 법을 자세히 밝히지 않을 수 없다. 앞으로 서양 천주당의 업무를 관리하는 대신(大臣)은 서양인이 사사로이 서적을 간행하는지 유의해 잘 살펴서 관련 서적을 찾아내면 즉시 소각하고, 수시로 북경에 있는 서양인 등에게 마땅히 본분을 지켜 기예를 배우는 일에만 힘쓰고 내지인과 왕래하며 교분을 맺어서는 안 된다는 것을 알리도록 하라. 제독아문(提督衙門)과 오성(五城) 및 순천부(順天府)는 시중에서 사사로이 간행된 서적을 전부 찾아서 소각하도록 하라. 다만 서리[胥役]들이 이를 핑계로 소란을 피우도록 내버려 두어 잘못을 범하는 일이 없도록 해야 한다. 흠차(欽此)."

같은 해 5월 20일 다시 〈신명례금전습서교상유(申明例禁傳習西敎上諭)〉를 반포하였는데,《인종실록》권144와《대청인종예황제성훈(大淸仁宗睿皇帝聖訓)》권99 〈정간귀(靖奸宄)〉에 보인다. 이는 특별히 만주인의 천주교 신봉을 금지하는 내용으로, "앞으로 기인(旗人)들은 마땅히 본 왕조의 말[淸語]과 기사(騎射)를 엄수하고 성현의 서적을 읽어 경전의 도리를 지키는데 힘써야 한다. 불교와 도교를 믿어서도 안 되는데 하물며 서양 종교야 말할 것이 있겠는가? 속히 과거의 잘못을 씻어 없애고, 다시는 사악한 말을 믿어 미혹에 빠져 본분을 망각하고 사악한 것을 쫓아서 스스로 사람 축에 들지 못함으로써 짐이 타이르는 지극한 뜻을 어기는 일이 생기지 않도록 하라"고 적혀있다.

조정에서 금교의 상유가 내려지자 각 성의 지방 관리들은 힘을 다해 이를 시행하게 되었고, 이에 천주교 박해는 날이 갈수록 심해졌다. 가경 10년 6월 21일 복건의 포정사·안찰사·독량도(督糧道)·염법도(鹽法道)가 연명으로 낸 〈사교의 전습(傳習)을 엄금함을 절실히 깨우쳐서 인심을 바로잡고 풍속을 돈후하게 할 것〉이란 포고에서 "지금 황제의 유지를 받들어 천주교 경전과 서적을 서로 돌려보거나 유포하는 것을 엄격히 금지한다. 만약 망령되이 선동하고 미혹하는 바가 있으면 즉시 체포해 처벌할 것이다. …… 잘못하여 천주교 등을 믿은 자들은 속히 자수하고 소지한 경전과 서적을 속히 관에 제출해 다 모아서 소각하도록 한다. 이렇게 하면 부모 형제와 패갑(牌甲)[115]을 모두 관대히 처분해줄 뿐 아니라 본인도 처벌을 면하게 된다. ……"고 하였으니, 《복건성칙례(福建省則例)》에 보인다.

도광 25년(1845) 프랑스가 통상조약 체결을 중국에 요구하였을 때, 기영(耆英)[116]이 올린 상주문에는 여전히 "천주교가 만약 사람에게 선을 행하라고 권하는 종교라면, 어찌하여 관례상의 규정 내에 부녀자를 유혹하여 물들이고 병든 사람의 눈을 속여 취하는 일이 명백히 지정되어있겠습니까? 어찌 엄벌하지 않을 수 있겠습니까?"라고 하면서도, "조례를 정한 이후 경성에서는 간혹 발각된 경우가 있으나 각 성에서는 붙잡아 처벌한 경우가 매우 적었습니다. 이는 불법을 저지른 상황이 엄중하지 않아서 깊이 조사하지 않았기 때문이니, 금지하거나 하지 않거나 거의 차이가 없습니다. 지금 프랑스 오랑캐 사신 라그르네(M. M. J. de Lagrené)[117]가 황제께서 천은(天恩)을 베풀어 앞으로 천주교를 배우는 중국인과

----

115) 패갑(牌甲): 청대의 지방기층조직으로 10호(戶)에 1패장(牌長), 10패에 1갑장(甲長), 10갑에 1보장(保長)을 두었다.
116) 기영(耆英, ?-1858): 만주 정황기(正黃旗) 출신으로 아편전쟁 당시 청조 측의 흠차대신으로 1842년 영국과의 남경조약에 조인했고, 다음해 다시 흠차대신이 되어 영국과 호문(虎門)에서 오구통상장정(五口通商章程)을 체결했다. 함풍제 즉위 후 실각했다가 1858년 천진조약 교섭 시 재기용되었으나 연약외교를 펼쳤다는 이유로 자살을 명령받았다.
117) 요셉 드 라그르네(Marie Melchior Joseph de Lagrené, 1800-1862): 1844년 프랑스 정부가 청나라에 파견한 사절로, 같은 해 10월 청 조정을 압박하여 양광총독(兩廣總督) 기영과 광주의 황포(黃埔)에서 '중법오구무역장정(中法五

외국인이 소란을 피워 나쁜 짓을 하지 않는다면, 일률적으로 죄를 면해 주기를 바란다고 여러 번 요청하고 있습니다"(《주판이무시말》 권73)고 적혀 있다. 이를 통해 그 당시 어쩔 수 없는 상황에서 금지령을 풀 수밖에 없었지만, 그 이전에는 분명 죄를 따져 처벌했음을 알 수 있다.

여기서 명·청 교체기에 천주교를 금지한 원인을 분석하면 다음과 같다.

1. 서양인이 마카오·대만·자바·필리핀 등을 침략 점령함으로 써 의구심을 불러일으켰다.

천주교는 마카오로부터 전래되었는데, 마카오는 오랫동안 포르투갈인에 의해 점거되어있었다. 그래서 강희 3년(1664) 7월 26일 양광선은 예부에 올린 〈청주사교장(請誅邪敎狀)〉이라는 제목의 글(《不得己》에 수록되어있음)에서 "사악한 무리가 널리 퍼져 …… 모두 30개 천주당이 있다. 마카오에는 만 명이 넘는 사람이 살고 있으며 그 곳을 소굴삼아 바닷길로 오가는 자를 맞이하고 보냅니다. 아담 샬은 역법을 빙자하여 금문(金門: 궁궐의 문 - 역자)에 몸을 숨기고 조정의 기밀을 엿보고 있습니다. 만약 안팎으로 결탁하여 역모를 꾀하려는 것이 아니라면, 무슨 이유로 무리를 퍼뜨려 북경과 지방의 요지에 천주당을 세우고 요망한 책을 전하여 천하 사람을 현혹하겠습니까?"라고 하였다. 또 양광선이 허청서(許靑嶼)에게 보낸 편지에서는 "수만리 밖에 살며 평소 조공하지 않던 사람들인데, 와도 어디서 왔는지 알려고 하지 않고 떠날 때도 어디로 가는 지 따지지 않으며, 돌아다녀도 감시하거나 체포하지 않고 머물러 정착하여도 이를 금지하지 않습니다. 그들이 15개 직할 성의 산천 형세와 병마 및 군량의

口貿易章程)' 즉 '황포조약'에 서명하였다.

위치를 지도와 문서에 모두 기록하는데도 금하지 않으니, 고금을 불문하고 이처럼 외국인을 소홀히 다스린 적이 있습니까?'라고 하였다.

강희 5년(1666) 8월 "여송(呂宋: 필리핀) 국왕이 파례승(巴禮僧)을 대만에 파견하여 조공했다. 정경(鄭經)[118]이 빈객사(賓客司)에 명하여 그를 예우함으로써 멀리서 온 사람을 회유하고자 했다. 파례승이 대만에 천주당을 짓고 선교하기를 요구하자, 진영화(陳永華)[119]가 '파례(巴禮)는 원래 사람을 교화시키는 전도로 유명하고 오로지 술수를 써서 남의 나라에서 음모를 꾸미니, 절대 선교를 허용해서는 안 됩니다'고 말했다. 정경이 웃으며 '그가 사람을 교화시킬 수 있다면 나도 그를 교화시킬 수 있다. ……'고 말하자, 파례승은 머리를 조아리며 '네, 네'라고 대답할 뿐 선교에 관한 일은 감히 언급하지 못하였다. 그를 돌아가도록 보냈다"는 기록이 《대만외기(臺灣外紀)》[120] 권13에 보인다. 파례승은 바로 Padres(신부)의 음역이다. 정성공이 대만에 들어가기 이전 네덜란드인은 대만 남부를 무려 38년이나 점거하였고, 스페인인은 대만 북부의 기륭(基隆)·담수(淡

....

118) 정경(鄭經, 1642-1681): 정성공(鄭成功)의 아들로 강희 원년(1662) 연평군왕(延平郡王)의 직위를 이었다. 진영화와 풍석범(馮錫範)의 보좌 하에 대만을 경영하면서 경제를 발전시켜 여러 차례 청 조정의 초무(招撫)에 항거했다. 강희 13년(1674) 경정충(耿精忠)이 청나라에 반기를 들자 그 틈을 타서 복건의 천주(泉州)·장주(漳州)·조주(潮州)·혜주(惠州)·정주(汀州) 등지를 함락했으나, 19년(1680) 패하여 대만으로 돌아간 다음해 병사하였다.
119) 진영화(陳永華, 1634-1680): 복건성 장주 출신으로 정성공을 따라 항청 활동을 했으며 정경 집권 시 동녕총제사(東寧總制使)로 한 때 대만의 정무를 총괄하기도 했다.
120) 《대만외기(臺灣外紀)》:《대만외기(臺灣外記)》 또는 《대만외지(臺灣外志)》라고도 부른다. 강일승(江日升. 생몰연도 미상)이 쓴 장회소설(章回小說) 성격의 역사서이나, 구전을 통해 정지룡(鄭芝龍)·정성공·정경·정극상(鄭克塽) 가족의 사적을 기록하고 있어 중요한 참고자료로 인정받고 있다.

水) 등지를 침입해 점거한 기간이 16년에 달했다. 필리핀·자바 등지도 서양인에게 점령당했으니, 이 역시 중국인의 의구심을 불러일으켰다. 강희 36년(1697) 대만을 유람한 적이 있는 욱영하(郁永河)가 쓴 《비해기유(裨海紀遊)》에 첨부된 〈해상기략(海上紀略)〉의 '서양국(西洋國)'조에서는 천주교에 대해 서술한 다음, 이어서 "내가 네덜란드[紅毛]가 서양과 가깝다고 하였지만 사실 같은 부류이다. 영국[英圭黎]이나 자바[咬嚠叭]는 모두 서양의 소국이어서 마땅히 겸병하여도 심히 기이해할 필요가 없으나, 오직 동해 바깥에 있는 여송은 중국에서 만 리 정도밖에 떨어져 있지 않은데도 점거하고 있으니, 그들이 이것으로 만족할지 의심스럽다"고 말하고 있다. 욱영하는 네덜란드·영국·스페인 등의 나라를 제대로 구별하지 못했지만, 그 의미는 바로 서양나라들이 천주교를 침략의 도구로 삼고 있다는 것이었다. 또 "중국의 군(郡)·읍(邑)·위(衛)·소(所)를 헤아려보건대, 천주당이 어찌 천 수백 곳에 그치겠는가? 천주당에 머물고 있는 추악한 무리가 수만 명에 달하니, 그들이 부모와 처자식을 버리고 멀리 온데에는 반드시 그 목적이 있을 것이다. 명성 때문인가? 이익 때문인가? 중국의 명산대천(名山大川)을 유람하고 예악정교(禮樂政敎)를 관찰하기 위해서인가? 그 나라의 왕은 해마다 그 백성을 몰아 중국에 보내고 많은 돈을 기부하여 지원해주면서도 싫증내지 않는데, 그렇다면 우리 조정에 조공을 바치러 온 것인가? 그렇지 않으면 해마다 기근이 들어 백성을 중국으로 이주시켜 먹고 살게 하기 위함인가? 이러한 것 중 하나가 아니라면 무엇을 구하고자 함인가? 그들이 여기에 남고자 하는 이유는 지혜로운 자가 아니더라도 알 수 있을 것이다"고 하였다. 이상은 대만성문헌위원회에서 간행한 방호(方豪)의 합교족본(合校足本) 《비해기유》에 보인다.

《성조실록》 강희 55년(1716) 10월 임자조에 기록된 대학사와 구경(九卿) 등에게 내린 유지에서 "중국은 먼 훗날 바다 밖 서양 여러 나라로부터 누(累)를 입을지도 모른다. 이는 짐이 예견하는 말이다"고 하였으니, 강희제 역시 일찍부터 서양인을 꺼려하였음을 알 수 있다.

옹정 8년(1730) 민절총독 이위(李衛)가 쓴 항주의 〈천주당개위천후궁비기(天主堂改爲天后宮碑記)〉에서도 "그들은 속마음이 음험하니 특히 철저하게 묻지 않을 수가 없다. …… 먼저 그들이 갈이파(噶爾巴)에서 행한 수완을 보았고 다시 여송에서 행한 기량을 보지 않았는가! 또 그 수완을 일본에서 거의 마음대로 행하였으니, 종교를 전파하기 위한 것인가? 아니면 종교 전파에만 그치지 아니한가?"라고 하였다. 갈이파는 교유팔(咬嚼吧)로 표기하기도 하는데 자바를 가리킨다. 이 비기(碑記)는 지금도 남아 있다.

가경 10년(1805) 음력 정월 10일 강서순무 진승은(秦承恩)[121]이 황제에게 올린 진약망(陳若望)이란 자가 〈광평부(廣平府)에서 등주부(登州府)에 이르는 노선 지도〉를 몸에 지니고 있었다는 보고(《청대외교사료》〈가경조〉 권1) 또한 사람들의 의심을 샀다. 아데오다토(Adeodato)[122]의 자백에 따르면 "지도에 나오는 산동 등주에서 직예 광평부까지, 또 곡부(曲阜)에서 직예 경주(景州)까지는 모두 제가 선교한 지역입니다. 근래 각 천주당에서 선교지역을 서로 다투는 일이 생겨서 이 지도를 서양에 보내

----

121) 진승은(秦承恩, ?-1809): 강소성 강녕(江寧) 출신으로 섬서순무 등을 역임했으나 화신(和珅)의 일파였기 때문에 화신이 죽은 후 일리[伊犁]로 수자리 갔다. 가경 7년(1802) 복귀해 공부상서에 발탁되었으나 가경 14년(1809) 사망하였다.

122) 산토 아구스티노 아데오다토(Santo Agostino Adeodato, 德天賜, 1757-1822): 이탈리아 출신 선교사로 건륭 49년(1784) 중국에 왔는데 그림을 잘 그렸다. 가경 10년(1805) 북경에서 교우를 통해 마카오로 편지와 중국 지도를 보낸 사건이 발생하여 청나라 조정으로부터 조사를 받았다. 역사에서는 이 사건을 덕천사안(德天賜案)이라 부른다.

어 교황께서 각 천주당으로 하여금 서로 경쟁하지 말도록 명령하시길 요청할 생각이었습니다"(《청대외교사료》〈가경조〉권1)고 하였다. 즉 로마교황청에 보내어 교구를 구획하고자 그린 지도라는 것이다. 그러나 천주교를 믿지 않는 사람들이 이로 인해 어찌 오해를 하지 않을 수 있었겠는가?

사실 천주교에 대한 의구심은 마테오 리치가 처음 왔을 때에도 이미 있었다. 심덕부는 《야획편》에서 마테오 리치에 대해 기록한 다음, "지금 중국 사대부로 그의 학문을 전수 받은 자가 천하에 펴졌는데 금릉(金陵) 지역에 특히 많다. 천주교라는 것은 일종의 불교에서 말하는 방문좌도 (旁門左道) 중 하나임에도 이상하게 사람의 마음을 움직인다. 만약 (그들이) 이를 통해서 중국의 동정을 엿보는 것이라면, 전쟁이 일어날 때를 기다려 이를 막기에는 너무 늦을 것이다"고 말하고 있다. 심덕부가 이렇게 해석했다는 것은 아마도 당시 사람들이 이러한 의심을 분명히 갖고 있었음을 보여준다.

강희제도 일찍이 선교사와 상인을 함께 묶어서 언급하였으니, 강희 45년(1706) 주비유지(朱批諭旨)에서 "그 외에 장사를 하거나 매매하는 등의 사람도 더 이상 머무르게 해서는 안 된다"(《康熙與羅馬使節關係文書》영인본)고 하였다.

건륭 초년 전조망은 〈이서시(二西詩)〉를 지었는데, 이서(二西)는 티베트[西藏]과 서양(西洋)을 가리킨다. 그 중 〈서양시(西洋詩)〉에는 "5대륙 해외의 말 알아들을 수 없지만, 기이한 기술이 지금 중국에서 받아들여졌네. 다른 마음 품고 교활하게 나쁜 짓 도모하여, 제멋대로 천주교의 술수 두루 퍼뜨렸네. 흠천감 벼슬아치 방옹(龐熊)의 역법 마구 자랑하지만, 험한 지형 민월(閩粵)에 깊은 근심 남겼다네. 일찍이 식견 높은 사람 있어 화근을 미리 막을 것을 말하여, 다행히 여러 공경(公卿) 사전에 음모를 막았다네[123]"라고 묘사되어있다. 방웅(龐熊)은 판토하와 우르시스를 말하는데, 당시 천주교가 이미 경솔하게 국제간에 의구심을 불러일으켰으니 참으로 천주교의 불행이라 하겠다. 전조망의 이 시는 당시 일반인의 심리를 대변한 것이라 할 수 있다. 이러한 심리가 만들어진 데에는 서양의 기기(奇技)와 이기(利器)가 가히 두려웠다는 점과 명말 삼비아시 등이 명나라를 돕고 청나라를 거부한 것, 청초 아담 샬과 페르비스트 등이 청나라를 위해 화포를 만든 것과 분명 매우 깊은 관계가 있었다.

천주교회가 신자를 모아 입교시킨 후에 반드시 세례명을 받게 하고, 이를 통해 신자들이 성인을 본받고 그의 비호(庇護)를 기원토록 한 것은 이해할 수 있는 일이다. 다만 명말 청초 중국인 수도사와 선교사들은 반드시 서양식 이름을 별도로 가져야 했으니, 비록 이 일을 아는 비천주교인이 많지 않지만 서양 선교사들의 이 같은 황당한 요구는 줄곧 이해하기 힘든 일이었다. 최초의 중국인 주교 나문조(羅文藻)의 이름은 로페즈(Lopez)이고, 대 화가이자 사제인 오력(吳歷)의 이름은 아쿠냐(a Cunha)였다. 나머지 사람들은 다 들지 않겠다. 더욱 가슴 아픈 일은 앞에서 언급한 명말 청초 71명의 중국 국적 예수회 선교사 중 그 중국 성명을 알 수 없거나 그 중국 성만 알 수 있는 자가 36명이나 된다는 사실이다. 그러나 이들 모두 포르투갈 식 이름을 갖고 있었으니, 지혜롭지 못했다고 또한 말할 수 있지 않겠는가!

....

123) "五州海外無稽語, 奇技今爲上國收. 別抱心情圖狡逞, 妄將敎術釀橫流. 天官浪詡龐熊曆, 地險深貽閩粵憂. 夙有哲人陳曲突, 諸公幸早杜陰謀."

2. 교회의 자금 출처가 사람들의 의심을 샀다.

교회가 어떤 나라에 들어가 선교를 하게 되면 논리상 마땅히 그 지역 사람에 의해 자급자족하도록 장려해야 한다. 그러나 명말 청초 중국에 들어온 선교사는 새로운 선교지를 발견한 지 얼마 되지 않은 상황에서 유럽 각국의 신자들이 모두 매우 부유하여 즐겨 기부했기에 마침내 외부인에게 의지하는 습관을 가지게 되었다. 건륭 50년(1785) 2월 사천총독 겸 성도(成都)장군 보녕(保寧)은 사천에 와서 선교한 서양인을 체포한 사건에 관해 보고하면서 다음과 같이 말하고 있다.

"자백에 따르면 '서양 여러 나라에서는 이전부터 천주교를 중시해서 선교행위를 선(善)을 베푸는 것으로 여긴다. 만약 중국에서 천주교를 전파할 수 있다면 더욱 영광스러운 일이기에 기꺼이 멀리서 온 것이지 다른 의도는 없다. 중국에 올 때 가져온 은량(銀兩)과 매년 지원받은 은량은 모두 그 나라 수도회에서 모금한 것과 가까운 친구들이 도운 것이다. 인편이 있을 때 광동 십삼행(十三行)에 보내어 보관해두었다가 지출할 일이 있으면 계속 꺼내어 사용한다'고 하였습니다."

그러나 사실 선교사들이 처음 왔을 때부터 이미 사람들의 의심을 샀으니, 서광계의 〈변학장소〉에 보면 다음과 같은 설명이 있다.

"여러 배신(陪臣)들이 걸핏하면 의심받는 까닭은 단지 그들의 여비가 어디서 나왔느냐는 한 가지 문제 때문입니다. 혹자는 금과 은을 연금했다고 의심하거나 서양 상인이 지원한 것으로 의심하지만 모두 사실이 아닙니다. 여러 배신들은 이미 출가하여 생산에 종사하지 않으므로 자연히 기부에 의존해 생활하는데, 지금 입고 먹는 비용은 모두 서양나라에서 헌금한 사람들이 여러 경로를 통해 보내 온 것입니다. 간혹 풍파와 도적을 만나 이르지 못하는 경우가 많아서 여러 배신들도 매우 괴로워하고 있습니다. 그러나 20년 동안 남의 동전 하나, 물건 하나 받지 않았다고 말한 것은 대개 사람들이 제대로 살피지 않고 명목 없이 받았다고 하거나 남을 속여서 거두었다는 죄목을 뒤집어 쓸까 두려웠기 때문입니다. 게다가 교제 왕래를 하게 되면 도리어 잡다한 비용이 많이 들기 마련입니다. 지금의 방책은 광록시(光祿寺)의 은사전량(恩賜錢糧)을 예전대로 지급하는 외에, 그 나머지는 배신들로 하여금 기부를 적절히 받아서 먹을 것과 입을 것을 해결하도록 하는 것입니다. 쓰기 충분한 것 이상 받지 않으려는 경우 원하는 대로 내버려 두십시오. 광동 해안을 출입하는 서양 상인에게는 비용이 이미 충분함으로 송금할 필요가 없다고 알리고, 서양에서 온 금은을 관진(關津)에서 엄격히 조사해서 돌려보내십시오. 이와 같이 소식이 단절되면 지금 배신들이 받고 있는 혐의는 다 풀릴 수 있을 것입니다."

이처럼 서광계는 중국 정부와 신자가 공동으로 선교사의 생활을 유지하는 방법을 제시하였으나, 애석하게도 교회에서는 이를 실행하지 않고 건륭 말년까지 외국의 헌금이 여전히 십삼행을 통해 선교사들에게 전달되었으니 자연히 사람들의 의심을 피하기 어려웠다. 《비해기유》〈해상기략〉'서양국'조에 나오는 "농사를 짓지도 않고 베를 짜지도 않는데도 쓰는 것이 넉넉하다"는 말은 바로 이런 의심을 표시한 것이다. 그래서 이어 "해마다 은(銀) 수만 냥을 마카오로 보내고, 이를 다시 각 성의 군읍(郡邑)에 있는 천주당에 보내어 그 비용에 충당했다"고 하였던 것이다. 이위가 쓴 〈천주당개위천후궁비기〉에도 "나는 천주교에 입교하는 사람에게 반드시 재물이 제공되며 그 인원수와 매년 금액도 정해져 있다고 들었다. 노심초사 중국의 재물을 취해 중국 지방 사람들에게 나누어주니, 이윤을 도모하는 자라면 아마도 이처럼 어리석지는 않을 것이다. 혹자는 매년 서양인[紅毛]의 배가 도착할 때마다 반드시 그 나라의 은전(銀錢)을 가득 싣고 와서 중국에서 천주교를 선교하는 사람들을 구제한다고 말한다. 또 혹자는 저들 중국에 온 서양인은 모두 돈 버는 기술이 뛰어난 자들인데, 자기 나라의 금을 중국에다 그것도 이들 몇 명의 선교사에게 사용하고 그 나라에 남아있는 사람들은 자신의 재산을 기우려 이를 돕고 자 하니, 그 도모하는 바가 이윤에 있는 것이 아니라고 말한다'고 적혀있 다. 이위의 이 비문은 당시 매우 광범위하게 유포되었기 때문에 천주교 를 곤란하게 만드는데 미친 영향도 가장 컸다.

3. 교회의 규율과 의례가 거의 알려지지 않은 점도 대부분 비신 자의 오해를 불렀다.

비신자로 천주당에 들어가 본 사람이 예전부터 도처에 많이 있었지만, 그 문을 들어갈 수 없었던 사람도 많았다. 욱영하는 《비해기유》에서 "지 금 각 성의 군·위·소에 모두 천주당이 있으나, 그 문이 꼭 닫혀있어 외 부인이 그 안을 엿볼 수가 없다"고 하였다.

교회에 있는 일부 특별 제작된 성물(聖物)을 비신자가 보지 못함으로 써 생기는 오해도 있었다. 예컨대 양광선은 《부득이》 상권 〈청주사교장〉 에서 "천주당마다 매년 60여 차례(매년 52번의 일요일에다 일요일이 아 닌 날의 대예배를 더하면 대략 60일이 된다) 모임이 열리며 모임 때마다 2, 30명의 신자를 받아들이는데, 각자에게 금패(金牌)와 수놓은 자루[繡 袋]를 주어 증거로 삼았다"고 하였다. 하지만 금패는 교회에서 성패(聖牌) 라 부르는 것으로 반드시 금으로 만든 물건이 아니며 수놓은 자루란 교 회에서 성의(聖衣)라 부르는 것으로 모두 매우 일반적인 물건들이다. 또 고해를 할 때 다른 사람이 몰래 듣지 못하도록 한 것과 종부(終傅)할 때 반드시 성유(聖油)를 귀·눈·코·입에 바르는 것(교황청은 특별히 중국 에서 부녀자의 발과 허리에 성유를 바르지 않아도 된다고 허락하였다)도 더욱 사람들의 의심을 사서 사람의 심장과 간을 파서 약으로 만든다는 여러 설로 와전되었는데, 지방에서 일어난 천주교 박해 중 이런 소문에서 비롯되지 않은 것이 없었다.

4. 전례문제도 청 조정이 천주교를 금지하고 민간에서 교회에 반대한 큰 원인이 되었다.

강희 45년(1706) 황제는 다라(多羅)[124]에게 주비유지를 내려 "이 사람들은 대문 앞에 서서 남의 집 일을 논하고 있는 것과 같으니 많은 사람들을 어찌 설복시키겠는가?"고 말하였다. 강희 55년 9월 29일과 30일 황제는 페드리니(Pedrini)에게 면유(面諭)하면서 주필로 고쳐 이르길, "짐의 뜻은 한 번도 바뀐 적이 없다. 또 중국의 규범을 논함에 있어 만약 마테오 리치의 규범을 따르지 않았다면, 마테오 리치 이후 200년 동안 천주교는 중국에 전해질 수 없었고 서양인들도 머무를 수 없었을 것이다"고 하였다. 강희 59년(1720) 11월 18일 카를로 메짜바르바가 왔을 때 황제는 서양인에게 면유하길, "만약 매그로(Maigrot)[125]의 논리대로라면 반드시 천주의 이름을 불러야 공경하는 것이 되지만 중국에서 하늘을 받드는 뜻과 매우 어긋난다. …… 중국에서 신주(神主)를 모시는 것은 자식으로서 부모가 길러 주심을 기억하는 것이다. …… 너희처럼 수도하는 이들

---

124) 다라(多羅): 만주어에서 작위 앞에 붙이는 미칭(美稱). 예컨대 다라군왕(君王), 다라패륵(貝勒) 다라격격(格格) 등이 있다.
125) 샤를 매그로(Charles Maigrot, 閻當, 1652-1730): 파리 외방전교회의 중국 책임자로 복건성 주교를 역임했다. 1693년 자기 관할구역에 있는 사제들에게 공자와 조상에게 드리는 제사를 금하는 명령을 내리고, 이 문제에 대한 확실한 결정을 교황청에 요청하였다.

도 부모에게 변고가 있으면 역시 슬퍼할 것인데, 만약 부모를 방치하고 내버려둔다면 동물만도 못하지 아니한가! 그러할진대 또 어찌 중국과 비교할 수 있겠는가? 공자를 공경하고 …… 너희 서양에도 성인이 있고 그 행적이 가히 본받을 바가 있어 존경하는 것 아닌가"라고 하였다. 강희 59년 황제는 페드리니가 이름을 쓰지 않은 일로 인해 주필로 카를로에게 훈시하며 "페드리니(원문에 德立格으로 쓰여 있음)는 무지한 악당 소인 배이다. …… 대략 서양의 종교[西洋之叫: 叫는 敎의 오기로 보임 - 역자]는 중국에서 행해져서는 안 되니, 행해지지 않아서 만사평온 하느니만 못하다"고 하였다. 또 강희 59년 11월 25일부터 12월 24일까지의 《카를로의 내조일기》를 황제가 주필로 고쳤는데, "황제께서 친히 술 한 잔을 내리시면서 카를로에게 '짐이 너희 서양 그림에 날개달린 사람이 있는 것을 보았는데, 이는 어떤 이치인가?'라고 물으셨다. 카를로가 '이는 천신의 영혼이 마치 날개가 있는 것처럼 빠름을 비유한 것이지, 진짜로 날개가 달린 사람이 있는 것은 아닙니다'라고 아뢰자, 황제께서 또 '중국인은 서양 글자의 의미를 모르기에 너희 서양의 사리(事理)를 판별하기 어렵다. 너희 서양인도 중국 글자의 의미를 모르는데, 어찌 중국의 도리가 옳고 그른지 함부로 논할 수 있는가?'라고 말씀하셨다"(《강희제와 로마사절 관계문서》 영인본)고 적혀있는 것을 보면, 강희제가 천주교를 심히 혐오했음을 알 수 있다.

5. 종실 소노(蘇努)의 여러 아들이 열심히 천주교를 믿었고 소노 가 일찍이 윤사(允禩)를 도와 황위계승을 도모하였다.

포르투갈 국적 예수회 선교사 요안네스 모랑(Ioannes Mourâo, 穆經遠: 敬遠, 近遠, 金遠, 景遠으로도 표기함)이 윤당(允禟)[126] 등을 따라 서북변

경의 위소(衛所)에 가서 서양 병음(拼音) 방법을 전수한 것도 세조의 노여움을 사고 천주교를 싫어하게 만들었다. 소노는 청 태조 누르하치의 4대손으로 옹정제와는 종형제 항렬이다. 강희연간 일찍이 보국공(輔國公)·진국공(鎭國公)의 신분으로 도통(都統)과 종인부(宗人府) 좌종인(左宗人)127) 및 황실족보를 편찬하는 총재관(總裁官)을 역임했다. 소노에게는 13명의 아들이 있었는데, 다섯째와 여덟째는 일찍 사망했고 나머지 11명 중 세례를 받은 해와 세례명을 알 수 있는 이가 9명이나 된다. 세례 받은 순서에 따라 나열하면 다음 표와 같다.

연도	형제 중 서열	본명	세례명
강희 58년	10	서이진(書爾陳)	바오로(Paul, 保祿)
강희 60년	3	소이금(蘇爾金)	요한(John, 若望)
강희 60년	11	고이진(庫爾陳)	프란시스코(Francisco, 方濟各)
옹정 원년	6	륵십형(勒什亨)	알로이시오(Aloysius, 類思)
옹정 원년	12	오이진(烏爾陳)	요셉(Joseph, 若瑟)
옹정 2년	1	-	하비에르(Xavier, 沙勿略)
옹정 3년	13	목이진(木爾陳)	요한 스타니슬라오(John Stanislaus, 若翰達尼老)
옹정 4년	7	노이금(魯爾金)	베드로(Peter, 伯多祿)
옹정 4년	2	-	-

....

126) 윤당(允禟, 1683-1726): 원명은 윤당(胤禟)이며 강희제의 아홉째 아들이다. 외국문화와 서학을 애호하였고 서양 선교사들과 매우 친하게 지냈다. 옹정제 즉위 후 서녕(西寧)에 파견되었다가 옹정 4년(1726) 정죄(定罪)되어 보정(保定)의 감옥에서 사망하였다.

127) 좌종인(左宗人): 명·청시기 황족을 감독하고 그 계보·봉작·급여·소송 등을 관장하던 종인부(宗人府)의 관직으로 종령(宗令) 아래에 좌종정(左宗正)·우종정(右宗正)이 있고 그 아래에 좌종인(左宗人)·우종인(右宗人), 그 아래에 부승(府丞)이 있다.

이상의 여러 아들은 모두 천주교를 독실하게 믿었다. 가장 먼저 교리를 연구한 이는 소이금이었는데, 아마도 헌책방에서 구입한 《영언려작》의 영향을 받은 것 같다. 소노의 아내는 임종할 때 천주교에 귀의하였으나, 소노 본인은 옹정 원년(1723) 11월 11일 세례를 받지 못한 채 세상을 떠났다. 옹정 5년 4월 19일 "왕대신 등이 상주하여 소노의 아들 오이진 등이 아기나(阿其那)[128] 등과 결당하여 나라를 어지럽히고 사사로이 서양의 사교에 가입하였으므로 오이진 등을 능지처사하기를 청하였다. 유지에 이르길, '오이진·소이금·고이진 등이 만주(滿洲)의 법도를 따르지 않고 서양 종교를 받드니 짐이 너희들에게 회개하도록 명하였다. …… 하지만 너희들은 자신의 견해를 고집하며 회개하길 원치 않는다고 단언하였다. …… 짐이 이전에 너희의 죄를 잠시 관대하게 용서한 적이 있는데, 지금 다시 너희들을 법에 따라 처벌하면 서양인들이 그 까닭을 모르고 분명 너희들이 서양 종교를 믿어서 죽임을 당했다고 여겨 너희들의 이름을 서양에 알려지게 할 것이다. 그러므로 오이진 등을 보군통령(步軍統領) 아제도(阿齊圖)에게 보내 적당한 곳을 택해 철저히 감금하고 열심히 서양의 도리를 연구케 하라. 만약 너희들이 서양의 하늘을 공경하는 가르침을 알게 된다면 자연히 짐 앞에서 잘못을 고치겠다고 주청(奏請)할 것이다'고 하였다."

앞서 인용한 옹정 5년 4월 초8일 상유에서는 "서양 종교는 중국에서 행해질 필요가 없다'고 한 다음, 이어서 "소노의 아들 오이진 등처럼 우매하

128) 아기나(阿其那): 강희제의 여덟째 아들 윤사(允禩)는 형제 중 가장 능력 있고 뛰어난 인물로 유력한 황위계승 후보였다. 옹정제는 즉위 후 그의 왕위를 삭탈하고 집에 유폐시키면서 그를 아기나로 부르게 했다. 그 후 조정에서는 항상 윤사를 부를 때 이름 대신 아기나라고 불렀으니, 과거에는 만주어로 개라는 의미였으나 지금은 '후안무치'라는 의미로 해석한다.

여 법을 따르지 않고 조상을 배신하고 조정을 거스르고서 형을 받아 죽임을 당하더라도 개의치 않는다면 어찌 이상하지 않겠는가?"라고 하였다.

옹정제가 천주교를 반대한 또 다른 원인은, 윤당이 요안네스 모랑을 존경하여 옹정 원년 4월 6일 윤당·륵십형(勒什亨)·오이진이 모두 출정하면서 모랑 신부에게 동행하길 청했기 때문이다. 떠나기 하루 전 오이진은 세례를 받았고, 서녕(西寧)에 이르러 륵십형도 천주교에 입교하였다. 이들은 또 선교활동을 하고 성당을 세웠다. 이에 천섬총독(川陝總督) 연갱요(年羹堯)가 밀주(密奏)를 올려 고발하였고, 결국 모랑은 쇠사슬에 묶인 채 북경으로 돌아와 심문을 받았다. 《문헌총편》 제1집에 일찍이 모랑의 자백이 발표되었으나 위조된 것으로 의심하는 사람도 있다. 모랑은 일찍이 윤사를 황제로 세우려 했다며 무고당한 적이 있었는데, 옹정제가 즉위하고 나서는 몰래 광주와 마카오에 가서 군사를 일으켜 옹정의 황위를 전복하려 한다고 또 무고를 당했다. 옹정 4년 5월 경자일에 내린 유지에서는 "이전에 아기나·윤당·윤제(允禵) 등이 무리를 지어 사익을 꾀하고 승도(僧道) 라마(喇嘛)·의술 점성술가 심지어 배우 등 비천한 노예 및 서양인에게까지 모두 관심을 갖고 은혜를 베풀었으니, 이는 나중에 그들을 이용하려는 준비였다"고 하였다. 여기서 말하는 서양인은 모랑을 가리키고, 아기나는 윤사의 이름을 바꿔 부른 것으로 번역하면 개라는 뜻이다. 모랑이 종실과 아주 밀접한 관계를 맺고 있었음은 사실이고, 윤당 등이 서녕으로 파견되었을 때 함께 가서 서양글자 병음(拼音)으로 가족에게 보내는 편지를 쓰도록 가르친 행위가 옹정제의 의구심을 불러일으킨 것은 이상한 일이 아니었다. 또 이로 인하여 천주교를 의심하고 꺼려하게 된 것도 극히 자연스러운 일이다.

6. 청대에 천주교를 금지 억압한 데에는 일본의 영향도 있었다.

장린백(張遴白)의 《봉사일본기략(奉使日本記略)》에 첨부된 〈난유록
(難遊錄)〉 뒤에 보면, 일본에서 천주교를 금지하면서 "큰길에 동판을 하
나 설치하고 천주의 얼굴을 그 위에 새겨 입국하는 모든 외국인은 반드
시 밟고 지나가게 하였다"고 기록되어있다. 즉 일본의 이른바 '그림 밟기
[踏繪]'이다. 후에 황종희(黃宗羲)가 편찬한 《행조록(行朝錄)》에 수록된
〈일본걸사기(日本乞師記)〉는 위의 글을 바탕으로 그 문장만 약간 바꾼
것이다. 황종희는 또 〈해외통곡기(海外慟哭記)〉를 썼는데, 〈일본걸사기〉
와 내용이 대략 같다. 《남명야사(南明野史)》[129]의 부록 〈노감국재략(魯
監國載略)〉에도 이 일이 기록되어있는데, 〈일본걸사기〉를 모방하여 표
현과 형식만 바꾼 것이다. 그 밖에 황종희의 글에 의거하여 이 일을 기록
한 것으로는 《소전기년(小腆記年)》[130] 권16에서 일본걸사(日本乞師)에
관해 서술한 것과 왕원노(王源魯)가 지은 《소전기서(小腆記敍)》 중권 정
편(正編)의 '일본걸사'조가 있다. 나중에 오매촌(吳梅村)이 쓴 《녹초기문
(鹿樵紀聞)》[131] 중권에도 이 조목이 있는데, 바로 앞의 책을 발췌한 것이
다. 강희연간 동함(董含)의 《삼강식략(三岡識略)》 권1 〈보타장경(普陀藏

....

129) 《남명야사(南明野史)》: 청대 사람 남사(南沙) 삼여씨(三余氏)가 지은 책으로
　　　상권 안종황제기(安宗皇帝紀), 중권 소종(紹宗)황제기, 하권 영력(永曆)황
　　　제기와 부록으로 구성되어있다.
130) 《소전기년(小腆記年)》: 전 20권. 서자(徐鼒, 1810-1862)가 지은 편년체 남명
　　　역사서로 원명은 《소전기년부고(小腆記年附考)》이다.
131) 《녹초기문(鹿樵紀聞)》: 전 12권. 시인 오매촌(즉 吳偉業, 1609-1672)이 명말
　　　농민전쟁을 기술한 기사본말체 사서로 《수구기략(綏寇紀略)》이라고도
　　　부른다. 그 외 가경 9년(1804) 후대 사람이 편집한 보유(補遺) 상·중·하
　　　3권이 첨부되어있는데, 원서에 나오는 중권은 이 판본을 말한 것이다.

經)》에서는 직접 장린백의 글을 인용해 조금 고쳐 썼다. 이 책은 일찍이 《설령(說玲)》132)에 수록되었으나, 《순향췌필(蓴鄕贅筆)》로 제목이 바뀌었고 이 글도 실려 있지만 문장이 다르다. 강희 40여 년에 대명세(戴名世)가 쓴 〈일본풍토기(日本風土記)〉는 《남산집(南山集)》 권11에 수록되어있는데, 역시 《봉사일본기략》에 근거한 것이다. 이처럼 여기저기 기록되어있는 것으로 보아 일본에서 천주상 밟기로 신자인지 아닌지를 시험한 일이 중국에 널리 유포되었음은 분명하다. 그 결과 무형(無形) 중에 일본의 천주교 금지와 신자 색출 방법이 중국인에게 익히 알려지게 되었고, 천주교를 금지하는 분위기도 점차 퍼져 나갔음을 알 수 있다. 이에 이르러 중국인은 천주교를 금지함에 있어 원용할 수 있는 사례가 있음을 이미 깨닫게 되었고, 서양인에 대한 의구심도 이로 인해 가중되었다.

　　강희연간 욱영하가 쓴 《비해기유》 뒤에 첨부되어있는 〈해상기문〉의 '일본'조에는 "서양인들이 그 나라를 엿보며 천주교의 말로 사람들을 현혹시키다가, 그 일이 드러나서 모두 죽임을 당했다. 요즘은 상선이 그 나라에 이르면 반드시 천주교를 믿는 사람이 없는지를 물어본다. 또 천주의 형상을 주조하여 사람들에게 그것을 발로 밟은 다음 상륙하게 했는데, 만약 잘못하여 천주교인이 한명이라도 있으면 그 배를 해안으로 끌고 가서 배 안에 사람을 모두 밀어 넣고 불태워버렸다. 이로부터 서양인들은 감히 다시는 일본에 가지 못했다"고 적혀있다. 《비해기유》는 몇 가지 판본이 있고 일부 총서에 여러 번 수록되었을 뿐 아니라 《도해여기(渡海興記)》 또는 《채류일기(採硫日記)》 등 축약본과 다른 책명으로 건륭·가경연간 아주 널리 유포되었다. 《해국잡기(海國雜記)》는 일찍이 이 절

132) 《설령(說玲)》: 청 동치 7년(1868) 오진방(吳震方, 생몰연도 미상)이 편집한 필기소설집으로 다양한 내용의 책을 한데 모아놓은 것이다.

의 내용을 수록하면서 그 문장만 약간 바꾸었다.

옹정 8년(1730) 9월 민절총독 이위가 쓴 〈천주당개위천후궁비기〉에도 "지금 일본에서는 바닷가 항구의 상륙하는 곳에 동(銅)으로 만든 천주가 무릎 꿇은 상을 놓아두고, 그 나라에 도착한 사람이 천주상을 밟지 않는 죄를 짓게 되면 용서하지 않고 있다"고 적혀있다.

《오문기략》 하권 〈오번편〉에도 "예전에 안남(安南)에서 천주교를 선교한 서양인이 있어 온 나라가 미혹되었다. 왕이 이를 근심하여 그 사람을 쫓아내고 교외에 2개의 표지를 세운 다음, '나를 따르는 자는 용서할 것이니 붉은 표지 아래 서고, 그렇지 않으면 즉시 처형할 것이니 백색 표지 아래 서라'는 명령을 내렸다. 그러나 뜻밖에도 1명도 붉은 표지 아래 서는 사람이 없자, 왕이 노하여 대포를 쏘아 전부 죽여 버렸다. 그 후로 지금까지 서양인과 교역하지 않고 있으며 교역하러 오며는 대포를 발사해 공격하고 있다. 그러자 서양인들도 마침내 감히 오지 못하고 있으며 일본도 그렇게 하고 있다. (수마트라의) 칼리안다(Kalianda, 噶羅巴) 부두에는 길 입구 돌바닥에 십자가를 새겨두고 무사가 칼을 번뜩이며 길을 사이에 두고 서있다. 그 나라와 통상하려는 자는 반드시 십자가가 새겨진 길을 밟고 들어가야지, 그렇지 않으면 칼을 맞게 되니 서양인조차도 감히 어길 수 없다"고 적혀있다. 《오문기략》은 천주교를 원수시한 책으로 이러한 선전을 통해 청대 천주교에 대한 금지가 더욱 심하게 되었다.

'칼리안다 부두' 이하의 글은 원래 《과원시집주(果園詩集註)》에 나오는데, "길 입구 돌바닥에 십자가를 새겨두고(石鑿十字架於路口)" 구절에는 '석(石)'자가 없고 "반드시 십자로를 밟고 들어가야(必踐十字路入)"에도 '입(入)'자가 없다. "서양인조차도 감히 어길 수 없다" 아래에는 원래 "또 예수 석상을 성 문지방[城闑]에 묻고 이를 밟게 하였다. 대개 천주교를 믿는 자는 십자가를 밟는 배교행위를 하게 되면 (내세에서) 영혼이 깨어나지 못한다고 여기기 때문에 감히 밟는 이가 없었다"란 문장이 있다. 《벽사기실(辟邪紀實)》[133] 서문에 보인다.

《국조유원기(國朝柔遠記)》에는 "옹정 6년(1728) 겨울 11월 양상총(洋商總)을 세웠다. 당초 일본인들이 중국 무뢰 상인과 결탁하여 천주당에 가서 기예를 배운다는 풍문이 있었다. 이에 상선이 바다로 나가는 것을 엄히 금하고 외국에서 돌아오는 배도 철저히 조사하였다. 후에 몰래 방문하여 관찰하니 따로 교활한 뜻은 없고 서양 천주교와 대대로 원수여서 비록 동서 바다가 모두 통하더라도 피차 서로 용인하지 못함을 알았다. 무릇 일본으로 가는 상선 중에 천주교를 믿는 이가 있으면 즉시 살해하고, 천주 형상을 주조하여 배에서 내리는 모든 사람들에게 발로 밟은 후 육지에 오르도록 하고 있다"고 적혀있다. 일본에서 십자가를 밟는지 여부로 신자를 색출하는 일에 대해 중국인들이 흥미진진하게 애기하고 있음을 알 수 있다.

양옥승(梁玉繩)[134]의 《청백사집(淸白士集)》 권24 〈기양잡사(崎陽雜事)〉에는 왕익창(汪翼滄)의 《일본쇄어(日本碎語)》(《袖海編》이라고도 함)를 인용하여 "서적이 매우 많아서 그 중에는 중국에 없는 것도 있었다. 또

---

133) 《벽사기실(辟邪紀實)》: 자칭 '천하제일상심인(天下第一傷心人)'이란 사람이 편찬한 것으로 청 함풍 10년(1861) 간행되었고 다음해 일부 자료를 보충하여 재판되었다. 상·중·하 3권과 부록으로 구성되어있는데, 천주교와 관련된 다양한 문장과 전해들은 이야기를 절록하여 천주교가 사교임을 설명하고자 한 책이다.
134) 양옥승(梁玉繩, 1744-1792): 절강성 전당(錢塘) 사람으로 비록 관직에는 나가지 못했으나 《사기지의(史記志疑)》 36권 등 많은 저서를 남겼다. 《청백사집》은 그의 아들이 엮은 책이다.

성묘(聖廟: 공자의 神位를 모신 사당 - 역자)를 세우고 성묘선생이라 불리는 관원을 두었다. 외국에서 온 사람 중에 책을 가지고 와서 파는 이가 있으면 반드시 성묘관(聖廟官)이 검열을 하였으니, 혹 천주교와 관련된 것이 있을까 두려웠기 때문이다"고 되어있다. 또 다른 조항에는 "그 습속에 천주교를 금지함이 매우 엄하여 중국 배가 처음 도착하면 관례에 따라 고시(告示)를 읽고 동판을 밟는 두 가지 일을 해야 했다. 고시에는 천주 사교(邪敎)가 민심을 선동하고 현혹시키기에 외국인이 몸에 지니고 들어올까 염려하여 두루 알린다고 적혀있다. 동판에는 천주상을 주조해 놓았는데, 이를 밟고 지나가면 천주교를 배운 적이 없는 사람임이 증명된다"고 되어있다. 양옥승의 이 글은 그가 쓴 《지원필시(止園筆詩)》 권2에도 실려 있다.

1704년 1월 15일(강희 42년 음력 12월 9일) 퐁타네(Fontaney)신부가 런던에서 라 쉐즈(P. de la Chaise)에게 보낸 편지에도 일본에서의 그림 밟기 사건이 서술되어있는데(《예수회 선교사 서신집》), 아마도 중국에서 전해 들었던 것 같다. 키미야 야스히코(木宮泰彦)[135]의 《일지교통사(日支交通史)》 하권 제12장 제4절에서도 《나가사키 기(長崎記)》를 인용해 이 일이 기록하고 있다.

일본에서의 '그림 밟기'는 관영(寬永) 3년(1626) 즉 명 천계 6년 시작되었다고 《대촌가각서부록(大村家覺書附錄)》·《나가사키 기》·《나가사키 실기(長崎實記)》 등에 나온다. 그러나 《나가사키 항초(長崎港草)》에서는 관

....

135) 키미야 야스히코(木宮泰彦, 1887-1969): 시즈오카(靜岡)현 출신의 역사학자이자 교육자. 1913년 도쿄제국대학 사학과 졸업 후 동 대학원에서 우치다 긴조(內田銀藏) 등에게 사사 받았다. 중일관계사를 주로 연구하였고 《일지교통사》 외에 《일화문화교류사(日華文化交流史)》 등의 저서가 있다.

영 5년 설을,《나가사키 연기략평(長崎緣記略評)》·《나가사키 습개(長崎拾芥)》·《통항일람(通航一覽)》 등에서는 관영 6년 설을 주장하고 있다. 나가사키의 흥복사(興福寺)에 관영 19년 즉 명 숭정 15년(1642) 천주교인이 중국에서 배를 타고 섞여 들어오는 것을 금하는 상유(上諭)가 소장되어 있는데, 그 내용은 다음과 같다.

"유지를 받들어 남만묘(南蠻廟)의 일, 즉 천주교가 들어오는 것을 금지토록 하라. 남만인을 자세히 살펴보면 생각이 법도에 벗어나고 사방에 독을 퍼뜨리며 오로지 거짓 종교만을 전하여 선량한 사람을 선동해 미혹시키고 있으니, 참으로 가증스러워 그 죄를 주살하지 않고는 용납할 수가 없다. …… 남만화상(和尙)과 남만묘의 사람, 즉 천주교가 들어오는 것을 불허한다. …… 그러나 중국에서 비록 같이 모의했다하더라도 일본에 와서 자수를 하는 사람은 큰 상을 내리고 그 죄를 면해 주도록 하라. …… 남만인, 즉 천주교인 중에는 중국말을 하고 중국인 복장을 하여 중국인 속에 섞여 배를 타고 일본에 오는 자가 있다. 명나라에서 출항할 때 점검치 못해 태우고 오다가 항해 도중에 발견하거나, 나가사키에 도착 후 정황을 파악하여 급히 자수할 경우 배 전체[通船: 원문에는 '作船'으로 잘못 표기되어있음]의 죄를 면해 주고 큰 포상을 내리도록 하라. …… 남만인, 즉 천주교인이 중국에서 중국인과 모의해 사사로이 재물을 주고 남만의 악당을 싣고 왔더라도 빨리 자수할 경우 그 죄를 면하고 곱절의 포상을 내리지만, 만약 숨기고 자수하지 않아 다른 사람이 고발할 경우 배 전체에 함께 죄를 물어 악당과 같이 벌을 주도록 하라."

당시 일본에서 직접 그 금지령을 보고 친히 천주상 그림 밟는 경험을 했던 중국인들이 중국에 돌아온 후 틀림없이 그 일을 전함으로써 이에 대한 중국인의 인상이 더욱 깊어지게 되었음을 알 수 있다. 일본에서의 나쁜 선례로 말미암아 청나라도 십자가 등을 밟는 것으로 천주교인을 색출하는 법령을 만들었다. 《대청율례(大淸律例)》의 〈금사(禁邪)〉류 중에는 서양인이 중국 내지에서 선교하거나 《성경》을 간행하는 것을 금지하는 조항이 있는데, 출교하려는 자는 천주당 앞에서 십자가를 뛰어넘어야 만이 면죄될 수 있었다. 《청대외교사료》 〈가경조〉 권1에 실린 가경 10년(1805) 4월 30일 형부의 주접(奏摺)을 보면 "저 천주교에 미혹되어 교리를 배운 기인(旗人) 동명(佟明)이 …… 출교하길 원해 십자가를 밟고 지나간 일에 대해 스스로 후회한다고 말했습니다. ……"고 적혀있다. 또 〈도광조〉 권3에 수록된 도광 10년(1830) 2월 24일 장유섬(蔣攸銛)의 주접에도 같은 기록이 있다. 《중서기사(中西紀事)》 권2에는 가경 중엽 양강 총독(兩江總督) 백령(百齡)이 천주교인을 심문한 방법이 기록되어있는데, 역시 "그 종교를 믿는 자에게 단지 십자가를 밟고 넘어간 후 다시 돼지고기 한 조각을 삼키면 죽음을 면하게 하였다"고 한다. 이는 어쩌면 천주교인과 이슬람교도를 동시에 심문한 방법일 수도 있지만 잘못 알고 함께 묶어서 말한 것일 수도 있다. 《선종성훈(宣宗聖訓)》에 기록된 도광 18년(1838) 음력 3월 6일 종인부(宗人府)에 내린 상유에는 "이후 체포한 천주교인 중 심문 결과 회개하여 면죄 받고나서 다시 천주교를 믿는 자가 있으면, 천주당 앞에서 십자가를 뛰어넘길 원하던 원하지 않던 간에 모두 본 사례에 따라 죄를 벌하고 사면하지 않음으로써 간교하고 악을 믿는 자들의 경계로 삼아야 한다"고 되어있다. 이른바 본 사례란 도사(圖四) 부자(父子)가 일리[伊犁]로 보내져 고생스러운 임무를 맡은 일을 말한다. 또 도광 20년(1840) 음력 2월 23일 상유에는 "이후 천주교를 전수받아 익힌 죄인이 관에 와서 출교하길 스스로 밝히거나 혹은 관에 잡혀와 출교를 원하면, 모두 가경연간의 유지(諭旨)에 따라 그 죄인의 집에서 평소 모시던 십자가를 꺼내 그것을 뛰어넘게 하여 과연 기쁘게 뛰어넘으면 죄를 면하고 석방시키도록 하라. ……"고 적혀있다.

교회에서 나온 책에서 십자가 밟기를 거절한 교인들의 일을 기록한 것은 셀 수 없이 많다. 예컨대 《검신방종(黔信芳踪)》에는 가경 16년 (1811) 귀축(貴筑)의 교인 고점오(顧占鰲)가 십자가를 밟으려 하지 않았다고 기록되어있다. 《검강제증(黔疆諸證)》 권23 〈고점오언행고(顧占鰲言行考)〉에는 도광 19년(1839) 고점오는 태형을 견디지 못한 11살 난 손자가 나무로 된 십자가를 밟는 것을 목도하였다고 되어있다. 《검성주증유방(黔省主證遺芳)》 제1책 14쪽에도 가경 17년(1812) 융평(隆平) 등지의 아주 많은 교인들이 하나같이 십자가를 밟으려 하지 않았다고 적혀있다. 17쪽에는 준의(遵義)의 오국성(吳國盛) 등이 십자가를 밟으려 하지 않았고, 49쪽과 50쪽에는 가경 19년 장대붕(張大鵬)과 학약아경(郝若亞敬) 등 남녀노소 200여 명이 관아의 대청에 석회로 가득 그려진 십자가를 밟는 것을 거절했으며, 53쪽에는 도광 16년(1836) 귀축의 일부 교인이 십자가를 밟은 후 천주당에 가서 여러 사람 앞에서 죄를 인정했다고 되어있다. 성화덕(成和德)이 쓴 《호북양운속교사기략(湖北襄鄖屬敎史記略)》에는 도광 19년 퍼보일러(B. Perboyre)[136]가 죽음에 이르기까지 고난상[苦像]을 밟지 않았다고 적혀있다. 고난상이란 예수가 못 박힌 모습이 붙어있는 십자가를 말한다. 그가 주교에게 보낸 편지에는 그가 무창(武昌)에서 십자가를 밟지 않아서 곤장 100여대를 맞은 일도 적혀있다.

서윤희(徐允希)의 《소주치명기략(蘇州致命紀略)》 제21장 〈천답고상(踐踏苦像)〉에는 건륭 13년(1748) 엔리케스(Ant. J. Henriques, 黃安多)와

....

136) 요한 가브리엘 퍼보일러(John Gabriel Perboyre, 董文學, 1802-1840): 중국에서 선교하다 순교한 프랑스 출신의 선교사. 1835년 중국에 도착해 호남성에서 활동하다 박해의 조짐이 엿보이자 다른 곳으로 피신하였는데, 어느 신입 교인이 밀고하여 처형당하게 되었다. 중국에서 시복된 첫 번째 인물로 그의 선교가 분기점이 되어 급속도로 천주교가 퍼져나가게 되었다고 한다.

트리스탕 다티미스(Tristan d'Attimis)[137]가 체포될 때 도(陶)씨 등 몇 명의 여성 교인도 함께 잡혀왔는데, 관원이 천주당에서 강탈해온 예수상과 성모상을 밟고 지나가라고 명했으나 채찍질을 받고도 움직이지 않았으며, 엔리케스 신부와 교인 당약슬(唐若瑟)과 왕비리(汪斐理)도 모두 단호히 거절하였고, 오직 교인 서노직(徐魯直)과 담문다랍(談文多拉)만이 굴복했다고 되어있다. 이상은 음력 정월 21일의 일이고, 그 후 27·28·29일에도 다시 성상(聖像)을 밟으라고 명했으나 모두 따르지 않아 다시 형벌을 받았다고 기록되어있다.

이상의 내용을 보면 중국에서 십자가를 밟게 하여 천주교인을 색출검증한 방법은 일본의 영향을 받았음이 실로 매우 명백하다고 하겠다.

제10절 옹정 이후 천주교 교세의 약화 원인 및 그 검토

1. 전도자가 거의 모두 외국인이었다.

외국인 선교사가 처음 중국에 왔을 때, 모두들 중국인 신자는 사제가 될 자격이 없다고 생각했다. 그래서 순치 13년(1656)이 되어서야 나문조(羅文藻)가 최초로 도미니크회 사제가 되었고, 강희 10년(1671) 비로소 첫 번째 중국 국적의 예수회 사제 정마약(鄭瑪若)이 로마로부터 귀국하

---

137) 트리스탕 다티미스(Tristan d'Attimis, 談方濟, 1707-1748): 이탈리아 출신의 예수회 선교사로 1744년 중국에 와서 1748년 순교하였다.

였으니, 마테오 리치가 중국에 온 지 근 90년이 지나서였다. 정마약 이전에는 단지 종명인(鐘鳴仁)·황명사(黃明沙)·구영(邱永)·방류사(龐類思)·서복원(徐復元)·비류사(費類斯)와 중국 성명을 알 수 없는 14명의 수도사만 있었다. 피스터의《중국에서 활동한 예수회 선교사 열전》에는 건륭 38년(1773)까지 463명을 수록하고 있는데, 중국 출신은 71명뿐으로 15.3%를 차지하고 이들 중 사제가 된 사람은 41명에 불과했다. 마테오 리치가 중국에 온 지 343년이 지난 민국 15년(1926) 이전에 중국인으로 요행히 주교직에 오른 사람은 강희제 때의 나문조 한 사람뿐이었다. 중국에서 전도하면서 중국인을 쓰지 않았으니, 참으로 불가사의한 일이 아닌가!

중국인 선교사가 적음으로 인해 교회가 크게 번성하지 못했고 세례 받은 신자가 신앙을 유지하는 것도 쉽지 않았다. 그래서 강희 27년(1688) 양력 8월 1일, 57세에 사제로 승진한 유명 화가 오력은《삼여집(三餘集)》중의 〈목양사(牧羊詞)〉에서 "강을 건너 교외에서 양을 치니 많은 양들 어떠한가? 살찐 것은 몇 무리나 되며 여윈 것은 어찌 그리 많은지! 풀이 시들어 가야할 땅은 먼데 목동이 늦는 것 같으니, 내 양들이 병들어 가는 곳을 오직 나만 알고 있네. 앞에서 인도하면서 노래하는 것을 게을리 하지 않고, 울타리 지키며 이리를 쫓아내느라 눕지도 못하네. 오래도록 건강히 목양하길 바라며 아침에는 동남으로 가고 저녁에는 서북으로 가네[138]"라고 읊었던 것이다. 양은 신자를 가리키고 살찌고 여위었다는 것은 신자들의 열정과 무관심을 말한다. 강은 황포강(黃浦江)을 가리키니,

....

138) "渡浦去郊牧, 紛紛羊若何? 肥者能幾羣? 瘠者何其多! 草衰地遠似牧遲, 我羊病處惟我知. 前引唱歌無倦惰, 守棧驅狼常不臥. 但願長年能健牧, 朝往東南暮西北."

오력은 여러 번 상해에서 전도를 한 적이 있었다. 또 〈어부음자황(漁父吟自況)〉을 지어 "두 눈에는 수리할 것 많은 망가진 그물, 사다새[淘河는 작은 물고기와 새우를 싫어하지 않는다네(가르침에 차별이 없음[有敎無類]을 말함). 생선을 잡아다 군왕의 음식으로 진상하니, 사지는 고달파도 게으를 수가 없네. 그물을 던지고 하늘같이 넓은 물속에서 항상 헤매고 (전도할 지역이 넓음을 말함), 노래가 끝나니 취하여 교룡 곁에서 잠이 드네. 구레나룻과 코 밑의 수염이 모두 하얀 늙은이, 바람이 한차례 일면 놀라는 것은 가을이 오는 것이 두렵기 때문이지. 벗들은 하던 일 바꿔 어부가 되었으나(예수의 제자 대부분이 어부였기에 예수가 일찍이 장차 너희들 어부에게 명하노니라고 말한 것을 비유함), 듣자니 고기 낚는 일도 갈수록 어렵다네. 늦은 나이 천학을 알게 되어(명말 청초에는 천주교를 천학이라고도 불렀음) 성부(城府)에 이르러, 물고기를 사서 기쁘게 수재(守齋)139)하는 집에 두네(청나라 초 천주교에서는 매주 금요일과 토요일 반드시 재를 지켜 熱血동물을 먹지 않는 대신 물고기와 새우는 먹을 수 있었는데, 지금은 금요일에만 재가 있음)140)"라고 하였다.

강희 36년(1697) 음력 4월 22일 오력은 "교황께서 나를 사제로 임명하

....

139) 수재(守齋): 대재(大齋)와 소재(小齋)를 구분하기도 한다. 소재란 금요일까지 고기를 먹지 않는 것을 말하는데, 온혈동물의 고기는 모두 포함되고 냉혈동물에 대해서는 특별한 규정이 없다. 흔히 부활절 전 사순기의 매주 금요일에만 먹지 않거나, 매달 첫 금요일마다 먹지 않거나, 금요일마다 먹지 않는 경우가 많다. 대재일(大齋日)에는 소재를 제외하고 하루 중 한 끼만 배불리 먹고 나머지 두 끼는 반만 배불리 먹을 수 있으며 간식은 하지 않는다.

140) "破網修多兩眼花, 淘河不厭細魚蝦. 採鮮曾進君王膳, 四體雖勞敢辭倦. 撒網常迷水似天, 歌殘醉傍蛟龍眠. 鬖髿白盡風姿老, 驚遍風潮怕秋早. 朋儕改業去漁人, 聞比漁魚更苦辛. 晚知天學到城府, 買魚喜有守齋戶."

신 것은 무슨 뜻이었겠습니까? 아마도 서양인이 중국에서 명을 다하는 날이 오면 중국에 교리를 전도할 사람이 없기 때문이었을 것입니다"라고 설교하였다. 여기서 명을 다한다[致命]는 말은 순교를 의미하는 것으로 로마교황은 일찌감치 중국인 사제를 키워야 할 중요성을 알고 있었으나, 당시 대부분의 서양 선교사들이 이미 백인 우월감에 빠져 있어 어찌할 도리가 없음을 보여준다.

2. 나중에 온 서양 선교사의 학문이 대부분 먼저 온 자만 못했다.

《야획편》에는 마테오 리치의 제자 "판토하[龐順陽]의 이름은 적아(迪 我)이고 함께 천주교를 전도하면서 남경[南中]에 거주하였는데, 마테오 리치보다 한참 못하였다"고 적혀있다. 《객좌췌어(客座贅語)》 권6에는 "나중에 그의 제자 로차(Rocha)라는 자가 남경[南都]에 왔는데, 그 사람의 지혜와 영리함은 마테오 리치에 미치지 못하였다"고 되어있다.

강희 59년(1720) 교황 클레멘스 11세의 금약(禁約)에 대한 주비유지에서는 "그 고시를 보면 서양인들 같은 소인배가 어떻게 중국의 큰 이치를 논할 수 있겠는가라고 말할 수밖에 없다. 하물며 서양인 중에 한문서적을 이해하는 사람이 한 명도 없으면서 중국에 대해 이렇고 저렇고 말한 것들을 보면 대부분 가소롭기 짝이 없다"(《강희제와 로마사절 관계문서》 영인본)고까지 말하고 있다.

같은 해 11월 18일 강희제가 서양인에게 내린 유지에는 "다라(多羅)가 왔을 때 가르침을 잘못 알아듣고 매그로(Maigrot)에게 전하면서부터 문리(文理)가 통하지 않아 허황된 의론이 생겨났다. 만약 본인이 중국 문장의 이치를 대략 이해할 수 있다면 용서할 수도 있지만, 그대들은 문리를 모를 뿐 아니라 낫 놓고 기억 자도 모르면서 어찌 중국의 도리가 옳고

그름을 가벼이 논할 수 있는가?"(《강희제와 로마사절 관계문서》 영인본)
라고 되어있다.

같은 해 주필로 고친 11월 25일 이후의 《카를로의 내조일기》에서는
"너희 서양인들은 한 글자도 알아보지 못하고 한 구절도 이해하지 못한
다. …… 중국에 있는 많은 서양인 가운데 중국의 문리를 이해하는 자는
한 명도 없다. 오직 부베(Bouvet) 한 사람만 중국 책의 의미를 조금 알지
만 역시 아직 이해하지는 못하고 있다"(《강희제와 로마사절 관계문서 영
인본》)고 하였다.

3. 태어나자마자 세례를 받은 교인의 신앙이 대부분 견고하지 못했다.

이에 관한 사례 역시 많이 있다. 허찬증(許纘曾)은 자가 효수(孝修)이
고 호는 학사(鶴沙)로 서광계의 손녀인 허원도(許遠度) 부인의 아들이다.
어려서 세례를 받았고 세례명은 바실리우스(Basilius)이다. 하지만 일찍
이 《권계도설(勸戒圖說)》 8권을 판각하면서 스스로 "어머니께서 이를 보
시고 오히려 그 내용이 불교와 도교에까지 두루 미치는 것은 우리들[吾
儒]의 본래 취지가 아니니, 반드시 삭제하고 고친 후에 세상에 내놓아야
한다고 여기셨다"고 말했다. 어머니 사후 장씨(張氏)를 첩으로 삼았는데,
강희 26년(1687) 첩이 죽고 쓴 〈견장청하시아(遣葬淸河侍兒)〉 시에 나오
는 "종이돈 비스듬히 푸른 버들실로 차고[141]"란 구절(《寶綸堂稿》 권3)은
또 불사를 행했다는 의미이다. 순치 17년(1660) 사천포정사(四川布政使)
로 승진한 뒤에는 〈중건무산현한전장군사급성황묘소(重建武山縣漢前將

---

141) "紙錢斜帶綠楊絲"

軍祠及城隍廟疏)를 올렸는데, 이는 귀신에게 제사지내기까지 했다는 말이다. 허찬증은 또 자칭 방안에 빗을 쥐괴[執櫛]있는 사람이 여러 명이라고 한 것으로 보아 첩이 하나가 아니었음을 알 수 있다. 그러나 강희 31년(1692) 나이 64세에 우연히 병을 얻게 되자 시첩(侍妾)들을 전부 내보냈으니, 그제야 회개한 것인가!

왕휘(王翬)[142]는 자가 석곡(石谷)이며 사제 오력과는 고향·나이·스승이 같았고 종교도 같았다. 오사카(大阪)의 우에노(上野)씨가 갖고 있는 〈죽제장오치왕서(竹齊藏吳致王書)〉에는 "소주의 천주당[蘇堂]에서 서로 만났을 때를 기억해보니 어언 20여 년이 되었구려. 인생이 얼마나 된다고 이렇게 오랜 이별일까! 선생의 명성과 지혜를 삼가 생각해보니 많은 사람보다 걸출한데, 오직 평생 동안 한번 드러내고자 이를 위해 준비하고 있는 것인가? 만약 지금을 얻고자 나중을 잊고 땅을 얻고자 하늘을 잃는다면 지혜로운 일이 아닌 것 같소! 그대를 위해 헤아리니 아침저녁으로 어려서부터 늙을 때까지 성찰하여 한 가닥의 사특함도 남김이 없어야 할 것이오. 대개 고해할 때 마음을 토로하고 회개하고자 하여 맺힌 것을 푼 후에 죄 값을 보상함이 합당하며, 경건하게 예수의 성체(聖體)와 성총(聖寵)을 받아 신의 힘을 더하면 하늘에 오르는 증서를 갖게 되니, 이것이 가장 중요한 일이라오. 번거롭게 여기지 않기를 바라오"라고 적혀있다. 이 편지에서 왕석곡에게 고해하여 성체를 받을 것과 어려서부터 늙을 때까지 성찰할 것을 권하고 있는 것을 보면 왕석곡도 어려서 세례

....

142) 왕휘(王翬, 1632-1717): 강소성 상숙(常熟) 사람으로 저명한 화가이다. 왕시민(王時敏)에게 배웠고 산수·인물·안마(鞍馬) 등을 잘 그렸다. 황제의 명으로 〈강희남순도(康熙南巡圖)〉 제작을 주관하였다. '청초사왕(淸初四王)' 중 한명이며 대표작으로 〈당인시의도(唐人詩意圖)〉 등이 있다.

를 받은 사람임을 알 수 있는데, 20여 년간 천주당에 들어가지 않았으니 그가 이름만 신자였음을 또한 알 수 있다. 내가 일찍이 그가 종교 신앙에 냉담했던 원인을 논한 글이 있는데, 《방호문록》에 실려 있다.

4. 천주교에 대한 사대부의 멸시가 서민에게 끼친 영향이 매우 컸다.

천주교인은 공자 숭배를 못하도록 금지 당하였기에 과거에 응시해 공명을 얻을 수 없었을 뿐 아니라 서당을 다니는데도 어려움이 있었다. 왜냐하면 서당에는 '스승을 천지, 임금, 부친과 동일하게 높이는[天地君親師]'를 모시는 규정이 있었고, 매달 음력 초하루와 보름에 공자에게 절하는 예도 반드시 행해야 했기 때문이다. 그래서 교인 중 지식인이 나날이 줄어들어 상류사회에 더 이상 교인들이 끼어들 틈이 없었고 교회에 대한 사대부들의 멸시 역시 갈수록 심해졌다. 그 중 영향이 가장 컸던 것은 교회 서적에 대한 《사고전서》의 악평이었다.

명·청 교체기 교회 서적은 매우 광범위하게 유포되어있었다. 예컨대 조위(趙魏)[143]가 편찬한 《죽엄암전초서목(竹崦庵傳抄書目)》[144] 중에 한림(韓霖)이 지은 《서사서목(西士書目)》이 수록되어있는데, 지금 조위의 책은 《관고당서목총각(觀古堂書目叢刻)》[145] 안에 남아있다. 또 구영산

....

143) 조위(趙魏, 1746-1825): 절강성 인화(仁和: 현 항주) 사람으로 그림을 잘 그렸고 금석문자 고증에 특히 뛰어났으며 매우 많은 금석을 소장하고 있었다. 《죽엄암전초서목》 1책 외에 《죽엄암금석목(竹崦庵金石目)》·《죽엄암비목(竹崦庵碑目)》 등을 편찬하였다.

144) 원서에는 《죽엄암서목(竹崦庵書目)》으로 되어있으나 오류가 분명해서 바로잡았다.

(瞿穎山)이 편찬한 《청음각서목(淸吟閣書目)》은 현재 《송린총서(松鄰叢書)》146) 안에 남아있는데, 거기에도 《예수회 선교사 저술목록(耶蘇會士著述目)》이 수록되어있다.

건륭 38년(1773) 황제의 명으로 사고전서관(四庫全書館)을 열었는데, 천주교 선교사가 번역 저술한 과학 서적으로 수록된 것은 《건곤체의》·《환용교의》·《천문략》·《신법산서》·《표도설》·《간평의설》·《천보진원》·《기하원본》·《태서수법》·《기기도설》·《곤여도설》·《직방외기》 등이 있다. 종교·신학·경전에 관한 서적은 자부(子部) 잡가류(雜家類) 잡학(雜學)에 그 목록만 남아있는데, 《천주실의》·《기인십편》(〈西琴曲意〉가 첨부되어있음)·《이십오언》·《변학유독》·《교우론》·《칠극》·《서학범》(〈唐大秦寺碑〉가 첨부되어있음)·《영언려작》·《환유전》·《공제격치》가 열거되어있다. 앞의 다섯 책은 마테오 리치가, 나머지는 판토하·알레니·삼비아시·푸르타도·바뇨니가 각각 한 책씩 썼다.

《사고제요》에는 이들 서적에 대한 평가가 기술되어있는데, 모두 교회를 비방하는 내용들이다. 예컨대 《칠극》에 대해서는 "그 말은 유가와 묵가 사이에서 나왔다. 논하고 있는 한 가지 일만 갖고 말하면 이치가 없는 것은 아니나 모두 천주를 공경하여 복을 구하는 것으로 귀납되니, 그 잘못은 근본이념[宗旨]에 있는 것이지 언사[詞說]에 있는 것은 아니다"고 평하였다. 《환유전》에 대해서는 "유럽인들이 천문을 계산하는 세밀함과 장인의 제작 기교는 실제로 이전의 것을 뛰어 넘는다. 다만 그 의론이

....

145) 원서에는 《관고당휘각(觀古堂彙刻)》으로 되어있으나 오류가 분명해서 바로잡았다. 《관고당서목총각》은 엽덕휘(葉德輝, 1864-1927)가 역대 진본(珍本) 서목을 모아 1919년 간행한 총서이다.

146) 《송린총서(松鄰叢書)》: 절강성 인화 사람 오창수(呉昌綬, 1867- ?))가 편집하여 1917년 간행한 총서이다.

괴상하게 과장되고 이단(異端)적인 것이 특히 심하다. 조정에서 일부 그 기능은 취하면서도 그 학술이 전해지는 것을 금한 데에는 모두 깊은 뜻이 있었다. 이 책은 본래 책부(冊府: 고대 제왕이 책을 소장하던 장소로 여기서는《사고전서》를 가리킴 - 역자)에 올릴 만한 수준이 아니지만, 이 같은 종류의 책이《명사》〈예문지〉에 이미 그 이름이 나열되어있어 만약 삭제하고 논하지 않으면 오히려 현혹되거나 왜곡될 것을 염려해 기록하나 이를 멀리하고 물리치고자 한다. 또《명사》에서는 이 책을 도가에 수록하고 있는데, 그 내용을 살펴보면 유·불·도 삼교(三敎)의 이치를 표절하면서도 삼교 모두를 배척하고 있다. 참으로 그 변화무쌍함과 지리멸렬함을 추적하여 확인할 수 없는 잡학이다"고 평하였다.《천문략》에 대해서는 "본래의 학술을 버리고 천주의 공적만을 극진히 칭송하고 있다. …… 추측의 효험이 있음을 빌어 천당(天堂)이 날조된 것이 아니라는 증거로 삼으니, 그 의도가 지극히 간사스럽고 교묘하다. …… 이제 그 황당무계하고 남을 속이는 주장은 내버려두고 정밀하고 근거가 있는 학술만을 취하였다. 원래의 서문[原序]은 삭제하여 현혹됨을 피하였다. 다만 내용 중 터무니없거나 잘못된 부분을 삭제했을 때 문장의 뜻이 서로 이어지지 않을 경우 옛 문장 그대로 두었으니, 그 사악한 말[邪說]을 배척함이 위와 같았다"고 평하였다.《서학범》에 대해서는 "도과(道科)는 저들의 법에서 말하는 진성지명(盡性知命)의 극치이다. 그 진력함에 있어서도 격물궁리(格物窮理)를 본(本)으로 하고 명체달용(明體達用)을 공(功)으로 삼는 것이 유학의 순서와 대략 유사하다. 다만 그들이 하는 격물은 모두 기수(器數)의 말(末)이고 궁리 또한 조리가 없고 기괴하여 확인할 수 없으니, 이런 까닭으로 이학(異學)이라 여길 따름이다"고 평하였다.《서학범》에는 당대(唐代) 경교비문(景敎碑文)이 첨부되어있는데, 조로아스터교로 오인하여 "옛 일을 원용하여 그 근원을 가려낼 수 있는 사람이 아무도 없어서 마침내 천하에 만연하게 되었다. 대개 만력연간 이후 사대부들이 심학(心學)만을 강구하고 어록을 펴내는데 일생의 능력을 다 바침으로 인해 사실을 증명하고 옛일을 고증하여 사악한 말이 유행하는 것을 막을 수 없었다"고 평하였다.《직방외기》에 대해서는 "서술한 내용이 대부분 기이하여 추적하여 확인할 수 없고 과장되거나 수식된 바가 많은 것 같다. 그러나 세상이 넓으니 어찌 없는 것이 있겠는가? 이를 수록하여 남김으로써 신기한 이야기를 널리 알릴 수도 있을 것이다"고 평하였다.《곤여도설》에 대해서는《신이경(神異經)》등과 서로 비교할 수 있다고 하면서 "의심컨대 그들이 동쪽으로 온 후에 중국의 고서(古書)를 구해보고서 그설을 모방하여 종잡을 수 없이 변화시킨 것으로 모두가 반드시 정확한 사실이지는 않다. 그러나 여러 책에 기록된 것을 대조해보니 상선(商船)이 전하는 이야기 중에 명백히 거짓이 아닌 것도 있고 비록 꾸민 내용이 있어도 전부 허구가 아니어서, 기이한 이야기를 남겨 널리 알려도 당연히 나쁘지 않을 것이다"고 평하였다.《이십오언》에 대해서는 "그 요지는 대부분 석가의 내용을 베꼈으나 문장이 더욱 졸렬하다. 대개 서방의 종교에는 오직 불서(佛書)만이 있었는데, 유럽인이 그 의미를 취하여 종잡을 수 없이 변화시켰지만 여전히 그 본래 의미를 벗어날 수 없었다. 그후 중국에 들어와 유교 서적을 익히고 나서 인연(因緣)을 빌어 그 설을 꾸미게 됨에 따라 점차 늘어지고 조리가 없게 되어 추적하여 확인할 수 없게 되었으나, 스스로 자신들이 유·불·도 삼교를 넘어선다고 생각하였다. 그 목록을 첨부하여 남기니, 저들 종교의 근본이 보여주는 바가 단지 이와 같음을 대략 알 수 있을 것이다"고 평하였다.《변학유독》에 대해서는 "불교를 배척할 수는 있어도 천주교는 배척할 수 있는 것이 아니라거나 천주교를 배척할 수는 있어도 불교는 배척할 수 있는 것이 아니라고 한 것은 모두 소위 함께 목욕하면서 상대방이 옷을 입지 않았다고 조롱

하는 바나 다름이 없을 뿐이다!"고 평하였다.

　이상에서 열거한 평가들은 모두 유교를 옹호하고 천주교를 배척하는 것을 기본 요지로 하고 있다. 그러나 걸핏하면 조리가 없다거나 종잡을 수 없이 변해서 추적하여 확인할 수 없다는 이유로 일찍이 좀 더 깊이 연구한 적은 없었다. 과학 서적에 대해서도 대부분 기이한 이야기를 널리 알린다는 것을 수록의 이유로 삼거나 기예의 말단으로 간주하여 그 진정한 가치를 분별하지 못했다. 하지만 《사고제요》는 학문을 하는데 있어 필수 참고서로서 그 영향이 헤아릴 수 없을 정도로 컸기 때문에 교회가 입은 타격은 막대하였다.

제13장
중국 경적(經籍)의 서방 전파

제1절 명말 이래 청 강희연간까지 서역(西譯)된 중국 경적

서양 선교사가 중국에 와서 경적을 공부한 것도 중국 경적이 서양에 전해지는 전주(前奏)로 볼 수 있지만, 그 영향이 그리 크지 않았고 경적의 서양 전파는 필히 번역을 기다려야만 했다.

마테오 리치가 중국 경서에 깊이 통달했다는 것은 이미 앞에서 언급하였다. 피스터 사제의 《중국에서 활동한 예수회 선교사 열전》(여기서는 원서를 인용했음)을 보면, 만력 21년(1593) 즉 16세기 말엽에 마테오 리치가 《사서(四書)》를 라틴어로 번역해 본국으로 보냈다고 기록되어있다. 천계 6년(1626) 벨기에 출신 트리고(Trigault)도 《오경(五經)》을 라틴어로 번역해 항주에서 간행하였는데, 이는 중국 경적 중 최초의 서양어 번역본이다. 그 외에도 프로스페로 인토르세타(Prospero Intorcetta)[1]와 이그

---

1) 프로스페로 인토르세타(Prospero Intorcetta, 殷鐸澤, 1626-1696): 이탈리아 출신의 예수회 선교사로 1643년 중국에 왔으나 귀국하였고 1659년 다시 중국

나티우스 다 코스타(Ignatius da Costa)[2] 두 사람은 《중국의 지혜(中國之智慧)》(*Sapientia Sinica*)라는 제목으로 《대학(大學)》을 라틴어로 번역하여 강희 원년(1662) 건창(建昌)에서 인쇄했다. 《대학》 번역이 완성되자 인토르세타는 《중용(中庸)》도 마저 번역하여 《중국의 정치도덕학(中國之政治道德學)》(*Sinarum Scientia Politico-moralis*)이란 이름을 붙이고 강희 6년과 8년(1667, 1669) 각각 광주와 인도의 고아에서 인쇄하였다. 《논어(論語)》의 최초 번역본 역시 인토르세타와 다 코스타에 의해 라틴어로 번역되었다. 선교사들이 라틴어에 정통했고 그 당시 유럽에서도 라틴어가 중천에 뜬 해처럼 크게 성행했기 때문이다. 라틴은 서구문화의 발원이며 라틴 문법체계가 정밀하고 매우 우아해서 라틴어로 중국 경적을 번역하면 그 고아(古雅)함을 드러낼 수가 있었다. 뿐만 아니라 교회에서 라틴어를 채택한 이후로 종교 도덕에 관한 특수 명사도 모두 갖추어져 있어서 번역할 때 전혀 어려움이 없었다. 게다가 당시 라틴어는 비록 누구나 다 아는 언어는 아니었지만, 일반 학자들이 모두 배우려했기 때문에 라틴어로 번역된 중국 경적도 쉽게 유행하게 되었다. 예컨대 당시 독일의 대 철학자 라이프니츠와 그의 수제자 볼프(Wolff)[3], 그리고 다른

....

으로 와 주로 강남 일대에서 활동하였다. 동료 예수회 선교사 다 코스타와 함께 《대학》과 《논어》의 〈학이(學而)〉편에서 〈공야장(公冶長)〉편까지를 라틴어로 번역하고 다시 공자의 전기를 첨부한 《중국의 지혜》를 출간하였다. 그 외에도 《중용》의 라틴어 번역서를 출간하였다.

2) 이그나티우스 다 코스타(Ignatius da Costa, 郭納爵, 1599-1666): 포르투갈 출신의 예수회 선교사. 1659년 북경에 도착하자 공맹 철학을 공부하기 시작했고 동료 인토르세타와 함께 《대학》과 《논어》의 일부를 라틴어로 번역했다.

3) 크리스티안 볼프(Christian Wolff, 1679-1754): 독일 초기 계몽주의 철학의 거두. 라이프니츠의 노력으로 1706년 할레(Halle)대학 교수가 되어 미적분·형이상학·논리학·도덕철학 등을 강의하였다. 1721년 할레대학 마틴 루터대

대 과학자들의 저술이 모두 라틴어로 출간되고 있었다.

강희 20년(1781) 유럽으로 돌아 간 벨기에 선교사 쿠플레(Couplet)는 청초의 유명 화가 묵정도인(墨井道人) 어산(漁山)선생 오력(吳歷)에게 천주학을 가르친 스승이어서 강남지역 사대부와 자주 교류하며 중국 학술사상에 대해서도 그 대략적인 내용을 배울 수 있었다. 그는 강희 26년(1687) 파리에서 《중국의 철학자 공자》(Confucius Sinarum Philosophus)를 발간하였는데, 그 중국어 표제(標題)가 《서문사서해(西文四書解)》였다. 다만 《맹자(孟子)》가 아직 번역되지 않았기 때문에 '서문사서(西文四書)'라는 이름은 사실 타당하지 않다. 이 책은 《한학(漢學) 라틴어 번역》(Scientia Sinensis Iatine Exposita)이라고도 부르는데, 크게 4부분으로 나뉘어져 있다. (1) 쿠플레가 프랑스 국왕 루이 14세에게 올린 글. (2) 원서의 역사와 요지를 논한 부분 및 머리말. 머리말에는 중국의 경적이란 무엇인지에 대한 설명과 그 중요한 주소(註疏) 서적을 대략 열거한 외에 불교와 도교가 중국 유교와 구별되는 이유를 설명하고 있고, 또 《주역(周易)》의 64괘와 그 의미를 덧붙여 설명하고 있다. (3) 공자의 전기로 인토르세타가 저술한 것인 듯하다. (4) 《대학》·《중용》·《논어》의 번역문으로 상술한 대로 인토르세타와 다 코스타가 번역한 것인데, 3책 모두 주소까지 번역해 첨부하였다.

또 강희 초년 세상에 거의 알려지지 않은 오스트리아 선교사 요하네스 그뤼버(Johannes Grueber)란 사람이 있었는데, 일찍이 교회를 위해 유럽과 아시아의 육상 교통노선을 찾고자 섬서성에서 출발하여 신강·티베트·네팔·인도·페르시아·터키를 거쳐 로마에 도착했고, 이후 북유럽에서

....

학장 이임 강연에서 공자가 예수를 능가하는 인물이라고 평가한 것으로 유명하다.

육로를 따라 다시 중국에 오려고 했으나 강희 19년(1680) 헝가리에서 병사했다. 실로 중서교통사에 있어 무시할 수 없는 인물임에도 아는 사람이 거의 없으니 애석하도다! 강희 26년(1687) 출판된 그의 《중국잡기(中國雜記)》(*Notizie Varie dell'Imperio della Cina*)는 이탈리아어로 쓰여 졌고 책 말미에 공자의 전기와 《중용》 번역문이 첨부되어있다.

프란시스코 노엘(Francisco Noël)은 벨기에 사람으로 일찍이 라틴어로 《사서》 및 《효경(孝經)》과 《유학(幼學)》[4]을 번역하였다. 이들 책은 서명(書名)을 포함한 모든 내용을 축자(逐字) 번역하였으니, 예컨대 《대학》은 《성년인(成年人)의 학(學)》, 《중용》은 《불변(不變)의 중도(中道)》 등으로 번역하였다. 원문은 수록하지 않았으며 강희 50년(1711) 프라하(Prague) 대학 도서관에서 간행되었다. 1783년부터 1786년(건륭 48년에서 51년) 사이에 프루퀘(Pluquet)[5]가 이를 프랑스어로 번역했는데, 번역본 맨 앞에 중국의 정치철학 및 윤리철학의 기원과 성격 및 그 성과를 논한 글이 있다. 그러나 이 프랑스어 번역본이 간행되기 전에 뒤알드(Du Halde)가 이미 그의 《중화제국전지(中華帝國全志)》에서 그 개요를 소개하고 분석을 덧붙여 놓았다.

노엘은 또 라틴어로 《중국철학》(*Philosophia Sinica*)을 저술하여 앞의

....

4) 《유학(幼學)》이란 책이 따로 존재했는지 확인할 수 없지만, 명말 정등길(程登吉)이 만든 아동 계몽서 《유학수지(幼學須知)》를 말하는 것이 아닌가 한다. 이 책은 여러 다른 이름을 갖고 있는데, 후대 여러 번의 증보를 거쳐 현재 《유학경림(幼學瓊林)》이란 이름으로 전해지고 있다.

5) 프루퀘(François-André-Adrien Pluquet, 1716-1790): 프랑스의 신학자이자 철학자. 바이외(Bayeux) 출신으로 캉(Caen)과 파리에서 공부했으며 1750년 소르본 대학에서 학위를 받았다. 《이단(異端)사전》(*Dictionnaire des hérésies*)의 저자로 유명하다.

책과 같은 시기 같은 장소에서 간행하였으니, 아마도 자신이 중국 경적을 연구하며 느낀 바를 기술한 것이 아닌가 한다. 고빌(Gaubil)은 또한 노엘이 일찍이 《도덕경》을 번역해 프랑스로 보냈다고 하지만 확인할 수가 없다.

부베(Bouvet)는 라틴어로 《역경대의(易經大意)》(*Idea generalis Doctrinae libri I-king*)를 저술했는데, 그 초고만 현재 파리 국립도서관에 소장되어있다(프랑스어부 편목은 17239). 또 《시경(詩經)》에 대해 토론한 책도 파리 국립도서관에 소장되어있다.

강희 40년(1701) 11월 4일 부베는 북경에서 라이프니츠에게 편지를 보내 중국 철학과 예속(禮俗)에 관해 토론하였는데, 《역경》 역시 편지 중의 중요한 참고 자료였다. 편지 원본은 파리 국립도서관 프랑스어부 17240호로 보존되어있다.

그 외 현재 바티칸도서관에는 서양 선교사가 연구한 《역경》에 관한 중국어 원고 14종, 즉 《역고(易考)》·《역고(易稿)》·《역인원고(易引原稿)》·《역경일(易經一)》·《역학외편(易學外篇)》·《총론포열류락서등방도법(總論布列類洛書等方圖法)》·《거고경고천상불균제(據古經考天象不均齊)》·《천상불균제고고경적해(天象不均齊考古經籍解)》·《대역원의내편(大易原義內篇)》·《역약(易鑰)》·《석선천미변(釋先天未變)》·《역경총설고(易經總說稿)》·《역고(易考)》(서명이 중복됨)·《태극략설(太極略說)》이 한문부(漢文部) 439호 등으로 소장되어있다.

고빌은 《서경(書經)》 번역본 뒤에 비스델루(Visdelou)의 《역경개설(易經概說)》을 첨부하였고, 포티에(Pauthier)가 편집한 《동방성경(東方聖經)》(*Livres Sacrés de L'orient*)에서도 이를 수록하였다. 책 앞에 있는 옹정 6년(1728) 인도 퐁디셰리(Pondicherry)에서 전신부의 각 추기경에게 보낸 편지에서 이 책 내용에 대해 간략하게 요점을 가장 잘 정리하고 있다.

비스델루는 또 라틴어로 《예기(禮記)》의 〈교특생(郊特牲)〉·〈제법(祭法)〉·〈제의(祭義)〉·〈제통(祭統)〉 등을 번역했다. 그리고 그가 라틴어로 번역한 《서경》 4권 6책은 현재 바티칸도서관에 소장되어있다. *Lettres édif., éd.* Panthéon[6] 제3책 104쪽 아래에는 "강희제의 장남도 중국 문학에 정통했으며 비스델루와 서로 친하게 지냈다. 하루는 비스델루에게 《서경》을 주며 송독(誦讀)하라고 명했다. 비스델루가 바로 책을 들고 읽으면서 전혀 힘들이지 않고 그 뜻을 해석하였다. 태자는 이를 매우 기이하게 여겨 연이어 '크게 깨달았다[大懂, Ta-tong]'고 2, 3번이나 말했다. 또 제사(題詞)를 주면서 견본(絹本)[7] 위에 쓰게 하였다"고 적혀있다.

옹정 13년(1735) 프랑스 선교사 파르냉(Parrenin)이 《육경(六經)》의 주석을 프랑스 학자 드 메랑(de Mairan)에게 보냈는데, 주석은 모두 목판본 한문 원본에 덧붙여져 있었다.

강희 말년 교회의 문풍(文風)이 이미 쇠퇴하는 현상을 보일 때, 프레마르(Prémare)는 《서경》과 《시경》을 발췌 번역하여 뒤알드가 지은 《중화제국전지》 제2책 298-308쪽에 게재하였다. 그 외에도 프레마르는 《서경 이전 시대와 중국 신화》(*Recherches sur les temps antérieurs à ceux dont parle le Chouking et sur la mythologie chinoise*)를 저술했는데, 고빌이 번역한 《서경》을 조제프 드 기네(Joseph de Guignes)가 발표하기 이전이었다. 파리 국립도서관 프랑스어부 12209호에는 또 프레마르가 쓴 《중국경학연구도언략론(中國經學研究導言略論)》(*Essai d'introduction prélimi-*

······························

6) 원명은 《교화와 호기심의 글》(*Lettres Edifiantes et Curieuses*)이고 1702년에서 1736년까지 총 34권이 출간되었다. 출판사는 파리의 Panthéon littéraire이다.
7) 견본(絹本): 서화(書畫)에 쓰기 위한 비단(緋緞) 천 또는 비단 천에 그리거나 쓴 서화.

naire à l'intelligence des King)이 소장되어있으니 필사본으로 98쪽이다. 원서는 3편으로 나뉘는데, 상편에서는 중국 경적의 명칭에 대한 해석과 종수(種數), 경적의 기원 및 집필자, 경학의 대의(大意)를 논하고 있다. 중편에서는 경적 중의 일부 학설이 후대 사람에 의해 첨가된 것임을 예를 들어 증명하고 있다. 하편에서는 근래 유학자들이 이미 경적의 진수를 알지 못할 뿐 아니라 큰 착오에 빠져있다고 말하고 있다. 다만 필사본은 상편만 남아있다. 프랑스인 코르디에(Cordier)의 《서역한문서목(西譯漢文書目)》 1365-1366쪽에는 이 책이 어쩌면 장 프랑수와 푸케(Jean-François Foucquet)[8]의 저서일 수도 있다고 적혀있다.

강희 46년(1707) 양력 10월 25일 프레마르는 건창부(建昌府)에서 유럽에 편지를 보내 유교(儒敎, Jou-Kiao) 문제를 토론하였는데, 편지 원본은 현재 파리 국립도서관에 소장되어있다. 이 편지 역시 서양인이 공자학[孔學]을 연구한 중요한 문헌 중 하나이다.

레지스(Régis)는 《강희여도(康熙輿圖)》 즉 《황조일통여지전도(皇朝一統輿地全圖)》[9] 혹은 《황조여지총도(皇朝輿地總圖)》라 부르는 지도의 실측과 제작에 참여한 것으로 유명하다. 레지스는 이 지도 제작에 유독 많은 기여를 하였으니, 몽고·동북·화북·산동·하남·강남·절강·복건·대만·팽호·귀주·운남 지역을 모두 직접 찾아다녔다. 때문에 중국지리

······························

8) 장 프랑수와 푸케(Jean-François Foucquet, 傅聖澤, 1665-1741): 프랑스 출신의 예수회 선교사. 1699년 하문에 도착해 복건과 강서 등지에서 선교했고 북경에 불려가 강희제의 명으로 동료 선교사 부베와 함께 《역경》을 연구했으며 수학과 천문학을 가르치기도 했다. 1720년 유럽으로 돌아갔다.
9) 《황조일통여지전도》의 원도는 도광 12년(1832) 동방립(董方立)과 이조락(李兆洛)에 의해 8권의 지도첩으로 제작된 이후 수차례에 걸쳐 간행되었다. 원도는 북경도서관에 소장되어있다.

학사를 조금만 연구한 사람이라면 모두 그를 알고 있지만, 막상 그의 중국 고적(古籍) 연구에 대해 아는 이는 드물다. 레지스는 라틴어로 《역경》을 번역했는데, 도광 14년(1834)에 이르러 비로소 몰(Mohl)이 슈투트가르트(Stuttgart)에서 그 제1책을 인쇄하였고 5년 후 제2책을 이어서 발행하였으니, 책 이름은 《중국 최고(最古)의 책, 역경》(*I-King, Antiquissimus Sinarum Liber*)이었다. 원문 번역은 마이야(Mailla)의 도움을 많이 받았고 주해(註解)는 타르트르(Tartre)의 번역을 채택했다. 이 책은 3권으로 되어있는데, 제1권은 《역경》의 작가, 《역경》의 가치와 내용, 복희(伏羲)가 만든 괘(卦)와 《오경》의 가치에 대해 11장에 걸쳐 논하고 있다. 제2권은 《역경》 원문과 주소(註疏)의 번역이고, 제3권은 《역경》에 대한 비평이 들어있다. 그 외에도 파리 국립도서관 프랑스어부 편목 17240호로 레지스가 라틴어로 쓴 《역경 주소 제1권 평론(易經註疏第一卷評論)》(*Dissertationes et notae criticae in primam partem commentarii I-King*)이 소장되어있다. 또 고빌이 드 릴르(M. de L'Isle)에게 보낸 편지를 보면, 레지스가 또 프랑스어로 《경적개설(經籍概說)》(*Notice sur les King*)을 썼다는 것을 알 수 있다. 그 원고는 뒤알드의 손에 들어갔는데, 그의 《중화제국전지》에서 '경(經)'을 다루는 장(章)의 내용은 바로 이 원고에서 재료를 취한 것이다.

푸케는 강희제의 명을 받아 부베의 《역경》 연구 작업을 도운 것 외에도 라틴어와 프랑스어로 번역한 《도덕경 평주(評註)》 원고가 있었다. 또 프랑스어 번역본 《시경》에도 주석을 달았으니, 역시 필사본이며 모두 4책으로 되어있다.

에르비외(Julianus-Placidus Hervieu)[10]는 강희 40년(1701) 중국에 왔

....

10) 율리아누스 플라키두스 에르비외(Julianus-Placidus Hervieu, 赫蒼璧, 1671-

는데, 프레마르의 기록에 의하면 에르비외도 일찍이 《시경》 번역에 종사했을 뿐 아니라 이미 그 대부분을 완성했다고 한다.

타르트르는 일찍이 《역경》의 아주 난해한 부분에 특별히 주해(註解)를 달았다.

제2절 옹정·건륭연간 서역된 중국 경적

강희제 이후 중국에 온 선교사 중 프랑스인이 점차 다수를 차지하게 되고, 특히 프랑스 국왕 루이 14세가 청의 강희제 및 러시아 황제 표트르와 힘을 모아 동서문화 교류를 더욱 활성화시키길 희망함에 따라, 그의 광대한 의지는 선교사들의 학술적 공헌에 대한 아낌없는 장려와 협조로 표현되었다. 이런 연유로 이후 중국 경적의 번역사업도 거의 프랑스인이 독점하게 되었다. 예컨대 고빌이 번역한 《서경》은 그의 사후 12년이 지난 건륭 35년(1770) 파리에서 간행되었는데, 이 일을 주도한 사람은 당시 프랑스 한학자인 조제프 드 기네였다. 그러나 그 초고는 건륭 4년(1739) 이미 유럽에 보내졌고 그 다음해에는 부본(副本) 1부도 보내왔다. 조제프 드 기네는 고빌의 번역본을 보고 《서경》의 내용이 중국 전적 중 가장 이해하기 어려운데도 고빌의 용어 선택이 적절하고 중국 색채가 농후하여 보기 드문 수작이라 극찬하면서 고빌의 번역서 중에서 가장 뛰어나다고 추천하였다. 이 책 권두에 있는 고빌의 자서(自序)에서는 《서경》의

1748): 프랑스 출신의 선교사로 《시경》과 유향(劉向)의 《열녀전(列女傳)》을 번역했다.

역사를 서술하고 복생(伏生)과 공안국(孔安國)의 금고문(今古文)에 관한 설명도 덧붙여 놓았다. 그 외 《서경》의 천문(天文)에 관한 내용, 〈요전(堯典)〉 중의 성신(星辰)에 관한 해석, 《서경》에 나오는 일식(日蝕)에 대해서도 논하고 있다.

건륭 17년(1752) 8월 10일 고빌이 유럽에 있는 친구 오트레이에(des Hauterayes)에게 보낸 편지에는 다음과 같이 적혀있다.

> "내가 여기(북경) 있는 동안 《역경》 번역본을 본 적이 있는데, 그 중 가장 중요한 한 부분이 아직 유럽에 보내지지 않은 듯하다. 바로 공자가 문왕(文王, B.C.1231-1135)과 그 아들 주공(周公) 단(旦, B.C.1108 사망)의 원문에 대해 주석을 단 부분이다. …… 만약 아직 번역한 사람이 없으면 내가 이 일을 하고자 하는데, 비스델루가 이미 《서경》 번역을 마쳤는지 모르겠다. 몇 해 전 여기에 있는 선교사 중에 《예기》를 번역한 이(Charme를 가리킴)가 있지만, 그 번역본이 독자에게 도움이 되려면 아직 엄밀히 교정하고 수정해야 할 부분이 보여서 역자에게 말해준 적이 있었다. 역자 역시 아직 번역본을 유럽에 보낼 계획이 없다고 하였다."

고빌은 또 경적의 훈고(訓詁) 문제에 대해 연구한 적이 있으며 그의 동료인 부베와 프레마르 두 사람의 견해를 비평하기도 했는데, 애석하지만 그 책도 현재 초고만 남아있다.

샤름(Charme)은 늦게 중국에 온 예수회 신부 중 가장 한학(漢學)에 정통한 사람이었다. 그가 라틴어로 번역한 《시경》에는 주해(註解)가 덧붙여 있다. 유럽학자 칼르리(Callery)는 그의 번역 문체가 혐오감을 준다고 말했지만, 비오(Biot)와 레기(Legge) 등은 아주 좋은 평가를 하였다. 비오는 그가 혼자 힘으로 라틴어로 된 상세한 주소(注疏)를 달았으며 매우 박학하고 만주어와 중국어에 정통했다고 하였다. 또 그가 평생 남긴 작품은 오로지 이 책뿐인데, 옹정 11년(1733) 원서 번역을 시작했지만 완성되지 못한 것 같다고 하였다. 샤름은 《예기》도 번역하여 원고를 완성했으나 인쇄되지 못했다.

건륭연간 중국 궁정의 서구화를 언급하는 사람 중에 원명원을 모르는 자가 없고 원명원의 서양건축을 들지 않은 자가 없으며, 특히 베누아(Benoist)가 만든 분수연못은 빼놓지 않고 회자되고 있다. 하지만 베누아가 《서경》과 《맹자》를 번역했다는 사실을 누가 알기나 하는가? 베누아가 라틴어로 번역한 《서경》은 특히 세심하고 신중해서, 고빌이 그 초역 원고를 보고 크게 경탄하며 전부 번역할 것을 격려했다고 한다. 그 번역 원고는 일찍이 모스코비아(Moscovia)공작 라수모스키(Rasumoski)에게 보내졌다. 프란시스코 부르주아(Francisco Bourgeois)는 "그 책은 비록 발간되지 않았지만 많은 사람에게 칭찬을 받았으며, 한문에 대한 그의 깊은 이해와 번역의 충실함은 이전의 모든 번역본보다 훨씬 뛰어났다"고 말했다(*T'oung Pao* 1929년 403쪽에 이 번역본을 논한 글이 있음). 베누아는 《맹자》도 번역하였으나 몸이 병든 데다 잡무에 매여서 결국 작업을 마칠 수 없었다.

건륭 34년(1769) 선교사 시보(Cibot)는 브로티에(Brotier)에게 보낸 편지에서 베누아가 중국 사대부와 변론한 《대소경적(大小經籍)》(*Les grands et les petits King*)을 극찬했다.

건륭제 때 중국 전적에 두루 통하여 서양어로 많은 저술을 남긴 유명한 또 한 사람이 있었으니, 바로 장 아미오(Jean J. Amiot)이다. 아미오는 만주어와 중국어에 정통하여 〈성경부(盛京賦)〉[11]를 번역했고 중국의 고

....
11) 〈성경부(盛京賦)〉: 1743년 건륭제가 조상 제사를 위해 처음 성경(현 심양)에

악(古樂)과 석고문(石鼓文) 등을 연구하였을 뿐 아니라 서양인 최초로 중국 묘족(苗族)과 군사학을 연구하였다. 건륭 40년(1775) 북경에서 《화민고원고(華民古遠考)》(L'Antiquité des Chinois prouvée par les Monuments)를 저술했는데, 《역경》·《서경》·《춘추》와 《사기》를 근거로 고증하고 있다. 또 건륭 49년(1784) 북경에서 간행한 《공자전(孔子傳)》(Vie de K'ong-tes)은 아미오의 저작 중 가장 뛰어난 작품으로 꼽힌다. 이 책은 각종 사적(史籍)을 참고한 외에 《논어》·《사기》·《공자가어(孔子家語)》 등 여러 서적을 이용했는데, 일찍이 '공자 전기 작가 중의 전기 작가'라고 자찬한 바 있다. 다만 저술 목적이 자료 수집에 있었을 뿐 고증은 하지 않았다고 스스로 말했다. 그 외에도 《공문제자전략(孔門弟子傳略)》(Abrégé de la vie des principaux disciples de K'ong-tes)이 건륭 49년(1784) 혹은 그 다음해 북경에서 간행되었다. 안자(顔子)·증자(曾子)·자사(子思)·맹자(孟子)·중자(仲子) 등 5명을 열거하고 있는 이 책 역시 100여 년 이래 중국 경적을 연구하는 외국인의 필독서가 되었다.

시보는 《대학》과 《중용》을 번역하였다. 그는 300쪽에 달하는 《중국인의 효도에 대한 기억》(Mémoire sur la piété filiale des Chinois)을 저술하여 효는 중국의 풍속과 정치의 기초를 이룬다고 주장하였다. 이 책은 효도에 관한 중국 고금의 학설을 모아 한 편(編)으로 만들고 《예기》와 《효경》을 발췌 번역했으며 《대청율례(大淸律例)》 중 효도에 관한 법률도 그 경중을 헤아려 번역하였다. 그 외 황제가 당연히 지켜야하는 효도와 일반 사회에서 볼 수 있는 효도 풍속도 모두 채록하였다. 또 고금의 효자 이야기와 효를 권장하는 시문·격언·속어 등도 함께 수록하였다. 비록

행차했을 때 지은 선조의 창업무공과 성경의 풍부한 물산 및 뛰어난 인재를 칭송한 작품이다.

전문적으로 중국 경적을 연구한 책은 아니지만, 그 내용 중 중요한 부분은 당연히 경서에서 취하였다. 시보는 19세기 이전 중국에 온 서양인 가운데 중국 경적을 연구한 마지막 인물이지만, 중국 생물(生物)을 고찰하는데 많은 힘을 쏟았기에 그의 중국 경적 연구는 세상에 거의 알려지지 않았다.

제3절 청 성조가 서양 선교사에게 《역경》을 연구하게 한 경위

민국 30년(1941) 5월 21일 계림에서 발행된 《소탕보》의 《문사지》부간 제17기에 〈부베와 푸케의 역경 연구(白晉與傳聖澤之學易)〉라는 글이 발표되었는데, 이 두 사람이 강희제의 명으로 《역경》을 연구하게 된 관련 문헌 10종을 소개하고 있는 게 가장 흥미로웠다. 그 후 내가 또 몇 가지 문건을 구했으니, 그 중 한두 가지를 간추려 소개하면 다음과 같다.

"신(臣) 푸케는 강서(江西)에서, 북경으로 들어와 부베를 도와서 《역경》원고 초안(草案)을 함께 기초하라는 황명을 받았습니다. 천박하고 비루함에 스스로 부끄러운 신을 불러주시니 무한히 감격할 따름입니다. 이전에 난 병으로 몸이 허약해 육로로 움직일 수 없었는데, 지방 관헌들이 황명에 따라 배를 준비시키고 여러 방면으로 편의를 제공해서 육로로 이동하는 것만큼 빨리 움직여 6월 23일 북경에 도착할 수 있었습니다. 신은 곧장 행궁(行宮)으로 달려가 황제께 문안 올리고자 하였으나, 여름 날씨가 너무 더워 원하는 대로 하지 못하고 단지 황제께 만복이 충만하길 앙망하였습니다. 머지않아 신의 몸이 다시 예전처럼 회복되면 부베와

함께 미력을 다하여 《역경》 원고 초안 몇 편을 작성한 다음, 황제께서
귀경하시길 기다려 삼가 어람하시도록 올리겠습니다."

이는 강희 49년(1710)의 일로 강희제의 이 같은 열정적인 장려에 외국
인도 병든 몸을 이끌고 북경에 와 《역경》을 연구하였으니, 참으로 중국
경학사에 있어 높이 평가해야 할 일이 아닐 수 없다. 같은 해 7월 초5일
의 기록을 보면 다음과 같다.

"황제께서 '부베의 《역경》 해석은 어떻게 되고 있는가? 흠차(欽此)!'라고
물으니, 왕도화(王道化)가 '지금 현재[今現在: 원문에 이렇게 되어있음]
《산법통종(算法統宗)》12)의 〈찬구도(攢九圖)〉와 〈취육도(聚六圖)〉13)
등을 해석하고 있습니다'고 아뢰었다. 이에 황제께서 다음과 같이 말했

....

12) 《산법통종(算法統宗)》: 전체 명칭은 《신편직지산법통종(新編直指算法統宗)》
으로 정대위(程大位, 1533-1606)가 지은 중국 고대 수학 명저이다.
13) 환원(幻圓)은 자연수를 여러 개의 동심원이나 여러 개의 동그라미 원에 배열
하여 각 원주의 숫자 합이 서로 같도록 배열한 것인데, 직경 위의 숫자 합이
서로 같다. 동심 환원으로 저명한 서적이 《찬구도》와 정역동(丁易東)의 《태
연오십도(太衍五十图)》이다. 〈취육도〉는 6개 숫자의 합이 111이고 가운데에
서 두 번째 원 부분 12개 숫자의 합이 222이다.

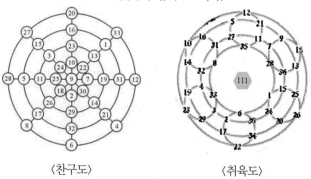

〈찬구도〉 　　　　　　　　〈취육도〉

다. '짐이 최근 몇 달 동안 바빠서 《역경》에 대해 언급할 시간이 없었다. …… 부베가 《역경》을 해석하려면 반드시 여러 책을 모두 보아야만 비로소 고증을 할 수 있을 것이다. 만약 같은 길[同道]이 아니라고 생각하여 보지 않고 스스로 자신의 의견으로 부연설명하게 되면 바른 책[正書]이 완성될 수 없을 것이다. 이는 마치 소강절(邵康節)이 역리(易理)에 매우 밝은 사람이었지만, 그가 말한 점험(占驗)이 그의 제자들이 기록한 것이어서 소강절의 본뜻이 아니었던 것과 같다. 만약 그 수(數)의 정미(精微)함에 나아가 고찰하지 않는다면 의지할 바가 없으니 무엇으로 근거를 삼겠는가? 그대는 부베에게 반드시 고서(古書)를 자세히 비교해 읽고 길이 다르다고 보지 않아서는 안 되고, 해석한 책이 언제 완성되던지 간에 반드시 끝내야만 한다고 전하라. 흠차!'"

초6일의 기록은 다음과 같다.

"신 부베는 '그대의 《역경》에 대한 배움은 어떻게 되었는가? 흠차!'라는 황상의 유지를 받았습니다. 신이 황상의 물음에 답하고자 하나, 외국의 어리석은 유생으로 중국의 문의(文義)에 능통하지 못한데다 중국의 문장은 이치가 심오하여 통찰하기가 어렵습니다. 하물며 《역경》은 중국 서적 중에서도 가장 심오한 것입니다. 신 등이 중국에 왔지만 중국의 언어를 이해하지 못해 한자의 문의를 배워 중국 언어의 의미를 알고자 했습니다. 지금 황상께서 '《역경》에 대한 배움은 어떻게 되었는가?'라고 물으셨는데, 신 등은 우매하고 무지합니다. 만약 성은이 망극하게도 어리석고 미천함을 버리지 않으신다면, 시간의 말미를 주시어 신 부베가 푸케와 함께 세심하게 연구할 수 있도록 해 주십시오. 만약 얻는 바가 있으면 다시 바쳐 어람하도록 하고 성은의 가르침을 구하겠습니다. 삼가 이 상소를 올립니다."

이외에도 또 날짜가 적혀있지 않는 문건 2개가 있는데, 지우고 고친 흔적이 있는 것으로 보아 초고였던 것 같다. 그 내용을 옮기면 다음과 같다.

"신 부베는 '그대의《역경》어떻게 되고 있는가?'라는 황상의 유지를 받았습니다. 신이 머리를 조아려 삼가 아뢰옵니다. 신이 먼저 준비한 원고는 조악하고 내용이 깊지 않아 어람하신 황상을 욕되게 하였으나, 황상의 큰 어짐과 관용으로 은혜를 입었으니 감격해 마지않습니다. 신은 오랫동안《역경》의 수(數)에 전념하면서 미천한 소견으로 그에 관한 실마리를 얻으면 전부 수도(數圖)에 배치하고 있습니다. 만약 신 한사람의 이러한 우매한 견해로만 그친다면 가벼이 믿을 수 없을 것입니다. 푸케도 신과 소견이 대략 같습니다. 그렇지만 하늘이 내린 총명함으로 유일하게 대역(大易) 정학(正學)의 권(權)을 실제 장악하신 우리 황상과 같을 수 없으니, 친히 고증해주신다면 신이 얻은 역수(易數)의 실마리가 옳다고 생각하게 될 것입니다. 황제께서 만약 비루하게 여기지 않으시고 가르침으로 이끌어 주시며 기한을 더 주신다면, 저희 두 사람은 함께 마음을 다해 준비해서 어람할 수 있도록 올리겠습니다."

"신 부베가 황상께서 어람하시도록 올린《역학총지(易學總旨)》즉《역경》의 내의(內意)에는 천주교와 매우 비슷한 부분이 있습니다. 때문에 저희가 이전에 명을 받아 만든《역경》원고에 '천주교와 서로 관련이 있다'는 말을 처음으로 넣었습니다. 나중에 푸케가 와서 신과 함께 앞의 원고를 수정하면서 또 몇 항목을 첨가하였습니다. 저희들 회장(會長)이 5월 중에 황상의 명으로 북경에 있는 여러 서양인이 함께《역경》원고에 인용된 경서(經書)에 대해 논의한다는 것을 알고는 저희 두 사람에게 편지를 보내 '너희가 준비한 어람서(御覽書) 안에 천주교와 관련된 부분이 있으면, 황제께 올리기 전에 마땅히 먼저 상세히 살필 수 있도록 윤허를 구해야 한다'고 하였습니다. 비록 저희 두 사람이 오래 동안《역경》등의 심오한 뜻을 깊이 연구하고 서양의 비학(秘學) 고전(古傳)과 서로 비교 고찰했기에, 저희가 발견한 바로서 쓴《역경》원고에 천주교와 부합되지 않은 것이 없지만 회장의 명을 따르지 않을 수 없습니다. 엎드려 삼가 성지를 내려주시길 요청합니다."

이 상주문의 끝 부분은 원래 "서양인 중에 비록 저희 두 사람만큼 오래
동안 《역경》 등의 내의를 깊이 연구한 사람은 없지만"고 되어있었으나,
다시 고쳐 쓴 것으로 보아 《역경》 해석에 있어 부베 등과 그 회장의 의견
이 서로 달랐음을 알 수 있다. 아래에 인용한 문건을 보면 푸케가 병을
핑계로 시간을 끌고 있는데, 아마도 강희제의 명을 따르면 회장이 허용
하지 않을 게 두렵고 회장의 지시에 복종하면 분명 강희제의 뜻을 거스
리게 되기에 이러지도 저러지도 못했던 것 같다.

55년(1716) 윤5월(원문에는 윤3월이라 되어있으나 오기임)에 강희제
가 다시 유지를 내려 다음과 같이 말했다.

"부베가 준비하고 있는 《역경》은 써도 되고 안 써도 된다. 그가 만약 쓰
려고 한다면 혼자 쓰도록 하고 다른 어떤 사람도 필요 없으며 서두를
필요도 없다, 그가 완전히 다 썼을 때 다시 고하도록 하라. 흠차!"

이상의 사료를 통해 강희제가 부베에게 《주역》을 배우도록 명한 것이
전후 약 6년이나 되었지만, 여전히 그 작업이 완성되지 못했음을 알 수
있다.

당시 북경에 있는 서양인을 관리하던 왕도화는 푸케에게 연구결과를
강희제에게 아뢰도록 있는 힘을 다해 설득했다. 왕도화가 푸케에게 보낸
편지를 보면 다음과 같다.

"편지를 받고 선생이 두통을 앓는 것을 처음 알게 되었습니다. 원래 직접
가서 문병하려했으나 공무에 치여 원하는 대로 하지 못했으니, 단지 미
안하고 아쉬운 마음뿐입니다. …… 선생은 9만 리를 멀다 않고 와서 평소

의 학문[素學]을 펼쳐 교리를 빛내고자 하였는데, 지금 다행히 황제께서 배운 바를 물어보시니 헌책할 수 있는 길이 열렸습니다. 선생이 마땅히 평소 함양한 숨은 뜻을 힘을 다해 바친다면, 바로 평소 하고자 한 바를 져버리지 않게 될 것입니다. 지금 작은 병이 있다고 어찌 포부를 져버릴 수 있겠습니까? 저는 선생의 병이 다소 나아지면, 즉시 창춘원에 가서 (황제의) 자문에 대비하여 배운 바를 헛되이 하지 않기를 권합니다."

푸케는 답장에서 다음과 같이 말하였다.

"화한(華翰: 상대의 편지를 높여 이르는 말 - 역자)을 잘 보았습니다. 대감 [老爺]의 깊은 정에 감사의 마음을 금할 길이 없습니다! …… 삼가 황상께 올리지 못한 책을 언젠간 바치는 날이 오게 되면, 저에게 편지를 주셔 제가 병을 무릅쓰고라도 창춘원에 가서 문안드릴 수 있도록 해주시길 바랍니다."

이상은 강희 52년(1713) 4월의 일로, 푸케가 황제의 명을 어길 수 없어 일부 작업을 완성하려 했으나, 이 역시 쉽지 않았음을 말하고 있다. 그러나 같은 달 푸케는 황제에게 다음과 같은 상주를 올렸다.

"신 푸케는 외국에서 온 세상물정에 어둡고 융통성이 없는 학자[迂儒]로 중국 문의(文義)에 어둡지만, 황상의 은덕을 입어 역법(曆法)의 근본을 찬수(纂修)하라는 명을 받았습니다. 작년에는 열하(熱河)로 데려가서 친히 지도하시어 실로 저의 무지함을 깨우쳐 주심에 일전(日躔)이 이미 완성되었습니다."

이에 따르면 푸케는 1년 전에 이미 역법을 고침과 동시에 《역경》도 읽었음을 알 수 있으니, 정말로 쉬운 일이 아니었을 것이다.

부베와 푸케 외에 프레마르의 《경전의론(經傳議論)》도 황제가 어람하도록 올린 책이었다. 이 책의 분량은 방대한데, 〈육서론(六書論)〉·〈육경총론(六經總論)〉·〈역론(易論)〉·〈서론(書論)〉·〈시론(詩論)〉·〈춘추론(春秋論)〉·〈예악론(禮樂論)〉·〈사서론(四書論)〉·〈제자잡서론(諸子雜書論)〉·〈한유론(漢儒論)〉·〈송유론(宋儒論)〉·〈경학정론(經學定論)〉 등 12편으로 나뉜다. 나는 그 중 〈춘추론〉만 보았는데, 그 자서(自序)에 다음과 같은 내용이 있다.

"대개 이학(理學)은 경학(經學)을 바탕으로 세워지는 것이고 경학은 반드시 자학(字學: 글자의 유래나 소리, 뜻 따위를 연구하는 학문 - 역자)을 바탕으로 통하는 것이니, 경학을 버리면 이학이 틀리게 되고 자학을 버리면 경학이 막히게 된다. 고로 무릇 《육경(六經)》을 이해하려고 하면 마땅히 육서(六書)에서 시작해야 하고 육서를 깨우치면 《육경》의 내용과 형식이 모두 갖추어진다. 이에 나는 허신(許愼)의 《설문해자(說文解字)》, 서현(徐鉉)과 서개(徐鍇)14)형제의 《집주(集註)》15), 조환광(趙宦光)의 《장전(長箋)》16) 등을 밤낮으로 반복해 읽어 문자의 본의(本義)를 알고자 했다. …… 이런 까닭으로 나는 십삼경(十三經)·이십일사(二十一史)·선유전집(先儒傳集)·백가잡서(百家雜書)를 모두 다 구입하여 침식을 잊

....

14) 서개(徐鍇, 920-974): 남당(南唐)의 문자훈고학자. 서현의 동생으로 '소서(小徐)'라고 불렸다. 많은 저서를 남겼으나 현재 《설문해자계전(說文解字繫傳)》 40권과 《설문해자운보(說文解字韵譜)》 10권만 전해진다.
15) 서씨 형제의 《설문해자》 관련 저작 중 집주라는 이름이 들어간 책은 보이지 않는다. 서현은 일찍이 황제의 명으로 《설문해자》를 공동으로 교정한 적이 있고, 서개는 위에서 든 책 외에 《설문통석(說文通釋)》과 《설문은음(說文隱音)》등이 있을 뿐이다. 아마도 서씨 형제의 관련 저작을 통틀어 집주라고 한 것 같다.
16) 명대의 문학가 겸 문자학자인 조환광(1559-1625)이 쓴 《설문장전(說文長箋)》을 말한다. 조환광은 조이광(趙頤光)이라고도 하며 자는 범부(凡夫)이다.

은 채 읽은 지 벌써 10여년이 되었다. 지금 수염과 머리가 희끗해질 때까지 세월이 흘러 늙는 줄 몰랐으니 무엇을 위한 것이었는가? 내 마음을 헤아릴 수 있는 사람이 있다면 필히 그 까닭을 알 것이다."

프레마르가 얼마나 열심히 공부하였는지는 이 서문에 충분히 드러나 있다. 독서량이 방대했을 뿐 아니라 문자학에서 시작하여 이를 경전을 읽는 기초 공부로 삼았으니, 실로 다른 서양 선교사들이 하지 못했던 일이다. 그러나 그에게 가장 큰 힘이 된 사람은 유이지(劉二至)선생이었다. 이에 관해서는 서문에 다음과 같이 적혀있다.

"또 남풍(南豊) 유이지선생이 저술한 책 몇 권을 얻었다. 유선생[劉子]은 우리 청나라[國朝] 문자학의 영재라 할 수 있으니, 진·한 이래 여러 유학자들이 밝히지 못한 것을 밝혀내었다. 애석하게도 그가 남긴 책이 세상에 유포되지 않아 천하의 학자들이 그 좋은 점을 모르고 있다. 70년의 공적이 거의 다 사라지려 하니 또한 슬프지 아니한가!"

유이지의 이름은 응(凝)이며 천주교를 옹호하는 내용인 《각사록(覺斯錄)》을 저술하였고 일찍이 《은거통의(隱居通議)》[17]를 교정(校訂)하였다. 《사고제요》에는 그 외에 《계례변론(稽禮辨論)》·《운원표(韻原表)》·《석고문정본(石鼓文定本)》이 더 있다고 기록되어있다. 최근 어떤 연구자는 《각사록》과 《은거통의》를 읽고 그가 천주교 신자임을 처음 알았고, 《은거통의》에 인용된 서양 학설을 모두 남겨두었으나 권30 〈귀신(鬼神)〉 1편만 비워두고 인쇄하지 않은 것은 그가 독실한 신앙인임을 증명한다고 하였

....

17) 《은거통의(隱居通議)》: 전 31권. 원대 강서성 남풍(南豊) 사람 유훈(劉壎, 1240-1319)이 지은 책이다.

다. 이 내용은 《상지편역관관간(上智編譯館館刊)》18) 제2권 제3기에 실린 〈발애여당본은거통의(跋愛餘堂本隱居通議)〉에 보인다. 《경전의론》에는 유이지와 프레마르의 관계에 대한 자료가 있으니, 유이지가 프레마르의 《소학(小學)》 스승이며 프레마르가 유이지를 존경하였음이 그 서문 중에 보인다. 유이지가 천주교를 믿게 된 것도 어쩌면 프레마르의 권유에 의한 것이었는지 모른다. 파리 국립도서관에 아직 남아있는 몇 종의 유이지가 자필 교정한 책도 프레마르가 가져간 것이 아닌가 한다.

제4절 중국 경적의 전파가 서양 철학에 미친 영향

18세기 유럽은 이른바 '계몽운동'이 있었기 때문에 '이성의 시대' 또는 '철학의 시대'로 불리는데, 이성과 자유를 존중함으로 인해 반종교운동이 생겨났다. 이 운동이 시작된 데에는 그리스보다 중국의 영향이 더 컸다. 프랑스 대주교 페늘롱(Fénelon)19)은 그리스 문화를 숭배했지만, '유럽의 공명(孔明)'이라 불리던 케네(Quesnay)는 그리스 철학이 중국에 훨씬 미치지 못한다고 여겼다. 또 어떤 이는 그리스 종교가 실제로 중국의 영향

....

18) 《상지편역관관간(上智編譯館館刊)》: 1946년 11월 북경에서 창간된 천주교 관련 학술간행물로 당시 복단대학 사지학계(史地學系) 주임 방호(方豪)가 주편을 맡았다. 1946년 제1권 제1기와 1947년 제2권(6기), 1948년 제3권(6기)을 끝으로 6월에 정간되었다.
19) 프랑수와 페늘롱(Francois de Salignac de La Mothe—Fénelon, 1651-1715): 프랑스의 가톨릭 사제로 루이 14세 궁정의 유력한 일원이었으며 1695년 캄브라이(Cambrai) 대주교에 임명되었다. 정적주의(Quietism)라 불리는 당시 프랑스 가톨릭교회의 신비주의운동을 옹호한 것으로 유명하다.

을 받았다고 주장하기도 하였다.

중국의 사상을 유럽에 소개한 사람은 원래 예수회 선교사들이었다. 그 본래 목적은 자신들이 발견한 가장 쉽게 '복음'을 받아드릴 세계를 설명함으로써 선교사들이 중국에 오도록 장려하고 신자들에게 중국 교회를 위해 많은 헌금을 내도록 권유하는데 있었다. 그러나 뜻밖에도 유교 경전 중의 원리는 유럽 철학자들이 교회를 반대하는 자료가 되었다. 선교사들이 소개한 중국 강희연간의 안정된 국면은 동시대 유럽의 불안한 정국과 서로 대비되면서 크게 부각되었다. 유럽인들은 마침내 중국인이 순수한 도덕성을 갖춘 민족이라 여기게 되었고, 그 결과 중국은 그들의 이상국가가 되었으며 공자는 유럽 사상계의 우상이 되었다.

다만 소위 유럽 철학계가 받은 중국사상의 영향은 프랑스와 독일 두 나라에서 특히 컸다. 18세기 영국 사상가 중 윌리엄 템프(William Temp)·매튜 틴들(Matthew Tindal)·조지프 애디슨(Joseph Eddison)[20]·알렉산더 포프(Alexander Pope) 같은 이는 중국 문화에 대해 경의를 표했고, 문학가인 골드스미스(Goldsmith)·월폴(Walpole)·토마스 퍼시(Thomas Percy) 등도 적극적으로 중국을 칭송했다. 그러나 영국에서는 18세기에 이미 소수지만 중국 문화에 대해 악평하는 자가 있었고, 19세기가 되면 완전히 반대하는 태도를 취하게 된다.

중국에 대한 영국의 인식 중 일부분은 프랑스에서 전해진 것이지만, 대부분은 상인을 통해 수입된 것이고 그 외 일부는 지식이 더욱 없는

....

20) 조지프 애디슨(Joseph Addison, 1672-1719): 영국의 정치인이자 수필가, 시인으로 옥스퍼드대학을 졸업하였다. 1699년 프랑스와 이탈리아 여행 후 휘그당에 입당하여 평생을 정치 요직에 있었다. 친구 리차드 스틸(Richard Steele)과 함께 《스펙테이터》(Spectator)지를 창간, 계몽적인 논설과 함께 위트와 유머가 넘치는 수필을 다수 발표하였다.

뱃사람에 의해 전해진 것이었다. 프랑스는 비교적 일찍 중국과 접촉했을 뿐 아니라 가장 먼저 중국을 연구한 사람들이 모두 학식이 풍부한 예수회 선교사였다. 특히 프랑스 국왕 루이 14세가 파견한 첫 번째 선교사들은 더욱 당시 최고의 엘리트였다. 설령 이탈리아·스페인·포르투갈 출신의 선교사들이 쓴 저술일지라도 모두 로마교황청 소속이어서 쉽게 전해지고 번역될 수 있었다. 그러나 영국은 이미 신교로 개종한 상태였고 특히 예수회에 반대했기 때문에 모든 면에서 유럽 대륙과 공동보조를 취하지 않았다. 어떤 이는 영국 문화가 과학에 편중되어있고 철학도 과학을 위한 철학이어서 프랑스나 독일처럼 중국 철학을 쉽게 받아들이지 못했다고도 말한다.

18세기 유럽 사상계가 중국 영향을 받은 과정을 요약하면 다음과 같다. 데카르트(René Descartes)는 철학시대 이성주의의 시조로 공인된 독실한 천주교 신자였다. 그러나 그 학파는, 신이 있다고 굳게 믿으며 중국 고대사에 대해 의심하는 파스칼(Pascal)을 대표로 한 우파와 신은 없다고 주장하며 중국사상을 옹호하는 벨(Bayle)[21]을 대표로 한 좌파로 나누어지게 된다. 그 외에도 중국사상을 찬미하지도 반대하지도 않는 중도파가 있었으니, 중국 철학은 무신론이라고 여기는 말브랑슈(Malebranche)[22]가 이 파에 속한다.

예수회 선교사가 중국 철학을 서방에 소개할 때 중국 경서에 나오는

....

21) 피에르 벨(Pierre Bayle, 1647-1706): 프랑스의 철학자이자 비평가. 합리주의 철학을 주창하여 볼테르 등 백과전서파에 영향을 주었다.
22) 니콜라 드 말브랑슈(Nicolas de Malebranche, 1638-1715): 프랑스의 철학자이자 수도사이다. 그의 주요 관심사는 신앙의 진리와 이성적 진리의 조화라는 문제로, 데카르트 철학이 지니고 있는 심신이원론을 극복하고 일원적으로 설명하기 위한 기회원인론을 주장했다.

'상제(上帝)'와 '하늘[天]'을 교회에서 숭배하는 창조주에 비유했지만, 유럽에서는 오히려 반교회주의자들의 예리한 무기가 되었다. 대개 예수회 선교사들이 비록 '예의문제(禮儀問題)'에 있어서 두 파로 나누어졌지만, 송유(宋儒)의 이학(理學)을 가장 격렬하게 반대한 점에서는 동일한 견해를 가지고 있었기 때문이다. 이러한 견해는 중국 철학이 유럽에 소개될 때 함께 유입되었다. 유럽의 반종교 철학자들은 송유의 이학이 '이(理)'를 최고의 영원한 법칙으로 삼지만 '이' 역시 물질에 부속된다고 여기는 것을 보고 크게 환영하며 중국이 섬기는 것을 '자연 종교'라 하였다. 그리고 중국처럼 오래 지속된 높은 문명과 안정된 사회 및 숭고한 도덕 (수준)은 유럽의 소위 '초자연 종교'로는 도달할 수 없다고 인식하였다. 그리하여 중국 철학은 18세기 유럽에서 이미 유물론과 무신론으로 간주되어 '혁명적 철학'으로 불렸으니, 프랑스의 백과전서파(Encyclopedist)도 그 영향을 받았다.

독일의 계몽운동은 17세기 말엽의 스피노자(Spinoza)와 라이프니츠(Leibniz)가 시조인데, 두 사람은 일찍이 직접 데카르트의 영향을 받았기 때문에 중국의 영향을 간접적으로 받았을 뿐 아니라 중국사상과도 직접적인 관계가 있었다. 칸트(Immanuel Kant)는 스피노자의 범신론(泛神論)이 완전히 노자의 영향을 받은 것이라고 주장하였다. 라이프니츠는 21세 때 이미 중국의 영향을 받았다. 1687년에서 1690년 사이에 로마에서 그리말디(Grimaldi)와 해후하였고 1697년에는 프랑스에서 부베를 만났다. 롱고바르디(Longobardi)와 산타 마리아(Santa Maria)의 저작도 유럽에 전해진 후 라이프니츠의 비평과 지적을 받았다.

1697년 라이프니츠는 라틴어본 《중국근사(中國近事)》(*Novissima Sinica*)를 출판하면서 "유럽 문화의 장점은 수학적이고 사변(思辨)적인 과학이다. 즉 군사 면에서 중국은 유럽만 못하지만 실천철학 면에서는 유럽인이 실로 중국인보다 못하다"고 주장했다.

또 "중국의 전도(傳道)자들은 자연신학의 응용과 실행을 우리에게 전수할 수 있고 우리가 전한 계시신학과의 교환조건이 되기 때문에 중국은 실로 선교사를 유럽에 파견할 필요가 있다"고 주장했다.

그가 부베와 주고받은 서신 대부분은 《역경》에 대해 토론하고 있으며 팔괘(八卦)를 억지로 창세기에 끼워 맞추고 있다. 라이프니츠는 송유 이학의 '이(理)'와 기독교의 '신(神)'이 완전히 같은 개념이라 주장하기도 하였다.

라이프니츠의 영향을 가장 많이 받은 사람은 프랑케(A. H. Francke)[23]와 볼프였다. 프랑케는 1707년 할레(Halle: 독일 경건주의 신학의 중심지 - 역자)에서 동방신학원(東方神學院)을 설립하고 중국철학연구과를 부설하였다. 볼프는 강연과 저서를 통해 유럽학자에게 중국철학을 보편적으로 이해할 수 있도록 하였기에 그의 영향력은 라이프니츠를 훨씬 뛰어넘었다. 볼프의 제자 비르핑거(Bilfinger)[24]도 중국 고대 도덕학과 정치학에 관한 전문서적을 출간하였다. 또 루도비치(C. G. Ludovici)[25]도 자신의 저서 《라이프니츠 철학 전체 발전사 논평(評論萊勃尼玆哲學全部發展史)》[26]

....

23) 아우구스트 헤르만 프랑케(August Hermann Francke, 1663-1727): 17세기 독일에서 일어난 경건주의 지도자이다. 라이프치히대학을 졸업하고 할레대학의 신학교수로 일했다. 학교와 고아원을 설립하는 등 사회복지에도 힘썼다.
24) 게오르그 베른하르트 비르핑거(Georg Bernhard Bilfinger, 1693-1750): 독일의 수학자 겸 철학자이고 또 정치가이다. '라이프니치-볼프 철학'이라는 학술용어를 처음 고안해낸 사람이며 청년시절의 칸트에게 큰 영향을 미쳤다. 원서에는 Büffinger로 되어있으나 오류가 분명해서 바로잡았다.
25) 칼 쿤터 루도비치(Carl Günther Ludovici, 1707-1778): 18세기 독일 철학자.
26) 원전 명칭은 *Ausführlicher Entwurff einer Vollständigen Historie der Leibnitzischen Philosophie*, 1737 이다.

서문에서 "라이프니츠와 볼프의 세계관을 연구하려면 반드시 먼저 플라톤과 중국철학을 연구해야한다"고 말했다.

라이프니츠의 영향 하에 독일 관념론 철학이 마침내 생겨났으니, 칸트는 바로 볼프의 재전제자(再傳弟子)이다. 그러므로 관념론 철학 역시 중국 철학 특히 송유 이학의 영향을 받았다고 하겠다.

제5절 중국 경적의 전파가 서양 정치에 미친 영향

18세기 유럽 국가는 군주정치나 귀족정치를 막론하고 모두 폐단이 많고 부패가 만연했다. 전자는 프랑스, 후자는 독일을 대표적 예로 들 수 있는데, '중국 철학'은 모든 개혁운동에 처방되었던 약제(藥劑)였다.

독일의 라이프니츠와 볼프는 중국 철학을 자연 신교(神敎)로 여기고 이에 따라 관념론 철학을 만들었으며, 이로써 독일의 정신혁명을 추진하였다.

프랑스 사상가는 중국 철학을 무신론과 유물론 및 자연주의로 여겼으니, 이 3가지는 실로 프랑스대혁명의 철학적 기초가 되었고 이를 온 힘을 다해 추진한 사람들이 '백과전서파'였다.

프랑스대혁명은 사실 반종교적 철학혁명이며 프랑스의 계몽운동 역시 반종교가 발단이 되었다. 이러한 반종교적 분위기의 형성은 바로 중국사상이 전파된 결과였다.

프랑스대혁명 전야는 원래 중국에 대한 취미가 가장 유행하던 시기여서 궁정과 귀족사회는 중국 취미로 뒤덮여 있었다. 궁정과 귀족은 반세기 이상 프랑스 정치를 좌지우지했는데, 동서양 문화의 접촉이 빈번했던

당시 중국 취미와 중국사상은 프랑스·독일·영국 등 여러 나라에서 넘쳐
났다.

위에서 언급한 '백과전서파'는 디드로(Diderot)[27]가 이끈 학자 그룹이
다. 이 그룹의 목적은 반종교와 혁명 고취 사상을 백과사전 편찬 과정에
주입시켜 사회에 영향을 끼치고자 한데 있었다. 백과전서파는 비록 중국
문화와 매우 깊이 접촉하고 있었지만, 그 구성원의 복잡함으로 인해 마
침내 중국 문화에 대해 서로 다른 견해를 갖게 되었다. 예컨대 백과전서
파의 몽테스키외(Montesquieu)와 루소(Rousseau)는 서방 여행객이나 상
인의 여행기를 많이 읽었는데, 이들의 발자취는 단지 중국 연해지역에
머물렀기 때문에 본 것이 대부분 연해의 어부와 어촌이어서 중국에 대해
대부분 멸시하는 태도를 취하고 있었다. 이에 반해 돌바흐(d'Holbach)[28]
·볼테르(Voltaire)·푸아브르(Poivre)[29]·케네 등은 항상 예수회 선교사
의 보고서와 편지에서 중국 문화의 실질을 탐구하였다. 예수회 선교사는
흠천감에서 관직을 맡거나 북경에 거주하였기에 중국 문화에 대해 자주
흠모의 뜻을 드러내었고 따라서 독자들도 부지불식간에 그 영향을 받았

....

27) 드니 디드로(Denis Diderot, 1713-1784): 프랑스의 철학자이자 문학가이며 18
세기 대표적 계몽주의 사상가이다. 달랑베르(D'Alembert) 등과 함께《백과
전서》(*Encyclopédie*)를 편찬했다.
28) 폴 앙리 돌바흐(Paul Henri Thyry D'Holbach, 1723-1789): 프랑스의 철학자로
계몽시기의 대표적 유물론자이다. 디드로·엘베시우스·루소·달랑베르 등
과 교제하고《백과전서》간행사업에 참가했다. 당시 프랑스 유물론자들의
사상을 집대성하여《자연의 체계》를 저술했는데, 이 책에서 유물론적 무신
론 세계관을 체계적으로 기술했다.
29) 피에르 푸아브르(Pierre Poivre, 波勿爾, 1719-1786): 프랑스의 원예학자로 20
대 초반에 광주와 마카오 등지에서 선교활동을 하였다. 저서로《한 철학자
의 여행》(*Voyages d'un philosophe*)이 있다.

다. 그 중에서도 뒤알드의 《중화제국전지》는 이들에게 가장 중요한 참고서가 되었다.

돌바흐는 정치의 근본방식은 반드시 도덕과 결합해야 한다고 주장하며 세계에서 그 유일한 실례는 바로 중국이라 하였다.

몽테스키외의 저서 《법의 정신[法意]》 제1권 제1장에서는 법률에 대한 정의를 내리고 있다. 즉 '만물자연의 이치'를 제시하면서 '이치가 있으면 법이 있다'고 주장하였는데, 이는 완전히 송대 유학의 영향을 받은 것이다. 그러나 그는 중국 문화에 대해 때때로 주관적 비평을 했고, 어떤 때에는 앤슨(Lord Anson)과 여행객 드 메랑(de Mairan)의 보고서를 근거로 예수회 선교사가 쓴 저서의 진실성을 부인하기도 하였다. 이로 인해 경우에 따라 반대하기도 찬성하기도 하여 항상 서로 모순된 입장이었다.

볼테르는 10살 때 이미 예수회에서 운영하는 학교 교육을 받아서 중국 문화 각 방면에 대해 무조건적인 지지를 보내며 유럽 사람은 중국을 "마땅히 찬미하고 부끄러워해야 하며, 특히 그것을 모방해야만 한다!"고 강하게 주장하였다. 그리고 그의 작은 예배당에 공자 초상을 모시고 아침저녁으로 경배를 하였다. 《풍속시론(風俗試論)》(*Essai sur les mœurs*) 제18장에서는 "유럽 왕실과 상인은 동방에서 재부(財富)만 찾고자 한다. 그러나 철학자들은 하나의 새로운 도덕적이고 물질적인 세계를 발견하였다"고 적었다.

그는 공자에 대해 "그가 말한 것은 단지 매우 순수한 도덕일 뿐 기적을 논하지도 허황된 것을 다루지도 않았다"고 평가했다.

또 "인류의 지혜로는 중국 정치보다 더 우수한 정치 조직을 얻을 수 없다"고 하였으며, "중국은 세계에서 가장 공정하고 가장 인자한 민족이다"고 말하였다.

볼테르는 프레마르가 편역했던 《조씨고아(趙氏孤兒)》에서 자료를 취해 개작한 《중국고아(中國孤兒)》에서 중국의 도덕적 인생관을 게시(揭示)하였고, 아울러 중국 희극은 권선징악의 가치를 포함하고 있어 그리스의 희극시(戲劇詩)에 비견할 수 있다고 인정하였다

디드로는 중국을 비평하기는 했지만 중국 문화가 다른 민족보다 우월함을 인정했다. 공자의 이성종교는 기적과 계시를 말하지 않는 순수한 논리학과 정치학이라고 찬미하였다.

루소가 중국사상에서 받은 영향은 반동적이었으니, 중국이 가장 오래된 문명국임을 인정했지만 문명이 결코 행복의 표기(表記)는 아니라고 생각했다. 중국은 비록 문명국이지만 이민족의 침략을 피할 수 없었다고 하면서 중국을 그의 '문명부정론(文明否定論)'의 실례로 들었다.

프랑스대혁명은 위에 언급한 철학자들이 중국사상에 기초하여 제창한 무신론과 유물론 등을 그 철학적 기초로 삼고, 정치경제학적으로 중농주의학파(Physiocrates)인 튀르고(Turgot)와 중농주의학파의 영향을 받은 아담 스미스(Adam Smith)의 부추김을 받아 발생한 것인데, 중농주의학파도 중국 고대 정치경제 사상의 영향을 받았다.

중농주의학파의 원래 명칭은 그리스어에서 나왔으니, 원뜻은 '자연주재학파(自然主宰學派)'로 그 학설은 '자연율'과 '자연 질서'를 근본으로 삼아 자연법으로 하느님의 역할을 대체한다는 것이다. 케네는 중국에서 말하는 천리(天理)나 천명(天命) 또는 선철(先哲)들이 말하는 '도(道)'가 바로 자연율이며 교회에서 믿는 자연율도 하느님이 만든 것이 아니라고 여겼다.

케네는 중국의 정치를 '합법적인 전제정치'라고 불렀다. 왜냐하면 중국의 문화제도는 모든 것이 일체 자연율에 근거하므로 황제라 할지라도 필히 이 큰 법칙을 따라야 하고 천리의 지배를 받아야하기 때문이다.

케네는 중국 문화가 그리스 문화보다 뛰어나다고 숭배하였다. 중농주

의학파가 온 힘을 다해 '중국화'를 창도한 결과, 마침내 루이 15세는 1756년 중국 황제를 모방하여 '적전(籍田)'의 의례를 행하게 되었다.

튀르고는 재정부 장관 재임 시 중농주의학파의 정치적 지도자로서 일찍이 중국에서 유학한 수도사 조제 데스피나(Joseph d'Espinha)[30]와 스테파루스 파베르(Stepharus Faber)[31] 두 사람으로부터 (중국에 관한 정보를 듣고) 중국문제를 연구하였다.

아담 스미스는 1764-1766년 사이에 튀르고와 프랑스에서 만난 적이 있는데, 그의 저서 《국부론(原富)》[32]은 중국 소재를 응용한 부분이 상당히 많을 뿐 아니라 주관적 편견을 제거하고 과학적인 관찰을 하고 있다.

루이 15세 재위 말기 수상 베르탱(Bertin)도 혁명을 억제하기 위한 상소를 올려 "중국사상을 프랑스 인민에게 주입시켜야 한다"고 주장했다. 중국의 정치철학이 군주에 대한 절대 복종을 줄곧 인민들에게 주장하고 있기 때문에 루이 15세도 찬성하였다. 그러나 이러한 노력에도 불구하고 프랑스 군주전제정치의 마지막 운명을 전혀 돌이키지 못했고, 마침내 프랑스대혁명이 폭발하게 되었다.

독일 문학가 괴테(Goethe)는 번역된 중국 소설과 여행기를 많이 읽었기 때문에 공자의 인생관, 즉 중국인이 말하는 예의도덕을 이해하였다. 그래서 일찍이 《호구전(好逑傳)》의 번역을 시도했고 《조씨고아》를 개편하였으며 《역경》의 영향도 받았다. 그러나 중국사상이 독일의 정신혁명에 가장 중대한 영향을 끼치도록 한 것은 독일 문학가가 아니라 독일 철학자였다.

....

30) 원서에는 고류사(高類思)로 되어있으나 고신사(高愼思)의 오기가 분명하다.
31) 원서에는 양덕망(楊德望)으로 되어있으나 방덕망(方德望)의 오기가 분명하다.
32) 원제는 *The Wealth of Nations*이다.

라이프니츠가 중국사상을 접한 내용은 위에서 이미 기술했다. 라이프니츠 이후 칸트로부터 피히테(Fichte)·셸링(Schelling)·헤겔(Hegel)까지 모두 라이프니츠의 변증법 영향을 전적으로 받았으니, 역시 간접적으로 중국의 영향을 받은 셈이다. 《통감강목(通鑑綱目)》과 《옥교리(玉嬌梨)》[33]를 읽은 적이 있는 헤겔은 자신이 중국을 가장 깊이 안다고 생각했고 중국 문학과 예술을 찬미하였다. 그러나 공자의 학설은 비과학적이라고 비평하였다.

헤겔과 베를린대학에서 같이 철학을 강의한 쇼펜하우어(Schopenhauer)는 주자(朱子)의 영향을 가장 깊이 받았으니, 그의 저서 《자연의지설(自然意志說)》[34]에 보인다.

---

33) 《옥교리(玉嬌梨)》: 저자 불명의 염정(艷情)소설로 노신(魯迅)은 명대에 만들어진 것으로 보았다. 이 소설은 후에 《쌍미기연(雙美奇緣)》으로 제목을 바꾸었는데, '이적산인(荑荻山人) 편차(編次)'라고 되어있다. 분량은 4권 20회이며, 수재(秀才) 소우백(蘇友白)과 재녀(才女) 백홍옥(白紅玉), 노몽리(盧夢梨)가 함께 일생을 약속하는 고사를 내용으로 하고 있다.
34) 《의지와 표상으로서의 세계》(*Die Welt als Wille und Vorstellung*)를 말하는 것 같다.

제14장
중국 미술의 서양 전파

제1절 유럽 미술의 로코코(Rococo) 시대

로코코는 유럽 미술의 한 양식으로 '해방운동'이라고도 불렀다. 이 운동 이전에는 반(反) 문예부흥운동 미술인 바로크(Baroque) 양식이 있었는데, '신전제식(新專制式)'이라고도 불렀다. 따라서 로코코 양식이란 바로 반 바로크 양식을 가리키는 것이다.

로코코 양식이 출현하기 전 이탈리아 화가 레오나르도 다 빈치는 〈모나리자〉[1]를 그릴 때 중국 산수를 배경으로 삼았고, 그 후 그뤼네발트(Grünewald)[2]가 그린 〈성 안토니우스의 유혹〉[3]도 중국화의 영향을 받

....

1) 〈모나리자(Mona Lisa)〉: 원서에는 Mola로 표기되어있는데 오기로 보인다. 다 빈치의 작품으로 피렌체에 살던 한 상인의 부인을 그린 초상화라고 전해지며 현재 파리 루브르박물관에 소장되어있다

2) 그뤼네발트(Grünewald): 원서에는 Guneward Mappe로 표기되어있는데 오기로 보인다. 〈성 안토니우스의 유혹〉을 그린 화가는 마티스 그뤼네발트(Matthias Grünewald, 1470-1528)로 르네상스 시기의 독일화가이며 본명은 Mathis Gothardt이다.

앉으며, 심지어 어떤 이는 단테의 시도 중국의 영향을 받았다고 말한다. 그래서 혹자는 이 세 사람을 로코코 운동의 선구자라 부르기도 한다.

로코코 양식은 변화무쌍하여 기이함을 예측할 수 없고 활발하여 생동감이 넘치는 특징을 갖고 있는데, 모두 중국 스타일의 부드럽고 흩어져 날아가는 듯한 곡선과 타원형의 섬세한 꽃무늬를 사용함으로써 문예부흥 이후 규율을 중시하고 단정함에 치중하는 폐단을 힘써 바로잡고자 하였다. 이러한 미술이 성행한 시대를 로코코 시대라 부르는데, 대략 1760년 즉 건륭 25년에 시작되어 18세기 말까지 쇠퇴하지 않고 지속되었다.

로코코 양식의 영향은 매우 커서 회화에서는 맑고 담백한 색채를 중시하였고, 건축에서는 예각(銳角)의 모난 모퉁이를 최대한 피하고 대부분 둥근 모퉁이를 사용하였다. 심지어 문학에서는 정치(精緻)한 소품(小品)이 성행하였고, 철학에서는 애매모호한 명사를 즐겨 사용했다.

로코코 양식은 이른바 '중국 취미'(Goût chinois) 또는 '중국풍'(China-mode)의 유행과 밀접한 관계가 있었다. 자기(磁器)에서 처음 시작되어 칠기와 비단제품 및 일체의 용구와 식기 등에까지 계속 확대되었다. 현재 당시의 실물과 사진을 가장 많이 보존하고 있는 곳으로 베를린 왕궁미술관, 옛 왕궁 및 왕실정원 관리국, 베를린 동아미술관, 베를린 미술도서관, 런던 대영박물관, 파리 공예미술관, 역사 및 예술 사진자료관(Les Archives Photographiques d'art et d'histoire), 국립도서관의 우사(友社, Société des Amis de la Bibliotheque Nationale), 파리 판화 수집소 및 베를린·런던·파리의 기타 미술관 등이 있다.

....

3) 〈성 안토니우스의 유혹(Temptation of St Anthony)〉: 혼자 수도하는 성자가 하룻밤 동안 겪는 유혹에 관한 그림이다. 안토니우스(Antonius, 251?-356)는 이집트의 은수사(隱修士), 성인으로 '수도생활의 아버지'로 불린다.

제2절 중국 정원 배치 기법의 성행

프랑스대혁명 이전 오로지 이성(理性)만을 중시하고 국가·사회·정치·경제 개혁에 관심을 둔 유럽인들이 있었으니, 이것이 바로 볼테르 등을 대표로 하는 계몽운동이었다. 한편 오로지 감정만을 존중하고 개인의 방임을 주장함으로써 소박함과 진정성을 회복하여 자연으로 돌아가길 기대하는 사람도 있었으니, 루소(Rousseau)가 그 대표적 인물이었다. 이들 모두 중국의 영향을 받았지만 전자는 철학에서 나타났으니, 그 자세한 내용은 이미 본편 13장에서 서술하였고, 후자는 원예에서 나타났다. 로코코 양식은 프랑스에서 성행하였기 때문에 프렌치 그로테스크(French Grotesque)라고도 부른다.

이보다 앞서 프랑스 국왕 루이 14세 때에는 정치와 종교가 번창하였기에 원림(園林)도 모든 배치를 질서정연하게 하는 정제미를 애써 추구하였으나, 지나치게 꾸밈을 중시한 결과 자연스러움이 결여되었다. 반면 당시 영국의 원예는 자연스러움을 숭상하여 사람들로 하여금 마치 야외에 있는 듯한 느낌이 들게 하였다. 강희 35년과 36년(1696-1697) 사이 중국을 여행했던 유럽인 선교사 루이 르 콩트(Louis Le Comte)는 자신이 쓴 《중국현상신론(中國現狀新論)》(*Nouveaux Mémoires sur l' état présent de la Chine*)에서 이미 중국의 원림예술에 대해 언급하고 있으며, 뒤알드(Du Halde)의 대작(《중화제국전지》를 말함 - 역자)에서도 소개된 바 있다. 특히 건륭 12년(1747) 장 드니 아티레(Jean Denis Attiret)가 원명원을 상세히 묘사하여 보낸 편지는 유럽에서 매우 큰 반향을 불러일으켰다. 유럽인들은 중국의 원예가 영국과 프랑스 두 나라의 장점을 겸비하고 이를 충분히 조화시키고 있다고 생각하였다.

강희 51년(1712) 7월 조지프 애디슨(Joseph Eddison)은 《방관보(旁觀報)》(*Spectator*)에 기고한 글에서 일찍이 다음과 같이 말했다.

"획일적으로 정돈되고 가지런한 우리 유럽의 원예는 중국인들을 실소하게끔 만든다. 나무 심는 것을 봐도 나무마다 거리 간격을 똑같게 하고 정원형(正圓形) 또는 정방형(正方形)으로 만드는데, 이는 누구든지 할 수 있는 것으로 어찌 예술이라 말할 수 있겠는가? 중국인처럼 독창적인 아이디어로 교묘하게 기획하여 판에 박은 듯한 정렬됨을 추구하지 않아야만 예술이라 부를 수 있다."

중국식 지붕을 모방한 첫 번째 건축물은 독일 바케르바르트(Wackerbarth) 가문이 세운[4] 필니츠(Pillnitz)궁[5]이다. 그 후 독일의 포츠담(Potsdam) 부근 지역과 네덜란드·프랑스·스위스 각지에서 모두 앞 다퉈 이를 따라했는데, 특히 중국식 종루(鐘樓)와 석교(石橋)·가산(假山)·창문 및 내부 장식 등을 선호하였다.

건륭 15년(1750) 영국 왕실 건축사 챔버스(W. Chambers)[6]가 켄트(Kent)공작을 위해 만든 별장에는 돌을 쌓아서 가산을 만든 후 그 밑으로

....

4) 원서에는 'Wackenbarth河上'으로 되어있으나 오류가 분명해서 바로잡았다.
5) 필니츠(Pillnitz)궁: 드레스덴에서 남동쪽으로 약 10km 쯤 떨어진 엘베강가에 위치하고 있는 아우구스트 대왕의 여름 별궁이다. 1765년부터 1918년까지 작센 국왕과 왕비의 여름 별장으로 쓰였다. 18세기에 세운 수상궁전과 산상궁전 외에 19세기에 세운 바로크 양식의 신궁전이 있다.
6) 윌리엄 챔버스(William Chambers, 1723-1796): 영국의 고전주의 건축가로 스웨덴에서 출생했다. 1740년 이후 약 10년간 인도와 중국을 포함한 동방의 각국을 항해하였는데, 그 기간 중국 등지의 풍속과 건축을 스케치했다. 1761년부터 영국 왕실 건축사가 되었다. 대표작으로 '큐 가든스(Kew Gardens)', '서머싯 하우스(Somerset House)' 등이 있으며, 중국 여행의 영향을 받아 왕립식물원의 중국풍 정원도 설계하였다.

작은 시내가 굽이돌며 흐르게 했으며 무성한 나무로 짙은 그늘을 만들었다. 또 호숫가에는 9층으로 된 16장(丈) 높이의 탑을 세웠고 탑의 처마는 용으로 장식하였다. 탑 옆에 있는 작은 정자처럼 생긴 공자묘에는 여러 나라와 여러 종교의 장식이 한데 뒤섞여 있는데, 유독 난간의 조각과 창살만은 중국식으로 되어있다. 이 정원은 큐(Kew: 런던 서남부에 위치한 Richmond upon Thames의 한 지구 - 역자)에 있었기 때문에 큐 가든스(Kew Gardens)7)라 이름 붙였고, 이 양식이 프랑스에 전해진 후에는 '중·영·프 스타일 화원'으로 불렸다. 독일 카셀(Cassel: 현 Hessen주의 주도 Kassel의 오기로 보임 - 역자) 부근에 있는 빌헤름 왕궁8)도 이 양식을 모방하였다. 네덜란드의 헤트 루(Het Loo)9), 프랑스의 샹트루(Chanteloup), 독일 뮌헨 공원의 목탑도 모두 동일한 기풍 하의 작품이다. 이 분야의 저명한 건축가로는 까뮈(Le Camus)·베랭거(Belanger)·오거스틴(Jean Augustin)·레방(Renarc) 등이 있다. 챔버스는 스위스 동인도회사에서 근무할 때 일찍이 중국을 여행한 적이 있었는데, 영국 왕실 건축사로 임명되자 다시 한 번 동방에 갔다가 귀국한 후 건륭 22년(1757) 《중국 가옥의 설계(中國房屋

---

7) 큐 가든스(Kew Gardens): 원서에는 Kewgarden으로 표기하고 있는데 오기인 것 같다. 정식 이름은 The Royal Botanic Gardens, Kew 즉 큐 왕립식물원이다.
8) 원서에는 위렴(威廉) 왕궁 즉 빌헤름 왕궁이라 되어있는데, 빌헤름 왕궁은 카셀이 아니라 스튜트가르트(Stuttgart)에 있다. 카셀에 있는 궁으로는 Schloss Wilhelmshöhe와 Löwenburg 두 군데가 있는데, 원서의 아래 내용을 보면 전자를 가리키는 것 같다.
9) 헤트 루(Het Loo): 원래는 사냥용 별장이었는데, 1684년 훗날 영국 국왕이 되는 오렌지 공 마테오리치엄 3세(1650-1702)가 사들여 전원별장으로 사용했다. 건축가인 야콥 로만(1640-1716)과 다니엘 마로(1661-1752)가 실내와 가구, 정원까지 모두 설계하였다. 네덜란드 아펠도른에 있다.

之設計)》(*Designs for Chinese buildings*)란 책을 썼다. 그리고 건륭 37년 (1772)에는 《동방원예론(東方園藝論)》(*Essays on Oriental Gardening*)을 저술하였다.

그러나 챔버스의 중국식 정원은 완공 이후 많은 이들로부터 단지 동양의 신기한 물건을 쌓아놓고 사람의 이목을 현혹시킬 뿐이며 그 꾸밈이 지나치게 번잡하고 뒤죽박죽이란 비평을 받았으니, 웨이스(Weise)는 자신의 시에서 이를 풍자하였고 루소도 공격에 가담하였다.

당시 독일인 루트비히 운저(Ludwig A. Unzer)는 챔버스의 책이 나온 지 1년 후, 동일한 성격의 책인 《중국의 정원에 대하여》(*Über die chinesischen Gärten*)를 출판하여 중국의 조경예술은 충분히 유럽인이 본받을 만하며 그것을 받아들이는 것을 수치스럽게 여길 필요가 없다고 말했다. 또 영국인은 장렬하고 숭고한 아름다움을 쉽게 이해할 능력이 있기 때문에, 우리가 먼저 중국의 정원예술을 받아들여 재빨리 따라잡아야 한다고 주장하였다. 저들이 좋아했던 것은 중국 원림의 변화가 많은 배치와 풍부한 곡선이었다. 작은 다리·흐르는 물·굽은 길·비스듬한 언덕 등 어느 하나 곡선을 드러내지 않은 것이 없고, 곡선은 원래 비교적 생동감 있고 다양한 모습을 띠기 때문이다. 또 중국 원림의 배치가 사람들로 하여금 그윽하고 구슬픈 정감, 두려운 마음과 경이로운 감정을 느끼게 한다고 여겼다. 아울러 중국의 조경 배치는 항상 각 부분마다 그 특색을 단독으로 표현하면서도 전체적으로 보면 이상하리만큼 조화를 이룬다고 하였다.

운저는 또 중국 정원이 지나치게 번잡하다고 평가한 루소의 주장에 반박하면서, 원림이란 단지 자연계의 일부를 일정한 범위 내에 받아들여 사람들이 자세히 감상함으로써 그 미묘함의 소재(所在)를 보게 하는 곳인데, 루소가 추구하는 바는 조용하고 한적한 장소로 홀로 기거하면서 학문을 하는 곳이지 일반 사람이 생각하는 그런 정원은 아니라고 하였다.

중국식 건축은 독일에서 가장 먼저 출현했지만, 그 풍조는 비교적 늦게 형성되었다. 1773년(건륭 38년) 독일은 처음으로 원림 전문가 세켈(F. L. Sekell)을 영국에 파견해 중국 원림의 건축법을 연구하기 시작하였다. 운저의 책도 같은 해에 출판되었다. 후에 카셀(Kassel)백작이 빌헬름회헤(Wilhelmshöhe)에 중국 마을[村]을 만들고 이름을 목란(木蘭, Moulang)이라 하였다. 그 마을 옆의 작은 시내를 호강(葫江, Hu-Kiang)이라 부르고 마을에 설치한 시설은 모두 중국의 것을 모방하였으며 우유를 짜는 소녀는 흑인 여자에게 중국옷을 입혀 대신하게 했다.

당시 독일 키엘(Kiel)대학의 미학(美學) 교수였던 힐슈펠트(C. S. E. Hirschfeld)는 자신의 저서 《원예의 원리(園藝之原理)》(*Theorie der Gartenkunst*)에서 "지금 성행하고 있는 중국 원예예술이 실제 중국에서 온 것인지 아니면 동양의 다른 지역에서 온 것인지 알 수 없지만, 그 엄청난 흡인력과 광범위한 유행은 세상에 이와 견줄만한 것이 없을 정도이다. 본래 영국인이 앞장서서 이를 이미 유행시켰고 지금은 독일과 프랑스 사람들도 서로 뒤이어 유행을 따르고 있다. 조경하는 자들은 자신이 좋아하는 바를 버리고 고금의 우열도 비교하지 않은 채 무턱대고 '나는 중국식 화원을 만들고 싶다! 나는 중·영 혼합식의 화원을 만들고자 한다!'고 말하니, 유럽인의 지혜는 장차 거의 다 상실될 것이다!'고 탄식하였다. 이 책이 쓰여 진 시기는 대략 건륭 44년(1779)에서 50년(1785) 사이이다.

중국식 원림이 유럽에서 유행한 시기는 단지 1750년(건륭 15년)부터 1767년(건륭 32년)까지로 매우 짧았다. 가장 먼저 영국에서 시들해졌고 독일과 프랑스가 그 뒤를 이었는데 결국 다시 부활하지 못했다. 프랑스 대혁명이 일어났을 때에는 이미 완전히 자취를 감추었고, 네덜란드에서만 19세기 초까지 유지되었지만 겨우 명맥을 이어갈 정도여서 별로 논할 만한 것이 없다.

제3절 중국 회화의 서양 전파와 유행

유럽이 중국 회화의 영향을 받은 것은 중국 산수화와 그림 속 인물로
부터 시작되었는데, 이러한 회화는 도자기에서 가장 많이 보인다. 이들
중 가장 유명한 화가는 프랑스의 장 앙트완 와토(Jean Antoine Watteau)
10)로 강희 23년(1684) 태어나 강희 60년(1721)에 죽었다. 그의 작품 중
어두운 색을 띠고 흐르는 구름과 단색의 배경은 모두 중국화에서 따온
것이다. 짙은 남색의 멀리 있는 산도 중국 도자기에서 자주 볼 수 있는
그림이다. 그 외 작품 속에 중국식 정취가 숨김없이 나타나는 작가로
베렝(Berain)·질로(Gillot)·피유망(Pillement) 등이 있다. 다만 이들이 그
린 작품 속의 인물은 중국인도 서양인도 아니어서 보는 사람으로 하여금
크게 실소를 금할 수 없게 한다.

와토가 그린 〈고도범영도(孤島帆影圖)〉는 순수한 중국풍이다. 프로인
트(Frank E. Washburn Freund)의 〈녹야장교도(綠野長橋圖)〉는 마치 강

....

10) 장 앙트완 와토(Jean Antoine Watteau, 1684-1721): 18세기 화려한 로코코
   미술양식의 대표 화가로 프랑스 바란세느에서 태어나 18세 때 파리에 갔다.
   루벤스의 그림에 큰 감동을 받고 색채 화가로서의 독자적인 경지를 개척했
   고 특히 귀족들의 연회를 내용으로 한 그림을 그리기 시작했다. 〈카테라
   섬으로의 출항〉 등 많은 그림을 발표하였는데, 〈아현화〉로서 왕립미술원
   회원이 되었고 〈파리스의 심판〉 등 풍속화·데상·전쟁화 등을 그리기도
   하였다. 뒤에 〈졸산의 간판〉이라는 그림을 마지막으로 37세에 병사했다.

남(江南)의 농촌에 있는 듯한 느낌을 준다. 커전(Robert Cozen)은 중국 스타일의 수채화를 그렸고, 부쉐(Bouche)는 화조(花鳥) 그림으로 유명하다. 마리스(Malisse)는 인상파로서 중국 도자기에 보이는 화풍을 전적으로 모방했다. 반 고흐(Van Gogh)는 중국의 발묵(潑墨: 먹에 물을 섞고 붓으로 먹물이 번져 퍼지게 하여 윤곽선이 없게 그리는 화법 - 역자) 화법을 배워 탁월한 성취를 거두었다. 그 외 일본과 인도 등 동방국가의 영향을 받은 화가도 있지만, 18세기 (이래) 유럽의 화가들은 입체파·후기 인상파·미래파·보티쉬즘(Vorticism)[11]을 막론하고 모두 중국 기품[氣韻]의 영향을 받았다. 1760년(건륭 25년) 볼테르는 《풍속시론(風俗試論)》(*Essai sur les moeurs*)에서 중국이 예술의 생산지라며 극찬하였고, 괴테가 번역한《백미신영(百美新詠)》(*The Hundred Poems of Beautiful Women*)에서도 중국의 회화를 매우 칭찬하고 있다.

제4절 유럽에서 유행한 중국 용구(用具)

중국의 가마[轎]는 17세기 초 이미 유럽에 전해졌다. 프랑스 국왕 루이 14세 재위 때 특히 유행했는데, 가마 꼭대기 둘레의 재질과 색깔로 관직의 높고 낮음을 구별하였다. 그 당시 프랑스가 왕궁의 의례[朝儀]를 대대적으

----

11) 보티쉬즘(Vorticism): 20세기 초 영국에서 일어난 전위적인 예술운동. 미래파를 인상주의적이라고 비난하고, 입체파보다도 한층 순수한 추상 미술 제작에 노력하였다. 파운드(E. L. Pound) 등이 중심이 되었으며 회화·조각·시에까지 영향을 미쳤다.

로 정리하고 있었기 때문에 마침 모방 사용되었다. 곧이어 칠기에 모란(牧丹) 등을 그리는 칠회(漆繪) 기법이 유행하였는데, 1644년(숭정 17년) 프랑스 문헌에 이미 파리지앵들이 가장 선호하는 물건이라고 적혀있다. 몰리에르(Molière)[12]의 극본에서도 여러 차례 이를 언급하고 있다. 그러나 당시 가마를 탄 사람은 대부분 귀족 부인들이었고 어깨에 메는 식이 아닌 손으로 드는 가마였다. 그래서 옛날 중국에서 견여(肩輿)라고 부르던 것을 프랑스어로 '메는 의자(Chaise à porter)'라고 불렀다. 오스트리아 비엔나에서는 "병든 사람과 하인 그리고 유대인은 가마를 탈 수 없다"고 법으로 규정하였고, 독일에서는 1861년까지도 이 법령이 존재했다.

고대 유럽에는 부채가 없었기 때문에 라틴어 Flabellum은 파리를 잡는 도구를 지칭한다. 영어의 Fan은 파닥거리다(煽動)는 의미가 있는데, 새가 날개를 펼치고 공작새가 꼬리를 펼치는 것과 풍차(風車)나 삼태기를 까부는 것 등에 전부 이 명칭을 사용한 것을 볼 때, 그것이 고유명사가 아님을 알 수 있다. 17·18세기 프랑스 궁중의 귀부인들은 손에 꼭 중국식 취두선(聚頭扇)[13]을 들고 있었다. 취두선은 접첩선(摺疊扇)이라 부르기도 하는데, 비단으로 만들었고 여름 겨울 구분 없이 사용했으니 16세기에 사용했던 우모선(羽毛扇)과 다른 것이었다. 그 후 유럽 건축에도 '부채형 창문 장식', '부채형 통기창', '부채형 돔' 등의 명사가 출현하였다.

....

12) 몰리에르(Molière, 1622-1673): 코르네유, 라신과 함께 프랑스 고전주의 세대를 대표하는 극작가로 본명은 장 밥티스트 포클랭(Jean Baptiste Poquelin)이다. 극중 인물에 유별난 감정과 정신을 불어넣음으로써 인간 본래의 약점이나 악덕을 밝혀내는 새로운 양식의 코미디(희극)를 확립했다. 대표적인 작품으로 《타르튀프》·《동 쥐앙》·《인간 혐오》·《수전노》 등이 있다.
13) 취두선(聚頭扇): 각각 접는 부채 또는 펼치는 부채라는 뜻이다. 접선(接扇), 절첩선(折疊扇), 살선(撒扇)이라고도 한다.

중국식 거울도 당시 서양인의 큰 사랑을 받았다. 맹트농 부인(Mme de Maintenon)[14]이 베르사유(Versailles)궁과 트리아농(Trianon)궁에서 사용한 장식품은 거의 모두 중국 칠기였다. 중국 칠기는 마팅(Robert Martin) 일가가 모방하여 제작한 것이 가장 정교하였는데, 특히 화조(花鳥)에 뛰어났다. 퐁파드르 부인(Mme de Pompadour)[15] 저택에 있는 칠기는 전부 그들이 제작한 것이다. 프랑스는 17세기 말부터 중국 칠기를 모방하여 만들기 시작했으며 1730년(옹정 8년) 이후 특히 빠른 속도로 발전하고 더욱 성행하였다. 화초(花草) 도안은 전부 중국 또는 일본의 것을 모방했고 장롱과 같은 실내 가구 등에 모란이나 노래하는 새[鳴禽] 혹은 중국 여인, 중국식 난간과 작은 집 등을 그려 장식했다. 색채는 눈이 부시도록 고왔으니, 파랑·빨강·초록과 금색을 주로 사용하였다.

이탈리아 플로렌스에서는 16세기가 되면 흰 바탕에 파란 꽃이 그려진 중국 자기를 모방할 수 있게 된다. 네덜란드도 이를 따라 하기 시작해서 나중에는 비가 갠 후 푸른 하늘과 같은 색깔의 자기도 만들 수 있게 되었다. 1709년(강희 48년) 독일에서는 이미 진짜 백자를 제작할 수 있었는데, 종종 유럽의 투시도법(透視圖法)을 이용해 작은 다리나 목동 등과 같은 중국의 풍경과 인물화를 그려 넣었다. 어떤 경우에는 한자 1, 2자를

....

14) 맹트농 부인(Mne de Maintenon, 1635-1719): 루이 14세의 두 번째 아내로 프랑스의 교육자이자 문학가이며 본명은 프랑수아즈 도비녜(Françoise d'Aubigné)이다. 루이 14세 왕자의 양육을 맡았으며 왕비 마리 테레즈가 죽자 왕과 비밀 결혼식을 올렸다.
15) 퐁파드르 부인(Madame de Pompadour: 1755~1764): 루이 15세의 정부로 루이 15세의 총애를 받아 후작부인의 칭호를 받았다. 프로이센을 견제하기 위해 오스트리아와 제휴하여 국가외교의 전환을 추진하기도 하였으나 수포로 돌아갔다. 오랜 사치생활로 소모한 낭비가 훗날 프랑스대혁명을 유발한 원인 중 하나가 되었다는 견해가 있다.

모사해 넣기도 했는데 틀리지 않은 게 없었다.

17세기 동양의 자수품과 벽에 바르는 무늬 있는 종이가 유럽에 전해진 후, 바로 중·영 혼합 스타일과 중·프 혼합 스타일이 생겨났다. 모두 화조나 산수가 그려진 것으로 한 폭의 높이가 약 12척, 넓이는 4척인 벽지가 한 때 크게 유행하였다. 그리하여 서양인들이 중국예술을 모방할 수 있는 기회도 갈수록 많아졌다.

17세기 후반 프랑스는 이미 비단(綢)을 제작할 수 있었는데, 역시 중국식 도안 혹은 화훼를 채택하였다. 그 후 무대의 배경, 배우의 화장, 광고, 그림 속 삽화 등에 이르기까지 중국풍을 띠지 않은 것이 없었다. 18세기에는 '중국의 그림자극(Ombres chinoises)'도 성행하였다. 술집 여종업원이 중국옷을 입었고 정원에서는 금붕어나 공작 등을 키웠다. 1692년(강희 31년) 파리에서는 이탈리아 극단이 중국 희극을 공연하였다. 더욱이 중국식 복장을 하고 무도회에 참석하는 사람도 있었는데, 이 모두 호기심으로 인한 것이지 진정으로 중국의 미술을 애호한 것은 아니었다. 그런 까닭에 기이한 행동으로 사람의 이목을 현혹시키는 자들이 있었다. 예컨대 문 앞에 둘러 앉아 담배를 피우고 차를 마시거나, 심지어 나무 끝에 집을 짓는다던가, 지붕에서 신에게 제사지내는 것에도 중국을 끌어다 붙였으니 전혀 의미 없는 짓이었다.

제5절 중국 자기의 서양화(西洋化) 및 서양 전파

옛날 서방 사람들은 중국에서 비단이 생산된다 하여 중국을 비단나라라고 불렀고, 근대 서양인들은 중국에서 자기를 생산하므로 자기를 '차이나(China)'라고 불렀다.

　16세기 이후 유럽에서 중국 자기를 모방하여 만들었다는 내용은 이미
앞 절에서 서술하였다. 그 후 서양화가 그려진 자기가 동방으로 수입됨
으로써 중국 자기의 양식이 변화하여 서양화되어졌다. 서양 자기가 전해
진 것은 명나라 만력연간 무렵이었다. 대략 중국의 자기는 송나라 때
이미 남양에 대량 수출되긴 하였지만, 그 후 오히려 남양에서 채색자기
제작에 필요한 재료를 발견하였다. 코발트색[鈷藍] 안료로 굽지 않은 자
기에 꽃을 그리는 중국식 기법은 사실 페르시아로부터 전수받은 것인데,
그 시기는 13세기가 분명하다. 그리하여 청화자(靑花瓷)에 사용되던 '소
니발청(蘇泥浡靑)'을 오래지 않아 회청(回靑)이 대신하게 되었다. 소니발
청의 소(蘇)는 수마트라[蘇門答臘], 발(浡)은 브루네이[浡泥], 회(回)는 아
랍[大食]을 가리킨다. 또 브루나이에서 생산된 자광연지석(紫礦胭脂石)은
상품(上品)의 붉은색 안료였으며 스리비자야[三佛齊]의 자비(紫硨)도 최
상의 재료로 꼽혔다. 이는 중국 자기가 외국 원료의 영향을 받았음을
의미한다. 《천공개물(天工開物)》[16)]에서 "회청이란 서역의 대청(大靑)을
말하며 아름다운 것은 불두청(佛頭靑)이라고도 부른다"고 한 것이 이것
이다. 《규천외승(窺天外乘)》[17)]에서는 "회청은 외국에서 나온 것이다"고
하면서도 "명 정덕연간에 운남의 대당진(大璫鎭)에서 얻었다"고도 하였

....

16) 《천공개물(天工開物)》: 명나라 말엽인 1637년 송응성(宋應星)이 지은 백과전
　　서로 제1권은 곡류(穀類), 제2권은 비단을 비롯한 의료와 의복, 제3권은 염
　　료, 제4권은 맥류(麥類)의 가공법을 각각 다루고, 나머지 18권은 도자기·주
　　조(鑄造)·선박·화약·천연광물과 그 이용법 등을 총망라해 다루고 있다. 권
　　마다 그림이 삽입되어있다.(《실크로드 사전》, 740쪽)
17) 《규천외승(窺天外乘)》: 명대의 문학가 겸 관료인 왕세무(王世懋, 1536-1588)
　　가 지은 필기소설로 전 1권이다.

는데, 어찌 운남의 회교도가 전수한 바이겠는가?

　형식과 무늬에 있어서 송·원시기에도 일찍이 회교 국가의 영향을 받은 것 같지만 많이 보이지는 않는다. 청나라 초에 이르러 유럽의 도안과 그림이 그려진 서양 자기가 중국인의 많은 사랑을 받게 되자 바로 모방하기 시작했다. 허지형(許之衡)은 《음류재설자(飮流齋說瓷)》[18] 제4절 〈설채색(說彩色)〉에서 "서양 자기에는 2종류가 있다. 하나는 유럽에서 들여온 서양 자기로 본래 고고가(考古家)들의 감상 대상에 들지 못했다. 그러나 청나라 초에 들어온 여신상(女神像)이 그려진 자기와 같이 매우 정교한 것은 색다름이 만족스럽다. 아주 오래되고 정교한 것은 또한 한두개 소장할 만하다"고 하였다.

　적원수(寂園叟)는 《도아(匋雅)》[19] 상권에서 "서양 자기에는 투박한 것과 정교한 것 2종류가 있다. 건륭연간에 들어온 조공품 중에는 중국 글자와 연도 표시가 있는 것들이 많아서 동·서양 사람 모두가 다투어 구매하였다. 특히 여신상이 있는 자기는 극히 진귀한 비장품으로 여겨졌다"고 하였다. 또 "서양 자기의 종류도 하나가 아니다. 강희·건륭연간 이래로 매우 많이 수입되었는데, 대체로 월해관(粤海關) 감독이 주문 제작한 것이 정교하고 세밀하기가 독보적이었다"고 하였다.

　(이상의 설명을 통해) 중국의 서양 자기는 사실 맨 처음에는 유럽에서 전해진 것이지만, 중국 측이 주문 제작한 것도 있었음을 알 수 있다. 그후 중국에서 모방하기 시작하면서 유럽에서 만든 것보다 훨씬 잘 만들게

----

18) 《음류재설자(飮流齋說瓷)》: 북경대학 국문과 교수를 역임한 광동 번우(番禺) 출신 허지형(許之衡, 1877-1935)이 지은 중국 도자기 역사에 관한 전문서적으로 1920년대에 완성된 것으로 보이며 상·하 2권 총 10절로 구성되어있다.
19) 《도아(匋雅)》: 청말 사람 적원수(寂園叟, 생몰연도 미상)이 지은 도자기 전문서적으로 본래 3권이었으나 현재 상권과 중권만 남아있다.

되었고, 이에 영국과 네덜란드 동인도회사 등이 오히려 중국인에게 제작을 주문하게 되었다.

중국에서 처음으로 서양 자기를 모방한 곳은 광동이었기 때문에 광요(廣窯)라 부른다. 남포(藍浦)는 《경덕진도록(景德鎭陶錄)》[20] 권7 〈고요고(古窯考)〉에서 다음과 같이 적고 있다.

> "광요는 광동 조경부(肇慶府) 양강현(陽江縣)에서 시작되었으니, 대개 서양 자기를 모방하여 구웠기 때문에 지방지에는 광동 양강현에서 자기(磁器)를 생산한다고 기록되어있다. 일찍이 화로·병·구슬·접시·그릇·쟁반·주전자·찬합 등을 보았는데, 색채가 매우 찬란하고 화려하나 정교함과 우아한 윤택은 (중국) 자기(瓷器)만 못하며 눈썹을 깎아 골상(骨相)이 드러난 것 같은 혐오스러운 느낌을 피할 수 없었다. 그러나 경덕진의 당요(唐窯)는 일찍이 이를 모방하여 우아한 윤택을 충분히 드러내었으니 광요보다 낫다."

건륭연간 이후 상인들은 화려한 자기를 몹시 좋아하는 서양인의 기호에 맞추기 위해 경덕진[21]에서 백자를 주문해 구운 후 다시 광주(廣州)에서 서양 그림을 모방해 그려 넣고 채색을 하였다. 당시 가마[窯]가 주강

....

20) 《경덕진도록(景德鎭陶錄)》: 청나라 경덕진 사람 남포(생몰연도 미상)가 경덕진 요(窯)의 연혁과 제품, 제조방법 등에 관하여 정리한 6권의 책을 제자 정정주(鄭廷柱)가 증보하여 총 10권으로 1815년에 간행한 것이다. 흑백판화가 함께 곁들여 있다.(《해상 실크로드 사전》, 14쪽)
21) 경덕진: 중국 제일의 요업도시로 부근에 도토(陶土)가 많아 한대(漢代)부터 도자기를 굽기 시작했고 남조의 진(陳) 때부터는 본격적으로 생산하였다. 송 경덕연간(1004-1007) 경덕진 요가 공품(貢品)으로 유명해져 동서양에 도자기를 수출하였다. 명 선덕연간(1426-1435)에는 어요(御窯)가 건조되면서 도자기 생산이 더욱 활성화되었다.(《해상 실크로드 사전》, 14쪽)

(珠江) 남안에 있었고 지명이 하남(河南)이었기 때문에 '하남채(河南彩)'라고 부르거나 '광채(廣彩)'라고 불렀는데, 가경·도광연간에 가장 성행했다. 적원수의 《도아》 하권에는 다음과 같이 적혀있다.

"광주 십삼행(十三行)에서 사용하는 차구(茶具)는 모두 흰 바탕에 채색 무늬가 그려져 있는데, 그 정교함이 독보적이다. 게다가 대부분 계화법(界畵法: 궁궐이나 누각 등 건물을 자로 대고 정밀하게 그리는 기법 - 역자)을 사용하여 짙고 옅음을 구분 지을 수 있었다. 이들은 전부 자기(瓷器)에 서양 그림을 그린 것으로 속칭 '양채(洋彩)'라고도 한다. 이른바 '양자(洋瓷)'란 동(銅)으로 된 틀을 바탕으로 삼아 유약을 가득 쏟아 부운 후 채색하고 그린 것으로 광동에서도 모방해 만든 것이 있다."

건륭 8년(1743) 당영(唐英)[22]은 구강관(九江關) 감독으로 가마 업무를 맡으면서 《도야도설(陶冶圖說)》을 편찬하였다. 이 책에는 모두 20개의 그림이 있는데, 그 중 제17도 〈원탁양채(圓琢洋彩)〉에 다음과 같은 설명이 덧붙여 있다.

"원탁백기(圓琢白器)는 백채(白彩)의 그림이 서양의 것을 모방하였다하여 양채라고 부른다. 그림 잘 그리는 사람을 뽑아서 각종 색을 배합한 후, 먼저 백자 조각에 그림을 그려 시험 삼아 구워서 색이 불에 견디는지 확인한다. 그런 다음 큰 것부터 시작하여 작은 것을 그려 넣으면서 뜨거울 때 재주를 부렸는데, 눈썰미가 있고 마음이 섬세하며 솜씨가 좋으면 좋은 작품이 나왔다. 사용한 색은 법랑[佛郎] 색과 동일한데, 색을 배합하는

....

22) 당영(唐英, 1682-1756): 심양(沈陽) 출신의 학자로 시문과 서화에 능했다. 특히 20여 년 간 청 정부의 도자기 제작을 관리하면서 쌓은 경험을 바탕으로 여러 관련 저서를 편찬하였다. 대표작으로 건륭제의 명으로 만든 《도야도설》 외에 《도성기사(圖成紀事)》, 《도인심어(陶人心語)》 등이 있다.

방법으로는 운향유(芸香油)를 사용하거나 고무풀[膠水]을 사용하든지 맑은 물[淸水]을 사용하는 등 3가지가 있다. 운향유는 선염(渲染)에 편하고 고무풀은 탑쇄(搨刷)에 편하며 맑은 물은 퇴전(堆塡)에 편하다."

《경덕진도록》에는 당영이 구강관 감독으로 있을 당시의 상황이 자세히 기록되어있다. 그 중 권4 〈도무방략(陶務方略)〉에서는 경덕진에 서양 용기[洋器]를 만드는 작업장이 있는데, 활양기(滑洋器)와 조양기(粗洋器)로 나누어져 있다. 활양기는 활석(滑石)으로만 용기의 뼈대를 만들기 때문에 공임이 비싼 반면, 조양기는 절반만 활석을 사용하여 공임이 조금 싸다고 하였다. 권3 〈도무조목(陶務條目)〉에서는 서양 조각상이 그려져 있는 그릇의 화법(畫法)은 선염이고 전부 서양 풍격[筆意]을 사용하고 있다. 또 서양의 노랑·보라·빨강·초록·검정 등 여러 색깔의 그릇이 있으며, 양채 그릇에는 서양의 법랑(琺瑯) 화법을 모방한 산수·인물·화훼·새나 짐승[翎毛] 등이 그려져 있는데, 정교하기가 입신의 경지에 이르지 않은 것이 없다고 하였다. 권2 〈진기원기(鎭器原起)〉에서는 "서양 용기를 전문적으로 외국에 파는 상인들은 대부분 월동(粤東)사람으로 서양인에게 판매하기 위해 시장에 출시되는 방식은 매우 기이하며 해마다 달랐다"고 적고 있다.

낭정극(郎廷極)은 강희 44년(1705) 강서순무로 부임하였는데, 후인들이 그의 성을 따서 2종류의 특수한 유자(釉瓷) 이름을 지었다. 하나는 빈록랑요(蘋綠郎窯)고 다른 하나는 옥홍랑요(玉紅郎窯)이니, 후자가 특히 유명해서 프랑스인들은 그것을 '소고기의 선지피 색깔'(Sang de Boeuf)이라고 불렀다. 많은 사람들이 이를 카스틸리오네(Castiglione)가 제작한 것으로 알고 있지만 사실이 아니다. 또 그의 종형인 낭정좌(郎廷佐)가 만든 것이라고 여기는 이도 있는데, 이 역시 잘못된 것이다. 낭정좌도 순치

11년(1654) 강서순무를 역임했지만 1년 만에 그 곳을 떠났다.

법랑은 유리빛[玻光] 유약 또는 유리빛 유약 화합물을 금속그릇의 표면에 녹여 칠한 것이다. 법랑은 서아시아 혹은 콘스탄티노플에서 발명되었다고 하며 아랍인에 의해 중국에 전래되었다. 홍무 20년(1387) 간행된 《격고요론(格古要論)》[23]에서는 '불랑감(拂郞嵌)'이라 부르고 있는데, 대식요(大食窯)와 비슷하다고 하면서 "대식요는 어디서 제작된 것인지 알 수가 없다. 그것은 동(銅)으로 몸체를 만들고 약을 사용하여 오색 무늬를 구워낸 것으로 불랑감과 비슷하다. 일찍이 향로·화병·찬합·잔 등을 보았는데, 부녀자의 규방에서나 사용할 수 있지 사대부의 문방(文房)에 둘 물건[淸玩]은 아니다. 또 그것을 귀국요(鬼國窯)라고도 한다. 지금 북경에 있는 운남 사람 대부분이 술잔으로 사용하는데, 속칭 귀국감(鬼國嵌)이라 부른다. 내부(內府)에서 만든 것이 정교하고 윤택이 흘러 귀엽다"고 하였다.

중국 서적에는 불랑(佛郞), 발랑(發郞), 발람(發藍)으로도 적혀있고, 혹자는 불름(拂林)이라 주장하기도 하는데 대략 맞는 말인 듯하다. 그 외 불랑기(佛郞機)로부터 전해진 것이라고 말하는 이도 있지만 아닌 듯하다.

법랑의 제조법이 중국에 전래된 것은 원대가 분명하니, 현존하는 법랑은 지원(제2 至元)에서 지정연간(1335-1367) 사이에 만든 것이다. 그리고 명나라 경태연간(1450-1456)에 제조된 것이 많기 때문에 경태람(景泰藍)이라고도 부른다.

청나라 초의 양자(洋瓷)도 동기(銅器) 위에 붓으로 그린 법랑으로 광동법랑이라고도 부른다. 자기(瓷器) 위에 그린 것은 양채(洋彩)이다. 그 외

....

23) 《격고요론(格古要論)》: 전 3권. 현존하는 중국에서 가장 오래된 문물감정 전문서적으로 명대 사람 조소(曺昭, 생몰연도 미상)가 지은 책이다.

흔히 '고월헌(古月軒)'[24]이라 부르던 자태법랑(瓷胎琺瑯)이란 것이 있었는데, 어제(御製)라고 여기는 사람이 있지만 그렇지 않다.

광동의 법랑 장인들은 일찍이 인도와 페르시아 및 서남아시아 여러 나라에서 일한 적이 있었기 때문에, 이들이 만든 것 중에는 중국식 산수 중에 서양 인물이 나오는 것도 있고 외국 글자 1, 2개를 모방하여 새겨 넣은 것도 있다. 외국에서 주문 제작한 것 중에는 그 본국의 형식을 모방하였던 까닭에 페르시아와 태국 등 나라의 도안이나 인물이 들어간 것도 있다.

---

24) 고월헌(古月軒): 함풍연간 양주(揚州)지역에서 법랑채[鼻烟壺]를 만들었던 수공업 공장의 이름이다. 당시 유명한 화가였던 조지겸(趙之謙)은《용노한화(勇盧閒話)》에서 고월헌의 제품이 시·그림·글씨 3가지 모두가 뛰어나다고 호평하였다.

참고문헌

강석영·최용수, 《스페인·포르투갈사》, 대한교과서, 2005.

김규현 역주, 《대당서역구법고승전》, 글로벌콘텐츠, 2013.

김규현 역주, 《대당서역기》, 글로벌콘텐츠, 2013.

김규현 역주, 《불국기》, 글로벌콘텐츠, 2013.

김규현 역주, 《송운행기》, 글로벌콘텐츠, 2013.

김규현 역주, 《왕오천축국전》, 글로벌콘텐츠, 2013.

김상근, 《아시아 선교의 개척자 -프란치스코 하비에르》, 홍성사, 2010.

김호동 역주, 《마르코 폴로의 동방견문록》, 사계절출판사, 2000.

김호동 저, 《동방 기독교와 동서문명》, 까치글방, 2002.

나가사와 가즈도시 지음, 이재성 옮김, 《실크로드의 역사와 문화》, 민족사,
    1990.

다이엔 머래이, 이영옥 역, 《그들의 바다 -남부 중국의 해적 1790-1810》,
    심산, 2003.

데이비드 E. 먼젤로, 이향만 외역, 《진기한 나라, 중국》, 나남, 2009.

동북아역사재단 편, 《史記 外國傳 譯註》, 동북아역사재단, 2009.

동북아역사재단 편, 《漢書 外國傳 譯註》(상·하), 동북아역사재단, 2009.

동북아역사재단 편, 《後漢書 外國傳 譯註》(상·하), 동북아역사재단, 2009.

동북아역사재단 편, 《三國志·晉書 外國傳 譯註》, 동북아역사재단, 2009.

동북아역사재단 편, 《魏書 外國傳 譯註》, 동북아역사재단, 2010.

동북아역사재단 편, 《宋書 外國傳 譯註》, 동북아역사재단, 2010.

동북아역사재단 편, 《南齊書·梁書·南史 外國傳 譯註》, 동북아역사재단,

2010.

동북아역사재단 편, 《北史 外國傳 譯註》(상·하), 동북아역사재단, 2010.

동북아역사재단 편, 《周書·隋書 外國傳 譯註》, 동북아역사재단, 2010.

동북아역사재단 편, 《舊唐書 外國傳 譯註》(상·하), 동북아역사재단, 2011.

동북아역사재단 편, 《新唐書 外國傳 譯註》(상·중·하), 동북아역사재단,
2011.

동북아역사재단 편, 《舊五代史·新五代史 外國傳 譯註》, 동북아역사재단,
2011.

동북아역사재단 편, 《宋史 外國傳 譯註》(1-3), 동북아역사재단, 2013.

동북아역사재단 편, 《明史 外國傳 譯註》(1-5), 동북아역사재단, 2013.

라시드 앗 딘 저, 김호동 역, 《칸의 후예들》, 사계절출판사, 2005.

르네 그루쎄 지음, 김호동 등 옮김, 《유라시아 유목제국사》, 사계절출판사,
1998.

미스기 다카토시 지음, 김인규 옮김, 《동서도자교류사》, 눌와, 2001.

빈센트 크로닌, 이기반 역, 《서방에서 온 현자》, 분도출판사, 1989.

上杉千年 지음, 임진호 옮김, 《1421 세계 최초의 항해가 정화》, 도서출판
이치, 2007.

서창치·우가이 테츠죠우 엮음, 안경덕·이주해 옮김, 《파사집 -17세기
중국인의 기독교 비판》, 일조각, 2018.

소현수, 《마테오리치 -동양과 서양의 정중한 만남》, 서강대출판부, 1996.

수잔 휫필드 지음, 김석희 옮김, 《실크로드 이야기》, 이산, 2001.

알베르 주, 박금옥 역, 《성 프란치스코 하비에르》, 성바오르, 1996.

알폰소 바뇨니 저, 이종린 역, 《공제격치》, 한길사, 2012.

楊衒之 撰, 林東錫 譯註, 《낙양가람기》, 동서문화사, 2009.

오도릭 지음, 정수일 역주, 《오도릭의 동방기행》, 문학동네, 2012.

오모토 케이이치 외, 김숙이 외역 《바다의 아시아》전6권, 다리미디어,

2003-2005.

윤성익, 《명대 왜구의 연구》, 경인문화사, 2008.

이븐 바투타 저, 정수일 역, 《이븐 바투타 여행기》(1-2), 창작과 비평사, 2001.

이즈미다 히데오 저, 김나영 외 역, 《해역아시아의 차이나타운 화인가》, 선인문화사, 2014.

長澤和俊 저, 민병훈 역, 《동서문화의 교류》, 민족문화사, 1991.

재닛 아부루고드, 박흥식·이은정 역, 《유럽 패권 이전 -13세기 세계체제》, 까치, 2006.

정수일 역주, 《해초의 왕오천축국전》, 도서출판 학고재, 2004.

정수일 지음, 《고대문명교류사》, 사계절출판사, 2001.

정수일 지음, 《문명교류사 연구》, 사계절출판사, 2002.

정수일 편저, 《실크로드 사전》, 창비, 2013.

정수일 편저, 《해상 실크로드 사전》, 창비, 2014.

쩌우닝 지음, 박종일 옮김, 《중국의 형상1 -키타이의 전설》, 인간사랑, 2016.

쩌우닝 지음, 박종일 옮김, 《중국의 형상2 -대중화제국》, 인간사랑, 2016.

조너선 D. 스펜스, 주원준 역, 《마테오리치, 기억의 궁전》, 이산, 1999.

조지 듄 지음, 문성자·이기면 옮김, 《거인의 시대: 명말 중국 예수회 이야기》, 지식을만드는지식, 2016.

周達觀 著, 전자불전·문화재콘텐츠연구소 篇, 《진랍풍토기》, 백산자료원, 2007.

줄리오 알레니 지음, 천기철 옮김, 《직방외기 -17세기 예수회 신부들이 그려낸 세계》, 일조각, 2005.

쵸두리, 임민자 역, 《유럽 이전의 아시아 -이슬람의 발흥기로부터 1750년까지 인도양의 경제와 문명》, 심산, 2001.

페르낭 멘데스 핀투, 이명 역,《핀투 여행기》, 노마드북스, 2005.

프랑수아 지푸루, 노영순 역,《아시아 지중해: 16-21세기 아시아 해항도시
　　　와 네트워크》, 선인문화사, 2014.

필립 쿤, 이영옥 역,《타인들 사이의 중국인 -근대 중국인의 동남아 이민》,
　　　심산, 2014.

하네다 마사시, 이수영 외역,《동인도 회사와 아시아의 바다》, 선인문화사,
　　　2012.

하네다 마사시, 현재열 외역,《17-18세기 아시아 해양도시의 문화교섭》,
　　　선인문화사, 2012.

헨리 율·앙리 꼬르디에 지음, 정수일 역주,《중국으로 가는 길》, 사계절출
　　　판사, 2002.

히라카와 스케히노, 노영희 역,《마테오리치》, 동아시아, 2002.

김기협,〈마테오리치의 중국관과 補儒易佛論〉, 연세대 사학과 박사논문,
　　　1993.

신규환,〈청말 해부학 혁명과 해부학적 인식의 전화〉,《의사학》21-1,
　　　2012.

신익철,〈중서(中西)교류사 탐구의 성과와 연행록 연구의 접점〉,《정신문
　　　화연구》34-4, 2011.

이영춘,〈중국에서의 포르투갈 '선교보호권' 문제 및 조선대목구 설정에
　　　관한 연구〉,《민족사와 교회사》, 한국교회사연구소, 2000.

정혜중,〈명청중국과 조선사행의 지적 교류〉,《동양사학연구》111, 2010.

《東華錄》,《東華續錄》

《明實錄》,《淸實錄》

《史記》,《漢書》,《後漢書》,《三國志》,《晉書》,《宋書》,《南齊書》,《梁書》,

《魏書》,《周書》,《南史》,《北史》,《隋書》,《舊唐書》,《新唐書》,《舊五代史》,《新五代史》,《宋史》,《元史》,《明史》,《清史稿》

《清代外交史料》

高明乾 主編,《植物古漢名圖考》, 鄭州, 大象出版社, 2006.

邱炫煜,《明帝國與南海諸蕃國關係的演變》, 臺北, 蘭臺出版社, 1995.

貴州省社會科學院歷史研究所,《夜郎史探》, 貴陽, 貴州人民出版社, 1988.

內田吟風 編,《中國正史西域傳の譯註》, 京都, 龍谷大學文學部, 1980.

段連勤,《丁零·高車與鐵勒》, 桂林, 廣西師範大學出版社, 2006.

藤田豊八 遺著, 池內宏 編,《東西交涉史の研究 -南海篇》, 東京, 岡書院, 1974.

酈道元,《水經注疏》, 南京, 江蘇古籍出版社, 1989.

方國瑜,《中國西南歷史地理考釋》, 北京, 中華書局, 1987.

司馬光,《新校資治通鑑注》, 臺北, 世界書局, 1987.

謝方 校注,《西洋朝貢典錄校注》, 北京, 中華書局, 2000.

徐作生 著,《鄭和寶船揚帆世界》, 香港中和出版有限公司, 2011.

釋東初,《中印佛敎交通史》, 臺北, 中華佛敎文化館, 1968.

蘇繼廎 校釋,《島夷誌略校釋》, 北京, 中華書局, 1981.

蕭曦清 著,《鄭和船隊創世奇航》, 臺北, 牧村圖書有限公司, 2006.

宋曉梅,《高昌國》, 北京, 中國社會科學出版社, 2003.

沈德符,《萬曆野獲編》, 北京, 中華書局, 2004.

楊建新等 編注,《古西行記選注》, 銀川, 寧夏人民出版社, 1987.

楊武泉 校注,《嶺外代答校注》, 北京, 中華書局, 1999.

楊允中 主編,《鄭和與海上絲綢之路》, 澳門大學澳門研究中心, 2005.

嚴從簡,《殊域周咨錄》, 北京, 中華書局, 1993.

余太山,《塞種史研究》, 北京, 中國社會科學出版社, 1992.

余太山,《兩漢魏晉南北朝正史西域傳要注》, 北京, 中華書局, 2005.

余太山,《嚈噠史研究》, 濟南, 齊魯書社, 1986.

閣宗臨 著,《中西交通史》, 桂林, 廣西師範大學出版社, 2007.

閣宗臨 著, 閣守誠 編,《傳敎士與法國早期漢學》, 鄭州, 大象出版社, 2003.

王國維,《觀堂集林》, 北京, 中華書局, 1984.

岑仲勉,《漢書西域傳地理考釋》(上, 下), 北京, 中華書局, 1981.

張燮,《東西洋考》, 北京, 中華書局, 2000.

章巽·芮傳明 著,《大唐西域記導讀》, 成都, 巴蜀書社, 1990.

張秀平,《影響中國的100本書》, 廣西人民出版社, 1993.

張維華,《明史歐洲四國傳注釋》, 上海, 上海古籍出版社, 1982.

丁謙,《明史外國傳地理考證》, 臺北, 新文豐出版社, 1997.

丁謙,《後漢書南蠻西南夷列傳地理考證》, 成都, 四川民族出版社, 2002.

周連寬 校注,《西域行程記·西域番國志》, 北京, 中華書局, 1991.

朱彧,《萍洲可談》, 北京, 中華書局(歷代史料筆記叢刊 唐宋史料筆記), 2007

陳佳榮·謝方·陸峻嶺,《古代南海地名彙釋》, 北京, 中華書局, 2002.

陳信雄·陳玉女 主編,《鄭和下西洋國際學術研討會論文集》, 臺北, 稻鄕出版
社, 2003.

戚印平 著,《東亞近世耶穌會史論集》, 臺北, 臺灣大學出版中心, 2008.

馮承鈞 校注,《星槎勝覽校注》, 臺北, 商務印書館, 1962.

馮承鈞 校注,《瀛涯勝覽校注》, 臺北, 商務印書館, 1962.

馮承鈞 校注,《諸蕃志校注》, 臺北, 商務印書館, 1962.

馮承鈞 譯,《西域南海史地考證譯叢》(1-2), 北京, 商務印書館, 1962.

馮承鈞 原編, 陸峻嶺 增訂,《西域地名》, 北京, 中華書局, 1983.

馮承鈞,《中國南海交通史》, 上海, 上海古籍出版社, 2005.

向達 校釋,《西洋蕃國志·鄭和航海圖·兩種海圖針經》, 北京, 中華書局,
2000.

譚世保, 〈'扶桑國之謎'的研究史及流派述評〉,《學術研究》1985-6.

馬建春, 〈元代的回回樂器與樂曲〉,《回族研究》, 2003-2.

武德龍, 〈杜奧定先生東來渡海苦跡〉,《新德報》39期, 2012.11

張維華, 〈明史佛狼機呂宋和蘭意太利四傳註釋〉,《燕京學報》7, 1972.

張之傑, 〈瀛涯勝覽所記動物初考〉,《中華科技史學會會刊》2006-9.

周保明, 〈大石国塩莫念"(永徽)六年六月遣使朝貢"考辨〉,《中国辺疆史地研究》13-3, 2003.9.

陳繼春, 〈經濠江到紫禁城的洋畫師〉, 趙力,《中國油畫文獻: 1542-2000》, 湖南美術出版社, 2002.

해제

I

  21세기 학술발전 추세의 하나는 전공학문의 장벽과 폐쇄성을 넘어 학제 간 연구와 융복합 연구를 통한 '통섭'형 종합학문을 지향하는 데 있다. 역사학의 입장에서도 이러한 현대 지식사회의 요청에 부응하고 '교차와 횡단의 인문학'의 일환이 되기 위해 '종합'은 더 이상 유예될 과제가 아니다. 근대 이후 역사학의 한 분과로 등장한 동서교류사는 동서양의 고금 역사를 관통할 뿐 아니라 외교사, 국제관계사, 정치사, 경제사, 문화사, 사상사, 문학사, 예술사, 과학기술사, 민속사, 종교사 등 여러 전문분야를 아우른다는 점에서 역사학 본연의 '종합'이란 이상과 현 세계화시대의 '통섭'형 학문을 실현할 수 있는 적절한 연구주제이다.

  이 책은 바로 이러한 '종합'과 '통섭'의 대표적 저작 중 하나로 오랫동안 사계의 명저로 널리 알려져 왔다. 저자 方豪는 현대 중국의 저명한 역사학자로 중서교류사 외에도 송사, 대만사, 紅樓夢 연구에 탁월한 업적을 남긴 인물이다. 특히 사제의 신분으로 천주교의 동방 전래와 서양선교사의 활동 및 그 영향 등에 대한 사료발굴과 고증연구에 있어서 불후의 업적을 남겼다. 그 중에는 조선사절과 교류한 서양선교사에 관한 내용도 적지 않아 조선시대 서학과 서양문물 수용사를 이해하는 데 중요한 참고가 되고 있다. 하지만 방호 개인의 생애와 학문적 업적에 대한 관심은 그다지 높지 않고, 『중서교통사』에 대해서도 높은 평가와는 달리 깊이 분석한 연구는 부재하다.

Ⅱ

　방호의 字는 杰人이고 필명은 芳廬, 聘老, 絶塵 등이 있다. 1910년 절강성 항주에서 청말 혁명운동에 참가했던 方矩(壽彭)의 둘째 아들로 태어났다. 항주에서 4년 과정의 초등교육을 마치고 가정 형편으로 인해 1921년 嘉興의 천주교 備修院에 들어가 중국 전통학문과 라틴어 및 종교과목을 배우며 선교사가 되기 위한 준비를 하였다. 다음해 항주 神學院 예비학교에 입학하면서 李之藻의 이름을 처음 듣고 浙江 지역 외래종교사에 흥미를 갖게 되어 여가시간에 천주교 선현의 전기를 읽으며 陳垣에게 편지로 가르침을 청하기도 하였다. 이어 1928년 寧波 성 바오로神哲學院에 진학해 철학과 신학 및 교회사 등을 탐구하는 한편 불어를 독학으로 깨우쳤다.

　1934년 신철학원을 졸업하고 平湖縣 천주당에서 근무하다 다음해 9월 사제 서품을 받았다. 1936년 항주 신학원 예비학교 중국어문 교사로 임명되었고 1937년에는 金華 본당 신부로 발령받아 선교활동을 하였다. 한편 이전부터 연구해왔던 중서교통사 관련 논저를 잇달아 발표하면서 학계에 이름을 알리게 된다. 1938년 전란을 피해 昆明에 도착하여 主敎 于斌을 도와 『益世報』를 복간하고 부사장 겸 총주필을 맡았다. 1939년 『익세보』 본사가 重慶으로 이전하고 각종 週刊을 발행함에 따라 「종교와 문화」주간 주편을 맡은 방호는 원고모집을 위해 陳寅恪·顧頡剛 등과 같은 大家와 친분을 쌓기 시작했다. 1941년 遵義에 있던 浙江大學 역사지리학과 교수로 초빙되어 「중서교통사」 등을 강의하면서 『익세보』 「文史副

刊」의 주편을 맡았다. 1942년부터는 중경에 있던 復旦大學 역사지리학과 교수로 옮겨 학과장을 맡았고 復旦天主敎同學會를 조직해 학생을 지도하기도 하였다. 이 기간 신문사 일과 대학강의를 하면서도 저술을 중단하지 않았으니, 4권의 책과 19편의 논문을 발표하였다.

1946년 봄 상해로 復員한 복단대학 교수로 있으면서 남경『中央日報』 주필을 맡아 매주 한번 남경에 가는 편을 이용해 政治大學 신문학과에서 강의하였다. 곧이어 6월 북경총주교의 요청으로 북경에 가서 上智編譯館 관장 직에 취임하고 사립 天津工商學院의 초빙에 응해 文學院 원장을 맡았다. 또 8월부터는 輔仁大學 겸임교수가 되어「중서교통사」를 강의하였다. 1948년 상지편역관 관장 임기를 마치고 복단대학으로 돌아왔지만 좌파성향이 강한 이 대학을 떠나고 싶어 할 때, 마침 북경대학 총장 胡適의 권유로 대만대학으로 옮기게 된다. 이 3년간의 북경 체류기간 관장과 학장의 직무 등을 수행하면서도 여러 편의 논문과 본인의 글 39편을 묶은 논문집을 펴내는 외에 평소 존경하던 馬相伯의 문집 3책을 편집하였다.

1949년 2월 대만대학 역사학과 교수로 부임한 이후 방호는「중서교통사」·「중일관계사」·「宋史」·「중국외교사」·「중국정치제도사」·「宋代學術史專題硏究」·「臺灣史專題硏究」 등을 강의하며 많은 학생의 논문지도를 하였다. 동시에 미사 집전과 성당 신축 외, 대학 내 천주교 신자모임을 결성하여 敎理座談會를 여는 등 선교활동도 왕성하게 펼쳤다. 한편 대만을 제2의 고향으로 간주한 그는 연구방향을 대만사로 돌려 자료수집과 연구를 병행하여 대만에 온 첫해부터 바로 관련 논문을 발표하는 저력을 보였다. 1952년 교황 알현을 위한 유럽 출장 중 각지에서 자료를 수집하였고, 이는『중서교통사』 집필에 적지 않은 도움이 되었다. 1954년 中國歷史學會, 1958년 宋史硏究會, 1965년 臺灣硏究硏討會, 1966년 中華史學協會 창립과 1968년 天主敎學術硏究所 발기에 적극 참여하였다.

또 1957년 이래 유럽과 미국, 홍콩, 호주, 일본, 한국 등지에서 개최된 국제학술대회 참석하여 발표와 좌장 및 대만대표를 맡기도 했다.

그 외 정치대학 文理學院 원장(1969-1975년)으로 역사학과 학과장을 겸임하였고 1974년 중앙연구원 院士로 선출되었다. 1975년에는 천주교 회와 학술상의 공적으로 교황 바오로 6세로부터 '명예주교'직과 '몬시뇰 (Monsignor)' 칭호를 수여받았다. 1979년 대만대학 퇴임 후에도 대학원 에서「臺灣史料解析」등을 강의하였고 병상에서 학생의 논문지도와 본인 논문을 완성하기도 했다. 1980년 12월 13일 대만연구연토회에 참석했다 만찬 중 쓰러져 20일 향년 71세로 사망하였다. 이처럼 대만 거주 30여 년 동안 천주교계와 학계 및 교육 등 다양한 분야에서 발군의 활동을 하면서도 사료발굴과 校訂 및 유포를 비롯한 다량의 학술성과를 사망 직전까지 끊임없이 발표하였으니, 그 수가 대략 논문 70편과 저서 8종 이상에 달한다.

그렇다면 정규대학을 나오지도 외국유학도 하지 않은 방호가 어떻게 20여 세의 나이에 걸출한 연구성과로 두각을 나타내고 이후 대가의 반열 에 오를 수 있었던 것일까? 혹자는 그 원인/배경을 ①역사에 대한 특별한 흥미, ②항주 일대의 농후한 역사연구 전통(浙東學派)의 훈도와 배양, ③ 중화민국 초기 새로운 역사연구 풍조(史料學派)의 영향과 탐구로 정리하 고 있다. 하지만 역자가 보기에 저자의 부단한 노력과 외국어 능력 및 시대적 환경이 탁월한 업적을 남기는데 중요한 역할을 했던 것 같다. 방호는 짧은 초등학교 과정을 마치고 서양식 수도원 교육을 받으며 역사 에 대한 흥미를 억눌러야 했지만, 과외시간에 천주교 선현의 전기를 읽 으며 명말 이래 서양선교사의 과학적 학문방법을, 中央硏究院『歷史語言 硏究所集刊』등 관련 학술지에 실린 문장을 통해 역사 글쓰기 방법을 홀로 익혀나갔으며, 더욱이 수도원의 엄격한 금령을 무릅쓰고 당대의 대학자 진원에게 편지를 보내 가르침을 청하는 등의 고된 학습과정을 거쳐 점차 역사연구자로서 성장할 수 있었다. 그리고 이런 그의 묻고 배우는 자세와 노력이 평생 지속됨으로써 견문을 넓히고 두터운 학문적 기초를 다지게 되었던 것이다.

한편 자료와 주제를 찾는데 뛰어난 재능이 있다고 자평한 방호는 동시대 다른 학자들이 갖지 못한 라틴어와 불어 등 외국어 실력을 기초로 기존 중국천주교사와 중서교통사 연구의 한계를 돌파하고 새로운 영역을 개척할 수 있었다. 그밖에 학력과 학벌을 따지지 않고 능력만으로 인재를 발탁한 당시 학술계의 풍토도 그가 학자로 대성하는 데 큰 작용을 했다고 생각된다. 보인대학 총장으로 바쁜 일상 속에서 일면식도 없는 일개 수도원 학생의 편지에 일일이 답장을 보내 격려하고 지도해준 진원은 물론, 대학교원 자격심사에서 방호를 적극 추천한 복단대학과 학위도 없는 그를 부교수로 인정해준 교육부의 조처, 주저 없이 방호를 초빙한 대만대학 총장 傅斯年 등이 대표적 사례라 하겠다.

방호가 학문을 시작한 이래 견지한 2가지 기조는 전문주제연구(專題硏究)와 자신이 처한 여건에 적합한 연구(近身之學)이다. 전자는 개별주제연구가 축적되지 않은 상황에서 섣불리 통사 저술에 나서는 것을 반대한 입장으로 사료수집과 분석을 통한 고증과 해석에 치중한 그의 학문적 배경 및 연구방법과 관련이 있었다. 후자는 항주 출신으로 수도원에서 관련 자료를 접할 수 있던 환경을 활용한 천주교 선교사와 절강향토사에서 출발하여 중서교통사로 확대시키고, 피란기간 머물렀던 지역 관련 연구성과를 내고, 대만에 온 이후 대만사의 자료발굴과 교정 및 연구에 매진한 그의 학문생애를 통해 확인할 수 있다.

방호의 학문적 업적은 다음 몇 가지로 나누어 설명할 수 있다. ①중국천주교사 방면으로는 『中國天主敎史人物傳』이 대표적인데, 상책에는

唐·元代의 景敎 인물과 프란시스코 하비에르를 비롯한 초기 중국선교에 관여했던 인물 등 79명의 전기, 중책에는 명말 청초에 활약한 서양인 선교사와 중국인 신부 및 신자 72명의 행적, 하책에는 19세기 이후 선교사의 도움으로 서구에 유학해 신부가 된 중국인 등 154명의 행적이 소개되어있다. 그 외 관련 글을 모은『中國天主敎史論叢』이 있으며, 초기 저작인『李我存硏究』와『徐光啓』등도 여기에 포함된다. ②중서교통사 방면에는『중서교통사』외『中外文化交通史論叢』과 수많은 글이 있으며, 특히 만년에 수행한 16·17세기 필리핀 화교사회에 관한 논문들은 그의 중서교통사 연구 중 가장 뛰어난 것으로 평가되고 있다. ③송사 방면에는『宋史(上·下)』외에도 많은 논문이 있는데, 그 중 송대 사회 문화에 미친 불교의 영향에 관한 연구는 학계에 큰 공헌을 했다고 평가된다. ④대만사 방면에는 사료발굴과 校刊 및 考證에 불후의 업적을 남겼을 뿐 아니라 '郊'에 대한 논문은 대만사 연구의 신기원을 연 것으로 인정되고 있다. 그의 사후 출판된『臺灣早期史綱』은 만년에 계획했던 대만통사의 일부인 네덜란드와 스페인의 대만 점령 이전 시기를 다룬 책이다. 이처럼 다양한 분야에서 끊임없는 새로운 사료발굴과 치밀한 고증을 통해 획기적 업적을 남긴 그를 중국 사료학파의 마지막 1인으로 부르기도 한다.

Ⅲ

앞서 본대로 방호는 천주교사 연구에서 출발하여 점차 중서교통사로 관심을 확대하였고, 그 성과를 인정받아 여러 대학에서「중서교통사」강의를 오래 진행하였다. 대만에 온 후 대학교재가 부족한 상황에서 그간

의 연구를 정리하고 새로운 자료를 보충하여 총 70여 만자에 달하는『중
서교통사』를 집필하였으니, 그 중 1,2,3권은 1953년, 4,5권은 1954년에
中華文化出版事業委員會에서 차례로 출간되었다. 이후 1983년 대만 中國
文化大學出版部에서 그 1,2권을 상권, 3,4,5권을 하권으로 재편집해 간행
하였고, 이를 1987년 대륙의 岳麓書社에서 책 앞에 2쪽의 짧은 출판설명
만 덧붙여 그대로 重印한 것이 있다. 그 외 上海人民出版社가 2008년에
새로 편집 출판한 簡體字本(2권)이 있는데, 본 번역에서는 중국문화대학
에서 나온 책을 저본으로 삼았다.

이 책의 체제를 보면 상권에「導言」과 1,2편이, 하권에 3,4편이 묶여있
다.「도언」에서는 중서교통사의 용어 정의와 내용에 대해 간략히 안내한
다음, 관련 선행연구를 소개하고 있다. 제1편에서는 先史시대에서 秦·
漢·魏·晉·南北朝시대까지를 총 16장, 제2편에서는 隋·唐·五代에서
宋代까지를 총 22장, 제3편에서는 蒙·元과 明시기를 총 17장, 제4편에서
는 明·淸 교체기 중서문화 교류사를 총 14장으로 나누어 서술하고 있다.
자세한 장절 내용은 본 번역서 각 권의 목차로 대신하고 따로 부언하지
않겠다.

그렇다면 왜 연구범위를 명·청 교체기까지로 한정했으며 문화교류에
만 집중했던 것일까. 이에 대해 저자는 이 책에서 따로 밝힌 바 없지만,
조약체결을 비롯한 외교와 통상 및 19세기 이래 중서 간의 왕래에 관해
서는 이미 다른 전문연구서가 나와 있었고, 국가와 민족 간의 관계에
있어 그 영향이 가장 현저하게 나타나는 것이 문화라는 견해를 일찍부터
갖고 있었기 때문으로 보인다.

이 책에서 인용·참고한 자료는 크게 선행연구, 관련자료, 신 발굴자
료로 나눌 수 있는데, 일일이 제시하기 어려울 정도로 많기에 대표적인
것만 언어별로 소개하고자 한다.

(1) 선행연구

중국어:『大陸雜誌』,『歷史語言硏究所集刊』등 각종 학술지(논문집)에 실린 저자의 논문 및 李濟之, 勞貞一, 岑仲勉, 吳晗, 翁文灝, 閻宗臨 등의 글을 제외하고 단행본만 열거하면 다음과 같다.

먼저 연구서로는 白壽彝의『中國交通史』(1936), 尙達의『唐代長安與西域文明』(1933), 王國維의 『流沙墜簡』(1914)와『觀堂集林』(1923), 李儼의『中國算學史』(1937), 鄭鶴聲의『鄭和遺事彙編』(1948), 陳垣의『元也里可溫考』(1917)와 『元西域人華化考』(1934), 陳寅恪의 『隋唐制度淵源略論考』(1940)와『唐代政治史述論考』(1941), 馮承鈞의 『歷代求法飜經錄』(1931), 『景敎碑考』(1936), 『中國南洋交通史』(1937), 黃伯祿의『正敎奉褒』(1904) 등이 있다.

다음으로 사료를 고증·교주한 책으로는 沈曾植의『島夷志略廣證』(1912-13), 王國維의『長春眞人西遊記注』(1926), 丁謙의『西遊錄地理考證』, 『長春眞人西遊記地理考證』, 『元劉郁西使記地理考證』(모두 1915), 풍승균의 『瀛涯勝覽校註』(1935), 『星槎勝覽校註』(1938), 『諸蕃志校注』(1940) 등이 있고, 번역서로는 Chavannes의『宋雲行記箋註』(풍승균역, 1934), 藤田豊八의『島夷志略校注』(1915), 足立喜六의『法顯傳考證』(何健民·張小柳譯, 1937) 등이 있으며, 중외관계사 명저 선집인 張星烺編注, 『中西交通史料匯篇』(1930)이 있다.

그 외 외국학자의 연구성과를 번역한 것으로는 Chavannes가 編著한 『西突厥史料』(풍승균역, 1932), Gabriel Ferrand의 『崑崙及南海古代航行考』(풍승균역, 1933), Henry Bernard의『天主敎十六世紀在華傳敎誌』(蕭濬華譯, 1936), Pelliot와 Chavannes의『摩尼敎流行中國考』(풍승균역, 1931), Pelliot의『交廣印度兩道考』(1912)와『鄭和下西洋考』(1935)(둘 다 풍승균역), Pfister의『入華耶穌會士列傳』(풍승균역, 1938), 藤田豊八의『中國南

海古代交通叢考』(하건민역, 1936), 白鳥庫吉의 『塞外史地論文譯叢』(王古魯譯, 1938) 및 풍승균이 編譯한 『史地叢考』(1931), 『史地叢考續編』(1933), 『西域南海史地考證譯叢』(1934), 『西域南海史地考證譯叢續編』(1936) 등이 있다.

일본어: 『東洋學報』, 『史學雜誌』, 『歷史と地理』 등 각종 학술지(논문집)에 수록된 石田幹之助, 白鳥庫吉, 荻原弘明, 伊東忠太, 神田喜一郎, 山本達郎, 桑田六郎, 中村久四郎 등의 글을 제외한 단행본은 다음과 같다.

연구서로는 藤田豊八의 『劍峯遺草』(1930)와 『東西交涉史の研究』(1932-1933), 飯島忠夫의 『支那古代史論』(1925), 桑原隲藏의 『蒲寿庚の事蹟』(1935), 新城新藏의 『東洋天文學史研究』(1933), 羽田亨의 『元朝駅伝雜考』(1930), 長廣敏雄의 『帶鉤の研究』(1943), 佐伯好郎의 『支那基督教の研究』(1943)와 『清朝基督教の研究』(1949) 등이 있다. 그 외 사료 해설서로는 堀謙德의 『解說西域記』(1914), 藤田豊八의 『慧超往五天竺國傳箋釋』(1911) 등이 있다.

서양어: *T'oung Pao, Bulletin de l'Ecole Française d'Extrême-Orient* 등의 학술지에 실린 Pelliot, Laufer, Cordier, Chavannes 등의 논문 및 자료소개를 제외하고 단행본 일부만 열거하면 다음과 같다.

Anderson, *Preliminary Report on Archaeological Research in Kansu*, 1925.

Ball, *Chinese and Sumerian*, 1913.

Bretschneider, *Early European Researches into the flora of China*, 1881.

Broomhall, *Islam in China: A Neglected Problem*, 1910.

Charignon, *Apropos des voyages aventureux de Fernand-Mendez Pinto*, 1936.

Charlesworth, *Trade Routes and Commerce of the Roman Empire*,

1926.

Chavannes, *Les document chinois decouverts par Aurel Stein dans les Sables du Turkestan Oriental*, 1913.

Conrady, *Indischer Einfluss in China, 1906.*

Dehaisnes, *Vie du P. Nicolas Trigault*, 1864.

D'Ohsson, *Histoire des Mongols depuis Tchinguiz-Khan jusqu'à Timour Bey ou Tamerlan*, 1834-35.

Ferrand, *Le K'ouen-louen et les anciennes navigations interocéaniques dans les mers du sud, 1919.*

Froger, *Relation du premier voyage des Français à la Chine*, 1926.

Grousset, *De la Grèce à la Chine*, 1948.

Hirth, *China and The Roman Orient*, 1885.

Moule, *Christians in China before the Year 1550*, 1930.

Pfister, *Notices biographiques et bibliographiques sur les Jésuites de l'ancienne Mission de Chine, 1934.*

Rockhill, *The Journey of William of Rubruck to the Eastern Parts of the World*, 1900.

Yule, *Cathay and the Way Thither,* 1866.

(2) 관련자료

한문자료: 古宮博物院에서 1928년부터 간행한『掌故(文獻)叢編』와 중앙연구원 역사어언연구소에서 1930년부터 편집 간행한『明淸史料』및 학술지 등에 소개된 미간 자료 외에 기 출간 자료는 대략 다음과 같다.

먼저『史記』,『漢書』부터『明史』에 이르는 역대 正史와 이들에 대한 註釋(補註)書,『明實錄』,『淸實錄』,『東華錄』,『東華續錄』등 관찬 사서와

『資治通鑑』,『契丹國志』,『建炎以來繫年要錄』,『三朝北盟會編』,『元朝祕史』,『崇禎長編』,『二十二史箚記』 등 다수의 사찬 사서 및『通典』,『通志』,『文獻通考』,『宋會要輯稿』,『經世大典』,『明會典』,『大淸會典事例』,『唐律疏議』,『通制條格』,『明律集解』 등 여러 제도와 법률 관련 자료를 인용·참고하고 있다.

다음으로 중국 고대 典籍 외『冊府元龜』,『永樂大全』,『古今圖書集成』,『四庫全書』 등 관찬 叢書와『叢書集成』 등 사찬 총서 및『北堂書鈔』,『藝文類聚』,『太平廣記』,『太平御覽』,『文苑英華』 등 類書와『全唐詩』,『全唐文』 등의 總集은 물론 수많은 지방지와 지리서, 목록서와 해제, 여행기와 사행기록, 필기와 시문집 그리고 각종 字書, 문학, 음악, 미술, 수학, 천문, 의약, 종교, 군사, 金石 관련 자료도 대량 활용하고 있다.

그 외 동아시아 각국의 史籍 예컨대『唐大和上東征傳』,『入唐求法巡禮行記』,『性靈集』,『三代實錄』,『日本書紀』,『續日本記』,『日本續紀』(이상 일본),『往五天竺國傳』,『(唐大薦福寺故寺主翻經大德)法藏和尙傳』,『朝鮮王朝實錄』,『雜同散異』 중의『西洋問答』(이상 한국),『大越史記』(월남),『歷代寶案』,『球陽』(이상 유구) 등을 참고하여 사실을 고증하고 있는 점 역시 다른 연구와 차별되는 점이다.

서양자료: *Le Journal asiatique, Le Bulletin Catholique de Pékin* 등에 실린 자료 외에 출간된 책(번역 포함) 일부만 열거하면 다음과 같다.

Civezza, *Storia universale delle Missioni Francescane*, 1857-.

Clavijo, *Historia del gran Tamorlan e itinerario y enarracion del viage, y relacion de la Embaxada* que Ruy..., 1412.

Du Halde, *Description géographique, historique, chronologique, politique et physique de l'empire de la, Chine et de la Tartarie chinoise*, 1735.

Ferrand, *Relations de voyages et textes géographiques arabes, persans et turks relatifs à L'Extrème Orient du VIIIe au XVIIIe siècles*, 1913-14.

Golubovich, *Biblioteca Bio-Bibliografica della Terra Santa et dell' Oriente Francescano*, 1927.

Lettres édifiantes et curieuses, ecrites des Missions etrangeres, par quelques missionaires de la Compagnie de Jésus, 1702-1776.

McCrindle, *Universal Christian Topography*, 1897.

Memoires concernant l' Histoire, les Sciences, les Arts, les Moeurs, les Usages etc, des Chinois Par les Missionaires de Pekin, 1776-1814.

Mohl, *Le Livre des Rois*, 1838-1878.

Relation des Voyages faits par les Arabes et les Persans dans l'Inde et á la Chine, dans le IXe Siècle de l'ère chrétienne, texte arabe et traduction enrichie de notes et d'éclaircissements by M. Reinaud, 1845.

Renaudot, *Anciennes Relations de l'Inde et de la Chine de Voyageurs Mabometans qui y alterent dans le IX siécle*, 1718.

Societas Jesu, *Selectae Indiarum epistolae*, 1887.

Wadding, *Annales Minorum Seu Trium Ordinum A S. Francisco Instittorum*, 1731.

Wyngaert, *Sinica Franciscana*, 1929.

IV

기존연구에서는 이 책의 특색으로 ①활용한 사료가 폭넓고 내용이 풍부하며, ②사실 고증을 중시하여 개인적 논단과 해석을 최소화하였고, ③분석이 정밀하고 견해가 뛰어나며, ④명·청 교체기 중서문화교류에 중점을 두었고, ⑤남들이 주목하지 못한 개별 연구를 하였다는 점을 들고 있다. 이 중 ①은 앞에서 대략 살펴보았으므로 여기서는 기존 평가에서 빠진 부분을 보완하여 그 특징을 다시 정리해보기로 하겠다.

(1) 적지 않은 새로운 자료를 저자가 직접 처음 발굴함으로써 중서교통사 연구의 지평을 넓혔다는 점이다. 그 대표적 사례를 열거하면 아래와 같다.

① 북경 北堂圖書館에서 1946년에 발견한 가경연간 흠천감 관상대의 기상관측 기록.

② 북경 민간에서 1946년 구입한 孫璋의 『性理眞銓』 초고 필사본 일부.

③ 대만 중앙연구원 역사어언연구소에서 1949년 발견한 『天步眞原』의 『世界部』·『性情部』·『選擇部』 필사본.

④ 리스본 Torre do Tombo 기록보관소에서 1952년 발견한 가경 11년 (1806) 8월 초3일 香山縣 左堂 吳가 謝淸高와 포르투갈인의 소송에 대해 답한 통지문[諭].

⑤ 마드리드 국립도서관에서 1952년 발견한 서방 생물학에 관한 최초의 한역서 『無極天主正敎眞傳實錄』.

⑥ 파리 新屋書店(G. P. Maisonneuve)에서 1952년 발견한 동판화 「臺灣戰圖」.

특히 뒤의 3건은 3개월 남짓의 짧은 유럽 출장 중 찾아낸 자료라는 점에서 저자의 내공과 근면함에 탄복할 따름이다.

그 밖에 저자가 직접 발굴한 것은 아니지만 중앙연구원 역사언어연구소, 북경도서관, 북당도서관, 天水도서관, 로마교황청 傳信部 기록물실, 바티칸도서관, 로마 예수회 총회 기록물실, 로마 라자로회 기록물실, 파리 국립도서관, 베를린 국립도서관 등에 소장된 각종 자료를 소개하고 소장(등록)번호를 안내함으로써 후속연구에 풍부한 정보를 제공해주고 있다.

(2) 학계에서 오랜 쟁점이 되었던 문제를 방대한 국내외 자료를 비교
검토하고 확실한 증거를 찾아내어 해결했다는 점으로 크게 두 가지를
들 수 있다.

① 마르코 폴로가 정말 중국을 방문했는지, 그의 『동방견문록』이 진
   짜인지에 대한 의문을 해소할 수 있는 자료를 『영락대전』 권19418
   '勘字韻'에 인용된 『經世大典』 「站赤門」조의 지원 27년 8월 17일자
   公文에서 발견함으로써 마르코 폴로 일가가 분명 중국에서 출발하
   여 일한국을 거쳐 귀국하였음을 입증하고 있다.

② 명말 서양 선교사들이 소개한 과학이 당시 유럽의 최신 지식인지
   아닌지에 대해 王徵이 쓴 『遠西奇器圖說錄最』와 『조선왕조실록』의
   관련 기사를 인용하여 갈릴레이가 개량한 신식 망원경이 그의 생
   전에 중국과 조선에 수입되어졌으며, Giacomo Rho의 『五緯曆指』,
   아담 샬의 『曆法西傳』, 『新法曆書』(즉 『崇禎曆書』)의 내용을 통해
   地動說과 新星說 및 은하수의 실체 등도 갈릴레이가 살아있을 때
   중국에 알려졌음을 밝히고 있다.

(3) 기존연구에서 그다지 관심을 두지 않았던 역사적 사건과 인물을
집중 연구하였고 세간에 잘 알려지지 않은 사실을 소개하고 있다는 점으
로 예를 들면 다음과 같다.

① 이전의 중서교통사 연구가 보통 張騫의 서역출사를 그 기점으로
   삼고 있는데 반해 관련 문물에 대한 분석을 통해 그 범위를 선진시
   대로 끌어올리고 있다.

② 일반적으로 玄奘을 불경번역의 名家로만 알고 있을 뿐 그가 산스크
   리트어로 『會宗論』 3천 頌과 『眞唯識量頌』을 저술하였고 이에 대해
   당시 인도 학술계에서 단 한 구절도 깨우친 사람이 없었다는 사실

을 밝힘으로써 귀국 후 法相宗의 祖師가 될 수 있었던 배경을 설명하고 있다.

③ 명말 淸軍을 막기 위해 서광계와 이지조가 마카오에서 포르투갈 대포를 구매하고 포르투갈 병사를 모집한 것은 서양 무기가 정식으로 중국에 유입된 중대한 사건임에도 자료 유실과 명·청 왕조 교체라는 대변동에 가려 주목을 받지 못했다. 저자는 그 전후시말과 이에 대한 반발 및 포르투갈 병사의 활약 등을 세심하게 고증하여 세상에 알리고 있다.

④ 서학이 중국에 유입되는 과정에서 대다수 사람들이 서광계와 이지조의 공로와 역할만을 중요시하고 왕징에 대해서는 그다지 주목하지 않았는데, 저자의 오랜 연구 결과 그가 기계공학과 물리학 등 서양과학의 수입과 각종 기구의 발명 및 『西儒耳目資』의 출간에 기여한 업적 등을 새롭게 밝히고 풍부한 자료를 제공하고 있다.

⑤ 청초 아담 샬을 보좌하여 역법 개정에 참여하고 『坤輿全圖』 등을 만든 것으로 잘 알려진 페르비스트가 일찍이 중국에서 증기터빈 실험을 하였고, 그 결과를 1687년 *Astronomia Europea* 잡지에 발표했다는 사실과 실험 내용을 소개함으로써 세계 열기관 역사에서 그것이 갖는 의미를 강조하고 있다.

⑥ 강희제 때 『황여전람도』 제작 중 Régis와 Jartoux의 실측 결과 經度의 위아래 길이가 다름을 발견함으로써 유럽보다 먼저 뉴턴의 지구 扁圓說을 증명하였다는 사실을 밝히고 있다.

⑦ 『不得已辯』을 저술하고 『超性學要』를 번역하여 이름을 날린 Buglio가 회화에도 뛰어났으며, 圓明園의 서양건축 특히 분수연못을 만든 것으로 유명한 Benoist가 『서경』과 『맹자』를 라틴어로 번역했을 뿐 아니라 그의 『서경』 번역은 이전 모든 번역본보다 훨씬 뛰어났다

는 평가를 소개하고 있다.

⑧ 王宏翰이 편찬한 『醫學原始』 제2권이 거의 전부 바뇨니의 『空際格致』, 알레니의 『性學觕述』, 아담 샬의 『主制羣徵』, 페르비스트의 『測驗紀略』을 베낀 것이라는 점과 후대 사람들에게 널리 알려진 Magalhaens 등이 편찬한 『西方要紀』가 사실은 알레니의 『西方答問』을 발췌한 것이라는 점 및 명말청초 중국과 서양 인사들이 Trigault의 『서유이목자』로 西音 漢譯의 기준으로 삼았다는 점 등을 밝히고 있다.

⑨ 서양선교사의 중국經籍 연구와 번역에 기울인 노력과 그 성과가 유럽 사회에 미친 영향 및 중국미술의 서양 전파와 유행에 대해서도 상세히 설명함으로써 서양 자연과학의 중국 전래에 편중된 기존연구와 차별성을 보이고 있다.

(4) "중서교통사 연구를 집대성한 명저"라는 평가에 걸맞게 관련 선행연구를 망라하고 있을 뿐 아니라 그 오류를 바로잡거나 문제점을 지적하며 다방면의 고증을 거쳐 새로운 해석을 하고 있다는 점이다. 예를 들면 다음과 것들이 있다.

① 한 무제의 大宛정벌 목적 중 하나가 말의 품종개량을 위한 것이라는 일부 주장의 허구성을 비판하고 여러 사료를 동원해 전쟁으로 인한 戰馬 손실보충이 우선이었음을 설명하고 있다. 동시에 장건의 서역개척 목적이 通商과 시장조사에 있었다는 주장에 대해서도 인과관계가 전도된 잘못된 의견임을 지적하고 있다.

② 각종 자료와 동서양 학자의 연구를 종합하여 '黎軒'이 지중해 동부의 그리스 식민지, 또는 알렉산더대왕 원정 때 그리스인의 족적이 닿았던 중앙아시아와 서아시아 일대, 그렇지 않으면 로마제국을 가리키는 것이라고 고증하였다. 또 '大秦'에는 광의와 협의의 의미

가 있는데, 협의의 '대진'은 문헌에 따라 일정치 않지만 광의의 '대
진'은 '西方' 즉 '海西'를 통칭하는 말로서 오늘날의 '서양과 같은 뜻
이라고 정의하고 있다.

③ 『역대구법번경록』의 저자가 동진과 유송시기 외국인 불경 번역자
의 국적과 북위·북제·북주시기 서행하여 구법한 寶暹 일행 중
이름을 알 수 있는 사람 수 및 현장이 가져온 경전의 수량을 잘못
계산하였음과 慧超가 安西에 도착한 연도를 잘못 알았음을 지적하
고 있다.

④ 『중서교통사료회편』의 편자가 比定한 '西王母의 나라' 위치에 문제
가 있으며 원대 옹구트부 출신 기독교인의 한문이름에 대한 對音이
잘못되었음을 지적하고 있다. 또 같은 책에 수록된 『西使記』에 나
오는 음력 날짜의 양력 환산 착오, 현존하는 몬테코르비노의 2번째
편지 내용 중 연도 오기를 바로잡고 있다.

⑤ 『원야리가온고』 중의 한자표기 오류 2곳, Mar Elijah란 인물과 연도
에 대한 잘못된 설명을 訂正하고 있다. 또 같은 책에서 야리가온
교도로 단정한 사람이 최근 연구결과 무슬림으로 밝혀졌으며, 야
리가온이 진상한 '약물'과 '명약'이 예수 무덤의 聖油 같은 것이라는
주장에도 의문을 표하고 있다. 그 외 『원서역인화화고』에서 천력
2년을 천력 3년으로 잘못 적었음을 바로잡고 원대 무슬림 출신 중
국희곡 작가 4명을 더 보충하고 있다.

⑥ 宋晞가 기록한 복건성 南安 九日山의 송대 석각과 『閩中金石略』에
나오는 석각 내용을 통해 泉州에서 기풍 행사를 진행한 곳이 구일
산 延福寺 내 靈岳祠임을 고증하였고, 吳相湘이 1936년 북경도서관
에서 발견한 『律呂纂要』 한문 精抄本의 정확한 저자 및 『律呂正義
續篇』과의 관계에 대한 오상상의 추론 근거를 서양자료와 연구를

이용해 보완하고 있다.

⑦ 정겸이『元劉郁西使記地理考證』에서 유욱의 출신지와 常德을 유욱의 본명으로 잘못 보았으며,『暖紅室匯刻傳奇』本『紅拂記』에서 祆자를 모두 袄자로 잘못 쓰고 있고, 羅振玉이『四夷館考』의 저자를 汪俊으로 잘못 알았음을 지적하고 있다. 또 姚寶猷가「基督敎敎士輸入西洋文化考」에서 빠뜨린 천문역산에 관한 중국의 여러 서적 및 서양수학의 영향을 받은 저자를 보충하였고,『明季西洋傳入之醫學』에서『職方外紀』에 나오는 '哥阿'를 크레타 섬으로 오인한 것을 인도의 고아로 바로잡고 있다.

⑧ 佐伯好郞가『大秦景敎宣元至本經』 필사본 殘卷에 남아있는 마지막 30행의 458자를 30여 행 430여 자라고 잘못 적었음과 唐代 大秦寺 소재지에 대한 고증 오류를 바로잡았을 뿐 아니라 藤田元春가 명말의 밀수항 Liampo(즉 雙嶼)를 寧波로 잘못 파악했음을 밝히고 있다.

⑨ Laufer가 중국의 유태인이 인도로부터 왔다고 단정한 주장의 문제점을 지적하였고, Pfister의 책에서 로드리게스 등이 孫元化의 군영에 참가하기 위해 도착한 곳을 定州로 착각한 것과 d'Incarville이 프랑스에 보낸 과꽃(Reine-Marguerite)의 성장과정에 대한 연도 오기를 정정하고 있으며, 북당도서관에 보존되어있다고 한『六國字典』원고를 실제 찾을 수 없었다고 밝혔다.

⑩ 저자 본인이 쓴 논문의 오류에 대해서도 수정하고 있으니, 하나는 송대 천주 등지의 기풍행사의 연도에 관한 것이고 다른 하나는 강희연간 서양 선교사의 운남 지도제작에 관한 글이다.

그 외 인용하거나 참고한 동서양 자료 중의 각종 표기오류와 연도, 인명, 지명, 사실관계 등의 착오와 기존에 잘못 알려진 사실을 바로잡은 것도 수십 군데 이상 되고 자료의 미비함을 보충한 것도 있지만 일일이 열거하지 않겠다.

(5) 각종 史籍 외에 다양한 자료를 활용해 관련기록의 부족함을 보완하고 사료 내용을 방증하고 있다는 점이다. 예를 들면 空桐, 崑崙, 서왕모에 관한 중국 전설과 중국에 관한 페르시아의 전설 및 인도의 우화와 신화 등을 통해 고대 중서관계를 추정하고, 詩詞를 통해 한 무제의 求仙사상, 唐代 長安의 胡風과 揚州의 번화함 등을 엿보고 있으며, 필기와 희곡 등을 통해 역대 중국 무슬림의 활약과 그들에 대한 인식을 살펴보고, 소설『홍루몽』을 통해 청대 민간에서 시계를 비롯한 서양문물이 얼마나 유행했는지를 보여주고 있다.

이러한 특장은 저자의 뛰어난 외국어 실력이 동반됨으로써 여러 서방자료에까지 미치고 있다. 그리스와 로마 작가의 중국 서술, 원·명대 유럽인의 중국 기술, 불어 등으로 번역된 아랍인의 중국에 관한 기록 뿐 아니라 명말청초 서양선교사들이 남긴 手稿와 편지 및 서양학자의 선행연구 등을 자유자재로 운용하여 중국자료와 비교 분석함으로써 연구의 신뢰도를 높이고 있다. 더욱이 그 과정에서 기존 번역의 오류를 바로잡기도 하였다. 그 외에도 서양 언어학과 중국 聲韻學의 연구방법을 결합하여 사료의 오류를 바로잡고 국명과 지명을 考訂하거나 同名異譯을 고증하여 적지 않은 문제를 해결하고 있다.

이상 살펴 본대로『중서교통사』는 이전의 관련 저작에 비해 많은 특징과 장점을 갖고 있지만, 그렇다고 단점이 전혀 없지도 않다. 혹자는 본서의 부족한 점으로 기독교와 관련된 내용이 불교에 비해 지나치게 많고, 제4편의 '들어가는 말'이 너무 간략해서 독자의 이해를 어렵게 하며, 참고문헌 목록이 없어 후학들이 불편하다는 점을 지적하고 있다. 하지만 저자가 신부이고 그의 역사연구가 교회사에 대한 흥미에서 출발하여 20년 가까이 명말청초 중서문화교류 문제를 지속적으로 천착해왔다는 점, 그리고 그 무렵 중국(지식)인의 관심이 중국과 서양의 관계에 집중되었다는 점 등을 고려하면 불교와의 분량 비교는 과도한 면이 있다. 그 외의 지적은 타당한 면이 있지만 교재 부족으로 서둘러 출판해야 했던 사정과 당시의 저술관행에 비추어 보면 이해할 수도 있는 점이라 생각된다. 그럼에도 이 책을 번역하면서 발견한 문제점과 한계를 열거하면 다음과 같다.

(1) 본문과 인용문의 구분이 명확하지 않고 본문 중에 자료출처와 저자의 부연설명 등이 함께 기술되어있을 뿐 아니라 출처 표시형식도 일정하지 않고 상세하지 않으며 대륙 공산정권 하에 남은 학자들의 실명을 감춤으로써 가독성을 떨어뜨린다는 점이다. 다만 이 책 출판 당시 다른 중국 학술논저의 집필형식이 대부분 그러하였고, 이념대립이 극에 달했던 시대상황을 감안해야 할 것 같다. 또 중복된 서술(인용)이 많다는 점으로 기 발표된 저자의 논문을 묶어서 펴낸 책임을 감안하더라도 아쉬운 부분이다. 그 밖에 자료 全文을 인용한 것들이 있는데, 새로 발굴한 자료는 당연하지만 다른 사람에 의해 이미 소개된 『渡海苦迹』과 『身見錄』을 여러 쪽에 걸쳐 轉載할 필요가 있었는지 의문이다.

(2) 『戰國策』, 『晉書』, 『梁書』, 『洛陽伽藍記』, 『說文解字』, 『隋書』, 『新唐書』, 王績의 「過酒家」, 『冊府元龜』, 『鑑戒錄』, 『島夷志略』, 『西使記』, 『祕書監志』, 『自鳴鐘表圖說』, 梅文鼎의 「寄懷靑州薛儀甫先生」, 『東西洋考』 등에서 인용한 자구나 구절 및 끊어 읽기가 원문과 다른 부분이 보인다. 또 班固를 班超의 동생으로, 北魏를 北齊로, 魏나라 襄王을 安釐王으로, 당 고종을 태종으로, 원 헌종을 세조로, 太保를 太司로, 페르시아 왕 Kai Kāvus를 Kai Kobad로, 파르티아를 페르시아로, 兩廣총독을 광동총독으로 잘못 기술한 것 등 사실(관계) 착오도 꽤 나온다는 점이다. 그 외 인용오류로 인해 설명이 잘못되거나 단위표기 오류로 보이는 내용도 있고

인용한 원전 내용과 숫자가 맞지 않거나 같은 이름이 중복해서 나오고 인원이 초과하기도 한다.

(3) 육필 원고를 식자 인쇄하던 당시의 상황을 감안했을 때 비슷한 글자의 誤植과 脫字는 피할 수 없지만 오식으로 보기 어려운 것도 꽤 많다는 점이다. 또한『漢書西域傳補注』를『西域傳補註』,『居貞草堂漢晉石影』를『居貞草堂石影』,『至正四明續志』를『四明續志』,『金華黃先生文集』을『金華文集』,『重修福建臺灣府志』를『重修臺灣府志』,『竹崦庵傳抄書目』를『竹崦庵書目』,『觀古堂書目叢刻』을『觀古堂彙刻』으로 서명을 줄여서 적거나 잘못 표기한 것이 다수 나올 뿐 아니라 편저자를 잘못 기록하거나 첨부한다는 그림이 없는 경우도 있다. 그 외 편명과 권수를 잘못 적은 것도 있으며 소개한 사료목록 중 빠지거나 잘못 옮긴 것도 발견된다. 그리고 연도와 연호를 잘못 표기하거나 연호와 서기연도 환산이 틀린 것이 적지 않고 연수 계산착오, 생몰연도와 출판연도 및 재위연도 오류, 출생년과 즉위년 혼동 등도 종종 보인다.

(4) 외국어 고유명사와 용어에 대한 원명표기가 부정확하고 일관성이 결여되어있다는 점이다. 이 책에는 수많은 외국 인명, 지명, 서명, 용어가 나오는데, 저자가 다른 중국 논저에 비해 상대적으로 친절하게 원명을 병기하고는 있지만, 전혀 병기하지 않은 것도 많고 앞뒤 표기가 다르거나 잘못된 것도 적지 않다. 다만 이런 미비점은 저자가 인용·참고한 자료의 내용을 그대로 옮기는 과정에서 생긴 문제이며 원명을 일일이 확인하기에는 시공간의 범위가 너무나 광범하기 때문에 생긴 것으로 짐작된다.

V

정식 전문교육을 전혀 받은 바 없이 인정받는 학자가 되기란 쉬운 일이 아닐 것이다. 더욱이 출판 후 수십 년이 지난 지금까지 해당 분야의 명저로 평가받는다는 것은 대단한 성취가 아닐 수 없다. 방호가 이런 탁월한 업적을 남길 수 있었던 데에는 학력과 학벌 대신 실력을 중시했던 당시 중국 대학과 학계의 분위기도 작용했지만 무엇보다도 본인의 피나는 노력과 의지가 가장 큰 동력이었다고 생각된다. 저자는 사제로서 언론사와 대학에 재직하면서 맡은 바 직책과 본분을 다하였을 뿐 아니라 학회와 연구소 활동에 적극 참여하는 바쁜 일상 중에도 다방면의 수많은 논저를 지속적으로 발표하는 경이로운 삶을 살았다.

『중서교통사』는 선사시대부터 청 중엽에 이르는 중서교류사를 거의 완벽하게 정리한 책으로 그 구성과 인용자료 및 고증과 관점에 있어 필적할 만한 연구를 찾기 어렵다. 중국과 서양의 본격 접촉이 시작된 명말 이전은 시대 순으로 서술한 반면, 명말 이후 서양선교사를 매개로 전개된 문화교류에 대해서는 분과학문별로 상세히 다루는 파격을 취하고 있다. 또한 발굴 문물과 고대 전설을 비롯한 국내외의 다양한 자료와 선행연구를 비교 분석함으로써 고증의 신뢰를 높이고 있으며, 경우에 따라 동아시아 각국의 자료도 활용하는 유연성을 보여주고 있다. 더욱이 세계사적 시각에서 중서관계의 현상을 파악하고 간접적이고 작은 관계에 주목한 점 등은 보기 드문 시도였다고 하겠다.

이 책은 사료발굴과 개별연구를 통해 중서교통사 연구의 지평을 확대했을 뿐 아니라 학계의 오랜 쟁점을 해결하고 관련 자료와 선행연구의 오류를 바로잡음으로써 많은 새로운 해석을 하고 있다. 이는 저자의 탄탄한 중국학 기초와 뛰어난 외국어 실력 및 치밀한 고증은 물론 자신만의 독특한 역사관이 있었기에 가능했다고 본다. 저자가 명말청초 중서문화교류 연구에 치중했던 이유는 환경적 요소 외에, 상호 평등과 존중의 정신으로 문화교류를 지속하는 것이 인류사회의 공존과 융합의 가장 이상적인 방향으로 여겼기 때문이다. 아편전쟁 이래 중서 간의 불평등과 침탈을 체험한 세대의 한 사람으로서 저자의 이런 인식은 시대를 앞선 학문적 자세였다고 생각된다.

이처럼 여러 장점을 가진 책이지만 체제상의 한계로 가독성이 떨어지고 인쇄를 서둘면서 생긴 오탈자 등의 문제를 갖고 있다. 그 외 저자의 실수나 착오로 보이는 내용과 일관(통일)성 결여 등의 미비점도 발견된다. 저자 역시 이러한 결점을 알고 불만스러워했지만 수정 보완할 기회를 갖지 못했으니 아쉬울 따름이다. 그럼에도 이 책의 출판은 그 간의 연구성과를 집대성하여 새로운 시각과 영역을 개척함으로써 중서교통사 연구의 기초를 다지고 그 수준을 한 단계 끌어올렸다는 점에서 사학사적 지위와 의미가 있다고 판단된다.

** 본 〈해제〉는 졸저 〈方豪와 『中西交通史』-그 사학사적 의미와 한계-〉를 축약한 것으로 자세한 내용은 《중앙사론》 51집(2020)을 참고하길 바람.

중국 역대 연호(年號) 일람

연호	왕조/황제	연대
가경(嘉慶)	청(淸) 인종(仁宗)	1796~1821
가녕(嘉寧)	성한(成漢) 이세(李勢)	346~347
가우(嘉祐)	북송(北宋) 인종(仁宗)	1056~1063
가정(嘉定)	남송(南宋) 영종(寧宗)	1208~1224
가정(嘉靖)	명(明) 세종(世宗)	1522~1566
가태(嘉泰)	남송(南宋) 영종(寧宗)	1201~1204
가평(嘉平)	조위(曹魏) 조방(曹芳)	249~254
	전조(前趙) 소무제(昭武帝)	311~315
	남량(南涼) 경왕(景王)	408~414
가화(嘉禾)	손오(孫吳) 대제(大帝)	232~238
가흥(嘉興)	서량(西涼) 이흠(李歆)	417~420
가희(嘉熙)	남송(南宋) 이종(理宗)	1237~1240
감로(甘露)	서한(西漢) 선종(宣宗)	B.C.53~B.C.50
	조위(曹魏) 조모(曹髦)	256~260
	손오(孫吳) 손호(孫皓)	265~266
	전진(前秦) 선소제(宣昭帝)	359~364
	동단(東丹) 야율배(耶律倍)	926~936
강국(康國)	서요(西遼) 덕종(德宗)	1134~1143
강덕(康德)	만주국(滿洲國) 부의(溥儀)	1934~1945
강정(康定)	북송(北宋) 인종(仁宗)	1040~1041
강희(康熙)	청(淸) 성조(聖祖)	1662~1723
개경(開慶)	남송(南宋) 이종(理宗)	1259
개보(開寶)	북송(北宋) 태조(太祖)	968~976
	남당(南唐) 후주(後主)	968~975
	오월(吳越) 전홍숙(錢弘俶)	968~974
개성(開成)	당(唐) 문종(文宗)	836~840

연호	왕조/황제	연대
개요(開耀)	당(唐) 고종(高宗)	681~682
개운(開運)	후진(後晉) 출제(出帝)	944~946
	오월(吳越) 성종(成宗)	944~946
	초(楚) 문소왕(文昭王)	944~946
	서하(西夏) 경종(景宗)	1034
개원(開元)	당(唐) 현종(玄宗)	713~741
개태(開泰)	요(遼) 성종(聖宗)	1012~1021
개평(開平)	후량(後梁) 태조(太祖)	907~911
	민(閩) 태조(太祖)	909~911
개황(開皇)	수(隋) 문제(文帝)	581~600
개흥(開興)	금(金) 애종(哀宗)	1232
개희(開禧)	남송(南宋) 영종(寧宗)	1205~1207
거섭(居攝)	서한(西漢) 유영(劉嬰)	6~8
건강(建康)	동한(東漢) 순제(順帝)	144
건광(建光)	동한(東漢) 안제(安帝)	121~122
건국(建國)	대(代) 탁발십익건(拓跋什翼健)	338~376
건녕(乾寧)	당(唐) 소종(昭宗)	894~898
건녕(建寧)	동한(東漢) 영제(靈帝)	168~172
건덕(乾德)	전촉(前蜀) 왕연(王衍)	919~924
	북송(北宋) 태조(太祖)	963~968
건덕(建德)	북주(北周) 무제(武帝)	572~578
건도(乾道)	서하(西夏) 혜종(惠宗)	1067~1068
	남송(南宋) 효종(孝宗)	1165~1173
건륭(乾隆)	청(淸) 고종(高宗)	1736~1796
건륭(建隆)	북송(北宋) 태조(太祖)	960~963
건명(建明)	서연(西燕) 모용의(慕容顗)	386
	북위(北魏) 원엽(元曄)	530~531
건명(乾明)	북제(北齊) 폐제(廢帝)	560
건무(建武)	동한(東漢) 광무제(光武帝)	25~56
	서진(西晉) 혜제(惠帝)	304
	동진(東晉) 원제(元帝)	317~318
	후조(後趙) 무제(武帝)	335~348
	서연(西燕) 모용충(慕容忠)	386

연호	왕조/황제	연대
	남제(南齊) 명제(明帝)	494~498
건무중원(建武中元)/ 중원(中元)	동한(東漢) 광무제(光武帝)	56~57
건문(建文)	명(明) 혜제(惠帝)	1399~1402
건봉(乾封)	당(唐) 고종(高宗)	666~668
건부(乾符)	당(唐) 희종(僖宗)	874~879
건세(建世)/건시(建始)	건세정권(建世政權) 유분자(劉盆子)	25~26
건소(建昭)	서한(西漢) 원제(元帝)	B.C.38~B.C.34
건시(建始)	서한(西漢) 성제(成帝)	B.C.32~B.C.29
	서진(西晉) 사마윤(司馬倫)	301
	후연(後燕) 소문제(昭文帝)	407
건안(建安)	동한(東漢) 헌제(獻帝)	196~220
건염(建炎)	남송(南宋) 고종(高宗)	1127~1130
건우(乾佑)	남초(南楚) 폐왕(廢王)	948~949
	후한(後漢) 은제(隱帝)	948~950
	북한(北漢) 세조(世祖)/예종(睿宗)	951~956
	서하(西夏) 인종(仁宗)	1170~1193
건원(乾元)	당(唐) 숙종(肅宗)	758~760
건원(建元)	서한(西漢) 무제(武帝)	B.C.140~B.C.135
	전조(前趙) 소무제(昭武帝)	315~316
	동진(東晉) 강제(康帝)	343~344
	전진(前秦) 선소제(宣昭帝)	365~385
	남제(南齊) 고제(高帝)	479~482
건의(建義)	서진(西秦) 걸복국인(乞伏國仁)	385~388
	북위(北魏) 효장제(孝莊帝)	528
건정(乾定)	서하(西夏) 헌종(獻宗)	1223~1226
건정(乾貞)	남오(南吳) 예제(睿帝)	927~929
건중(建中)	당(唐) 덕종(德宗)	780~783
건중정국(建中靖國)	북송(北宋) 휘종(徽宗)	1101
건창(建昌)	유연(柔然) 두나복발두벌가한(豆羅伏跋豆伐可汗)	508~520
건초(建初)	동한(東漢) 장제(章帝)	76~84
	성한(成漢) 이특(李特)	303~304

연호	왕조/황제	연대
	후진(後秦) 무소제(武昭帝)	386~394
	서량(西涼) 무소왕(武昭王)	405~417
건통(乾統/乾通)	요(遼) 천조제(天祚帝)	1101~1110
	서한(西漢) 애제(哀帝)	B.C.6~B.C.3
	후조(後趙) 명제(明帝)	330~333
건평(建平)	서연(西燕) 문제(文帝)	386
	후연(後燕) 소무제(昭武帝)	398
	남연(南燕) 헌무제(獻武帝)	400~405
건형(乾亨)	요(遼) 경종(景宗)	979~983
	남한(南漢) 고조(高祖)	925
건형(建衡)	손오(孫吳) 손호(孫皓)	269~271
건홍(建弘)	서진(西秦) 문소왕(文昭王)	420~428
건화(建和)	동한(東漢) 환제(桓帝)	147~149
	남량(南涼) 강왕(康王)	400~402
	후량(後梁) 태조(太祖)/말제(末帝)	911~915
건화(乾化)	민(閩) 태조(太祖)	911~915
	오월(吳越) 태조(太祖)	913~915
건화(乾和)	남한(南漢) 중종(中宗)	943~958
건흥(乾興)	북송(北宋) 진종(眞宗)	1022
	촉한(蜀漢) 후주(後主)	223~238
	손오(孫吳) 폐제(廢帝)	252~254
건흥(建興)	성한(成漢) 성무제(成武帝)	304~306
	서진(西晉) 민제(愍帝)	313~317
건흥(建興)/영안(永安)	전량(前涼) 장식(張寔)	317~320
건흥(建興)/영원(永元)	전량(前涼) 장무(張茂)	320~324
건흥(建興)/태원(太元)	전량(前涼) 장준(張駿)	324~346
건흥(建興)/영락(永樂)	전량(前涼) 장중화(張重華)	346~353
건흥(建興)	전량(前涼) 충왕(沖王)	355~361
건흥(建興)	후연(後燕) 세조(世祖)	386~396
건희(建熙)	전연(前燕) 유제(幽帝)	360~370
경녕(竟寧)	서한(西漢) 원제(元帝)	B.C.33
경덕(景德)	북송(北宋) 진종(眞宗)	1004~1007
경력(慶曆)	북송(北宋) 인종(仁宗)	1041~1048

연호	왕조/황제	연대
경룡(景龍)	당(唐) 중종(中宗)	707~710
경명(景明)	북위(北魏) 선무제(宣武帝)	500~504
경복(景福)	당(唐) 소종(昭宗)	892~893
	요(遼) 흥종(興宗)	1031~1032
경시(更始)	현한(玄漢) 경시제(更始帝)	23~25
	서연(西燕) 위제(威帝)	385~386
	서진(西秦) 고조(高祖)	409~412
경염(景炎)	남송(南宋) 단종(端宗)	1276~1278
경요(景耀)	촉한(蜀漢) 후주(後主)	258~263
경우(景祐)	북송(北宋) 인종(仁宗)	1034~1038
경운(景雲)	당(唐) 예종(睿宗)	710~712
경원(慶元)	남송(南宋) 영종(寧宗)	1195~1200
경원(景元)	조위(曹魏) 원제(元帝)	260~264
경자(庚子)	서량(西涼) 태조(太祖)	400~404
경정(景定)	남송(南宋) 이종(理宗)	1260~1264
경초(景初)	조위(曹魏) 명제(明帝)	237~239
경태(景泰)	명(明) 대종(代宗)	1450~1457
경평(景平)	유송(劉宋) 유의부(劉義符)	423~424
경화(景和)	유송(劉宋) 유자업(劉子業)	465
공화(拱化)	서하(西夏) 의종(毅宗)	1063~1067
광계(光啓)	당(唐) 희종(僖宗)	885~888
광대(光大)	진(陳) 폐제(廢帝)	567~568
광덕(廣德)	당(唐) 대종(代宗)	763~764
광명(廣明)	당(唐) 희종(僖宗)	880~881
광서(光緒)	청(淸) 덕종(德宗)	1875~1909
광수(光壽)	전연(前燕) 경소제(景昭帝)	357~359
광순(廣順)	후주(後周) 태조(太祖)	951~953
광시(光始)	후연(後燕) 소문제(昭文帝)	401~406
광운(廣運)	서량(西梁) 후주(後主)	586~587
	북한(北漢) 영무제(英武帝)	974~979
	서하(西夏) 경종(景宗)	1034~1036
광정(光定)	서하(西夏) 신종(神宗)	1211~1223
광정(廣政)	후촉(後蜀) 맹창(孟昶)	938~965

연호	왕조/황제	연대
광천(光天)/광대(光大)/광대(廣大)	전촉(前蜀) 고조(高祖)	918
광천(光天)	남한(南漢) 상제(殤帝)	942~943
광초(光初)/좌초(佐初)	전조(前趙) 유요(劉曜)	318~329
광택(光宅)	당(唐) 예종(睿宗)	684
광화(光化)	당(唐) 소종(昭宗)	898~901
광화(光和)	동한(東漢) 영제(靈帝)	178~184
광흥(光興)	전조(前趙) 소무제(昭武帝)	310~311
광희(光喜)	동한(東漢) 소제(少帝)	189
광희(光熙)	서진(西晉) 혜제(惠帝)	306
교태(交泰)	남당(南唐) 원종(元宗)	958
구시(久視)	무주(武周) 측천무후(則天武后)	700~701
단공(端拱)	북송(北宋) 태종(太宗)	988~989
단평(端平)	남송(南宋) 이종(理宗)	1234~1236
당륭(唐隆)/당원(唐元)/당흥(唐興)/당안(唐安)	당(唐) 상제(殤帝)	710
대강(大康)/태강(太康)	요(遼) 도종(道宗)	1075~1084
대경(大慶)	서하(西夏) 경종(景宗)	1036~1038
	서하(西夏) 인종(仁宗)	1140~1143
대관(大觀)	북송(北宋) 휘종(徽宗)	1107~1110
대덕(大德)	서하(西夏) 숭종(崇宗)	1135~1139
	원(元) 성종(成宗)	1297~1307
대동(大同)	양(梁) 무제(武帝)	535~546
	요(遼) 태종(太宗)	947
대력(大曆)	당(唐) 대종(代宗)	766~779
대명(大明)	유송(劉宋) 효무제(孝武帝)	457~464
대보(大寶)	양(梁) 간문제(簡文帝)	550~551
	남한(南漢) 유장(劉鋹)	958~971
대상(大象)	북주(北周) 정제(靜帝)	579~580
대성(大成)	북주(北周) 선제(宣帝)	579
대순(大順)	당(唐) 소종(昭宗)	890~891
대안(大安)	서하(西夏) 혜종(惠宗)	1075~1085
	요(遼) 도종(道宗)	1085~1094

연호	왕조/황제	연대
	금(金) 완안영제(完顔永濟)	1209~1211
대업(大業)	수(隋) 양제(煬帝)	605~618
대유(大有)	남한(南漢) 고조(高祖)	928~942
대정(大定)	서량(西梁) 선제(宣帝)	555~562
	북주(北周) 정제(靜帝)	581
	금(金) 세종(世宗)	1161~1189
대족(大足)	무주(武周) 측천무후(則天武后)	701
대중(大中)	당(唐) 선종(宣宗)	847~860
대중상부(大中祥符)	북송(北宋) 진종(眞宗)	1008~1016
대통(大統)	서위(西魏) 문제(文帝)	535~551
대통(大通)	양(梁) 무제(武帝)	527~529
대형(大亨)	동진(東晉) 안제(安帝)	402
대화(大和)	오(吳) 예제(睿帝)	929~935
대화(大和)/태화(太和)	당(唐) 문종(文宗)	827~835
대흥(大興)/태흥(太興)	동진(東晉) 원제(元帝)	318~321
덕우(德祐)	남송(南宋) 공제(恭帝)	1275~1276
도광(道光)	청(淸) 선종(宣宗)	1821~1851
동광(同光)	후당(後唐) 장종(莊宗)	923~926
동무(東武)	남명(南明) 주상청(朱常淸)	1648
동치(同治)	청(淸) 목종(穆宗)	1862~1875
등국(登國)	북위(北魏) 도무제(道武帝)	386~396
만력(萬曆)	명(明) 신종(神宗)	1573~1620
만세등봉(萬歲登封)	무주(武周) 측천무후(則天武后)	695~696
만세통천(萬歲通天)	무주(武周) 측천무후(則天武后)	696~697
명덕(明德)	후촉(後蜀) 고조(高祖)	934~937
명도(明道)	북송(北宋) 인종(仁宗)	1032~1033
명창(明昌)	금(金) 장종(章宗)	1190~1196
무덕(武德)	당(唐) 고조(高祖)	618~626
무성(武成)	북주(北周) 효명제(孝明帝)	559~560
	전촉(前蜀) 고조(高祖)	908~910
무의(武義)	오(吳) 선왕(宣王)	919~921
무정(武定)	동위(東魏) 효정제(孝靜帝)	543~550
무태(武泰)	북위(北魏) 효명제(孝明帝)	528

연호	왕조/황제	연대
무평(武平)	북제(北齊) 후주(後主)	570~576
문덕(文德)	당(唐) 희종(僖宗)	888
문명(文明)	당(唐) 예종(睿宗)	684
반의(頒義)	오(吳) 선왕(宣王)	919~921
백룡(白龍)	남한(南漢) 고조(高祖)	925~928
백작(白雀)	후진(後秦) 무소제(武昭帝)	384~386
보경(寶慶)	남송(南宋) 이종(理宗)	1225~1227
보녕(保寧)	요(遼) 경종(景宗)	969~979
보대(保大)	남당(南唐) 원종(元宗)	943~957
	요(遼) 천조제(天祚帝)	1121~1125
보대(寶大)	오월(吳越) 태조(太祖)	924~925
보력(寶曆)	당(唐) 경종(敬宗)	825~827
보우(寶祐)	남송(南宋) 이종(理宗)	1253~1258
보원(寶元)	북송(北宋) 인종(仁宗)	1038~1040
보응(寶應)	당(唐) 숙종(肅宗)/대종(代宗)	762~763
보의(寶義)	서하(西夏) 말주(末主)	1226~1227
보정(保定)	북주(北周) 무제(武帝)	561~565
보정(寶正)/보정(寶貞)/ 보정(保貞)	오월(吳越) 태조(太祖)	926~931
보정(寶鼎)	손오(孫吳) 손호(孫皓)	266~269
보태(普泰)/보가(普嘉)	북위(北魏) 절민제(節閔帝)	531
보통(普通)	양(梁) 무제(武帝)	520~527
복성승도(福聖承道)/ 복성(福聖)/승도(承道)	서하(西夏) 의종(毅宗)	1053~1056
본시(本始)	서한(西漢) 선제(宣帝)	B.C.73~B.C.70
본초(本初)	동한(東漢) 질제(質帝)	146
봉력(鳳曆)	후량(後梁) 주우규(朱友珪)	913
봉상(鳳翔)	하(夏) 무열제(武烈帝)	413~418
봉황(鳳凰)	손오(孫吳) 손호(孫皓)	272~274
사성(祠聖)	당(唐) 중종(中宗)	684
상원(上元)	당(唐) 고종(高宗)	674~676
	당(唐) 숙종(肅宗)	760~761
상흥(祥興)	남송(南宋) 조병(趙昺)	1278~1279

연호	왕조/황제	연대
선광(宣光)	북원(北元) 소종(昭宗)	1371~1379
선덕(宣德)	명(明) 선종(宣宗)	1426~1435
선정(宣政)	북주(北周) 무제(武帝)	578
선천(先天)	당(唐) 현종(玄宗)	712~713
선통(宣統)	청(淸) 선통제(宣統帝)	1909~1912
선평(宣平)/안평(晏平)	성한(成漢) 무제(武帝)	306~310
선화(宣和)	북송(北宋) 휘종(徽宗)	1119~1125
성력(聖曆)	무주(武周) 측천무후(則天武后)	698~700
성창(盛昌)	금(金) 말제(末帝)	1234
성화(成化)	명(明) 헌종(憲宗)	1465~1487
소녕(昭寧)	동한(東漢) 소제(少帝)	189
소무(紹武)	남명(南明) 문종(文宗)	1646
소성(紹聖)	북송(北宋) 철종(哲宗)	1094~1098
소정(紹定)	남송(南宋) 이종(理宗)	1228~1233
소태(紹泰)	양(梁) 경제(敬帝)	555~556
소한(紹漢)	조위(曹魏) 공손연(公孫淵)	237~238
소흥(紹興)	남송(南宋) 고종(高宗)	1131~1162
	서요(西遼) 인종(仁宗)	1142~1154 1151~1163
소희(紹熙)	남송(南宋) 광종(光宗)	1190~1194
수공(垂拱)	당(唐) 예종(睿宗)	685~688
수광(壽光)	전진(前秦) 부생(符生)	355~357
수국(收國)	금(金) 태조(太祖)	1115~1116
수창(壽昌)/수륭(壽隆)/ 성창(盛昌)	요(遼) 도종(道宗)	1095~1101
수화(綏和)	서한(西漢) 성제(成帝)	B.C.8~B.C.7
순우(淳祐)	남송(南宋) 이종(理宗)	1241~1252
순의(順義)	오(吳) 예제(睿帝)	921~927
순치(順治)	청(淸) 세조(世祖)	1644~1662
순화(淳化)	북송(北宋) 태종(太宗)	990~994
순희(淳熙)	남송(南宋) 효종(孝宗)	1174~1189
숭경(崇慶)	금(金) 완안영제(完顏永濟)	1212~1213
숭녕(崇寧)	북송(北宋) 휘종(徽宗)	1102~1106

연호	왕조/황제	연대
숭덕(崇德)	청(淸) 태종(太宗)	1636~1644
숭복(崇福)	서요(西遼) 야율보속완(耶律普速完)	1164~1177
숭정(崇禎)	명(明) 사종(思宗)	1628~1644
승광(勝光)	하(夏) 혁연정(赫連定)	428~431
승광(承光)/승양(承陽)/영광(永光)	하(夏) 혁연창(赫連昌)	425~428
승광(承光)	북제(北齊) 유주(幼主)	577
승명(承明)	북위(北魏) 효문제(孝文帝)	476
승명(昇明)	유송(劉宋) 순제(順帝)	477~479
승성(承聖)	양(梁) 원제(元帝)	552~555
승안(承安)	금(金) 장종(章宗)	1196~1200
승원(昇元)	남당(南唐) 열조(烈祖)	937~943
승평(昇平)	동진(東晉) 목제(穆帝)	357~361
승평(昇平)/태시(太始)	전량(前涼) 충왕(沖王)	361~363
승평(昇平)/태청(太淸)	전량(前涼) 장천석(張天錫)	363~376
승평(承平)	북위(北魏) 탁발여(拓跋余)	452
승현(承玄)	북량(北涼) 저거몽손(沮渠蒙遜)	428~431
승화(承和)/영화(永和)	북량(北涼) 저거목건(沮渠牧犍)	433~439
시건국(始建國)	신(新) 왕망(王莽)	9~13
시광(始光)	북위(北魏) 태무제(太武帝)	424~428
시원(始元)	서한(西漢) 소제(昭帝)	B.C.86~B.C.80
시평(始平)	유연(柔然) 복도(伏圖)	506~507
신가(神䴥)	북위(北魏) 태무제(太武帝)	428~431
신공(神功)	무주(武周) 측천무후(則天武后)	697
신귀(神龜)	북위(北魏) 효명제(孝明帝)	518~520
신가(神䴥)	북위(北魏) 태무제(太武帝)	428~431
신룡(神龍)	당(唐) 중종(中宗)	705~707
신봉(神鳳)	손오(孫吳) 대제(大帝)	252
신새(新璽)	북량(北涼) 단업(段業)	397~399
신서(神瑞)	북위(北魏) 명원제(明元帝)	414~416
신작(神爵)	서한(西漢) 선제(宣帝)	B.C.61~B.C.58
신정(神鼎)	후량(後涼) 여륭(呂隆)	401~403

연호	왕조/황제	연대
신책(神册)	요(遼) 태조(太祖)	916~922
안평(晏平)/선평(宣平)	성한(成漢) 무제(武帝)	306~310
양가(陽嘉)	동한(東漢) 순제(順帝)	132~135
양삭(陽朔)	서한(西漢) 성제(成帝)	B.C.24~B.C.21
여의(如意)	무주(武周) 측천무후(則天武后)	692
연강(延康)	동한(東漢) 헌제(獻帝)	220
연경(延慶)	서요(西遼) 덕종(德宗)	1124~1133
연광(延光)	동한(東漢) 안제(安帝)	122~125
연사녕국(延嗣寧國)/ 영국(寧國)	서하(西夏) 의종(毅宗)	1049
연우(延祐)	원(元) 인종(仁宗)	1314~1320
연원(燕元)	전연(前燕) 경소제(景昭帝)	349~352
	후연(後燕) 성무제(成武帝)	384~386
연재(延載)	무주(武周) 측천무후(則天武后)	694
연창(延昌)	북위(北魏) 선무제(宣武帝)	512~515
연초(延初)	전진(前秦) 부숭(苻崇)	394
연평(延平)	동한(東漢) 상제(殤帝)	106
	후연(後燕) 모용린(慕容麟)	397
연화(延和)	북위(北魏) 태무제(太武帝)	432~435
	당(唐) 예종(睿宗)	712
연흥(延興)	북위(北魏) 효문제(孝文帝)	471~476
	남제(南齊) 소소문(蕭昭文)	494
연흥(燕興)	서연(西燕) 모용홍(慕容泓)	384
연희(延熙)	촉한(蜀漢) 후주(後主)	238~257
	후조(後趙) 석홍(石弘)	334
염흥(炎興)	촉한(蜀漢) 후주(後主)	263
영가(永嘉)	서진(西晉) 회제(懷帝)	307~313
영강(寧康)	동진(東晉) 효무제(孝武帝)	373~375
영강(永康)	동한(東漢) 환제(桓帝)	167
	서진(西晉) 혜제(惠帝)	300~301
	후연(後燕) 혜민제(惠愍帝)	396~398
	서진(西秦) 문소왕(文昭王)	412~419
영건(永建)	동한(東漢) 순제(順帝)	126~132

연호	왕조/황제	연대
	서량(西涼) 이순(李恂)	420~421
영광(永光)	서한(西漢) 원제(元帝)	B.C.43~B.C.39
영광(永光)/원광(元光)/윤광(允光)	유송(劉宋) 유혼(劉渾)	455
영광(永光)	유송(劉宋) 유자업(劉子業)	465
영녕(永寧)	동한(東漢) 안제(安帝)	120~121
	서진(西晉) 혜제(惠帝)	301~302
	후조(後趙) 석저(石祗)	350~351
영락(永樂)	명(明) 성조(成祖)	1403~1424
영력(永曆)	남명(南明) 소종(昭宗)	1647~1683
영륭(永隆)	당(唐) 고종(高宗)	680~681
	민(閩) 경종(景宗)	939~944
영명(永明)	남제(南齊) 무제(武帝)	483~493
영봉(永鳳)	전조(前趙) 광문제(光文帝)	308~309
영수(永壽)	동한(東漢) 환제(桓帝)	155~158
영순(永順)	당(唐) 고종(高宗)	682~683
영시(永始)	서한(西漢) 성제(成帝)	B.C.16~B.C.13
영안(永安)	손오(孫吳) 경제(景帝)	258~264
	서진(西晉) 혜제(惠帝)	304
	북량(北涼) 저거몽손(沮渠蒙遜)	401~412
	북위(北魏) 효장제(孝莊帝)	528~530
	서하(西夏) 숭종(崇宗)	1098~1100
영원(永元)	동한(東漢) 화제(和帝)	89~105
	남제(南齊) 소보권(蕭寶卷)	499~501
영정(永定)	진(陳) 무제(武帝)	557~559
영정(永貞)	당(唐) 순종(順宗)	805
영창(永昌)	동진(東晉) 원제(元帝)	322~323
	당(唐) 예종(睿宗)	689
영초(永初)	유송(劉宋) 무제(武帝)	420~422
	동한(東漢) 안제(安帝)	107~113
영태(永泰)	남제(南齊) 명제(明帝)	498
	당(唐) 대종(代宗)	765~766
영평(永平)	동한(東漢) 명제(明帝)	58~75

연호	왕조/황제	연대
	서진(西晉) 혜제(惠帝)	291
	북위(北魏) 선무제(宣武帝)	508~512
	전촉(前蜀) 고조(高祖)	911~915
영한(永漢)	동한(東漢) 헌제(獻帝)	189
영홍(永弘)	서진(西秦) 걸복모말(乞伏暮末)	428~431
영화(永和)	동한(東漢) 순제(順帝)	136~141
	동진(東晉) 목제(穆帝)	345~356
	후진(後秦) 요홍(姚泓)	416~417
	민(閩) 혜종(惠宗)	935~936
영휘(永徽)	당(唐) 고종(高宗)	650~655
영흥(永興)	동한(東漢) 환제(桓帝)	153~154
	서진(西晉) 혜제(惠帝)	304~306
	염위(冉魏) 염민(冉閔)	350~352
	전진(前秦) 선소제(宣昭帝)	357~359
	북위(北魏) 명문제(明文帝)	409~413
	북위(北魏) 효무제(孝武帝)	532
영희(永熙)	서진(西晉) 혜제(惠帝)	290
	북위(北魏) 효무제(孝武帝)	532~534
영희(永憙)/원가(元嘉)/영가(永嘉)/영희(永喜)	동한(東漢) 충제(沖帝)	145
오봉(五鳳)	서한(西漢) 선제(宣帝)	B.C.57~B.C.54
	손오(孫吳) 폐제(廢帝)	254~256
옥항(玉恒)	성한(成漢) 이기(李期)	335~338
옥형(玉衡)	성한(成漢) 무제(武帝)	311~334
옹녕(雍寧)	서하(西夏) 숭종(崇宗)	1114~1118
옹정(雍正)	청(淸) 세종(世宗)	1723~1736
옹희(雍熙)	북송(北宋) 태종(太宗)	984~987
용계(龍啓)	민(閩) 혜종(惠宗)	933~934
용기(龍紀)	당(唐) 소종(昭宗)	889
용덕(龍德)	후량(後梁) 말제(末帝)	921~923
	민(閩) 태조(太祖)	921~923
용비(龍飛)	후량(後涼) 의무제(懿武帝)	396~399
용삭(龍朔)	당(唐) 고종(高宗)	661~663

연호	왕조/황제	연대
용승(龍昇)	하(夏) 무열제(武烈帝)	407~413
원가(元嘉)	동한(東漢) 환제(桓帝)	151~153
	유송(劉宋) 문제(文帝)	424~453
원강(元康)	서한(西漢) 선제(宣帝)	B.C.65~B.C.61
	서진(西晉) 혜제(惠帝)	291~299
원광(元光)	서한(西漢) 무제(武帝)	B.C.134~B.C.129
	금(金) 선종(宣宗)	1222~1223
원덕(元德)	서하(西夏) 숭종(崇宗)	1119~1127
원봉(元封)	서한(西漢) 무제(武帝)	B.C.110~B.C.105
원봉(元鳳)	서한(西漢) 소제(昭帝)	B.C.80~B.C.75
원부(元符)	북송(北宋) 철종(哲宗)	1098~1100
원삭(元朔)	서한(西漢) 무제(武帝)	B.C.128~B.C.123
원상(元象)	동위(東魏) 효정제(孝靜帝)	538~539
원새(元璽)	전연(前燕) 경소제(景昭帝)	352~357
원수(元壽)	서한(西漢) 애제(哀帝)	B.C.2~B.C.1
원수(元狩)	서한(西漢) 무제(武帝)	B.C.122~B.C.117
원시(元始)	서한(西漢) 평제(平帝)	1~5
원연(元延)	서한(西漢) 성제(成帝)	B.C.12~B.C.9
원우(元祐)	북송(北宋) 철종(哲宗)	1086~1094
원정(元貞)	원(元) 성종(成宗)	1295~1297
원정(元鼎)	서한(西漢) 무제(武帝)	B.C.116~B.C.111
원초(元初)	동한(東漢) 안제(安帝)	114~120
원통(元統)	원(元) 혜종(惠宗)	1333~1335
원평(元平)	서한(西漢) 소제(昭帝)	B.C.74
원풍(元豊)	북송(北宋) 신종(神宗)	1078~1085
원화(元和)	동한(東漢) 장제(章帝)	84~87
	당(唐) 헌종(憲宗)	806~820
원휘(元徽)	유송(劉宋) 후폐제(後廢帝)	473~477
원흥(元興)	동한(東漢) 화제(和帝)	105
	손오(孫吳) 말제(末帝)	264~265
	동진(東晉) 안제(安帝)	402~404
원희(元熙)	전조(前趙) 광문제(光文帝)	304~308
	동진(東晉) 공제(恭帝)	419~420

연호	왕조/황제	연대
융경(隆慶)	명(明) 목종(穆宗)	1567~1572
융무(隆武)	남명(南明) 소종(紹宗)	1645~1646
융서(隆緒)	북위(北魏) 소보인(蕭寶夤)	527~528
융안(隆安)/숭안(崇安)	동진(東晉) 안제(安帝)	397~401
융창(隆昌)	남제(南齊) 소소업(蕭昭業)	494
융화(隆化)	북제(北齊) 후주(後主)	576
융화(隆和)	동진(東晉) 애제(哀帝)	362~363
융흥(隆興)	남송(南宋) 효종(孝宗)	1163~1164
응건(應乾)	남한(南漢) 중종(中宗)	943
응력(應曆)	요(遼) 목종(穆宗)	951~969
응순(應順)	후당(後唐) 민제(閔帝)	934
응천(應天)	서하(西夏) 양종(襄宗)	1206~1209
의녕(義寧)	수(隋) 공제(恭帝)	617~618
의봉(儀鳳)	당(唐) 고종(高宗)	676~679
의화(義和)	북량(北涼) 저거몽손(沮渠蒙遜)	431~433
의희(義熙)	동진(東晉) 안제(安帝)	405~418
인가(麟嘉)	전조(前趙) 소무제(昭武帝)	316~318
	후량(後涼) 의무제(懿武帝)	389~396
인경(人慶)	서하(西夏) 인종(仁宗)	1144~1148
인덕(麟德)	당(唐) 고종(高宗)	664~665
인수(仁壽)	수(隋) 문제(文帝)	601~604
장경(長慶)	당(唐) 목종(穆宗)	821~824
장락(長樂)	후연(後燕) 소무제(昭武帝)	399~401
장무(章武)	촉한(蜀漢) 소열제(昭烈帝)	221~223
장수(長壽)	무주(武周) 측천무후(則天武后)	692~694
장안(長安)	무주(武周) 측천무후(則天武后)	701~704
장화(章和)	동한(東漢) 장제(章帝)	87~88
장흥(長興)	후당(後唐) 명종(明宗)	930~933
	오월(吳越) 세종(世宗)	932~933
재초(載初)	당(唐) 예종(睿宗)	689~690
적오(赤烏)	손오(孫吳) 대제(大帝)	238~251
정강(靖康)	북송(北宋) 흠종(欽宗)	1126~1127
정관(貞觀)	당(唐) 태종(太宗)	627~649

연호	왕조/황제	연대
	서하(西夏) 숭종(崇宗)	1101~1113
정광(正光)	북위(北魏) 효명제(孝明帝)	520~525
정대(正大)	금(金) 애종(哀宗)	1224~1231
정덕(正德)	서하(西夏) 숭종(崇宗)	1127~1134
	명(明) 무종(武宗)	1506~1521
정륭(正隆)	금(金) 완안량(完顔亮)	1156~1161
정명(禎明)	진(陳) 후주(後主)	587~589
정명(貞明)	후량(後梁) 말제(末帝)	915~920
	민(閩) 태조(太祖)	915~921
정시(正始)	조위(曹魏) 조방(曹芳)	240~249
	북연(北燕) 혜의제(惠懿帝)	407~409
	북위(北魏) 선무제(宣武帝)	504~508
정우(貞祐)	금(金) 선종(宣宗)	1213~1217
정원(正元)	조위(曹魏) 조모(曹髦)	254~256
정원(貞元)	당(唐) 덕종(德宗)	785~805
	금(金) 완안량(完顔亮)	1153~1156
정정(定鼎)/신정(新鼎)	적위(翟魏) 적조(翟釗)	391~392
정통(正統)	명(明) 영종(英宗)	1436~1449
정평(正平)	북위(北魏) 태무제(太武帝)	451~452
	양(梁) 소정덕(蕭正德)	548~549
정화(征和)	서한(西漢) 무제(武帝)	B.C.92~B.C.89
정화(政和)	북송(北宋) 휘종(徽宗)	1111~1118
조로(調露)	당(唐) 고종(高宗)	679~680
중대동(中大同)	양(梁) 무제(武帝)	546~547
중대통(中大通)	양(梁) 무제(武帝)	529~534
중통(中統)	원(元) 세조(世祖)	1260~1264
중평(中平)	동한(東漢) 영제(靈帝)	184~189
중화(中和)	당(唐) 희종(僖宗)	881~885
중화(重和)	북송(北宋) 휘종(徽宗)	1118~1119
중흥(中興)	서연(西燕) 모용영(慕容永)	386~394
	남제(南齊) 화제(和帝)	501~502
	북위(北魏) 안정왕(安定王)	531~532
	남당(南唐) 원종(元宗)	958

연호	왕조/황제	연대
중희(重熙)/중화(重和)/승희(崇熙)	요(遼) 흥종(興宗)	1032~1055
증성(證聖)	무주(武周) 측천무후(則天武后)	695
지녕(至寧)	금(金) 완안영제(完顔永齊)	1213
지대(至大)	원(元) 무종(武宗)	1308~1311
지덕(至德)	진(陳) 후주(後主)	583~586
	당(唐) 숙종(肅宗)	756~758
지도(至道)	북송(北宋) 태종(太宗)	995~997
지순(至順)	원(元) 문종(文宗)	1330~1333
지원(至元)	원(元) 세조(世祖)	1264~1294
	원(元) 순종(順宗)	1335~1340
지절(地節)	서한(西漢) 선제(宣帝)	B.C.69~B.C.66
지정(至正)	원(元) 순제(順帝)	1341~1370
지치(至治)	원(元) 영종(英宗)	1321~1323
지화(至和)	북송(北宋) 인종(仁宗)	1054~1056
지황(地皇)	신(新) 왕망(王莽)	20~23
진흥(眞興)	하(夏) 무열제(武烈帝)	419~425
차도(䵍都)	서하(西夏) 의종(毅宗)	1057~1062
창무(昌武)	하(夏) 무열제(武烈帝)	418~419
창평(昌平)	서연(西燕) 단수(段隨)	386
천가(天嘉)	진(陳) 문제(文帝)	560~566
천감(天監)	양(梁) 무제(武帝)	502~519
천강(天康)	진(陳) 문제(文帝)	566
천경(天慶)	요(遼) 천조제(天祚帝)	1111~1120
	서하(西夏) 환종(桓宗)	1194~1206
천계(天啓)	명(明) 희종(熹宗)	1621~1627
천권(天眷)	금(金) 희종(熙宗)	1138~1140
천기(天紀)	손오(孫吳) 손호(孫皓)	277~280
천덕(天德)	민(閩) 왕연정(王延政)	943~945
	금(金) 완안량(完顔亮)	1149~1153
천력(天曆)	원(元) 문종(文宗)	1328~1330
천록(天祿)	요(遼) 세종(世宗)	947~951
천명(天命)	청(淸) 태조(太祖)	1616~1627

연호	왕조/황제	연대
천보(天保)	북제(北齊) 문선제(文宣帝)	550~559
	서량(西梁) 명제(明帝)	562~585
천보(天寶)	당(唐) 현종(玄宗)	742~756
	오월(吳越) 태조(太祖)	908~912
천보(天輔)	금(金) 태조(太祖)	1117~1123
천복(天復)	당(唐) 소종(昭宗)	901~904
	전촉(前蜀) 고조(高祖)	907
	기(岐) 이무정(李茂貞)	901~922
천복(天福)	후진(後晉) 고조(高祖)	936~944
	후한(後漢) 고조(高祖)	947
천봉(天鳳)	신(新) 왕망(王莽)	14~19
천사(天賜)	북위(北魏) 도무제(道武帝)	404~409
천사예성국경(天賜禮盛國慶)/천사국경(天賜國慶)	서하(西夏) 혜종(惠宗)	1069~1074
천새(天璽)	손오(孫吳) 손호(孫皓)	276
천새(天璽)/육새(六璽)	북량(北涼) 은업(殷業)	399~401
천성(天成)	양(梁) 민제(閔帝)	555
	후당(後唐) 명종(明宗)	926~930
천성(天盛)	서하(西夏) 인종(仁宗)	1149~1169
천성(天聖)	북송(北宋) 인종(仁宗)	1023~1032
천수(天授)	무주(武周) 측천무후(則天武后)	690~692
천수예법연조(天授禮法延祚)/천수(天授)	서하(西夏) 경종(景宗)	1038~1048
천순(天順)	원(元) 천순제(天順帝)	1328
	명(明) 영종(英宗)	1457~1464
천안(天安)	북위(北魏) 헌문제(獻文帝)	466~467
천안예정(天安禮定)	서하(西夏) 혜종(惠宗)	1086
천우(天祐)	당(唐) 소종(昭宗)	904~907
	오(吳) 효무왕(孝武王)	904~919
	기(岐) 이무정(李茂貞)	923~924
	후당(後唐) 장종(莊宗)	908~923
천우민안(天祐民安)	서하(西夏) 숭종(崇宗)	1090~1097

연호	왕조/황제	연대
천우수성(天祐垂聖)/수성(垂聖)	서하(西夏) 의종(毅宗)	1050~1052
천원(天元)	북원(北元) 후주(後主)	1379~1388
천의치평(天儀治平)	서하(西夏) 숭종(崇宗)	1086~1089
천정(天正)	양(梁) 예장왕(豫章王)	551
천조(天祚)	오(吳) 예제(睿帝)	935~937
천찬(天贊)	요(遼) 태조(太祖)	922~926
천책(天册)	손오(孫吳) 손호(孫皓)	275~276
천책만세(天册萬歲)	무주(武周) 측천무후(則天武后)	695
천총(天聰)	청(淸) 태종(太宗)	1627~1636
천통(天統)	북제(北齊) 후주(後主)	565~569
천평(天平)	동위(東魏) 효정제(孝靜帝)	534~537
천한(天漢)	서한(西漢) 무제(武帝)	B.C.100~B.C.97
천한(天漢)	전촉(前蜀) 고조(高祖)	917
천현(天顯)	요(遼) 태조(太祖)	926~938
천화(天和)	북주(北周) 무제(武帝)	566~572
천회(天會)	북한(北漢) 예종(睿宗)	957~973
천회(天會)	금(金) 태종(太宗)	1123~1137
천흥(天興)	북위(北魏) 도무제(道武帝)	398~404
천흥(天興)	수(隋) 유무주(劉武周)	617~620
천흥(天興)	금(金) 오라패극렬(熬羅孛極烈)	1147
천흥(天興)	금(金) 애종(哀宗)	1232~1234
천희(天禧)	북송(北宋) 진종(眞宗)	1017~1021
천희(天禧)	서요(西遼) 야율직로고(耶律直魯古)	1168~1201 1178~1211
첨원(添元)	명(明) 야선(也先)	1453~1457
청녕(淸寧)	요(遼) 도종(道宗)	1055~1064
청룡(靑龍)	후조(後趙) 석감(石鑒)	350
청룡(靑龍)	조위(曹魏) 명제(明帝)	233~237
청태(淸泰)	후당(後唐) 폐제(廢帝)	934~936
초시(初始)	서한(西漢) 유영(劉嬰)	8
초원(初元)	서한(西漢) 원제(元帝)	B.C.48~B.C.44
초평(初平)	동한(東漢) 헌제(獻帝)	190~193

연호	왕조/황제	연대
총장(總章)	당(唐) 고종(高宗)	668~670
치평(治平)	북송(北宋) 영종(英宗)	1064~1067
치화(治和)	원(元) 태정제(泰定帝)	1328
태강(太康)	서진(西晉) 무제(武帝)	280~289
태건(太建)	진(陳) 선제(宣帝)	569~582
태극(太極)	당(唐) 예종(睿宗)	712
태녕(太寧)	동진(東晉) 명제(明帝)	323~326
	후조(後趙) 무제(武帝)	349
태녕(太寧)/대녕(大寧)/태녕(泰寧)	북제(北齊) 무성제(武成帝)	561~562
태상(太上)	남연(南燕) 모용초(慕容超)	405~410
태상(泰常)	북위(北魏) 명원제(明元帝)	416~423
태시(太始)	서한(西漢) 무제(武帝)	B.C.96~B.C.93
태시(泰始)	서진(西晉) 무제(武帝)	265~274
	유송(劉宋) 명제(明帝)	465~471
태안(太安)/대안(大安)	서진(西晉) 혜제(惠帝)	302~303
태안(太安)	전진(前秦) 애평제(哀平帝)	385~386
	후량(後涼) 의무제(懿武帝)	386~389
	북위(北魏) 문성제(文成帝)	455~459
	유연(柔然) 나개(那蓋)	492~505
태연(太延)	북위(北魏) 태무제(太武帝)	435~440
태영(泰永)	금(金) 장제(章帝)	1201~1208
태예(泰豫)	유송(劉宋) 명제(明帝)	472
태원(太元)	손오(孫吳) 대제(大帝)	251~252
	동진(東晉) 효무제(孝武帝)	376~396
태정(泰定)	원(元) 태정제(泰定帝)	1324~1328
태창(太昌)	북위(北魏) 효무제(孝武帝)	532
태창(泰昌)	명(明) 광종(光宗)	1620
태청(太淸)	양(梁) 무제(武帝)	547~549
태초(太初)	서한(西漢) 무제(武帝)	B.C.104~B.C.101
	서진(西秦) 무원왕(武元王)	388~400
	전진(前秦) 고제(高帝)	386~394
	남량(南涼) 위무왕(威武王)	397~399

연호	왕조/황제	연대
태초원장(太初元將)/ 태초(太初)	서한(西漢) 애제(哀帝)	B.C.5
태평(太平)	손오(孫吳) 폐제(廢帝)	256~258
	서진(西晉) 조흠(趙廞)	300~301
	북연(北燕) 문성제(文成帝)	409~430
	유연(柔然) 두륜(豆崙)	485~491
	양(梁) 경제(敬帝)	556~557
	요(遼) 성종(聖宗)	1021~1031
태평진군(太平眞君)	북위(北魏) 태무제(太武帝)	440~451
태평흥국(太平興國)	북송(北宋) 태종(太宗)	976~984
태화(太和)	조위(曹魏) 명제(明帝)	227~233
	후조(後趙) 명제(明帝)	328~330
	성한(成漢) 이세(李勢)	344~346
	동진(東晉) 폐제(廢帝)	366~371
	북위(北魏) 효문제(孝文帝)	477~499
태화(泰和)	금(金) 장종(章宗)	1201~1208
태흥(太興)	북연(北燕) 소성제(昭成帝)	431~436
태희(太熙)	서진(西晉) 무제(武帝)	290
통문(通文)	민(閩) 강종(康宗)	936~939
통정(通正)	전촉(前蜀) 고조(高祖)	916
통화(通和)	요(遼) 성종(聖宗)	983~1012
하서(河瑞)	전조(前趙) 광문제(光文帝)	309~310
하청(河淸)	북제(北齊) 무성제(武成帝)	562~565
하평(河平)	서한(西漢) 성제(成帝)	B.C.28~B.C.25
한안(漢安)	동한(東漢) 순제(順帝)	142~144
한창(漢昌)	전조(前趙) 은제(隱帝)	318
한흥(漢興)	성한(成漢) 소문제(昭文帝)	338~343
함강(咸康)	동진(東晉) 성제(成帝)	335~342
	전촉(前蜀) 후주(後主)	925
함녕(咸寧)	서진(西晉) 무제(武帝)	275~280
	후량(後涼) 영제(靈帝)	399~401
함순(咸淳)	남송(南宋) 도종(度宗)	1265~1274
함안(咸安)	동진(東晉) 간문제(簡文帝)	371~372

연호	왕조/황제	연대
함옹(咸雍)	요(遼) 도종(道宗)	1065~1074
함청(咸淸)	서요(西遼) 소탑불연(蕭塔不煙)	1136~1142 1140~1150
함통(咸通)	당(唐) 의종(懿宗)	860~874
함평(咸平)	북송(北宋) 진종(眞宗)	998~1003
함풍(咸豊)	청(淸) 문종(文宗)	1851~1862
함형(咸亨)	당(唐) 고종(高宗)	670~674
함화(咸和)	동진(東晉) 성제(成帝)	326~334
함희(咸熙)	조위(曹魏) 원제(元帝)	264~265
현경(顯慶)	당(唐) 고종(高宗)	656~661
현덕(顯德)	후주(後周) 태조(太祖)	954~960
	남당(南唐) 원종(元宗)	958~961
	남당(南唐) 후주(後主)	961~962
현도(顯道)	서하(西夏) 경종(景宗)	1032~1034
현시(玄始)/원시(原始)	북량(北涼) 저거몽손(沮渠蒙遜)	412~428
홍가(鴻嘉)	서한(西漢) 성제(成帝)	B.C.20~B.C.17
홍광(弘光)	남명(南明) 안종(安宗)	1645
홍도(弘道)	당(唐) 고종(高宗)	683
홍무(洪武)	명(明) 태조(太祖)	1368~1398
홍시(弘始)	후진(後秦) 문환제(文桓帝)	399~416
홍창(弘昌)/굉창(宏昌)	남량(南涼) 경왕(景王)	402~404
홍치(弘治)	명(明) 효종(孝宗)	1488~1505
홍희(洪熙)	명(明) 인종(仁宗)	1425
화평(和平)	동한(東漢) 환제(桓帝)	150
	전량(前涼) 위왕(威王)	354~355
	북위(北魏) 문성제(文成帝)	460~465
황건(皇建)	북제(北齊) 효소제(孝昭帝)	560~561
	서하(西夏) 양종(襄宗)	1210~1211
황경(皇慶)	원(元) 인종(仁宗)	1312~1313
황룡(黃龍)	서한(西漢) 선제(宣帝)	B.C.49
	손오(孫吳) 대제(大帝)	229~231
황무(黃武)	손오(孫吳) 대제(大帝)	222~229
황시(皇始)	전진(前秦) 경명제(景明帝)	351~355

연호	왕조/황제	연대
	북위(北魏) 도무제(道武帝)	396~398
황우(皇祐)	북송(北宋) 인종(仁宗)	1049~1054
황초(皇初)	후진(後秦) 문환제(文桓帝)	394~399
황초(黃初)	조위(曹魏) 문제(文帝)	220~226
황태(皇泰)	수(隋) 양동(楊侗)	618~619
황통(皇統)	금(金) 희종(熙宗)	1141~1149
황흥(皇興)	북위(北魏) 헌문제(獻文帝)	467~471
회동(會同)	요(遼) 태종(太宗)	938~947
회창(會昌)	당(唐) 무종(武宗)	841~846
효건(孝建)	유송(劉宋) 효무제(孝武帝)	454~456
효창(孝昌)	북위(北魏) 효명제(孝明帝)	525~528
후원(後元)	서한(西漢) 무제(武帝)	B.C.88~B.C.87
흥광(興光)	북위(北魏) 문성제(文成帝)	454~455
흥녕(興寧)	동진(東晉) 애제(哀帝)	363~365
흥안(興安)	북위(北魏) 문성제(文成帝)	452~454
흥원(興元)	당(唐) 덕종(德宗)	784
흥정(興定)	금(金) 선종(宣宗)	1217~1222
흥평(興平)	동한(東漢) 헌제(獻帝)	194~195
흥화(興和)	동위(東魏) 효정제(孝靜帝)	539~542
희녕(熙寧)	북송(北宋) 신종(神宗)	1068~1077
희평(熙平)	북위(北魏) 효명제(孝明帝)	516~518
희평(熹平)	동한(東漢) 영제(靈帝)	172~178

찾아보기

루이(Louis) 9세 3-140

루이(Louis) 14세 1-47, 4-489, 677,
683, 697, 709, 715

루이(Louis) 15세 4-704

루즈몽(Rougemont) 4-560

루지에리(Michael Ruggieri, 羅明鑒/
羅明堅) 4-10, 11, 12, 135, 200, 379,
498, 576, 577

루카누스(Lucanus) 1-424

루카스(Lucas) 4-195

루카스 보에이코프(Lucas Voeikoff)
4-523

루케(Luques) 4-427

루트비히 운저(Ludwig A. Unzer)
4-712, 713

뤼브룩(Guillaume de Rubrouck)
2-27, 403, 3-141, 142, 143, 144, 210

류청낭(柳靑娘) 3-298

르 모니에(le Monnier) 4-360

르 코크(A. Von Le Coq) 1-62, 90,
2-337, 395

르노도(E. Renaudot) 2-270

륵십형(勒什亨) 4-652, 654

리노스키(Molinowski) 4-209

리베리오(Joseph Riberio) 4-82

리파(Matteo Ripa, 馬國賢) 4-341, 400,
401, 404, 407, 429, 430, 495, 518

리프슈타인(Leopoldus Liebstein, 石
嘉聖) 4-401

리하르트 빌헬름(Richard Wilhelm)
1-61

리히트호펜(Richthofen) 1-116, 199, 203,
389, 392, 403

514

무령왕(武寧王) 1-156, 158, 161, 162, 163

무론(茂論) 1-449

무릉왕(武陵王) 2-332

무문왕(茂門王) 2-41

무승왕(無勝王) 3-289

무우손(繆祐孫) 1-39

무을(武乙) 1-182

무을(毋乙) 2-379, 382

무전손(繆荃孫) 2-113

무카리(Muqali, 木華黎) 3-14

무토 초조(武藤長藏) 1-88

무한신(武漢臣) 3-298

무할힐(Abu Dulaf Misar Ibn Muhal-hil) 2-272, 273

무함마드(Muhammad, 謨罕默德/暮門/摩訶末/痲河勿/馬合麻/謨罕驀德/穆哈麥德/穆德/) 2-422, 423, 3-55

무행(無行) 2-183

묵돌[冒頓]선우 1-236, 241, 242 287, 417

묵사역흑(默沙亦黑) 4-60

묵적(墨翟) 4-160

文德皇后 2-210

문량보(聞良輔) 3-315, 378, 379, 380

문명(文銘) 3-341

문성공주(文成公主) 2-339

문실(文實) 2-159

문양(文襄) 2-449

문왕(文王) 4-184, 684

문응조(門應兆) 4-433

뮌스터베르크(O. Muensterberg) 1-62

뮬러(Karl Müller) 1-190, 425

미가수(米嘉穗) 4-290, 291

미가영(米嘉榮) 2-157, 350, 452

미기(米曁) 2-350

미길(美吉) 1-485

미도지(米都知) 2-350

미량(米亮) 2-153, 157

미리사(彌利斯) 2-403

미리합(米里合) 3-293

미만추(米萬槌) 2-452

미박(米璞) 2-352

미불(米芾) 2-350, 351, 352, 443

미빈(米贇) 2-352

미소윤(米少尹) 3-300

미수(米遂) 2-350

미신(米信) 2-351, 352

미야모토 마사누키(宮本正貫) 1-74

미야자키 이치사다(宮崎市定) 1-82

미야케 요네키치(三宅米吉) 1-77

미우인(米友仁) 2-351, 352

미조구치 야스오(溝口靖夫) 1-84

미지성(米志誠) 2-350

미헌(米憲) 2-351

미화가(米禾稼) 2-452

미화랑(米和郎) 2-350, 452

민왕(閩王) 2-94

민왕필(閔王弼) 4-575

민우오(閔遇五) 3-252

밀다(密多) 2-239

밀른(William Milne) 1-62

밀리스(Milis) 2-405

밀린다(Milinda)왕 1-373

밀스(J. V. Mills) 4-280

밀아(密阿) 3-262

밀오몰사(密烏沒斯) 2-362

밀오몰사불다탄(密烏沒斯拂多誕)

서방목(徐方牧) 4-213, 613

徐碧海 3-452

서보광(徐葆光) 4-333, 343, 345, 346, 347, 348, 349

서복(徐福) 1-328

서복원(徐復元) 4-385, 664

서북앙(西北盎) 4-297

서붕거(徐鵬擧) 4-159

서서만(徐西滿) 4-174

서송(徐松) 1-21, 25, 365, 3-123

서역(徐易) 4-433

서왕모(西王母) 1-106, 132, 133, 136, 137, 138, 139, 141, 297, 298, 390, 391, 398, 2-119, 290

서요포(徐瑤圃) 4-433

서원여(舒元輿) 2-397

서유학(徐惟學) 3-452

서윤희(徐允希) 4-662

서응(徐凝) 2-97

서이작(徐爾爵) 4-130

서이진(書爾陳) 4-652

서일승(徐日昇) 4-394, 403, 468, 471, 472

서정(徐霆) 3-260, 261

서조병(徐兆昺) 3-105

서조준(徐朝俊) 4-138, 139, 144, 147

서종택(徐宗澤) 4-548, 549, 609

서중서(徐中舒) 1-162, 166

서진 무제 1-476, 477, 479, 2-43, 323, 324, 3-245

서진 혜제 1-463, 479, 2-309

서창치(徐昌治) 4-374

서치평(徐治平) 4-86

서하객(徐霞客) 4-303, 304, 305, 306,

서해(徐海) 3-468

서현(徐鉉) 2-363, 373, 4-689

서현호(徐玄扈) 4-130, 228

석가모니 3-244, 4-188, 585, 591, 676

석굉기(石宏基) 4-436, 437

석륵(石勒) 1-351

석리방(釋利防) 1-321

석리팔달랄포(昔里八達剌蒲) 3-316

석무량(石茂良) 2-319

석문영(釋文瑩) 1-291

석바라나린타(釋婆羅那隣陁) 1-452

석바라염린타(釋婆羅郱隣陁) 1-446

석신(石申) 1-174

석진탁(石振鐸) 4-234

석천기(石天基) 4-235

석혜지(釋慧智) 2-240

석호(石虎) 2-309

선리부인(善利夫人) 3-50

선본(善本) 2-169

선우백기(鮮于伯機) 3-201

선의(先意) 3-246

선저(善著) 3-249, 299

선청(善聽) 2-172

선행(善行) 2-182

설(卨)임금 2-82

설공원(偰公遠) 3-300

설랑(雪浪) 4-581

설매(薛邁) 2-333

설문찬(薛文燦) 4-39

설반(薛蟠) 4-143

설백료손(偰百僚遜) 3-249, 299

설봉조(薛鳳祚) 4-45, 46, 47, 68, 100, 104, 623, 624, 628, 629

설사마지(薛士摩支) 2-335

설사어은(雪蓑漁隱) 3-293

설소온(薛所蘊) 4-558

승가발타라(僧伽跋陀羅) 1-493
승가제파(僧伽提婆) 1-492
승가타(僧伽陀) 1-492
승개(僧鎧) 1-476
승경(僧景) 1-491
승담(僧曇) 1-493, 514
승률(僧律) 1-493
승맹(僧猛) 1-489, 492
승명(勝名) 2-198
승소(僧紹) 1-491
승순(僧純) 1-492
승양(僧養) 1-485
승여(乘如) 2-183
승오(乘悟) 2-183
승우(僧祐) 1-336, 500
승위(僧威) 1-514
승율(僧律) 1-514
승철(僧哲) 2-182
승표(僧表) 1-492
승혜(勝慧) 3-358
시나위(施那幃/尸羅圍) 2-124, 429
시노(施弩) 2-438
시라가와 지로(白河次郎) 1-112
시라달마(尸羅達摩, Siladharma)
   2-204
시라일다(尸羅逸多) 2-243
시라토리 구라키치(白鳥庫吉) 1-75,
   141, 142, 147, 195, 242, 298, 302,
   390, 391, 2-279, 281, 288, 289, 290,
   291, 292, 3-35
시라파지력간(時羅巴智力干) 2-124,
   191
시루스 콘탄생(Cyrus Contancin, 龔
   當信) 4-524
시리나련타라(尸利那蓮陀羅) 2-252

시리라차인타라주라(尸離囉茶印陁囉
   注囉) 2-439
시망 지 안드라데(Simão de Andra-
   de) 3-444
시모카타(Toeophylactus Simocatta)
   2-294, 296
시보(Pierre Machal Cibot, 韓國英)
   1-109, 4-210, 211, 223, 249, 490,
   685, 686, 687
시야바슈(Siyâvash) 1-144
시이저(施二姐) 3-367
시제손(施濟孫) 3-366
시죠(四條)천황 3-111
시진경(施進卿) 3-348, 366, 367
시켈바르트(Ignatius Sichelbarth, 艾啓
   蒙) 4-430, 438, 444, 445, 446, 449,
   450
시피에(Chipiez) 1-117
식스토(Sixtus) 5세 4-577
신농(神農)(씨) 1-112, 4-231
신무라 이즈루(新村出) 1-84
신무현(辛武賢) 1-317
신문방(辛文房) 3-300
신압타라(辛押陁羅) 2-77, 137, 151
신죠 신조(新城新藏) 1-78, 79, 180
실렬문(失列門) 3-196
실리방(室利防) 1-321
실리우스 이탈리쿠스(Silius Italicus)
   1-423
실트베르거(J. Schiltberger) 2-282
심각(沈淮) 4-20, 50, 468, 552, 561
심괄(沈括) 1-291, 2-311, 312, 313, 421
심국원(沈國元) 4-164
심기(沈紀) 4-433
심기제(沈旣濟) 2-173

알 킵자키(Bailak al-Kibjaki) 2-316
알라(Aallah) 2-423
알라 앗딘 아타 말릭 주바이니(Ala ad-Din 'Ata-Malik Juvaini) 3-114
알라 앗딘 무함마드(Alā ad-Dīn Muhammad) 3-18, 19, 21
알라사(幹羅思) 3-195
알라하(Alaha) 2-412
알레니(Julio Aleni, 艾儒略) 1-44, 4-39, 54, 70, 92, 96, 205, 214, 229, 235, 241, 257, 284, 285, 286, 287, 289, 290, 291, 296, 305, 306, 376, 381, 395, 420, 455, 559, 560, 568, 572, 578, 586, 588, 598, 559, 613, 615, 618, 670
알렉산더 포프(Alexander Pope) 4-696
알렉산더(Alexander) 6세 4-538, 539
알렉산더대왕 1-202, 210, 211, 212, 213, 214, 337, 345, 371, 374, 376, 379, 380, 389, 2-295
알렉산드르 드 고베아(Alexander de Gouvea, 湯士選) 4-82
알베르트 헤르만(Albert Herrmann) 1-207, 285
알옥윤도(幹玉倫徒) 3-299, 300
알자습(Arjasp)왕 1-145
알직(幹直) 3-232
幹辰大王 3-125
알타홀도로(幹朶忽都魯) 3-300
알폰소 지 알부케르크(Alfonso de Albuquerque) 3-431
알폰스 패트(Alfons Väth) 4-55, 71, 136, 384, 385, 390, 391, 471
암브로시우스(S.Ambrosius) 4-617

압둘 라자크(Abdur Razzak) 3-390
압둘 카심 우바이드 알라(Abu'l-kasim ubaid-Allah) 2-267
압둘라 이자이(Abdullah Izai) 4-276
앙계(茆溪) 4-593
앙길(昻吉) 3-300
앙리 베르나르(Henry Bernard) 3-278, 476, 4-135, 262, 379
앙리 아베르(Henri Havert) 3-202
앙투앙 드 쥐시외(Antoine de Jussieu) 4-208, 210
애립(艾立) 3-262
애불화(愛不花) 3-199
애설(愛薛, Isaac) 3-183, 197
액이살종(額爾薩琮) 4-181
액홍략(額弘略) 4-180
앤슨(Lord Anson) 4-702
야나발다라(若那跋陀羅, Jnanabhadra) 2-201
야나이 와타리(箭内亙) 1-76
야노 진이치(矢野仁一) 1-78
야라엄(若羅嚴) 1-491
야리아(也里牙, Elija) 3-183, 195
야마다 치사부로(山田智三郎) 1-89
야마모토 타츠로(山本達郎) 3-339
야마모토 히데테루(山本秀煌) 1-86
야부키 케이키(矢吹慶輝) 1-94
  야사굴다(耶舍崛多) 1-493
야속답아(也速答兒) 3-225
야속답아적(也速答兒赤) 3-299
야율 문정왕(文正王) 3-259
야율대석(耶律大石) 3-132
야율돌욕(耶律突欲) 3-109
야율리(耶律履) 3-109
야율아보기(耶律阿保機) 3-109

601

양정단(梁廷枏) 1-39
양정벽(楊庭璧) 3-54, 55, 85, 269
양존중(楊存中) 2-51
양중견(楊仲堅) 4-286
양지화(楊之華) 4-40
양진(楊眞) 3-338, 381
양천추(楊天樞) 4-615
양충(楊忠) 1-451
양해(襄楷) 1-332
양현(楊顯) 3-298
양현지(楊衒之) 1-514, 515
양회경(梁懷璥) 2-249
양휘(楊輝) 3-264, 282
양흠(楊欽) 2-50
어환(魚豢) 1-284, 289, 320, 377
언종(彦琮) 2-34, 200, 220
엄도랄(俺都剌) 3-241
엄종간(嚴從簡) 2-425, 3-315, 330, 437
업리(業利) 2-405
에가미 나미오(江上波夫) 1-234
에드킨스(Joseph Edkins, 艾約瑟)
　　1-41, 115
에라토스테네스(Eratosthenes)
　　1-175, 188
에랑(Heeren) 1-187
에로스(Eros) 1-346
에르비외(Julianus-Placidus Hervieu,
　　赫蒼壁) 4-682, 683
에르빈 루셀(Erwin Rouselle) 1-61,
　　3-180
에버하르트(W. Eberhard) 1-62
에비사와 아리미치(海老澤有道)
　　1-85
에서(Esau) 4-421

엔닌(圓仁) 2-384
엔도 모토오(遠藤元男) 1-80
엔리케스(Ant. J. Henriques, 黃安多)
　　4-662, 663
엘 한싸(el Hansa) 3-222
엘리세프(Serge Elisseeff) 1-67
엘지기데이(Eljigidei, 伊治加臺) 3-140,
　　141
엠마누엘(Emmanuel) 2세 3-424
여광(呂光) 1-480, 483, 516
여궐(余闕) 3-193, 299
여대(呂岱) 1-469, 470
여대림(呂大臨) 1-165
여동빈(呂洞賓) 2-413, 414
여례(呂禮) 2-307
여륭(呂隆) 1-480
여무자(余懋孳) 4-554
여문의(余文儀) 4-514
여비원례(茘非元禮) 2-335
여서창(黎庶昌) 1-37
여수(黎秀) 3-461
여수암(呂秀巖) 2-413, 414
여순(如淳) 1-380
여순(如純) 4-595
여순양(呂純陽) 2-413
여암동빈(呂巖洞賓) 2-413
여양(呂讓) 2-413
여영녕(余永寧) 4-28
여욱(呂煜) 2-414
여원태(呂元泰) 2-455
여조(呂造) 3-99
여조양(呂調陽) 4-368, 369, 371
여침(呂忱) 2-45
역걸석아(亦乞昔兒) 3-262
역도원(酈道元) 4-491

페르비스트(Ferdinand Verbiest, 南懷仁) 4-35, 37, 49, 52, 62, 64, 65, 66, 81, 131, 132, 133, 196, 202, 219, 229, 237, 242, 271, 274, 291, 313, 354, 395, 428, 433, 458, 484, 560, 611, 612, 635, 646

페르치볼 데이비드(Sir Percivol David) 4-438

페리에게티스(Dionysius Periergettes) 1-437

페브르(P. J. Louis Le Febvre) 4-450

펠리오(Paul Pelliot) 1-55, 57, 68, 69, 71, 90, 93, 193, 194, 195, 196, 197, 198, 217, 316, 358, 372, 373, 460, 2-39, 40, 115, 229, 247, 281, 282, 283, 392, 3-62, 152, 153, 154, 183, 205, 209, 241, 338, 339, 343, 357, 358, 4-192, 281, 399, 418, 448, 453

펠릭스 다 로차(Félix da Rocha, 傅作霖) 4-356

평안(平安) 4-110, 343, 344, 345, 347, 348, 349

포가속(蒲訶粟) 2-94, 130

포가심(蒲加心) 2-438, 439

포라(蒲囉) 2-178

포르케(A. Forke) 1-61, 139

포르투갈의 로랑(Laurent de Portugal) 3-137

포마물(蒲麻勿) 2-438

포멸(蒲蔑) 2-437

포모서(蒲謀西) 2-437

포사나(蒲思那) 2-178

포사문(蒲師文) 3-54

포수경(蒲壽庚 = 蒲受畊) 2-353, 354, 433, 434, 435, 436, 3-47, 48, 49, 78, 79, 80, 81, 82, 83, 84, 85, 86, 101, 357

포수성(蒲壽成) 2-353, 3-78, 79

포신타리(蒲神陁離) 2-439

포아리(蒲亞利) 2-438, 439

포아리(蒲亞里) 2-135

포압타려(蒲押陁黎) 2-437

포압타리(蒲押陀離) 2-439

포여오벌야(布如烏伐邪, Punyoaya) 2-200

포전(鮑銓) 4-84

포지오 브라치올리니(Poggio Bracciolini) 3-389

포취(布就) 1-228

포타한(蒲陁漢) 2-437

포티에(Jean-Pierre Guillaume Pauthier) 1-117, 2-280, 289, 290, 291, 3-150, 153, 4-679

포파람(蒲婆藍) 2-437, 438

포페아(Poppaea) 1-404

포하율(蒲訶栗) 2-437

포형(包衡) 3-110

포홀선애(蒲啝哾哾) 2-428

포화일(蒲和日) 3-357

포희밀(蒲希密) 2-130, 433

폰 슐레저(K. von Schloezer) 2-273

폰 쾨니히스발트(Von Koenigswald) 1-102

폼페이우스(Pompeius) 1-421

폼포니우스 멜라(Pomponius Mela) 1-428

퐁타네(Joannes de Fontaney) 4-75, 76, 220, 238, 659

퐁파드르 부인(Mme de Pompadour) 4-717

플로루스(Florus) 1-402, 437

플로리아누스 바르(Florianus Bahr, 魏繼普) 4-410, 411, 529

플리니우스(Plinius) 1-202, 310, 391, 392, 393, 403, 404, 410, 429

피뉴엘라(Petrus Pinuela, 石鐸琭) 4-234

피득(彼得, Peter) 3-446

피렌체의 야코부스(Jacobus de Florentiis) 3-101

피르다우시(Firdausi) 1-142, 143

피스터(Louis Pfister, 費賴之) 4-141, 142, 143, 181, 186, 189, 206, 210, 220, 221, 222, 247, 294, 394, 395, 396, 401, 402, 408, 411, 412, 419, 420, 428, 436, 444, 445, 446, 447, 448, 470, 498, 525, 529, 530, 593, 623, 624, 629, 664, 675

피안(彼岸) 2-182

피오리(Fr. Christophus Fiori) 4-437

피유망(Pillement) 4-714

피피노(Pipino) 3-150

피히테(Fichte) 4-705

핀투(Fernão Mendes Pinto) 3-444, 453, 454, 455, 456, 459, 462, 476, 477

필가단말(必加丹末) 3-437

필공진(畢拱辰) 4-224, 227

필금량(畢今梁) 4-193, 557

필립(Philippe) 3-221, 338, 430, 4-179

필립스(Philips) 1-64, 71, 3-98

필성(畢誠) 2-335

필승(畢昇) 2-304, 305

필원(畢沅) 4-565

필진(畢進) 3-392

ㅎ

하건민(何健民) 1-358, 496

하광원(何光遠) 2-345

하교원(何喬遠) 2-434, 435, 3-330, 349, 436, 4-168, 304, 305, 560

하국종(何國宗) 4-355, 357, 358

하네다 도오루(羽田亨) 1-78, 93, 3-37

하라다 요시토(原田淑人) 1-76

하룬 알 라시드(Harun al Rashid) 3-266

하마다 고사쿠(濱田耕作) 1-78, 125

하명원(何明遠) 2-146, 147

하몽석(何夢錫) 4-107

하몽요(何夢瑤) 4-105

하반인(何潘仁) 2-149

하불로한정(夏不魯罕丁, Sheikh Burhan-uddin) 3-218

하비에르(St. Francisco Xavier, 方濟各) 3-477, 478, 4-11, 537, 538, 539

하비에르(Xavier, 沙勿略) 4-652

하설쇠(夏雪簑) 3-270

하섭(夏燮) 1-40

하성(夏誠) 2-50

하세호(何細胡) 2-332

하소삼(何少參) 4-584

하수본(何樹本) 4-87, 88

하순(何順) 2-204

하언(夏言) 3-408

하오(何熬) 3-444

하원도(何元渡) 4-87, 88

하원부(何元溥) 4-87

하인걸(賀仁傑) 3-34

하인리히(Heinrich) 2세 3-25

하작암(何作菴) 3-101

하조(何稠) 2-328, 329, 332, 333

하청태(賀淸泰) 4-618

하추도(何秋濤) 1-29, 33, 4-507, 508

하크만(Heinrich F. L. Hackmann)
　1-58

하타(何妥) 2-328, 332

하환상(賀煥湘) 1-283

학약아경(郝若亞敬) 4-662

학영강(郝永剛) 1-283

학옥린(郝玉麟) 3-434

학처준(郝處俊) 2-238

한담(韓炎) 4-229

한림(韓霖) 4-613, 614, 615, 669

한무(韓懋) 4-240

한봉(韓鳳) 2-450

한스 폰 머직(Hans von Mzik) 3-175

한운(韓雲) 4-501, 502, 613

한유(韓愈) 2-77

한융(韓融) 1-280

한집(韓戡) 1-464

할러슈테인(Augustin von Hallerstein,
　劉松齡) 4-37, 81, 82, 393, 445, 468,
　560

함차(含嵯) 2-258

합랄(哈剌) 3-195

합랄불화(哈剌不花) 3-119, 120

합반(哈班) 3-155

합삼(哈三) 3-356

합적리(哈的哩) 3-465

합제복(哈悌卜) 3-218

합지(哈只) 3-341

합지합산(哈只哈散) 3-217

합철아해아(哈撒兒海牙) 3-54

합청아(哈淸阿) 4-358, 359

항경공(恆敬公) 4-233

항아(姮娥) 1-138

해달아(海達兒) 4-19

해문(海門) 4-592

해보(海寶) 4-343, 347, 348

해비(解飛) 2-309

해빈(海賓) 3-407

해아척(海牙剔) 3-261

해탈천(解脫天) 2-182

행근(行勤) 2-216

행문(行聞) 4-574, 589

행원(行元) 4-573, 574, 588

행통(行通, Yazedbouzid) 2-403, 405,
　406

향비(香妃) 4-438

향타(向打) 2-438

허경징(許景澄) 1-26

허계림(許桂林) 4-106

허대수(許大受) 4-239, 603

허동(許棟) 3-449, 452, 461

허료(許燎) 3-449

허사(許四) 3-447, 448, 449

허삼(許三) 3-447, 448, 449

허서신(許胥臣) 4-285

허신(許愼) 4-693

허여란(許如蘭) 4-197

허원도(許遠度) 4-572, 667

허유임(許有壬) 3-192, 201

허이(許二) 3-447, 448, 449, 453

허일(許一) 3-447, 448, 449, 452

허지산(許地山) 1-94

허지점(許之漸) 4-61, 427

허지형(許之衡) 4-720

허찬증(許纘曾) 4-667, 668

허청서(許靑嶼) 4-546, 641

허큘리스 1-428

● 지(국)명

가릉(訶陵)(國) 2-85, 177, 181, 184, 201

가리마답(加里馬答) 3-68

가리마타(假里馬打, Karimata) 3-68, 93, 367

가리진(加利津)성 3-138

가마랑가국(迦摩浪迦國) 2-180

迦摩縷波 2-245

가마파(迦摩波)(國) 2-38, 39, 245

가반타(訶盤陁) 1-457

가부리(咖呋哩 = 咖哩呋) 3-462

가불의국(可弗義國) 3-21

가비려국(迦毗黎國) 1-441, 442, 450, 460

가비사(伽比沙) 1-457

가사(加思) 4-270

가사다륵(加思多勒) 4-270

가사밀(伽使密) 1-458

가살돌궐(可薩突厥) 2-278, 286

가서랑(加西郎) 4-270

가설로국(伽設路國, Kamarupa) 2-245

가수사니(伽秀沙尼) 1-457

가습미라(迦溼彌羅, Kasmira) 2-204, 207

가와(呵哇) 3-418

가욕관(嘉峪關) 4-276

가유(嘉維) 1-449

가유라위성(迦維羅衛城) 1-512

가응(嘉應)(州) 4-365, 366, 368, 371, 372

가이륵(加異勒, Cail) 3-352, 354, 361, 398, 400

가이트로스(Gaitros)강 1-190

가저가랍(加底加拉) 1-392

가정(嘉定)(縣) 4-547, 548, 549, 551

가즈니(Gazni) 3-21

가지(柯枝, Cochin)(國) 3-315, 329, 351, 352, 354, 358, 361, 368, 376, 380, 399, 400, 417

가팔산(加八山) 2-119

가필시(迦畢試, Kapisa)(國) 2-207

가흥(嘉興)(府) 2-89, 3-227, 233, 282, 4-340, 547, 548, 551

각화도(覺華島) 4-182

간계랍(干係蠟) 3-433

간다라(Gandhara, 犍陀羅)(國)(왕국) 1-243, 340, 343, 345, 2-197, 214, 251, 443

간방(干傍) 3-63

간불석국(干不昔國) 3-60

간불찰(干不察) 3-60

간타리국(干陁利國) 1-446, 460

갈갈승지국(葛葛僧祇國) 2-40

갈다(羯茶)(國) 2-116, 246

갈단산(羯丹山) 2-36

갈달국(嶽噠國) 1-517

갈랄파(噶喇巴) 4-517

갈레(Galle) 3-350, 462

갈릉가(羯陵伽, Kalinga) 2-208

갈리아(Gallia) 1-382, 4-326

갈리치(Galitch)공국 3-22

갈미올라(羯米嚕羅, Kajingala)국 2-38

갈반단(渴飯檀) 1-519

갈반타(渴槃陁) 1-519

갈반타(喝槃陀) = 고르반트(Gorband) 2-24, 25

갈복(葛卜) 3-404

갈상나(羯霜那) 2-30

갈석(渴石, Kash) 3-305, 417

갈순과벽(噶順戈壁) 1-284
갈습미라(羯濕彌羅) 2-246
갈이파(噶爾巴) 4-644
甘棠州 2-37
감도로국(甘都盧國) 1-357
감매리(甘埋里)(國) 3-70, 89, 91
감비(甘秠) 2-146
감색지(甘索智) 2-115
감숙(甘肅) 1-116, 118, 119, 120, 122,
　123, 124, 125, 126, 127, 170, 231,
　236, 241, 283, 380, 2-197, 216, 325,
　398, 3-214, 304, 411, 4-276, 310
감주(甘州) 1-241, 2-274, 3-119, 167,
　184, 272, 413
감파자(甘破蔗) 2-115
감파리(甘巴里, Koyampali) 3-352,
　361, 400, 419
甘琶逸 3-89
감포(澉浦) 2-91, 92, 105, 3-43, 44, 45,
　46, 73, 86, 95, 102, 103, 104, 105,
　169
감포지(澉浦只) 2-115
갑자문(甲子門) 2-111
강(羌) 1-232
강거(康居) 1-220, 224, 225, 226, 230,
　232, 233, 237, 269, 274, 275, 281,
　285, 286, 287, 323, 375, 377, 378,
　386, 417, 439, 475, 490, 491, 492,
　2-30, 34, 171, 200, 201, 326, 351
강구(江口) 3-50
강국(康國) = 사마르칸트(Samarkand)
　2-24, 25, 26, 28, 29, 31, 171, 253,
　255, 258, 272, 357, 445, 448, 457,
　3-126
강남(江南) 1-374, 462, 474, 2-45, 326,

431, 3-47, 73, 89, 186, 207, 209,
　4-67, 143, 332, 333, 340, 353, 458,
　546, 549, 550, 551, 624, 677, 681
강녕(江寧)(府) 4-67, 75, 545, 546, 551,
　627
강도(江都) 2-99, 267, 333, 4-628
강동(江東) 2-47, 303, 364
강릉(江陵) 1-451, 482, 487, 2-22, 166,
　332
강서(江西) 2-105, 364, 398, 3-48, 71,
　221, 298, 395, 4-162, 178, 196, 334,
　340, 353, 436, 546, 547, 549, 550,
　551, 637, 687
강소(江蘇) 1-332, 2-398, 3-225, 458,
　4-637
강음(江陰)(軍)(縣) 2-89, 91, 93, 105,
　4-551
강절(江浙)(行省) 2-365, 3-87, 187,
　195, 217, 225, 233
강좌(江左) 1-478
강주(絳州)(府) 4-547, 549, 551, 637
강진(江津) 1-451
강하(江夏) 4-637
강회(江淮)(省) 2-378, 383, 3-148
개라국(箇羅國) 2-40
개몰노회(箇沒盧回) 2-39
개봉(開封)(府) 1-43, 178, 2-342, 359,
　360, 412, 3-139, 198, 239, 4-26, 302,
　545, 548, 551, 557
개사(開沙) 3-206, 209
開化 2-366
갠지스강 1-111, 432, 435, 436, 489,
　504, 2-177, 211, 243, 3-212, 389,
　4-273, 342
거다라(車多羅) 1-456

곤양주(昆陽州) 3-341
곤전국(崑甸國) 4-370
골당국(骨唐國) 2-76
공(卬) 1-147, 198, 225, 226, 287
공강(贛江) 4-269
공동(空桐/空洞) 1-129, 132, 134
공성(公城, Kung) 1-144
공작(孔雀)왕조 1-337
공주(贛州)(府) 4-545, 547, 549, 551
과이심(科爾沁) 4-241
과주(瓜州) 1-252, 2-51, 207
곽산(霍山) 3-460
관주(筦州) 2-104
관중(關中) 1-155, 474, 480, 482, 487,
 4-274, 502
관하(官河) 2-431
관흉(貫胸) 1-132
광남(廣南) 2-87, 96, 131
광녕(廣寧) 4-186
광동(廣東) 1-42, 53, 119, 195, 198,
 2-110, 195, 398, 426, 434, 3-43, 45,
 46, 76, 80, 100, 103, 107, 225, 319,
 325, 326, 347, 389, 394, 396, 399,
 400, 401, 402, 403, 405, 407, 408,
 435, 436, 443, 445, 447, 450, 451,
 454, 469, 478, 4-12, 62, 75, 158,
 159, 162, 165, 168, 171, 174, 240,
 245, 260, 271, 276, 292, 302, 307,
 331, 334, 340, 353, 365, 450, 451,
 479, 492, 516, 535, 537, 546, 548,
 549, 550, 552, 553, 566, 569, 577,
 579, 595, 603, 604, 633, 648, 721,
 722, 724, 725
광릉(廣陵) 2-99, 101, 154, 156, 4-150
광부(廣府, Khanfu) 2-80, 81, 267,
 3-169
광서(廣西) 1-102, 4-334, 340, 353,
 546, 548, 549, 550, 551
광신(廣信) 1-354, 4-162, 163
광운담(廣運潭) 2-100
광주(廣州)(城) 1-42, 463, 485, 486,
 487, 489, 508, 509, 2-16, 22, 39,
 47, 48, 56, 61, 70, 73, 74, 75, 76,
 77, 78, 80, 81, 82, 83, 84, 86, 94,
 96, 97, 98, 100, 102, 105, 110, 114,
 119, 120, 121, 122, 123, 124, 126,
 127, 128, 129, 130, 132, 135, 147,
 148, 151, 152, 156, 163, 164, 175,
 177, 184, 193, 195, 203, 204, 266,
 267, 271, 272, 285, 315, 424, 428,
 430, 433, 435, 469, 3-75, 81, 95,
 161, 163, 169, 171, 172, 175, 185,
 215, 216, 218, 220, 240, 272, 319,
 326, 347, 435, 454, 458, 472, 478,
 479, 4-151, 174, 181, 191, 199, 226,
 251, 277, 298, 320, 370, 402, 406,
 454, 482, 483, 484, 485, 532, 534,
 549, 552, 640, 658, 680, 725, 726
광주(廣州)(灣)(府) 2-48, 80, 81, 184,
 3-434, 458, 4-293, 331, 552
광중(廣中) 2-126
광지(廣至) 1-252
광평부(廣平府) 4-644
광한(廣漢) 2-327
교란산(交欄山) 3-404
교양(交洋) 2-110, 111, 112
교유팔(咬留吧) 4-644
교주(交州) 1-357, 444, 448, 462, 463,
 470, 487, 2-22, 74, 84, 85, 105, 114,
 182, 201, 246

나포뇨이(羅布淖爾) 1-216
나폴리(Napoli/Naples) 3-162, 4-289,
　327, 518, 527
나화이국(羅和異國) 2-41
낙구(洛口) 2-330
낙랑(樂浪) 1-348
낙성(樂城) 2-38
낙수(洛水) 1-316, 466, 2-48
낙양(洛陽, Sarag) 1-166, 178, 209,
　268, 269, 300, 329, 332, 335, 347,
　410, 465, 467, 474, 475, 476, 477,
　478, 514, 515, 2-60, 154, 156, 184,
　203, 246, 266, 325, 329, 358, 360,
　362, 399, 400, 405, 414, 447, 448,
　451, 452, 454, 3-185
난계(蘭谿) 4-545, 547, 574, 589, 637
난주(蘭州) 1-170, 250, 2-207, 3-184,
　4-233
난지(難地) 1-458
난초양(亂礁洋) 3-460
捏迷斯 3-24
날살(剌撒) 3-358, 361, 368
남경(南京) 1-462, 475, 484, 3-161,
　319, 324, 346, 360, 366, 367, 369,
　370, 378, 397, 458, 462, 4-46, 56,
　67, 75, 76, 159, 258, 260, 264, 273,
　420, 424, 467, 513, 545, 549, 553,
　554, 557, 561, 562, 563, 572, 591,
　605, 623, 626, 634, 637, 666
남교(南交) 4-69
남극 4-75, 79, 253, 260, 265, 293
남나라국(南羅囉國) 2-199
남녕(南寧) 4-195
남대양해(南大洋海) 2-108
남러시아 3-388

남니리(南泥里) 3-417
남리(藍里) 2-109, 110
남몰리(南沒里) 3-58
남무력(南無力, Lamuri) 3-56
남무리(南巫里, Lamuri) 2-109, 3-57,
　94, 352, 358, 368
남무리국(藍無里國) 2-188
남미(대륙) 3-425, 430, 4-536
남발리(南渤利, Lambri) 3-354, 358,
　361
남병산(南屛山) 3-227
남북대(南北臺) 3-471
남비(南毗)(國) 2-118, 124, 191
남산(南山) 1-219, 224, 282, 287, 398,
　2-417, 3-337
남시성(藍市城) 1-287
남안(南安)(縣) 2-67, 3-180
남안로(南安路) 3-195
남양(南洋)(군도) 1-17, 18, 19, 82,
　340, 2-23, 107, 141, 434, 3-49, 71,
　93, 303, 313, 317, 320, 322, 323,
　324, 327, 329, 346, 371, 372, 374,
　376, 399, 425, 4-158, 278, 305, 315,
　365, 719
남양(南陽)(府) 4-551, 557, 637
남연(南燕) 1-510
남오산(南澳山) 3-363
남원(南苑) 4-468
남월(南越) 1-222, 354, 355, 463, 2-73
남웅로(南雄路) 3-195
남인도 1-338, 340, 392, 2-119, 140,
　181, 182, 199, 202, 203, 4-293
남전(南田) 2-37
남조(南詔) 1-241, 2-152, 178
남주(南州) 1-463, 2-74

대도(大都) 3-32, 33, 40, 233, 243, 277
대도하(大渡河) 1-360
대동(大同) 1-347, 3-117, 185, 4-273, 332
대랄찰(大剌札) 3-419
대롱산(大隴山) 1-129
대류구(大琉球) 3-317, 322, 323
대릉하(大凌河) 4-188
대리(大理) 1-362, 363, 2-60, 108
대마(大磨)(山) 3-459, 460
대만(臺灣) 1-42, 3-372, 4-282, 337, 344, 347, 390, 393, 394, 457, 477, 481, 510, 514, 519, 540, 549, 631, 641, 646, 647, 685
대만(臺灣)(府)(城)(縣) 4-344, 479, 481, 517, 518, 519
대명(大名) 3-185
대명국(大明國) 4-255, 577
대모(大茅/大帽)(山) 3-447, 452, 453, 460
대목항(大目港) 4-510
대몽고(국) 3-12
대묘(大猫) 3-460
대무롱(大武壠) 4-510
대방반성(大方盤城) 1-260, 283
대북(代北) 2-324
대불림(大拂臨) 2-278
대불산(大佛山) 3-69
大嶼山 2-39
대서양(大西洋) 3-329, 384, 423, 424, 425, 430, 4-19, 24, 272, 371
대석(大石)(國)(城) 2-36, 75, 217, 255
대설산(大雪山) 3-22, 126, 127
대소안국(大小安國) = 부하라(Bukhara) 2-24, 25

대소적(大小赤) 3-363
대수현(大廈縣) 3-195
대식(大食)(國) 1-207, 2-41, 42, 55, 61, 103, 108, 109, 110, 111, 115, 117, 124, 125, 130, 133, 142, 146, 150, 154, 171, 251, 252, 253, 254, 255, 256, 257, 258, 259, 260, 261, 262, 278, 279, 284, 285, 286, 307, 333, 342, 423, 424, 429, 430, 433, 434, 437, 465, 469, 3-229, 232, 301
대원(大元) 3-12
대원(大宛) 1-76, 220, 221, 223, 224, 225, 226, 230, 232, 233, 237, 256, 258, 260, 261, 263, 265, 266, 274, 275, 276, 277, 278, 281, 285, 286, 287, 291, 295, 299, 300, 301, 302, 303, 304, 305, 308, 315, 316, 323, 349, 351, 375, 379, 380, 382, 417, 439, 464
대월지(大月氏)(國) 1-219, 224, 225, 226, 228, 230, 231, 232, 233, 237, 238, 239, 240, 241, 269, 274, 281, 285, 286, 287, 323, 329, 330, 340, 341, 342, 343, 345, 375, 410, 417, 455, 462, 2-30
대위(大魏) 1-517, 518, 2-296
대적(大磧) 3-117
대진(大秦)(國) 1-76, 144, 269, 323, 351, 361, 364, 369, 370, 371, 373, 375, 376, 377, 385, 386, 387, 388, 389, 390, 391, 394, 395, 396, 397, 398, 399, 400, 401, 402, 405, 406, 410, 411, 412, 413, 439, 448, 460, 462, 465, 467, 469, 2-108, 109, 117, 118, 241, 278, 280, 283, 285, 287, 288,

ㄹ

라사(Lasa) 4-310, 335, 342
라이프치히(Leipzig) 1-430
라쿠토(洛東) 3-111
라파사(羅婆斯) 3-71
란강(蠻江) 3-460
란창(瀾滄) 4-339
람방(覽邦) 3-419
랍부리(Lapburi) 2-115
랑가바루스(Langabalus) 3-71
랑백교(浪白澔) 3-457
래래(來來, Lata or Lar) 3-56
러시아 1-17, 29, 30, 37, 38, 50, 60,
    90, 120, 148, 167, 233, 345, 418,
    2-274, 3-22, 24, 110, 116, 125, 133,
    143, 144, 4-13, 209, 223, 242, 272,
    311, 330, 331, 353, 355, 356, 359,
    402, 506, 507, 508, 519, 520, 521,
    522, 523, 525, 530, 683
런던 1-497, 3-152, 174, 4-248, 368,
    416, 438, 528, 659, 708
레무리아(Lemuria) 1-432
레바논(Libanon)산 2-289
레반트(Levant) 3-91
레이던(Leiden) 1-57, 58
렝카수카(Lengkasuka) 1-460, 2-116
로레토(Loreto) 4-289, 330
로마(Rome/Rōm/Hrom)(제국)
    1-109, 151, 175, 203, 207, 209, 214,
    235, 311, 345, 346, 349, 351, 364,
    370, 371, 374, 382, 387, 388, 389,
    390, 391, 401, 402, 403, 404, 405,
    406, 410, 411, 415, 416, 418, 419,
    421, 422, 424, 426, 428, 473, 2-139,

266, 279, 280, 281, 282, 283, 288,
    290, 294, 388, 3-155, 159, 167, 168,
    211, 429, 439, 4-97, 133, 193, 195,
    262, 296, 297, 308, 310, 322, 326,
    327, 328, 406, 407, 412, 416, 420,
    436, 448, 493, 497, 517, 518, 541,
    557, 576, 577, 579, 629, 663, 677,
    698
로야조(Lojazzo) 3-146
롬바르디아(Lombardia) 3-271, 4-328
롭 노르(Lop Nor, 羅布泊/鹽澤) 1-203,
    204, 216, 218, 221, 258, 276, 282,
    283, 346, 417, 502, 518, 3-311
루마니아 4-272
루손섬 3-67
루앙(Rouen) 3-144
룸(Rum) 2-281
류산국(溜山國) 3-69
嬴陝 1-354
리그니츠(Liegnitz) 3-24
리보르노(Livorno) 4-321
리스본 3-424, 426, 428, 446, 4-211,
    293, 371, 539
리옹(Lyon) 3-135, 136, 137
링가(Linga)협(峽) 2-116

ㅁ

마가다(Magadha) 1-337, 2-199, 217,
    243, 244, 249
마갈타(摩羯陀, Magadha)국 2-38
마게타(摩揭陀, Magadha)국 2-208
마공(馬公) 4-473
마닐라 3-475, 4-254, 308, 517, 536,
    545, 578

마다가스카르(섬) 4-293, 370
마담유(馬膽逾) 2-190
마두(蔬豆) 4-510, 515
마두라(Madura)섬 2-182
마라발국(麻囉拔國) 2-110, 3-91
마라화(麻囉華) 2-118
마란단(馬蘭丹) 3-56
마랄(麻辣) 2-146
馬剌八兒 3-92
마로(馬魯) 2-31
마로갑(馬勝甲) 4-254
마리(麻籬) 2-192
마리로(麻里嚕) 3-67
마리발국(麻離拔國) 2-108, 110
마리올(麻里兀) 2-31
마린국(摩隣國) 2-286
마림(麻林, Melinde) 3-355, 358, 419
마아바르(Maábar, 馬八兒) 3-147, 156
마야(馬喏) 2-190
마야파헐(麻喏巴歇) 3-67
마야팔헐(麻喏八歇) 3-67
마엽옹(麻葉甕, Billiton) 3-367, 403
마우리아왕조(Maurya Dynasty)
  1-196, 337
마육갑(馬六甲)(國) 3-395, 464
마읍(馬邑)(城) 1-245, 246
마이무르그(Mymurgh)국 2-157
마이오니아(Maeonia) 1-428
마일(摩逸/麻逸)(國) 2-146, 187, 3-66
마자파히트(Majapahit) 3-67
마젤라니카 4-272
마젤란해협 3-430, 4-294, 536
馬札兒 3-24
馬廠沿 1-119
마카오[澳門] 1-42, 2-398, 3-471, 472,

473, 475, 478, 479, 4-11, 12, 133,
135, 161, 162, 164, 166, 167, 170,
172, 173, 174, 175, 176, 177, 178,
180, 181, 185, 187, 188, 194, 212,
217, 243, 258, 262, 271, 297, 302,
305, 309, 315, 317, 365, 371, 372,
380, 386, 387, 388, 394, 411, 422,
435, 436, 461, 462, 463, 464, 465,
466, 471, 487, 515, 516, 517, 529,
536, 545, 549, 552, 557, 595, 605,
636, 641, 648, 654
마케도니아(왕국) 1-338, 371, 434,
  2-295, 388
마태국(馬泰國, Machin) 1-143
마팔아(馬八兒, Maábar)(國) 3-54, 55,
  56, 76, 84, 95, 96, 269
마하보리(摩訶菩提) 2-249
마하지나(摩訶至那)(國) 1-197, 198
마하진단(摩訶震旦) 2-243
마하첨파(摩訶瞻波)(國) 2-114, 180
마합마(馬哈麻) 3-310
막가타(莫伽陁) 1-458
莫蘭河 3-126
莫訶至那 1-197
만(滿) 1-76
만공(萬公) 2-38
만년항(萬年港) 3-70
만라갑(滿喇甲) 3-464
만랄가(滿剌加, Malacca) 3-314, 329,
  346, 352, 354, 358, 361, 362, 363,
  367, 371, 376, 377, 380, 381, 382,
  393, 394, 395, 398, 417, 431, 437,
  447, 467
蠻耗 2-37
만산수구(蠻山水口) 2-119

만석봉(萬石峰) 3-246
만수산(萬壽山) 4-493
만안(萬安)(軍) 2-104, 432, 3-395
만자백이(滿者伯夷) 3-67
만지(Mangi, 蠻子) 3-91, 92, 96, 158,
    428
만주(滿洲) 4-143, 238, 332, 335, 340,
    446, 653
말라국(末羅國, Basra) 2-41
말라바르(Malabar) 1-392, 2-110,
    3-424, 431
말라야(Malaya) 2-54
말라유주(末羅瑜洲) 2-246
말라카(Malacca, 滿剌加) 1-42, 2-120,
    3-372, 373, 407, 408, 415, 425, 431,
    434, 437, 453, 455, 466, 475, 476,
    477, 4-217, 254, 273, 293, 317, 528,
    535
말라카해협 1-507, 2-40
말레(Male) 2-389
말레이(시아) 1-447, 2-77, 3-465
말레이군도 1-195, 2-176, 177
말레이반도 1-357, 459, 460, 2-16, 17,
    22, 40, 109, 115, 116, 163, 176, 184,
    3-67, 371, 452
말루쿠(Maluku)군도 4-539
말리바르(Malibar) 2-110, 3-93
맘루크(Mamluk)왕조 3-284
망건하(望建河) 3-11
망랑회산(望郎回山) 3-363
망활륵(忙豁勒) 3-13
매오티스(Maeotis) 호수 1-433
맹고(萌古) 3-12
맹골(盲骨/萌骨) 3-12, 13
맹정(孟定) 4-334

메남(Menam)강 2-115
메디나(Media/Medina) 2-118, 3-170
메디아(Media) 1-211
메루(Meru)(山) 1-171, 2-31
메소포타미아(Mesopotamia) 1-208,
    387, 3-28, 421, 4-310
메시나(Messina) 4-309, 310
메스(Metz) 3-143
메카(Mecca) 2-112, 266, 423, 3-70,
    170, 341
멕시코 4-234, 255, 272, 540
멜라네시아(Melanesia) 1-104
면전(緬甸) 2-16, 3-480
면화시(棉花市) 4-547
멸력사(滅力沙) 2-291
멸촉(蔑促) 2-26
명가랄(明加剌) 3-70
명고진(鳴皐鎭) 3-233
명란수(鳴鑾戍) 4-374
명사산(鳴沙山) 1-92, 2-212, 392
명주(明州) 2-70, 85, 86, 87, 89, 90,
    91, 102, 104, 137, 185, 3-44, 61,
    64, 319
모데나(Modena) 4-328
모로코 3-170, 172, 174, 384
모리스(Maurice)섬 4-223
모산(茅山) 3-191, 460
모스크바 3-24, 4-207, 209
모의리(慕義里) 1-466, 467
모잠비크(府) 4-293, 300, 301, 302
牟平 3-121
모호(貌胡) 1-132
모화리(慕化里) 1-466, 467
목가유만(目加溜灣) 4-510
목골도속(木骨都束, Mogedoxu)

553, 554, 586, 588, 603, 605, 618, 635, 638, 639, 681

복기해나태(伏耆奚那太) 1-456

복녕부(福寧府) 4-564

복당(福唐) 3-246

복두산(福斗山) 3-362

복라국(伏羅國) 1-458

복랄와(卜剌哇) 3-361

복로니(伏盧尼) 2-278

복안현(福安縣) 4-564, 635

복올혼(伏嗢昏) 2-27

복전산(福田山) 3-209

복주(福州)(府) 2-94, 97, 104, 354, 363, 366, 381, 3-48, 53, 73, 75, 96, 97, 148, 161, 185, 247, 4-54, 297, 345, 386, 545, 547, 549, 551, 553, 554, 557

복청(福淸)(縣) 2-97, 3-461

복화아(卜花兒/不花剌/布哈拉, Bo-khra) 3-305, 418

볼가(Volga)강 1-189, 417, 2-27, 28, 3-24, 25, 40, 141, 4-273

볼로냐(Bologna) 4-289, 328

볼린(Bolin) 2-280, 282

봄비스(Bombyx) 2-307

봉래(蓬萊)(山) 1-296, 3-121

봉상(鳳翔) 2-156

봉주(峯州) 2-37

봉천(奉天) 4-189, 332

봉풍(蓬豊) 2-116, 3-67

부감도로국(夫甘都盧國) 1-355

부남(扶南)(國) 1-400, 448, 449, 459, 460, 468, 469, 470, 471, 485, 486, 493, 2-16, 20, 22, 44, 63, 3-60

부다페스트 3-25

부동산(浮動山) 2-38

부랑(富浪)(國) 2-278, 3-28

부루사성(富樓沙城) 1-455

부룸(Burum) 2-281

부상국(扶桑國) 1-142

부자문(附子門) 3-362

부춘(富春: 順化) 2-84

부풍(扶風) 2-150, 153, 155, 156, 309

부하라(Bukhara, 不花剌/卜花兒干) 2-25, 29, 451, 452, 3-21, 118, 145, 205, 311, 422

북(樊) 1-226

북경 1-51, 102, 108, 109, 3-40, 115, 145, 157, 159, 161, 162, 164, 165, 168, 172, 175, 180, 185, 199, 202, 210, 211, 271, 272, 273, 277, 278, 343, 384, 398, 456, 4-14, 17, 25, 26, 28, 30, 35, 51, 57, 62, 66, 81, 83, 92, 96, 97, 118, 123, 124, 138, 142, 165, 166, 167, 169, 171, 172, 173, 174, 175, 178, 179, 181, 183, 185, 186, 196, 202, 207, 209, 220, 222, 223, 227, 248, 258, 260, 261, 264, 265, 268, 271, 273, 275, 276, 277, 286, 287, 295, 296, 307, 309, 310, 316, 317, 331, 332, 333, 335, 339, 340, 352, 356, 380, 384, 386, 390, 391, 394, 395, 396, 398, 401, 402, 406, 407, 408, 409, 410, 411, 422, 429, 437, 438, 439, 445, 446, 447, 448, 449, 452, 467, 468, 470, 471, 482, 487, 488, 490, 492, 493, 494, 504, 517, 521, 522, 523, 525, 526, 529, 545, 546, 548, 549, 550, 555, 569, 579, 591, 593, 599, 600,

비경(比景) 2-84, 85
비다국(毗茶國) 1-503
비두리(韓頭梨) 1-365
비리사성(毗離邪城) 2-246
비랄(比剌, Brawa?) 3-354
비래봉(飛來峯) 3-163
비슈발리크(Beshbalik, 別失八里) 3-131
비실(費實) 1-458
비엔나 4-206, 716
비이간나(費爾干那) 1-302
비잔틴(Byzantine)(제국) 2-281, 3-22, 28, 245
비지(比地) 1-458
비천(比千) 2-26
비파주(琵琶洲) 2-119
비현(郫縣) 2-332
빈달농(賓達儂) 2-146
빈동롱(賓同隴/賓瞳朧) 2-114, 115
빈동롱(賓瞳龍/賓童龍) 2-114, 3-67
빈두랑(賓頭狼)(山) 2-114, 119
빈랑서(檳榔嶼) 3-459
빈졸(賓窣) 3-68
빈타라(賓陀羅) 2-114
빈타릉(賓陁陵) 2-115, 3-67
빌헬름회헤(Wilhelmshöhe) 4-713
빙해(冰海) 4-272

ㅅ

사(徙) 1-226
사국(絲國) 1-200, 2-294, 295
사국(史國) 2-29, 30, 31, 34
사기(虒祁) 1-185
斯那 1-197

사라달사(斯羅嚈舍) 1-456
사라센(Saracen)제국 2-265, 266, 3-28, 71, 245
사라이(Sarai) 3-25, 40
사록해아(沙鹿海牙, Shahrokia) 3-305, 418
사료도(社寮島) 4-477, 478
사르마티아(Sarmatia)(제국) 1-153, 167
사륵(沙勒)(國) 1-483, 489
사리만니(沙里灣泥, Jurfattan) 3-358
사리서란산(娑里西蘭山) 2-119
사리쿨(Sarikul) 1-519
사마라(Samarra) 3-287
사마르랑카(Samarlangka) 1-452
사마르칸트(Samarkand, 撒馬爾干)(城) 1-217, 2-25, 31, 157, 258, 272, 307, 451, 452, 454, 3-21, 118, 121, 126, 184, 203, 205, 259, 260, 303, 304, 305, 306, 310, 383, 385, 386, 387, 409, 411, 412, 422, 4-276, 309
사명(四明)(山) 2-85, 3-64, 105, 228, 234, 271, 272
사무드라(Samudra) 3-69
사미(舍彌) 1-458
사미국(賖彌國) 1-453
사미사간(邪米思干) 3-126
사바(闍婆)(國) 2-81, 108, 110, 117, 146, 186
사빈국(斯賓國) 1-395
사산(蛇山) 4-547
사산왕조 2-337, 355, 443
사산조 페르시아 1-345, 351, 2-61
사상(泗上) 2-99
사서정(沙西井) 1-283, 284

4-241, 271, 272, 287, 306, 308, 314,
332, 342, 356, 677
아실언성(阿悉言城) 2-35
아안현(雅安縣) 1-349
아여산(阿荔散) 1-373
아우자키아(Auzakia)산 1-436
아유타(阿喩陁) 1-456
아이슬란드 4-272
아일랜드 4-369
衙莊 2-39
亞丁 3-92
아제(啞齊, Achen/Achin) 3-68, 367,
368
아조프(해협) 3-22, 4-272
아카이아(Achaia) 2-388
아케메네스(Achaemenid)왕조 1-154
아크수(Acsu) 4-276
아테네 1-173, 175
아프가니스탄 1-37, 213, 361, 381,
467, 2-212, 3-306
아프간 1-338, 3-17
아프로이우스(Afroyus) 3-285
아프리카 1-38, 153, 371, 421, 2-57,
164, 293, 3-70, 170, 171, 172, 174,
284, 355, 360, 368, 371, 384, 423,
424, 425, 4-202, 262, 271, 272, 306,
314, 318, 321, 368
악라사(鄂羅斯) 4-507
악살테스(Axartes)하 2-30
악와수(渥洼水) 1-300
악주부(岳州府) 4-551
악척극(鄂拓克) 4-357
안국(安國, Bokhara) 2-29, 31, 258,
259, 341, 445, 447, 453, 467, 3-118
안남(安南)(國) 1-354, 355, 2-16, 37,

38, 47, 74, 82, 83, 3-317, 320, 322,
323, 394, 416, 450, 475, 4-657
안녕하(安寧河) 1-360
안도성(安都城) 1-396
안드라(Andhra)왕조 1-338, 339, 2-119
안드호이[俺都淮] 3-310
안륙부(安陸府) 4-551
안문(雁門) 1-246
안산(鞍山) 3-181, 185
안서(安西)(府)(城) 1-262, 2-35, 38,
212, 213, 214, 274, 333, 337, 340,
415
안서사진(安西四鎭) 2-340
안식(安息)(國) 1-151, 207, 219, 226,
230, 233, 238, 269, 274, 281, 287,
291, 298, 308, 323, 340, 341, 345,
364, 369, 370, 375, 376, 377, 378,
386, 389, 394, 395, 398, 399, 400,
401, 406, 417, 448, 490, 491, 2-29,
325, 352
안양(安陽) 1-120
안인리(安仁里) 4-72, 73, 484, 485, 637
안정(安定) 3-417
안정군(安定郡) 2-326
안트베르피아(Antverpia) 4-370
안티레바논(Anti-Lebanon)산 2-289
안티오크(Antioch)(城) 2-118, 390,
3-421
안티오키아(Antiochia)(城) 1-207,
390, 403
안평(安平)(城)(鎭) 4-340, 473, 474,
475, 477
안휘(安徽) 2-366
알 리이(Al-ryy)성 3-285
알단(斡端) 3-1170, 301

알라이(Alai) 1-122

알렉산드리아(港) 1-210, 213, 370, 373, 390, 410, 434, 2-293, 316, 3-92, 96, 170, 421

알말리크(Almarik, 阿里麻里/阿力麻里) 3-41, 123, 125, 132, 184

알제리(Algeria) 3-174

알제브라(Algebra) 4-102

알타이(Altai)산(맥) 1-189, 243, 417, 3-15, 23, 117, 123, 125, 126

암스테르담 1-193, 3-338

압록강 4-332

압바스(Abbās)왕조 3-28

앙고라(Angora) 3-386

앙베르(Anvers) 4-370

秧薩羅國 2-286

앙소(仰韶)(村) 1-118, 119, 123

앙코르(Angor) 2-137

애주(厓州) 3-108

애주(崖州) 2-432

애주(愛州) 2-182

崖縣 2-431

액림합필이갈산(額琳哈畢爾噶山) 4-358

액현(掖縣) 4-227

야랑(夜郞)(道) 1-360

야르칸드(Yarkant, 也里虔/葉爾羌) 1-139, 232, 519, 3-184, 4-276

야미사간(耶米斯干) 3-203

야바디파(Yavadvipa) 1-507, 2-117

야코토(Yarkhoto) 2-337

야파제(耶婆提) 1-506, 507, 2-117

耶婆洲 2-180

약망득나모(若望得那模)섬 4-298, 299

약살수(藥殺水) 2-29, 30

약수(弱水) 1-171, 297, 298, 2-290

양강현(陽江縣) 4-721

양관(陽關) 1-218, 219, 232, 260, 262, 267, 268, 283

양광(兩廣) 2-87, 435, 3-321, 322, 4-170

양두동(兩頭洞) 3-460

양매(楊梅) 4-627

양산(羊山) 2-119, 3-460

양성(羊城) 2-428

兩城山 1-413

양수(洋水) 1-171

양양(襄陽)(府) 3-153, 4-551

양원현(襄垣縣) 1-500

양읍(襄邑) 1-312

양이(養夷: 養吉干, Yanghikand) 3-305, 417

양자현(楊子縣) 3-195

양장오(糧長澳) 3-460

양절(兩浙)(路) 2-87, 89, 90, 91, 93, 94, 96, 364, 365, 366, 369

양주(涼州) 1-347, 480, 484, 2-207, 266, 358, 453, 464, 3-184, 303

양주(揚州)(府) 1-201, 485, 487, 510, 511, 2-22, 97, 98, 99, 100, 101, 102, 105, 147, 148, 155, 156, 172, 267, 304, 362, 428, 430, 431, 3-85, 161, 163, 180, 185, 194, 229, 272, 4-239, 545, 546, 549, 551

양주(洋州) 2-198

양향(良鄕)(縣) 4-171, 550

魚兒濼 3-125

어지나[額濟納](河)(江) 1-202, 2-306

언기(焉耆) 1-217, 270, 284, 318, 439,

요동(遼東)(반도) 1-119, 2-266, 325, 326, 327, 331, 3-36, 4-161, 165, 167, 169, 180, 181, 187, 340
요서(遼西) 3-16, 4-188
요수(遼水) 2-333
요안(姚安) 1-362
요양(遼陽) 4-161
요주(耀州) 2-216
요주(遼州) 2-52
요주부(饒州府) 4-551
요지(瑤池) 1-138
요진(姚秦) 1-516
요택(坳澤) 1-216
용강관(龍江關) 3-336
용강빈(甬江濱) 3-458
용골하(龍骨河) 3-131, 132
용동(甬東) 3-105
용륵(龍勒)(縣) 1-252, 259, 261, 262
용만(龍灣) 3-361, 362, 363, 367
용산(龍山) 1-119
용산(春山) 1-143
용아대산(龍雅大山) 2-116
용아문(龍牙門) 2-116, 3-72
용아서각(龍牙犀角) 2-116
용위군(勇衛軍) 4-195
용정서(龍涎嶼) 3-66
용천수(龍泉水) 2-38
용퇴(龍堆) 1-283, 284, 317
용편(龍編) 2-84, 267
용하(龍河) 1-283
우디네(Udine) 3-160
우디야나(Udyana) 1-454, 2-210
우라 타페(Ura Tape) 2-31
우라국(于羅國) 1-395
우랄(Ural)산맥 1-189, 417, 3-22

우랄(Ural)(江)(河) 2-28, 3-26
우론(牛論) 2-192
우루무치[迪化] 3-119, 125
우룸(Urum) 2-281
우르겐치(Urgench, 玉龍傑赤/烏爾韃赤) 3-20
우마이야(Umaija)왕조 2-257
우미(扜采) 1-230
우옥(右玉) 1-178
우이(隅夷) 4-69
우자장(于子章) 4-188
우장(牛莊) 4-637
우전(于闐)(國) 1-92, 132, 135, 141, 216, 217, 230, 233, 268, 274, 280, 282, 286, 298, 321, 323, 439, 457, 477, 502, 513, 516, 2-24, 284, 291, 357, 3-418
우준타티(Uzun-tati) 1-519
우지(禹氏) 1-236
우천축(右天竺) 2-232
우축(于祝) 2-36
禹縣 3-16
욱성(郁成) 1-276, 277
운강(雲岡) 1-347, 2-441
운남(雲南) 1-103, 241, 323, 359, 360, 363, 2-38, 3-206, 214, 231, 232, 327, 341, 342, 4-171, 195, 211, 334, 335, 340, 353, 546, 553, 681, 719, 720, 724
운산(雲山) 3-189
운서(雲棲) 4-585
운양(雲陽) 2-214
운중(雲中)(郡) 1-247, 279, 3-117
울란바토르 1-233
울림(鬱林) 1-354

유중현(柳中縣) 2-337
유프라테스강 1-434, 2-41, 266, 290,
   293, 3-421, 4-273, 314
유현(濰縣) 4-576
陸局河 3-125
육반산(六盤山) 3-118
윤대(輪臺)(縣) 1-288, 3-117, 184
윤두(侖頭) 1-257
윤신하(尹新河) 3-128
윤주(潤州) 2-48, 4-592
융아로(戎牙路, Jangala) 3-67
융홀(隆忽) 2-26
은굴(恩屈) 2-27
은루현(恩樓縣) 2-37
은산도(銀山道) 1-285
은주(恩州) 2-367
은현(鄞縣) 3-228
을구만(乙苟滿) 4-205
읍달(悒怛) = 에프탈(Ephthalite)(國)
   2-25, 30
읍로몰국(邑盧沒國) 1-355
응길리성(應吉里城) 3-119
응천부(應天府) 3-334
意大里亞 3-436
의란(宜蘭) 4-545
의빈(宜賓) 1-360
의안(義安) 2-14
의위(宜威) 1-360
義倫 1-354
이간(犂軒) 1-369, 370, 371, 372, 375,
   377, 378
이건(犂鞬/犂犍) 1-369, 371, 377, 395,
   398
이라와디(Irraouaddy)강 1-357, 3-389
이라크 3-284

이란(伊蘭, Iran)(고원) 1-37, 152, 154,
   155, 156, 159, 160, 168, 182, 213,
   233, 239, 345, 381, 382, 2-451, 3-26,
   28, 255
이랍리극(伊拉里克) 4-358
이르티쉬(Irtish)강 1-189
이릉주(夷陵州) 4-551
이마라리산(伊麻羅里山) 2-119
이마오스(Imaos)산맥 1-435
이벌(梨伐) 3-417
이베리아반도 3-423
이사성(貳師城) 1-276
이산(里山) 2-38
이산(彜山) 4-549
이상나보라국(伊賞那補羅國) 2-180
이수(伊水) 1-466
이스라엘 2-289
이스탐볼린(Istambolin) 2-280
이스탐불(Istambul) 2-282
이스팀볼리(Istimboli) 2-283
이식쿨호[特默爾圖泊] 3-125, 126
이오(伊吾/伊吳) 1-267, 269, 283, 2-24,
   25, 217
이정불국(已程不國) 1-356
이주(利州)(路) 2-367
이주(夷洲) 2-43
이주(伊州) 2-337, 3-117, 120
이집트 1-53, 57, 107, 108, 109, 110,
   111, 117, 126, 153, 154, 168, 199,
   208, 210, 213, 328, 338, 371, 373,
   390, 392, 432, 2-112, 275, 279, 293,
   306, 307, 308, 387, 3-28, 92, 140,
   172, 222, 223, 271, 283, 284, 384,
   385, 4-314, 325, 370
이천(伊川) 3-233

551

타브리즈(Tabriz) 3-130, 388
타비스(Tabis)(山) 1-429, 430
타쉬쿠르간(Tashkurghan) 1-519
타슈켄트(Tashkend, 達失干/塔什干)
  2-29, 260, 454, 3-126, 305, 311
타우가스트(Taugast)(國) 2-294, 295,
  296
타우루스(Taurus)(山) 1-429, 2-289,
  290
타우리스(Tauris) 3-156, 157
타이(灣) 2-177, 4-293
타클라마칸(Takla-Makan)사막 1-215
타타(Tattah) 4-310
타타르(Tatar, 塔塔兒) 3-15, 279, 289,
  4-273
타파라(咃波羅) 1-457
타판(打板) 3-67
타프로바나(Taprobana: 실론) 2-388
타화라(墮和羅) 2-21
타회(打回) 3-418
탁동령(托東嶺) 4-358
탁다오조극(託多烏祖克) 4-507
탁주(琢州) 3-185
탁주(涿州) 4-170, 171, 180
탁특오주극(托忒烏珠克) 4-507
탁후사(卓猴社) 4-513, 514
탄국(撣國) 1-323, 358, 364, 370, 371,
  387, 388, 394, 402, 412
탄산(灘山) 3-460
탈건성(梲建城) 2-37
탈라스(Talas)(城) 2-260, 261, 285,
  307, 337
탐랄립티(Tamralipti, 多摩梨帝國)
  1-504
탐루크(Tamluk) 1-504

탐마율저(耽摩栗底, Tamralipti)(國)
  1-505, 2-208
탐브라링가(Tambralinga) 3-67
탑랄사(塔剌思) 3-118
탑륵기산(塔勒奇山) 3-126
탑배극(塔拜克) 4-358
탕누 우량하이[唐努烏梁海] 1-235
탕헤르(Tangier) 3-170
태국 1-19, 37, 103, 2-115, 176, 3-371,
  372, 4-517, 725
태무산(太武山) 4-281
태산(泰山) 1-296
태안부(泰安府) 4-551
태원(太原)(府) 2-351, 362, 377, 379,
  3-185, 186, 4-273, 545, 548, 551
태주(台州) 2-104
태창(太倉)(府) 3-319, 328, 336, 353,
  363, 370, 460, 4-546, 548, 549, 551
태창위(太倉衛) 3-333
태평(太平) 2-37
태평양 3-430, 4-294
태화령(太和嶺) 3-22
터키 1-233, 2-283, 4-681
테르메즈[失迭里迷] 3-310
테리오데스(Theriodes)만 1-436
테베(Thebes) 1-109, 110
테헤란 3-285
토래사 (討來思, Tauris) 3-308, 419
토로번(土魯番) 3-408, 412, 418, 4-358
토리노(Torino)(府) 4-329, 330
토스카나(Tuscan, Toscana) 3-153,
  4-136, 321, 328
토번(吐蕃/土番) 2-108, 244, 251, 260,
  337, 340, 415, 4-510
토욕혼(土谷渾)(國) 1-515, 2-197, 199,

● 서명

ㄱ

영향(十七·八世紀に於ける歐洲
美術と東亞の影響) 1-89

ㄱ

가감승제석(加減乘除釋) 4-106
가경상해현지(嘉慶上海縣志) 4-71
가고시마대학 문과보고(鹿兒島大學
　文科報告) 2-21
가기(家記) 1-514, 515
　가섭비부삼장(迦葉臂部三藏) 2-210
가영이전 일본과 유럽의 교통연표략(嘉
　永以前日歐交通年表略) 1-77
가응주지(嘉應州志) 4-369, 370
가재속고후집(可齋續稿後集) 2-320
가정현지(嘉定縣志) 4-169, 192
각도연(角度衍) 4-105
각사록(覺斯錄) 4-694
간오(刊誤) 2-230
간평의설(簡平儀說) 4-571, 670
갈고록(羯鼓錄) 2-49
갈라파기략(噶喇吧紀略) 1-37
감계록(鑑戒錄) 2-345, 347
감수지(㴔水志) 2-92, 3-102
감숙고고기(甘肅考古記)(Prelimiary
　Report on Archaeological Resear-
　ch in Kansu) 1-119, 126
갑술을해이년일전세행(甲戌乙亥二年
　日躔細行) 4-33
강운루서목(絳雲樓書目) 3-414
강유기행(康輶紀行) 4-245
강촌총서(彊村叢書) 2-353
강태부남기(康泰扶南記) 1-468
강태오시외국전집본(康泰吳時外國傳
　輯本) 1-468

강희상해지(康熙上海志) 4-72, 73
강희상해현지(康熙上海縣志) 4-470
강희여경현지(康熙餘慶縣志) 4-335,
　339
강희여도(康熙輿圖) 4-681
강희영년력(康熙永年曆) 4-66
강희영년역법(康熙永年曆法) 4-35
강희인화현지(康熙仁和縣志) 4-39
강희자전(康熙字典) 1-109, 4-509
강희제라현지(康熙諸羅縣志) 4-333,
　339
강희제와 로마사절 관련문서(康熙與
　羅馬使節關係文書) 4-404, 645, 651,
　666, 667
강희제전(康熙帝傳) 1-47, 84
강희진강지(康熙鎭江志) 3-195
개경사명속지(開慶四明續志) 2-88
개방보기(開方補紀) 4-105
개방설(開方說) 4-105
개방통석(開方通釋) 4-106
開封一賜樂業敎考 2-412
개원괄지변문(開元括地變文) 2-372
개원석교록(開元釋敎錄) 1-454, 496,
　500, 2-205, 237, 240, 2-204, 220
개원점경(開元占經) 2-223, 229, 232,
　236
개원천보유사(開元天寶遺事) 2-60
개정술고록(漑亭述古錄) 4-105
개주지(開州志) 4-96
개헌통고(蓋憲通考) 4-119
객사우문(客舍偶聞) 4-558
객좌췌어(客座贅語) 3-344, 4-135, 417,
　421, 467, 666
거고경고천상불균제(據古經考天象
　不均齊) 4-679

| 저자 소개 |

방호(方豪, 1910-1980)

중국의 역사학자이자 신부(神父). 자는 걸인(杰人)이고 절강성 항주(杭州) 태생으로 영파(寧波) 성 바오로 신학원에서 공부한 뒤 선교활동을 하면서 중국역사를 연구하였다. 절강대학과 복단대학 교수 및 단과대 학장 등을 지냈고, 1949년부터 대만대학 역사학과 교수로 재직하면서 청사(淸史)편찬위원회 위원, 대만 중국역사학회 이사장, 중앙연구원 원사 등을 역임하였다. 주요 저서로《송사(宋史)》,《중외문화교통사논총(中外文化交通史論叢)》,《중국천주교사논총(中國天主敎史論叢)》,《방호육십자정고(方豪六十自定稿)》등이 있다.

| 역자 소개 |

손준식

현 중앙대학교 역사학과 교수. 대만국립정치대학 역사연구소 문학박사. 중국근현대사와 대만사 전공. 저서로는『식민주의와 언어』(아름나무, 2007, 공저),『식민지·점령지하 협력자 집단과 논리 비교』(선인, 2008, 공저),『대만을 보는 눈』(창비, 2012, 공저),『한중관계의 역사와 현실』(한울, 2013, 공저),『중국근현대사 강의』(한울, 2019, 공저) 등이 있고, 역서로는
『대만 : 아름다운 섬 슬픈 역사』(신구문화사, 2003),『중국군 포로의 6.25전쟁 참전기』(국방부 군사편찬연구소, 2009),『중국근현대 영토문제 연구』(국방부 군사편찬연구소, 2012) 등이 있다.

유진희

현 한세대학교 중국어학과 교수. 대만 국립정치대학 중문연구소 문학박사. 청대 궁정희곡 전공. 저서로는『이지 차이니즈 300』(동양북스, 2019), 역서로는『第四度屬靈世界』(臺灣以斯拉出版社, 2004),『早晨眼淚』(臺灣以斯拉出版社, 2007),『傳遞幸福的郵差』(臺灣以斯拉出版社, 2011),『開啓摩西五經的亮光』(臺灣以斯拉出版社, 2014) 등이 있다.

한국연구재단
학술명저번역총서
[동양편]   622

중서교통사 中西交通史 ❺

초판 인쇄   2021년   7월   30일
초판 발행   2021년   8월   15일

저   자 | 방호(方豪)
역   자 | 손준식·유진희
펴 낸 이 | 하운근
펴 낸 곳 | 學古房

주   소 | 경기도 고양시 덕양구 통일로 140 삼송테크노밸리 A동 B224
전   화 | (02)353-9908 편집부(02)356-9903
팩   스 | (02)6959-8234
홈페이지 | http://hakgobang.co.kr/
전자우편 | hakgobang@naver.com, hakgobang@chol.com
등록번호 | 제311-1994-000001호

ISBN   979-11-6586-405-7 94910
            978-89-6071-287-4 (세트)

값 : 38,000원

이 책은 2011년도 정부재원(교육과학기술부 인문사회기초연구사업비)으로 한국연구재단의 지원을 받
아 연구되었음(NRF-2011-421-A00008).
This work was supported by National Research Foundation of Korea Grant funded by the Korean
Government(NRF-2011-421-A00008).